北東アジア
中世考古学の研究
── 靺鞨・渤海・女真 ──

A Study of Medieval Archaeology in the Northeast Asia:
Mohe, Bohai and Jurchen

中澤寛将
Nakasawa Hiromasa

六一書房

上:クラスキノ城址遠景　下:シャイガ城址遠景

シニェリニコヴォ城址遠景（靺鞨・渤海）

コピト寺院・アブリコソフスキー寺院遠景

クラスノヤロフスコエ城址遠景

ユジノ・ウスリースク城址版築土塁

ノヴォネジナエ城址城門・馬出し

ノヴォネジナエ城址東側城壁・堀

スモリャニンスコエ城址からステクリャヌーハ1城址，ステクリャヌーハ山城を望む

スモリャニンスコエ城址城壁

まえがき

　本書は，7世紀から13世紀までの北東アジアの人・モノ・情報の時間的・空間的動態について，考古学的観点から論じるものである。特に，7世紀末に北東アジアに出現した多種族国家である渤海（698-926年），その後に女真によって建国された金（1115-1234年）・東夏（1215-1233年）の地域社会の実態とその特質について論じる。

　当該時期・地域の研究は，20世紀前半に，いわゆる満蒙政策の一環として行われ，基礎がつくられた。その後，文献史学によって，渤海史研究を中心に議論されている。最近も渤海の王権構造や日渤交渉を扱った学術書が相次いで刊行されている。しかしながら，地方社会や中央・地方間関係の実態などについては不明瞭な点も多い。また，渤海に比べると，契丹（遼）・金・東夏（女真）への関心はそれほど高くはない。この背景には，文字史料が少ないこと，北東アジアに居住していた靺鞨・女真等の北方諸民族が自ら書き残した史料が存在しないことが挙げられる。このような点を克服するのが，近年，ロシア・中国で蓄積されつつある考古資料である。

　本書では，渤海考古学や女真考古学など個別に扱われてきたものを，北東アジア中世考古学として体系化し，時間軸・空間軸から社会の特質を明らかにすることを目指す。特に，考古資料をもとに中央・地方間関係，地域差について検討を加え，中世期の北東アジアの人・モノ・情報の時間的・空間的動態を明らかにし，地域社会の特質を論じる。

　中世考古学は，日本国内において歴史考古学の一分野として確立している。近年では，よりグローバルな視点から日本列島の中世社会を理解しようとする試みもなされている。一方，北東アジアの中世考古学については，日本列島で認められる大陸系文物に基づいた地域間交流，渤海五京を中心とした都城制の観点から注目されている。しかしながら，当該地域の考古学的な情報量の少なさや現地調査・資料調査の難しさなどから，日本では北東アジアの中世考古学に対してそれほど高い関心が向けられているとは言い難い。このような傾向は，日本のみならず，韓国・中国・ロシアでも同様である。近年，中国・韓国では，現在の政治的・民族的背景もあり，渤海考古学の研究成果が蓄積されている。しかし，渤海滅亡後の北東アジアの社会・文化については十分な研究が進んでいるとは言い難い。金・東夏代の考古学研究について言えば，諸外国では個別研究が中心である。

　また，北東アジアの中世考古学は，当該地域の社会構造の理解につながるだけでなく，日本列島を相対化する上でも重要な意義を持つ。

　本書は，筆者がこれまでにロシア・中国を中心に現地調査した中間的な成果をまとめたものである。いまだ発展途上の分野・地域であるため不十分な点もあるが，今後の北東アジア中世考古学研究，さらには北東アジア史研究の一助となれば幸いである。

北東アジア中世考古学の研究

―靺鞨・渤海・女真―

目　次

まえがき

序　章　本書の目的と視角
はじめに……………………………………………………………………………………3
第1節　北東アジア中世考古学研究の現状……………………………………………3
第2節　北東アジア中世考古学研究の課題……………………………………………8
第3節　本書の構成………………………………………………………………………10
小　括………………………………………………………………………………………11

第1章　北東アジアにおける陶質土器生産・流通構造の変遷
はじめに……………………………………………………………………………………12
第1節　渤海から金・東夏代の土器生産・流通史研究と問題点……………………12
第2節　土器生産関連遺跡の分布・立地とその概要…………………………………14
第3節　土器窯の構造と変遷・系統関係………………………………………………22
第4節　消費地遺跡における陶質土器の様相…………………………………………27
第5節　北東アジアにおける土器生産・流通構造の特質……………………………31
小　括………………………………………………………………………………………33

第2章　北東アジアにおける金属製煮炊具の生産・流通・消費
はじめに……………………………………………………………………………………36
第1節　渤海から金・東夏代の金属製煮炊具に関する研究動向……………………36
第2節　金属製煮炊具の分類……………………………………………………………37
第3節　遼・金代の金属製煮炊具の消費・使用状況…………………………………53
第4節　金属製煮炊具の生産・流通・消費構造とその意義…………………………56
小　括………………………………………………………………………………………61

第3章　渤海の食器様式の変遷と地域性
はじめに……………………………………………………………………………………63
第1節　渤海土器・陶瓷器研究の現状と課題…………………………………………63
第2節　渤海代の食器の種類とその変遷………………………………………………66
第3節　都城・地方城郭・集落の食器様式と地域性…………………………………74
第4節　渤海の食器様式の諸段階とその意義…………………………………………82
小　括………………………………………………………………………………………88

第 4 章　金・東夏代女真の食器様式と地域性

はじめに 90
第 1 節　研究略史と問題の所在 92
第 2 節　金・東夏代遺跡出土食器の概要 92
第 3 節　金・東夏代の食器をめぐる諸問題 113
第 4 節　金・東夏代の食器様式の地域性とその意義 117
小　括 120

第 5 章　渤海の地方城郭の形成と展開

はじめに 122
第 1 節　渤海の地方城郭遺跡の調査・研究の現状と課題 122
第 2 節　渤海の地方城郭の分布・立地・規模 125
第 3 節　クラスキノ城址の空間利用と存続年代 128
第 4 節　ロシア沿海地方の平地城・山城の空間利用と存続年代 141
第 5 節　渤海の地方城郭の形成と展開 148
小　括 152

第 6 章　金・東夏代の地方城郭の出現と展開

はじめに 154
第 1 節　金・東夏代の地方城郭の調査・研究略史と問題点 154
第 2 節　金・東夏代の地方城郭の分布・立地と規模 155
第 3 節　金・東夏代の地方城郭の空間利用 161
第 4 節　金・東夏代の地方城郭の出現・展開の諸段階 172
小　括 174

第 7 章　墓葬からみた渤海の地域社会

はじめに 176
第 1 節　渤海墓の調査・研究の現状と問題点 176
第 2 節　墓地遺跡の分布・立地 179
第 3 節　墓葬構造の分類・変遷 179
第 4 節　副葬品・装身具の構成・出土状況 183
第 5 節　墓地・墓域の形成過程と空間利用 186

第6節　渤海墓葬の階層性と地域差……………………………………198
　　小　括……………………………………………………………………203

第8章　金代墓の分布・立地・構造と地域性
　　はじめに…………………………………………………………………205
　　第1節　金代墓の研究略史と分析視角…………………………………205
　　第2節　金代墓の分布と立地……………………………………………212
　　第3節　墓葬構造の分類…………………………………………………213
　　第4節　金代墓の地域様相………………………………………………216
　　第5節　金代墓の変遷と地域性…………………………………………224
　　小　括……………………………………………………………………226

第9章　渤海滅亡後の女真社会と地域間関係—「ニコラエフカ文化」を中心として—
　　はじめに…………………………………………………………………227
　　第1節　研究略史と問題の所在…………………………………………227
　　第2節　格子目状叩き土器の分布とその概要…………………………229
　　第3節　格子目状叩き土器の出土層位・年代…………………………235
　　第4節　系譜関係及び周辺諸地域との関係……………………………237
　　第5節　渤海滅亡後の北東アジアの地域間交流—女真社会とその周辺—……240
　　小　括……………………………………………………………………243

終　章　総括と課題
　　第1節　考古資料からみた社会変動の画期と地域性…………………244
　　第2節　今後の課題と展望………………………………………………250

引用・参考文献　252
図版出典　288
初出一覧　291
あとがき　292
索　引　294
Contents/Summary　301

北東アジア中世考古学の研究
―靺鞨・渤海・女真―

A Study of Medieval Archaeology in the Northeast Asia

中 澤 寛 将

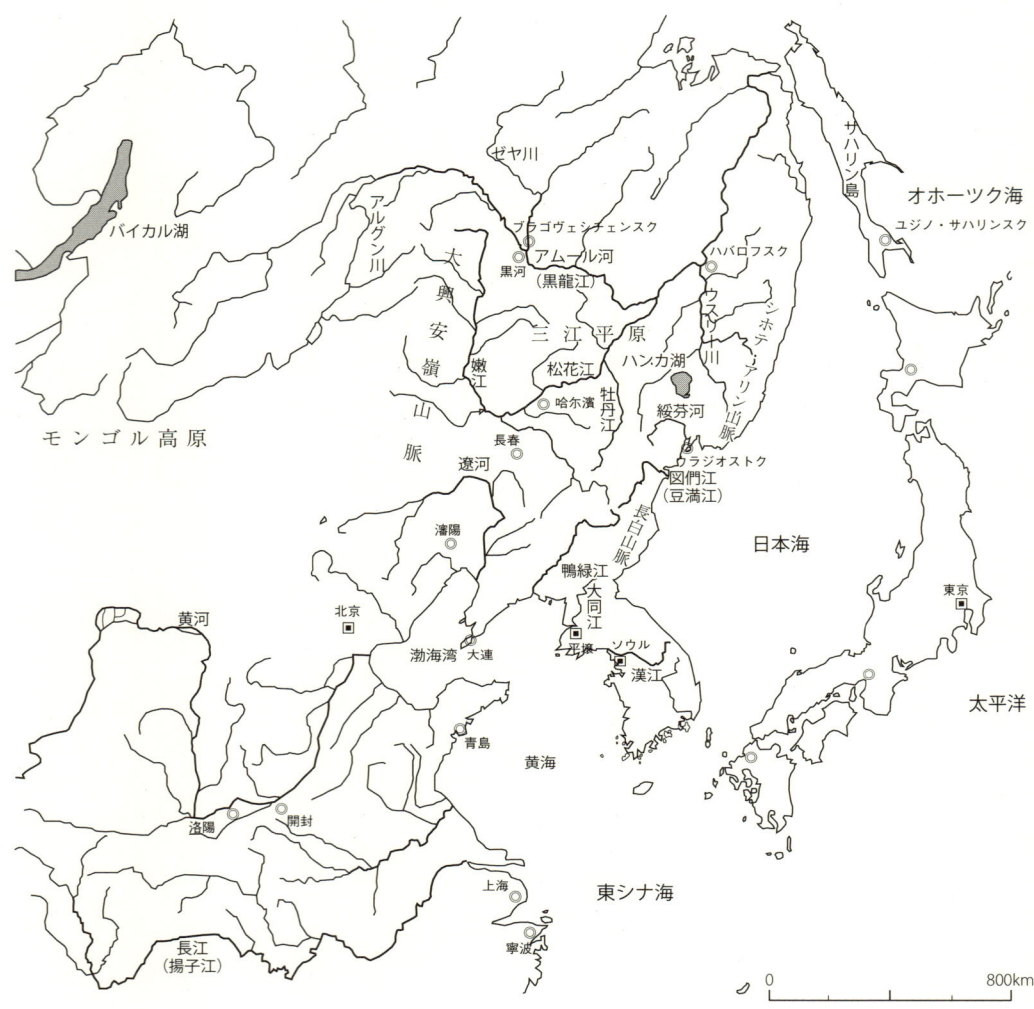

第1図　本書で対象とする地域

序章　本書の目的と視角

はじめに

　1980年代以降，鎌倉や一乗谷遺跡，草戸千軒町遺跡などの中世遺跡の発掘調査が進展し，日本の「中世考古学」の研究が深められている。最近では，文献史学のみならず，考古学・歴史地理学・人類学・自然科学など学問分野の枠組みを超えた議論によって新たな中世史像が描かれつつある。また，東アジア，さらにはユーラシア大陸を視野に入れ，より広い空間を比較対象として中世期の社会構造を解明しようとする研究も盛んになりつつある。

　本書では，このような近年の研究動向を踏まえ，7世紀から13世紀の北東アジア地域で繰り広げられた人・モノ・情報の時間的・空間的な動態とその特質について，考古学的方法を用いて明らかにすることを目的としている[1]。ここで言う「北東アジア（東北亜，Northeast Asia）」とは，現在のロシア連邦（以下，ロシア）のシベリアおよび極東地域（沿海地方・沿アムール地方・サハリン等），中華人民共和国（以下，中国），モンゴル，朝鮮半島，日本列島を合わせた地域を指す（第1図）。「北東アジア」の地理的概念については，すでに菊池俊彦氏や臼杵勲氏が指摘するように，研究者によって定義・範囲が異なり[2]，きわめて曖昧な表現である（菊池1995，臼杵2004b）。本書では，筆者がこれまでフィールド調査してきたロシア極東地域・中国東北地方（吉林省・黒龍江省・遼寧省）を中心に扱い，これに隣接する諸地域についても適宜触れることにしたい。

　まず，本論に入る前に，7世紀から13世紀にかけての北東アジア考古学研究の現状と課題について整理するとともに，本書の視角と構成について述べたい。

第1節　北東アジア中世考古学研究の現状

(1) 7世紀から13世紀の北東アジア

　本書で対象とする7世紀から13世紀の北東アジアは，政治的に見ると，7世紀末に高句麗遺民や粛慎・挹婁・勿吉の系譜を引く靺鞨諸集団などから構成される渤海（当初は振）が成立し，契丹による遼（契丹），女真による金・東夏が興亡し，チンギス・ハーンが建国したモンゴル帝国（元）によって北東アジアを含むユーラシア全域が統合されるまでの時期である。この間，靺鞨や契丹，室韋，女真などの北方諸民族が勢力を持ちながら，「統合」・「分裂」・「拡大」を繰り返した。

　698年に大祚栄によって建国された渤海は，926年にシラムレン河上流域に勢力を持った契丹によって滅ぼされるまで，現在の中国東北地方・ロシア沿海地方南部・朝鮮半島北東部に版図を有した。渤海は，唐の律令制を受容し，政治・行政・宗教などの諸制度を整え，9世紀代には唐

から「海東の盛国」と称された。また渤海は唐に朝貢する一方で，日本へも頻繁に外交使節を派遣している。来日した渤海使は 34 次（回数については諸説ある），日本から渤海へ派遣された遣渤海使は 13 次に及ぶ。

また 10 世紀頃から，日本海を挟んだ日本列島対岸地域では，靺鞨の系譜を引く「女真（女直）」が史料上に散見される。契丹によって渤海が滅びると，旧渤海領内にいた一部の渤海人は遼東方面へ移住され，女真人は「生女直（生女真）」と「熟女直（熟女真）」に区別された。

11 世紀代になると，「刀伊の入寇」に代表されるように，北部九州から朝鮮半島の日本海沿岸域で女真人による海賊行為が頻発する。そして，1115 年には，生女真の完顔阿骨打が女真集団を統合し，金を建国した。その後，北宋を滅ぼし，現在の華北からロシア極東に至るまでの地域を版図とした。しかし，12 世紀後葉以降，モンゴルの勢力拡大によって緊張状況が生まれる。そのようななか，1215 年，遼東宣撫使であった蒲鮮万奴が金から独立して東夏（東真・大真とも呼ばれる）を建国し，現在の中国東北地方・ロシア沿海地方南部を版図とした。東夏の領域に所在するシャイガ城址では，『吾妻鏡』貞応 3 年（1224）2 月 29 日条の越後国寺泊浦への「高麗人」漂着記事を裏付ける通行証である銀簡（パイザ）が出土している。その後，1233 年に東夏，1234 には金が滅び，モンゴルに統合される。

(2) 北東アジア中世考古学研究の現状

次に，ロシア・中国・大韓民国（韓国）・朝鮮民主主義人民共和国（北朝鮮）・日本における北東アジア考古学研究を振り返り，研究動向を確認したい。以下では，これまでの研究を 3 期に区分して整理する[3]。

第 1 期：19 世紀から第二次世界大戦終結（1945 年）まで

ロシア・中国・日本人によって北東アジアにおいて考古学・民族学調査が行われ，靺鞨・渤海・女真の歴史に関心が向けられる時期である。北東アジア考古学研究の黎明期と言える。

ロシアでは，清朝との間で締結された瑷琿条約（1858 年）によってアムール河（黒龍江）左岸，北京条約（1860 年）によってウスリー河以東がロシア領になると，極東地域（沿海地方・沿アムール地方）では A.P. カファロフ・F.F. ブッセ両氏によって，民族学・地理学調査の一環として渤海から金代の城郭遺跡が調査され，簡易測量図が作成された。また，20 世紀に入ると，『デルスウ・ウザーラ』の著者として知られる V.K. アルセニエフ氏が沿海地方からアムール河流域において考古・民族調査を実施している。

中国では，金毓黻氏が『渤海國志長編』（1934 年），『東北通史』（1941 年）を著し，中国史の立場から渤海史を位置づけようと試みた。

日本では，20 世紀初頭以降，植民地政策を背景として大陸へ進出し，北東アジアの歴史学・人類学・民族学・考古学調査を実施した[4]。特に鳥居龍蔵氏は朝鮮半島・中国東北地方・モンゴル・西南中国・台湾・千島列島・樺太（サハリン）・シベリア等で踏査を行い，文献収集をはじめ多くの考古資料も採集した（鳥居 1924・1943 ほか）。また 1908 年に南満洲鉄道株式会社東京支社

に満鮮歴史地理調査部が設置されると，白鳥庫吉，鳥山喜一，箭内亘，稲葉岩吉，松井等，池内宏，津田左右吉，外山軍治諸氏によって，渤海から金・東夏代にかけての歴史地理（地理比定，領域論）や対外関係，王権構造について研究が深められ，北東アジア史研究の基礎が築かれた。

1925年には，濱田耕作・原田淑人両氏が「満州」の考古学者と連携し，「東亜諸地域の考古学的研究を促進し，併せて各国特に中華民国の考古学界と親好なる友誼を渥くし，知識を交換する」（三宅1944）ことを目的として設立された東亜考古学会は，遼東半島や遼陽周辺を中心として発掘調査を実施した。そして，1933年・1934年には，渤海の上京龍泉府である東京城で発掘調査が行われた。この調査によって東京城の測量図が作成され，宮殿の配置・内部構造も明らかにされた。また1933年には奈良帝室博物館で『渤海國首都出土遺品展覽會』が開催され，東京城出土遺物が展示された（奈良帝室博物館（編）1933）。なお，東亜考古学会による東京城の発掘調査の経緯については，最近，酒寄雅志氏が詳細に整理されているので参照されたい（酒寄2007）。

このほか，日本人によって現地踏査・調査が勢力的に行われ，「満洲」地域の考古学に関する書籍も刊行された。1924年・1929年，八木奘三郎氏は，満洲における新石器から清代までの遺跡・史蹟を集成し，『満洲舊蹟志』上・下巻を刊行した（八木1924・1929）。渤海史研究を主導した鳥山喜一氏は，1926年に東京城，1934年に白城（金・上京会寧府）で調査を実施した（鳥山1929・1935・1943）。齋藤優氏は半拉城（八連城，東京龍原府）・西古城で発掘調査を実施し，『半拉城』を著した（齋藤1942・1978）。また，『考古学上より見たる熱河』（島田1940），『遼金の古城址』（瀧川1941），『吉林濱江両省に於ける金代の史蹟』（園田1942），『間島省古蹟調査報告』（鳥山・藤田1942）などが刊行され，渤海から金代の都城・城郭・墓地の調査成果が公表された。また，満州国民生部の委嘱を受けた三宅俊成氏は『満洲考古學概説』を著し，「満州歴史考古学」として，高句麗から明清時代の城址・寺院・墳墓・碑文・瓦磚等について資料集成した（三宅1944）。また，この頃は中国や朝鮮半島のみならず，ロシアの渤海史の研究動向も日本で紹介されている（小島1931，Матвеев1929）。

第2期：第二次世界大戦後から1980年代まで

中国社会科学院やソ連（ロシア）科学アカデミー極東支部によって組織的な発掘調査が行われ，靺鞨・渤海から金代にかけての考古資料が大量に蓄積される時期である。

ソ連では，A.P. オクラドニコフやE.V. シャフクノフを先導に，G.I. アンドレーエフ，V.D. レニコフ諸氏がロシア沿海地方の渤海から女真（金・東夏代）の遺跡で発掘調査を行った。現在も継続されているシャイガ城址やニコラエフカ城址，ラゾ城址，アナニエフカ城址など，沿海地方を代表する遺跡の発掘調査は1950年代から開始された。この時期，オクラドニコフ氏が『沿海州の遠古』（1959年），シャフクノフ氏が『渤海国と沿海州における渤海文化遺跡』（1968年），M.V. ヴォロビエフ氏が『女真族と大金国（10世紀から1234年）』（1974年），『女真文化と大金国（10世紀から1234年）』（1983年）を著し，渤海から金代の考古学的成果が紹介された。

中国では，1949年六頂山墳墓群で渤海三代文王大欽茂（在位737～793年）の二女である貞恵

公主の墓葬が発見され，1963年・1964年に中国社会科学院考古学研究所が発掘調査を実施した（中国社会科学院考古研究所1997）。以後，渤海墓葬を中心に発掘調査が進められた。

　日本では，日本史・東洋史学者の森克己，三上次男，新妻利久，和田清，日野開三郎諸氏が渤海・女真史研究を牽引する。また，1960年代以降，渤海の仏教や墓葬が注目され，三上次男氏が仏像や墓葬・建物構造から高句麗と渤海との継承関係を論じた（三上1968，三上1990に所収）。この頃，ロシア沿海地方のアブリコソフスキー寺院の調査成果が紹介された（江谷1966）。

　1970年代になると，加藤晋平氏の「間宮海峡をこえて」（加藤1975）や菊池俊彦氏の「オホーツク文化に見られる靺鞨・女真系遺物」（菊池1976）が発表され，日本列島北部と大陸との地域間交流の評価について関心が向けられる。また1970年代後半には，『シベリア・極東の考古学』（河出書房新社）が刊行され，シベリア・極東地域の考古学調査成果がまとめられた。また，1979年には北朝鮮の渤海研究をまとめた朱栄憲氏の『渤海文化』が刊行された。また，女真史研究に関しては，三上次男氏によって金代の政治・社会，猛安・謀克制度を体系的に扱った『金史研究』（1970～1973年），外山軍治氏による『金朝史研究』（1979年）が著された。

　1970年代からは，石井正敏，鈴木靖民，酒寄雅志，浜田耕策諸氏によって，文献史学の立場から渤海の対外交渉・地方社会などについて検討が行われた。1980年代から90年代にかけて，渤海の地方統治体制（河上1983・1989，大隈1984，鈴木1985・1998・1999a・b），交通史（古畑1994・1995・1996），地域間交流史（鈴木1998・1999，蓑島1998・1999・2001）について議論された。考古学では，高橋学而氏が渤海・遼・金の城郭（高橋1984・1987・1989a・1989b），伊藤玄三氏が，統一新羅・渤海の銙帯金具（伊藤1988・1997）を検討した。

第3期：1990年代から現在に至るまで

　日本・中国・ソ連（ロシア）・韓国・北朝鮮の研究動向にも目が向けられ，諸外国間の研究交流が活発化するとともに，複数国による国際共同調査が進展する時期である。

　ロシアでは，渤海から金・東夏代の遺跡が発掘調査された。クラスキノ城址やチェルニャチノ5墓地，コクシャロフカ1城址において日本隊・韓国隊による発掘調査が行われている。アムール地方ではトロイツコエ墓地で中国隊・韓国隊によって調査が行われた。田村晃一氏・清水信行氏らはロシア沿海地方のシニェリニコヴォ1城址やクラスキノ城址で発掘調査を実施し，現在も調査を継続している（田村（編）1995・1997-1999・2001・2002等）。この間，シャフクノフ氏による『12～13世紀の女真―ウデゲ文化と極東のツングース族の起源問題』（1990年），『渤海国（698～926年）と極東諸民族』（1994年），『古代・中世のロシア極東』（2005年）などが刊行された。

　中国では，都城や平地城・山城，墓地などで発掘調査が行われた（吉林省文物考古研究所2003：p.3-4）。1990年代半ばには『高句麗渤海古城址研究匯編』がまとめられ，中国領内を中心とした高句麗・渤海代の城郭遺跡の集成が行われた（王・王1994）。1994年には，中国で『高句麗・渤海研究集成』（哈尔濱出版社）が刊行され，日本・中国・韓国・ロシアの高句麗・渤海史研究の論文が翻訳された。また，1990年代後半から中国東北地方の歴史研究を重点課題として実施された国家プロジェクト，いわゆる「東北工程」によって，渤海が唐の地方政権である点が指摘され，

高句麗・渤海史に関する歴史認識について韓国・北朝鮮と対立した。このプロジェクトを受け，2000年以降は朱国忱・朱威氏らの『渤海遺跡』（2002年），魏国忠氏らによる『渤海国史』（2006年），劉暁東氏の『渤海文化研究―以考古発現為視角』（2006年），魏存成氏の『渤海考古』（2008年）など渤海考古学に関する概説書・研究書が相次いで刊行されるとともに，河口・振興遺跡，中 京 顕徳府に比定される西古城，虹鱒漁 場 墓地，上京龍泉府などの発掘調査報告書が刊行された（吉林省文物考古研究所他 2007，黒龍江省文物考古研究所 2009a-b）。

韓国では，「東北工程」を受けて高句麗研究財団（現在の東北亜歴史財団）が創立され，ロシア沿海地方において渤海遺跡の踏査・発掘調査が行われた。この歴史認識論争の影響は現在にまで至り，韓国隊が実施しているクラスキノ城址やコクシャロフカ１城址の考古学調査成果が民族・領域問題と結びつけられる傾向が強い[5]。2003年には韓国ソウル大学校博物館において東京大学文学部の共催によって，渤海を題材とした企画展が開催された（ソウル大学博物館・嶺南大学博物館 2003）。近年は，東北亜歴史財団が中心となって渤海の民族起源や五京制度，領域問題を扱った専門書・論文集を相次いで刊行している（東北亜歴史財団 2007，2010 ほか）。

日本では，1990年代半ばになると，「環日本海交流」をキーワードとした，日本列島と周辺地域との文物交流を取り上げた研究が顕著になる。菊池俊彦・天野哲也・石田肇氏らによって，考古学・人類学的観点から日本列島北部のオホーツク文化と大陸との交流の実態について研究された（菊池ほか 1996）。1998年には，渤海国建国1300年を記念した研究会が韓国・ロシア・日本で開催され，諸外国との研究交流もより活発化した。2001年には酒寄雅志，石井正敏両氏によって文献史学における渤海史研究の到達点が示された（酒寄 2001，石井 2001）。以後も，赤羽目匡由や浜田久美子，廣瀬憲雄諸氏によって文献史の立場から渤海史研究が深められている（赤羽目 2004・2005，浜田 2005・2008a・2008b，廣瀬 20007）。

考古学では，菊池俊彦，大貫静夫，臼杵勲，小嶋芳孝，木山克彦諸氏によって靺鞨から女真の考古学研究が行われている。小嶋氏は渤海と日本との交流，川崎保氏は女真と日本との交流を軸に論を展開している（小嶋 2006c・2007a，川崎 2002）。また，臼杵氏や木山氏は靺鞨から金・東夏代の地域性について論じている（臼杵 2004・2007b，木山 2006・2007）。最近では，北東アジア考古学を体系的にまとめた著書として，『北東アジア交流史研究―古代と中世―』（2007年），『北方世界の交流と変容―中世の北東アジアと日本列島―』（2006年），『北東アジア中世考古学研究』（2005〜2008年），『中世東アジアの周縁世界』（2009年）が挙げられる。これまで日本であまり認知されていなかった遼（契丹）・女真・金・東夏・元（モンゴル）の考古学の重要性が提起された。

また北東アジアの「中世」遺跡の発掘調査が進展するに伴い，個別研究も深められている。渤海の都城・地方城郭研究は田村晃一氏（田村 1999，田村（編）2005）や小嶋芳孝氏（2002a・2004a・2008・2009），井上和人氏（井上 2005a・2005b），宋玉彬氏（宋 2009，宋・曲 2008 他），渤海の仏教及び寺院研究は徐光輝氏（徐 1997）や小嶋芳孝氏（小嶋 2003），方学鳳氏（方 1998）林碩奎氏（林 2009），渤海墓葬研究は東潮氏（東 2000）や臼杵勲氏（臼杵 2009a），金・東夏の地方城郭研究は臼杵勲氏（臼杵 2006・2008・2009b，臼杵（編）2005・2006，臼杵・木山（編）2008）や木山克彦・布施和洋両氏

（木山・布施 2005・2006），中澤（2007b・2008c）のものがある。また，土器・陶瓷器生産・流通に関しては，野焼き土器の鞣鞨罐を扱った足立拓郎氏（足立 2000）や Ya.E. ピスカレヴァ氏（Пискарева 2005・2006a・2006b），喬梁氏（喬 2004・2007）の研究の他，ロシア沿海地方の渤海・女真の陶瓷器を検討した E.I. ゲルマン氏（ゲルマン 1998），遼・金代の陶瓷器を扱った彭善国氏（彭 2003・2006・2007）や町田吉隆氏（町田（編）2008），渤海三彩を扱った亀井明徳氏（亀井 1999・2005・2008），渤海から金・東夏代にかけての土器・陶瓷器様相や窯業生産・流通を扱った筆者（拙稿 2008a・2008b・2008e・2008f）のものがある。また，瓦生産については渤海の瓦当を検討した田村晃一氏（田村 2001・2002，田村編 2005）や中村亜希子氏（中村 2006），宋玉彬氏（宋・曲 2008 ほか），清水信行氏（清水 2009）ロシア沿海地方の金代瓦の生産技術を検討した S.E. サランツェヴァ氏（Саранцева 2009）や佐川正敏氏（佐川 1992・2005・2007）のものがある。金属生産については，小嶋芳孝氏（小嶋 1999・2005）や村上恭通氏（村上 1993），渤海から金・東夏の鉄生産を扱った笹田朋孝氏（笹田 2008・2009），金属製武器・武具の集成的検討をした服部敬史氏（服部 2005・2006）や日本と大陸の鉄鏃の技術交流を論じた津野仁氏（津野 2000・2001・2008），鉄鍋の製作技法・使用法を検討した越田賢一郎氏（越田 2007），遼・金代の金属製煮炊具について検討した筆者（拙稿 2009b・2009c・2009d 等）のものがある。貨幣流通史に関しては，中国やロシアの出土銭を分析した枡本哲氏（枡本 1995）や三宅俊彦氏（三宅 2005a・2008，三宅・イブリエフ 2008），サハリンの中国銭を検討した I.A. サマーリン氏（イーゴリ・A・サマーリン 2006）のものがある。この他，歴史地理学では，衛星写真を用いて渤海の都城プランや地方城郭を検討した小方登（小方 2000・2003）や山近久美子（山近 2002）の研究，城址の空間構造をモデル化した加藤瑛二（加藤（編）2002）の研究がある。また近年，生態史・生業史研究も盛んになり，動物考古学については渤海の動物骨を分析した内山幸子氏（内山 2007・2009），植物考古学は北東アジアの植物種子を分析した小畑弘己氏（小畑 2005・2008・2009，小畑（編）2005・2006・2008）や E.A. セルグッシェヴァ氏（Сергушева 2005）の研究がある。

一方，研究が停滞していた文献史学による女真史研究については，近年，高井康典行氏（高井 2004）や井黒忍氏（井黒 2006a・2006b・2008・2009），藤田明良氏（藤田 2007），中村和之氏（中村 2004・2005）等が女真集団の活動や交流について論じている。また，渤海滅亡後の地域間交流や東丹国の実態についても，高井康典行氏（高井 1996）や蓑島栄紀（蓑島 1998・1999），澤本光弘氏（澤本 2008a・2008b）が文献史学の立場から検討している。

この他，渤海・女真の周辺の遼代契丹の考古学研究（今野 2002・2003a・2003b・2004，臼杵 2009c・2009d，臼杵・エンフトゥル（編）2009，武田（編）2006，オチル他 2007 他）やモンゴル考古学研究（白石 1994・2001・2002 他,）も活発化している。

第2節　北東アジア中世考古学研究の課題

従来，7世紀から13世紀にかけての北東アジア史研究では，主に文献史料に基づいて歴史叙

述が行われてきた。しかしながら，この地域に居住した人々が自ら書き残した史料がほとんどないこと，文献史料がきわめて限られていることなど，史料的制約が多いのが現状である。このような問題を克服するのが考古資料である。筆者は，考古資料の考古学的分析・検討に加え，文献史学・地理学・分析科学（理化学分析）等の隣接諸科学による成果を援用することによって，従来までの文献史料を基礎にして構築された歴史像を再検討でき，考古資料から新たな歴史的な枠組みも提示できると考える。

　しかしながら，考古資料と文献史料では，資料の性格および扱い方に違いがあり，両者の成果を単純に同レベルで扱うことは危険である。そのため，考古資料に基づいて復元できる歴史像を提示し，その上で文献史料とつき合わせる作業が不可欠となる。千田嘉博氏は，「文献史学と安易に融合すると，文献史学による解釈・評価を追認し，下支えする研究になりかねない」ため，「既成の枠組みと一旦離れて，物質資料研究を一貫すること」（千田2004：p.45）が考古資料に基づく歴史像を構築する上で重要であると指摘する。そのためには，文献史学の成果に引きずられることなく，まずは考古学的方法に基づいて資料を分析し，考古学で明らかにできるところまで明確にした上で，文献史学や関連する隣接諸科学の成果とつき合わせる基礎的作業が望まれる。

　また近年，前川要氏らによって「中世総合資料学」が提唱されている（前川（編）2004）。前川氏の提唱する「中世総合資料学」とは，「考古学のみではわからない部分を，より高次元において『学融合』を実施して明らかにする，この合体した新領域の学問分野」とされる（前川（編）2004：p.19）。すなわち，従来の中世考古学研究で見られた，隣接諸分野との協業・学際という概念をより上位の次元へ高め，中世考古学を中核として文献史学・建築学・民族学等の文科系分野と年代測定学・古環境学・形態人類学・分子遺伝学・電子情報学等の自然科学系分野が「学融合」して，中世歴史像の再構築を図ることが「中世総合資料学」の目標とされた。「中世総合資料学」は，個別分散化された研究の総合化を試み，さまざまな分野の研究者が相互協力して議論を活性化させ，従来日本列島の枠組みで語られてきた日本の中世考古学をアジアのなかに位置づけようとした，という点で明治期以来の伝統を持つ「歴史考古学」における一つの到達点と評価できる。

　最近では，日本・韓国・中国・ロシアによる国際共同研究が進展し，諸外国の研究者と情報交流をした上で共通の問題意識のもと，北東アジア史について調査・研究する段階にきている。従来，日本では北部九州・西日本と朝鮮半島とのつながり，北海道とサハリンやアムール河下流域とのつながりに関心が向けられてきたが，日本列島対岸地域については，一部の研究者を除けばあまり注目されることはなかった。この背景の一つには，日本において当該地域の情報を手に入れることが困難であったことが挙げられる。日本では，渤海史を中心に文献史学の成果が蓄積されている。しかしながら，渤海や女真（金・東夏）の，地域社会の実態については不明瞭な点も少なくない。また，各国において当該時期の個別研究が深化してきているものの，それらの研究を総合化しようとする視点は希薄である。そのため，従来までの渤海史や女真史という枠組みに捉われない地域史を構想することが課題となっている。

第3節　本書の構成

　本書では，上述した研究の現状と課題を踏まえ，北東アジアの地域社会の構造とその特質を明らかにするために，7～13世紀代の北東アジアの手工業生産・流通・消費構造を扱った第1章～第4章，日本列島対岸に出現した渤海から金・東夏代にかけての地域社会の実態について考古学的観点から論じた第5章～第9章から構成される。

　第1章では，日本列島対岸地域において渤海建国以降に普及する還元焔焼成された陶質土器の生産・流通について検討を行い，陶質土器生産導入の背景や地方への技術伝播・拡散の過程について考察する。

　第2章では，12世紀以降に普及する金属製の鍋・釜の生産・流通，出土状況や使用状況について，高句麗から金代にかけて通史的に検討を加え，その地域性や特質を明らかにする。

　第3章及び第4章では，渤海から金・東夏代にかけての城址・寺院・集落・墓地などで出土した飲食にかかわる容器，つまり「食器」の器種構成や組成について検討を加え，各地域・各遺跡における消費活動の実態とその特質・背景について考察する。

　第5章では，発掘調査が比較的大規模になされているロシア沿海地方の城郭遺跡（平地城・山城）を対象とし，その空間利用や存続年代について検討を加え，渤海の地方社会と領域支配のあり方について論じる。

　第6章では，中国東北地方・ロシア極東地域で確認されている金・東夏代の城郭遺跡の分布・立地，平面形態・城郭内部の空間利用について検討を加え，金・東夏代城郭の存続年代や機能，地域統治の実態について考察する。

　第7章では，渤海代の墓地遺跡の分布・立地，空間利用，墓葬構造や副葬品（随葬品）の様相について検討を加え，渤海の墓地・墓域のあり方や墓葬の特質，さらには墓葬から見える渤海の地域社会の実態について考察する。

　第8章では，中国東北地方・内蒙古・華北地域，ロシア極東地域の金代の墓地遺跡を対象とし，金代墓の分布・立地，墓地の空間利用，墓葬構造，副葬品について検討を加え，金代墓の変遷と地域性について論じる。

　第9章では，近年，渤海滅亡後の女真社会の様相を示すものとして注目されている「格子目状叩き土器」を取り上げ，その製作技法・技術，年代観，系統関係について検討を加え，渤海滅亡後の女真社会と周辺所地域との交流の実態について考察する。

　以上を踏まえ，終章では渤海から金・東夏代にかけての社会変動と地域間交流の画期を抽出し，7～13世紀の北東アジアの地域社会の特質とその意義について論じ，今後の課題を述べる。

小　括

　当該地域では，現在もなお発掘調査が継続されており，日々刻々と考古資料が増加している。近年では，ロシア・中国両国において，大部な発掘調査報告書が刊行され，外国人研究者も調査成果を把握できるようになってきた。しかしながら，発掘調査されている遺跡は地域によって多寡があり，調査成果についても未報告・未公表資料が多いのが現状である。そのため，遺跡・遺構・遺物の全体像を把握するには困難な状況にあり，継続的な現地調査と調査担当者との意見交換が不可欠となる。そのため本書は，筆者がここ数年来実施してきた現地調査・研究の中間的な成果に過ぎない。各章で挙げた問題点や仮説の妥当性については，今後とも継続する現地調査によって解決し，その都度修正を加えたいと考えている。

註

1) 極東の考古学研究では，5世紀頃から7世紀の靺鞨文化期までが初期中世，渤海建国後が中世国家期と設定されている。
2) 日本では，「北東アジア」と「東北アジア」という2つの呼称が混在しているが，本論文では"Northeast Asia"の訳語として「北東アジア」という用語を採用する。菊池俊彦氏は著書『北東アジア古代文化の研究』のなかで，「北東アジアとは中国の吉林省・黒龍江省・内蒙古自治区北東部・ロシア連邦のサハリン・沿海地方・アムール河流域・レナ河流域，西はバイカル湖から東はベーリング海峡までのシベリア北東部，オホーツク海北岸地域・カムチャツカ半島・千島列島を含む地域の総称である」（菊池 1995：序文）と述べる。そして，日本の東洋史学界でいう東北アジア史の東北アジアとは，主にマンチュリアと朝鮮を指した地域である点を指摘する。菊池氏は，東洋史研究で行われてきた狭義の「東北アジア」ではなく，それらも包括する広義の「北東アジア」を志向する視点の重要性を指摘する。一方，臼杵勲氏は著書『東北アジアの鉄器文化』において，「極東」という地域区分を提唱する。臼杵氏の言う「極東」とは，「主としてロシア極東の南部と中国東北地方，おおむね松花江や嫩江等を含むアムール水系の地域にあたる。この他に朝鮮民主主義人民共和国の北東部も含まれる場合がある。」（臼杵 2004：序言）とする。また，最近刊行された西谷正編『東アジア考古学辞典』（東京堂出版，2007年）では，「北東アジア」の地理的範囲は「朝鮮半島を中心に，中国・台湾・モンゴル・ロシアおよび日本」としている。
3) 文献史学による渤海史研究の動向については石井正敏氏や酒寄雅志氏，中国における渤海考古学の研究史については西川宏氏による整理がある（石井 2001：序説，酒寄 2001：序章，西川 1986・1993）。
4) 植民地時代に海外調査を行った人類学者の営みとその位置付けについては山路勝彦氏（山路 2006），当該期の考古学に関わる学史については坂詰秀一氏が詳述している（坂詰 1994・1995・1997）。
5) 歴史書に表れる政治的領域と考古資料からわかる文化的領域は一致しない場合も多い。2008年10月17日付け『朝鮮日報』では，韓国国立文化財研究所が実施したロシア沿海地方のコクシャロフカ1城址の発掘調査成果について，「王城の規模に匹敵するこの遺跡は，渤海の北東側領域が北緯45〜46度の沿海州中部まで達していたことや，渤海が高句麗の伝統を色濃く継承していたことを改めて立証するものとして注目される」と報じられている。

第1章　北東アジアにおける陶質土器生産・流通構造の変遷

はじめに

　本章では，渤海（698～926年）から金（1115～1234年）・東夏（1215～1233年）にかけての社会構造の推移について，生産・流通史的観点から述べる[1]。特に，手工業生産のなかでも窯業生産，ここでは陶質土器生産を取り上げ，時期毎の窯業生産の性格とその特質について考察する。

　陶質土器とは，灰色系・黒褐色系の色調を呈した高温焼成で還元質の無釉の土器である。日本列島で見られる須恵器や中世須恵器に近いものである[2]。陶質土器は，朝鮮半島や中国東北地方の一部において高句麗段階から使用されているものの，本章で対象とするロシア極東・中国東北地方のほとんどの地域では，渤海建国以降，すなわち7世紀末以降に生産が開始され，普及する。

　しかしながら，当該地域の陶質土器については，「普遍的な日常容器」（三上1981a：144）と捉えられるのみで，瓷器や施釉陶器に比べると関心が薄く，これまでその生産や流通に関して言及したものは多くはなかった。この地域における陶質土器生産が如何なる状況下で導入され，地方へ波及・拡散したのかという問題は，各時期の地域社会の実態を理解する上で重要な意味を持つ。また，生産から流通・消費に至るまでの過程に注目することは，社会の内部構造や周辺諸地域との相互交流の様相などを明らかにできるのみならず，同時期の日本列島における窯業生産のそれを相対化することも可能になるだろう。

　以下では，これまでの陶質土器生産・流通に関する議論を整理した上で，窯業生産関連遺跡の分布・立地・窯体構造について検討を加え，陶質土器からみた窯業生産技術の受容と展開過程，さらには周辺諸地域との相互交流，消費地の動向について時間軸に沿って考察したい。

第1節　渤海から金・東夏代の土器生産・流通史研究と問題点

　当該地域における窯業生産関連遺跡の調査・研究は，戦前に田村実造・小山富士夫氏らが遼代陶瓷窯を発見したことから始まる（田村・小林1953ほか）。第二次世界大戦後になると，渤海五京の一つである上京龍泉府の周辺で瓦窯跡が発見・調査され（黒龍江省文物考古研究所1986），現在に至るまで着実に資料が蓄積されつつある。三上次男氏は，こうした渤海・遼・金・元の窯業関連遺跡を踏まえ，当該地域の土器・陶瓷器生産とその背景について総合的に論じた（三上1981a・1981b）。その後，小嶋芳孝氏が渤海の窯業生産関連遺跡を集成し，窯跡の立地・構造に関して考察した（小嶋1999）。小嶋氏は瓦窯跡の立地に注目し，吉林省琿春市の甩弯子（ヨウワンツ）遺跡と新興洞陶窯跡は東京龍原府に比定される八連城，黒龍江省寧安市の杏山渤海瓦窯跡と上屯遺跡は上京龍泉府に磚瓦を供給した窯跡と捉え，都城と窯業生産の関わりを想定した。また，都城以外の地方窯に

関しては，城郭や寺院の施設内あるいは周辺で磚瓦・土器が生産されたと捉えた。こうした見解は，生産地と消費地の相互関係を理解する上で重要である。

これに対し，当該地域の土器研究は1980年代以降に活発に行われる。1980年代には，主に手製の野焼き土器（靺鞨式土器）の製作技術や系統関係に関する議論（Дьякова 1984）がなされ，90年代以降は，靺鞨期から女真期の野焼き土器や陶質土器の編年とその地域性についても議論されるようになる（譚・趙 1993, 喬 1994・2004・2007・2010, 臼杵 1994・2004b, Дьякова 1993・1998, 足立 2000, 木山 2006・2007, Пискарева 2005・2006а・2006б）。また，土器研究のみならず，瓷器や施釉陶器の製作技術や編年に関する研究も見られる（Гельман 1999, ゲルマン 1999b・1999c・2007, 亀井 1999・2005・2007・2008, 彭 2003・2006・2007・2010）。しかしながら，これまでの研究が編年に主眼を置いており，現在に至るまで土器生産・流通構造について通史的に叙述したものは少ない。

このようななかで，近年，渤海及び女真の陶質土器の形態的・技術的検討を行い，生産体制について論じているのが E.I. ゲルマン氏と S.M. トゥピーキナ氏である。ゲルマン氏は，渤海代に利用されたクラスキノ城址とゴルバトカ城址，マリヤノフカ城址の陶質土器の生産・消費に関する論考を発表し，陶質土器の器種構成及び組成が城郭遺跡によって異なり，城郭遺跡の空間的位置と出土遺物の様相から渤海の中心・周縁関係を見出すことができることを指摘した（Гельман 2005а・2005б・2006）。特に，渤海の地域性や領域支配の実態を考古学的観点から明確化した点は大きく評価できる。一方，トゥピーキナ氏は，金・東夏代の大規模城郭として知られるシャイガ城址出土の土器・陶質土器を対象とし，形態分類，装飾，ヘラ記号，製作技術・技法等について検討し，城郭遺跡における器種構成や消費状況を明らかにした（Тупикина 1996）。また周辺の山城出土土器の検討を踏まえ，シャイガ城址が東夏の手工業生産上の中心地であったことも明確にした（Тупикина 2003）。しかしながら，両者ともに土器生産の単位や組織については明確に述べておらず，今後に残された課題は多い。

これに関連して，近年，渤海・金・東夏のみならず，アムール河（黒龍江）中流域を中心に9〜13世紀代に展開したとされるパクロフカ文化（アムール女真文化）における陶質土器の評価が問題となっている（臼杵 2004b, 木山 2006 ほか）。臼杵勲氏は，渤海中晩期になると渤海領域内と同様の土器がアムール河中流域でも見られるようになり，当該地域でも陶質土器の生産が開始されたと想定する（臼杵 2004b）。現在のところ，生産地が未発見であるため，パクロフカ文化圏への陶質土器の生産技術の拡散がどのような背景で行われ，その生産の実態がどのようなものだったのかは判然としない。

以上のように，当該地域における陶質土器の生産・流通状況の推移や実態に関しては，不明瞭な点が多い。また，従来の研究は，土器の形態や製作技術から地域的特質を論じるものが多く，生産・流通構造と地域拠点である城址との相関性，さらには周辺諸地域との技術交流や生産・流通構造の特質，窯業生産の歴史的意義を通史的に扱ったものは少ない。そこで本章では，現在までに知られている窯跡分布や立地，生産工房の形態や窯体構造の変遷や系譜関係，消費遺跡における陶質土器の様相について検討を加え，当該地域における窯業生産・流通構造の変遷について

述べたい。

第2節　土器生産関連遺跡の分布・立地とその概要

(1) 窯跡の分布と立地

現在までに知られている渤海から女真（金・東夏代）の窯業生産関連遺跡は，管見に及ぶ限り19ヶ所である。その内訳は，渤海9ヶ所（瓦窯7，土器窯2），渤海滅亡後～遼代併行期2ヶ所（土器窯2），金・東夏代以降8ヶ所（磚瓦窯2，土器窯5，トチン出土遺跡1）である（第2図）。これらの窯跡は，中国東北地方とロシア沿海地方南部に分布する。パクロフカ文化圏と推定されるアムール河中・上流域の様相は不明瞭であるが，ハバロフスク地方のワシーリェフカ2集落遺跡で土器窯が確認されている。

窯跡の分布を見ると，基本的には都城や城郭遺跡，あるいはそれらの周辺で検出されていることがわかる。特に，ほとんどの窯跡は丘陵地ではなく，主要な消費地に近接した平坦地に立地する。これまでに発見された窯跡数はきわめて少なく，また発見された窯跡に関しても，大規模な発掘調査が行われていないため，生産遺跡の状況のみから窯業生産活動の具体像を明らかにすることは難しい。しかしながら，これまでに確認された窯跡の立地傾向を見ると，おおむね以下の3形態に分類できる。

　Ⅰ類：窯跡が寺院等の特定施設に隣接するタイプ（施設隣接型）
　Ⅱ類：窯跡が城郭（集落）等の内部に包括されるタイプ（城郭（集落）内包型）
　Ⅲ類：主要な消費地とは別の場所に窯場が形成されるタイプ（独立型）

Ⅰ類は，官衙・寺院等に隣接して窯が築かれるものであり，基本的に陶質土器ではなく，磚瓦窯に顕著である。渤海代のクラスキノ城址では，城址北西部の寺院地区において西側土塁に接するように数基の瓦窯跡が列をなして検出され，また寺院区画の周縁部でも瓦窯跡が検出された（Болдин 2003，ニキーチン 2005）。このようなタイプは，唐大明宮含元殿遺跡検出の磚瓦窯（中国社会科学院考古研究所西安唐城工作隊1997），洛陽隋唐宮城内瓦窯跡（洛陽博物館1974，洛陽市文物考古工作隊1999）など，東アジア各地で見られる形態である。

またⅡ類は，城郭や集落の中に生産地区を設けて窯が築かれるものである。大きく見ればⅠ類もこれに含まれるが，区別しておきたい。代表例として，渤海代のコルサコフ1遺跡土器窯（Болдин 2000）・コルサコフ2遺跡瓦窯，金・東夏代の偏臉城（趙1994）やラゾ城址検出の土器窯（Леньков, Артемьева 2003），前坡林子遺跡土器窯跡（吉林省文物考古研究所他2006）などが挙げられる。Ⅰ類・Ⅱ類は，生産される場と消費される場が近接あるいは共存している点で共通する。特に，Ⅰ類は土器窯よりも磚瓦窯に顕著である。これは瓦葺き建物の建設に伴って築窯されたと推定され，操業期間もきわめて短期間の可能性が高く，土器窯に顕著なⅡ類とはやや性格が異なる点に注意を要する。

一方，Ⅲ類は，生産される場と消費される場が一元的なⅠ類・Ⅱ類とは異なり，窯場が城郭や

第1章　北東アジアにおける陶質土器生産・流通構造の変遷

No.	遺跡名	所在地	性格	数	構造	立地	出土遺物	時期	文献
1	六道泡窯跡	吉林省琿春市	窯跡	—	不明	Ⅲ類	陶器片, 布目瓦片	渤海	吉林省文化庁 1993: p.203, 小嶋 1999
2	新興洞陶窯跡	吉林省琿春市	窯跡	—	石築平窯	Ⅲ類	瓦	渤海	吉林省文化庁 1993: p.204, 小嶋 1999
3	甩弯子遺跡	吉林省琿春市	瓦窯跡	—	不明	Ⅲ類	瓦, 土器	渤海	図琿鉄路考古発掘隊 1991, 小嶋 1999
4	民主窯跡	吉林省長白県	瓦磚窯跡	—	磚築窯	Ⅲ類	瓦, 磚	渤海	吉林省文化庁 1993: p.141, 小嶋 1999
5	杏山瓦窯跡	黒龍江省寧安市	窯跡	10数基	磚築平窯	Ⅲ類	磚	渤海	黒龍江省文物考古研究所 1986
6	上屯遺跡	黒龍江省寧安市	窯跡か	—	不明	Ⅲ類	瓦	渤海	黒龍江省文物考古研究所 1986, 小嶋 1999
7	クラスキノ城址	ロシア沿海地方ハサン地区	瓦窯跡	12基	石築平窯	Ⅰ類	瓦, 土器	渤海	Болдин, Ивлиев 1984, Болдин 2003
8	ニコラエフカⅡ城址	ロシア沿海地方ミハイロフカ地区	土器窯跡	—	不明	Ⅱ類	土器	渤海	Гельман 1999a
9	コルサコフ1遺跡土器窯跡	ロシア沿海地方ウスリースク地区	土器窯跡	3基	1類	Ⅱ類	土器(壺・甕類)	渤海	Болдин 2000
10	アナニエフカ村土器窯跡	ロシア沿海地方ナジェジンスコエ地区	土器窯跡	1基	2類	Ⅲ類	土器片(壺・甕類)	11世紀代	Хорев 1989
11	偏臉城	吉林省梨樹県	土器窯跡	12基	不明	Ⅲ類	土器(壺・甕・盤類)	金代	趙 1994
12	前坂林子遺跡	吉林省四平市	土器窯跡	1基	2類	Ⅱ類	土器(壺・甕・盤類)	金代	吉林省文物考古研究所他 2006
13	斉斉哈尓市磚瓦窯跡	黒龍江省斉斉哈尓	瓦窯跡	—	不明	不明	瓦, 磚	金代	崔 1989
14	吉林省東遼県尚志金代窯跡	吉林省遼源市東遼県	土器窯跡	1基	磚築平窯	不明	土器	金代	唐洪源 2004
15	ラゾ城址	ロシア沿海地方ラゾ地区	土器窯跡	8基	3類	Ⅱ類	土器	金・東夏	Леньков, Артемьева 2003
16	セルゲイフカ窯跡	ロシア沿海地方パルティザンスク地区	瓦窯跡	—	不明	Ⅲ類	瓦	金・東夏	Тупикина 2003
17	ペトロフカ5遺跡	ロシア沿海地方シコトフスキー地区	土器窯跡	1基	2類	不明	土器(壺・甕類)	14世紀以降	Дьяков 他 2002
18	ミハイロフカ村土器窯跡	ロシア沿海地方ミハイロフカ地区	—	—	—	—	不明	金代?	Хорев 1988
19	千金郷唐力村金代遺跡	遼寧省撫順市	—	—	—	—	トチン出土	金代	王維臣・温秀栄 2000
20	チェルニャチノ2遺跡	ロシア沿海地方アクチャブリー地区	土器窯跡	1基	土坑窯	Ⅱ類	土器	クロウノフカ文化	ロシア連邦東工科大学 2008: 227-240
21	トロイツァ遺跡	ロシア沿海地方	土器窯跡	1基	円形土坑窯	Ⅱ類	土器	靺鞨	Андреева, Жущиховская 1986
22	ワシーリェフカ2集落遺跡	ロシアハバロフスク地方	土器窯跡	3基	不明	—	土器, 鉄鍋	11世紀後半?	Краминцев 2002

第2図　渤海から金・東夏代の窯業生産関連遺跡

集落とは別な場所に独立して形成されるものである。代表的なものとして，東京龍原府（八連城）に近接した甩弯子遺跡・新興洞陶窯跡，上京龍泉府に近接した杏山渤海瓦窯跡（黒龍江省文物考古研究所 1986）・上屯遺跡瓦窯跡，渤海代の仏塔である霊光塔に近接した民主窯跡（吉林省文化庁 1993），東夏代のシャイガ城址に近接したセルゲイフカ瓦窯跡（Тупикина 2003）などが挙げられる。現在のところ，この形態の土器窯は少ないが，アナニエフカ村土器窯跡（Хорев 1989）が該当すると考えられる。ただし，この土器窯も集落内に隣接している可能性もあるため，今後の発掘調査の進展に期待したい。

　このように，窯跡の分布と立地は，製品が使用される消費地との需給関係に基づくと推定される。Ⅲ類は都城や大規模城郭など，多くの人口が集中する地域に限定された特殊な形態，言い換えれば大量かつ長期的な需要が見込まれる状況下で成立したものである。そのため，当該地域では，磚瓦窯はⅠ類，土器窯はⅡ類が一般的な形態であったと考えられる。当然，中小規模の城郭遺跡や集落遺跡の周辺の丘陵や台地で調査を行えば，Ⅲ類に該当する窯跡群が発見される可能性は否定できない。現段階では具体的状況は不明と言わざるを得ない。また窯跡立地は，それを統括する者や工人などの組織の問題と密接に関わる。Ⅰ類やⅡ類は製品の発注者と消費者（消費地）がある程度限定され，Ⅲ類とは性格が異なることが予想される。

(2) 土器生産関連遺跡の概要

　土器の生産体制や流通上の戦略（開窯目的や供給範囲など）を理解する上で，土器窯や生産工房を含めた窯業生産関連遺跡の実態を明らかにすることは重要である。ここでは，当該地域で検出された窯業生産関連遺跡について概観し，その特質について述べる。

〈9～10 世紀〉

コルサコフ 1 遺跡土器窯跡（Болдин 2000）

　コルサコフ 1 遺跡は，ロシア沿海地方南部ウスリースク地区のクロウノフカ川の左岸に立地する渤海代の集落跡である（第 3 図）。発掘調査によって，住居跡・土器窯 3 基・土坑などが検出された。窯跡は河川に隣接する崖部分に位置する。調査者の V.I. ボルディン氏は，9～10 世紀に属すると捉えている（Болдин 2000）。窯跡は，それぞれ 1～2 m 程の間隔を置いて並んで検出された。複数の窯跡が並行して計画的に配置される状況は，杏山瓦窯跡群やクラスキノ城址瓦窯跡と共通する。現在のところ，長期的な操業が行われたか否かは不明だが，集約的な生産活動が行われ，ある特定の施設への製品供給を目的として生産活動を行った工房集落の可能性も考えられる。コルサコフ 1 遺跡に近接する場所にはコルサコフ 2 遺跡が存在する。この遺跡では，瓦窯跡 2 基，寺院跡と推定される礎石建物跡，金属生産に関わると推定される遺構が検出されており，コルサコフ 1 遺跡土器窯の製品も供給された可能性が高い。

　窯体構造については，第 1 号窯跡と第 3 号窯跡は焼成部の一部と煙出し部分が破壊されているため，具体的な様相がわかるのは第 2 号窯跡のみである。第 1 号・第 3 号窯跡も基本的に第 2 号窯跡と同様の形態を呈すると考えられる。第 2 号窯跡は，平面形が焼成部で長方形状を呈し，燃

焼部・焚口にかけて幅が狭くなり漏斗形となる。地下式構造をとると思われる。焚口は窯跡北西に位置し，幅0.3mの規模を測る。そして，焚口の南側に長さ約0.6m，幅0.3〜0.85mの燃焼室，その南側に長軸2.28m，短軸0.9〜1.65m，高さ約1mの焼成室がある。燃焼室と焼成室を明確に区切るような仕切りや段はない。さらに焼成室の南西隅には，煙出しと考えられる約30cm四方，高さ1.45mの煙突状の遺構を伴う。燃焼室からは，陶質土器の無頸壺（盂）の破片が出土し，焚口の開口部で検出された深さ1.5m程の土坑（灰原）からは430片余りの灰色・黒色系の陶質土器片，極少数の突帯を持つ手製の深鉢形（罐形）土器片が出土した。出土器種は，壺，碗，橋状把手を持つ壺類，大甕片であり，貯蔵具が目立つ。いずれもロクロ製であり，器面にヘラミガキや化粧土が施されている個体も見られる。またこの窯か

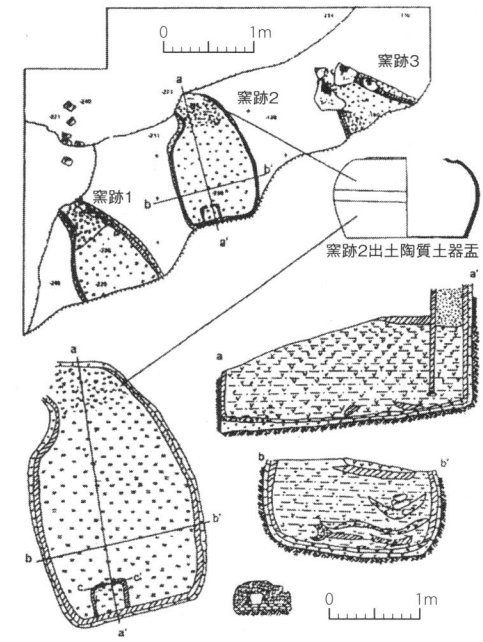

第3図　コルコサコフ1遺跡土器窯跡

らは，平瓦片も出土していることから瓦陶兼業窯であった可能性もある。

〈10世紀後半〜11世紀〉

アナニエフカ村土器窯跡（Хорев 1989）

　ロシア沿海地方のラズドリナヤ河（綏芬河）河口部のアナニエフカ村に位置する。窯跡は1基のみ検出されているが，周辺の集落遺跡との関係については不明である。出土遺物から判断すると，近接する金・東夏代に比定されているアナニエフカ城址とは時期的に隔たりがあるという。窯跡の年代は，10世紀後半から11世紀代に比定されている（Хорев 1989）。

　窯跡は，焚口・燃焼部・焼成部からなる（第7図-3）。保存状態が悪いため窯跡の具体的様相は不明であるが，石組み構造で地上式の平窯になると考えられる。平面形は，焼成部に最大幅を有し，燃焼部から焼成部にかけて膨らみを有する楕円形状を呈すると想定され，焼成室と燃焼室の境には段がある。規模は長さ約2.3m，幅約1.3〜1.5mを測り，比較的小型の窯と推定される。また焼成室の北部には，石組で構築された煙出しを伴う。

　窯跡からは灰色・黒色系の陶質土器が約800片出土し，その器種は瓶形・壺形に大別される。土器資料の詳細については未報告のため不明であるが，格子目状の叩きを持つ土器（Керамика с о следами «вафельной» выбивки）が出土しているという（Хорев 1989）。このような土器は，E.I.ゲルマン氏が最近設定した「ニコラエフカ文化」の指標遺物である（Гельман 2006）。この文化は，渤海滅亡後から金代をつなぐ10世紀後半から11世紀代と年代付けられ，窯跡と同時期である点は注目される（第9章参照）。

〈12～13世紀〉

前坡林子遺跡土器窯跡（吉林省文物考古研究所他 2006）

　前坡林子遺跡は，吉林省四平市に位置する金代の集落跡である（第4図）。ここでは，コの字状の炕付建物跡1棟，土器窯跡1基，土坑4基が検出された。

　窯跡は，平面形が瓢形状を呈し，前庭部から焼成室に向かうにつれて幅広になる。窯体規模は，長さ2.76 m，幅2.34 mを測る。焚口・燃焼室・焼成室がそれぞれ区切られ，焚口を東側に有する。燃焼室は半円形状を呈し，焼成室は馬蹄形状を呈する。焼成室の四壁は磚を平積みすることによって構築した磚築窯である。主要器種は，陶質土器甕・壺・盆・甑等であり，器面に弦紋や蓮花紋・魚紋・格子目紋等の装飾を施すものもある。いずれも金代に一般的な口縁部が折曲するもの，巻き口縁となり口縁端面が円形状となるものである。その他，焼成室内の焼土直下から政和通宝，窯跡前庭部の灰原から白瓷小碗1点・皇宋通宝1枚が出土した。

　報告者によると，窯跡床面と遺跡内の他の遺構出土遺物は同一であり，年代は金代に比定されている（吉林省文物考古研究所他 2006）。土器生産が集落単位で行われていたのか，それとも城郭等の特定施設と関連を持った工房集落と理解するかは，現在のところ判然としない。

偏臉城土器窯跡（趙 1994）

　偏臉城は，中国吉林省四平市に位置する。城郭は，周長4318 mの方形プランを呈し，高さ5～7 mの城壁で囲まれている。城壁には角楼が存在するが，馬面はない。また各辺に半円形状の甕城を有するという。内部には，街区・道路の他，官庁・寺院・倉庫・作坊（工房）等の諸施設が存在する。

　土器窯跡は城郭東門に近接する位置において12基検出された。残念ながら，窯体構造に関する報告はされていない。注目すべき点は，平地城の内部に工房が設けられていたということであり，城郭内で生産活動が集約的に行われたことを示す。窯跡付近からは大量の陶質土器片が出土している。主要器種は甕・横耳付壺（罐）・鉢（盤）・盤状口縁瓶等がある。器形的特徴は，金代に一般的な口縁部が折曲して口縁端面が円形状になるものが多く，前述の前坡林子遺跡土器窯跡出土遺物と同時期と考えられる。また窯跡付近では，窯道具である三角形・半円形状のトチンが大量に出土しているが，詳細については未報告である。

吉林省東遼県尚志金代窯跡（唐洪源 2004）

　吉林省東遼県安石鎮尚志村に位置し，河川流域の台地上に立地する。窯跡は平面円形プランを呈し，開口部で直径1.5 m，底面で直径1.56～1.67 mを測る小型陶器窯である（第5図）。窯壁は長方形の半製品の磚が平積みされている。窯壁は西側で1.8 m，東側で0.9 m，南側・北側で1～1.2 mを測る。東側に焚口を有し，多量の木炭や草灰が検出された。

　窯跡内からはロクロ製の陶質土器が出土している。器種構成は無頸の小型球状壺，灯明具（灯明皿含む），鉢（尊），盆（浅鉢），器蓋などであり，小型の貯蔵具と調理具・灯明具が基本器種である。組成は小型球状壺20％，灯明具25％，鉢10％，盆30％である。小型球状壺や深鉢のなかには回転糸切り痕が見られるものもある。小型球状壺や浅鉢はロシア沿海地方のクラスノヤロフ

第1章　北東アジアにおける陶質土器生産・流通構造の変遷

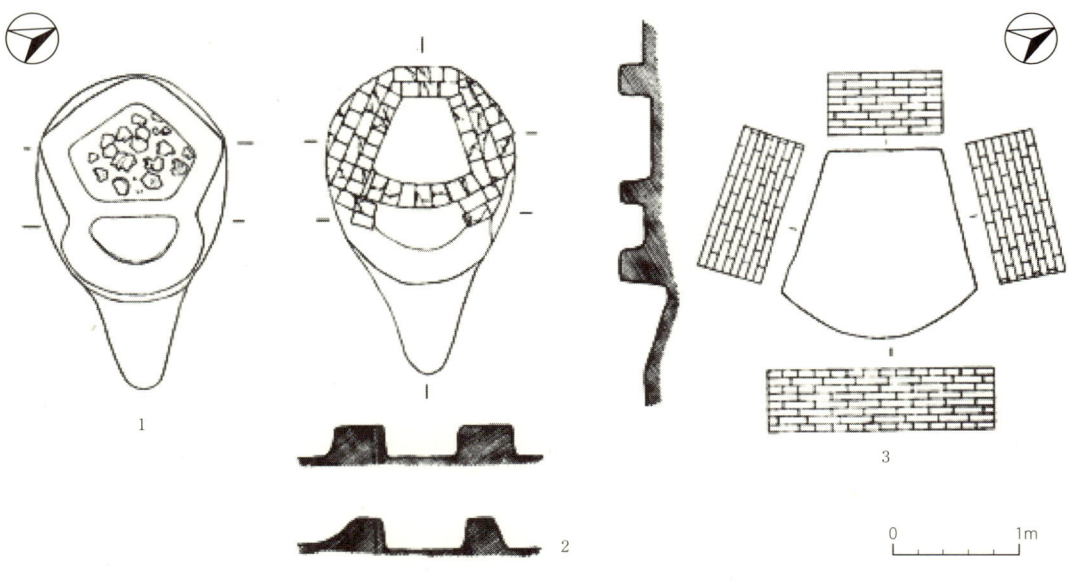

1. 陶器出土状況　2. 窯跡平面図　3. 四壁側視図

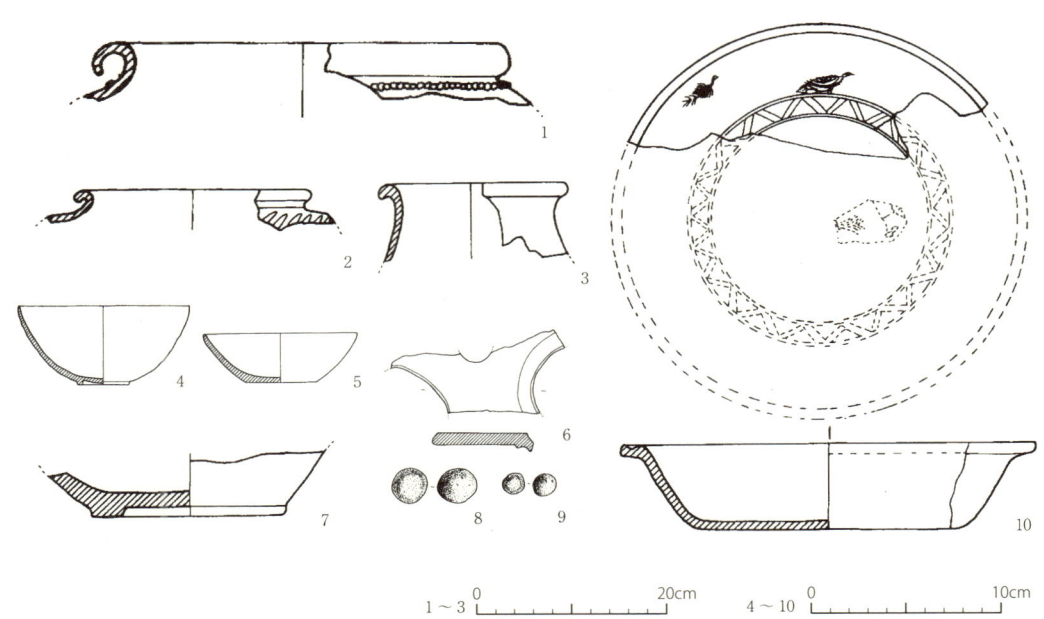

1. 陶質土器大甕　2. 陶質土器壺　3. 陶質土器長頸瓶　4・7. 瓷器碗　5. 瓷器坏
6. 陶質土器甑底部　8・9. 陶製小玉　10. 陶質土器盆

第4図　前坡林子遺跡 Y1 土器窯跡と出土遺物

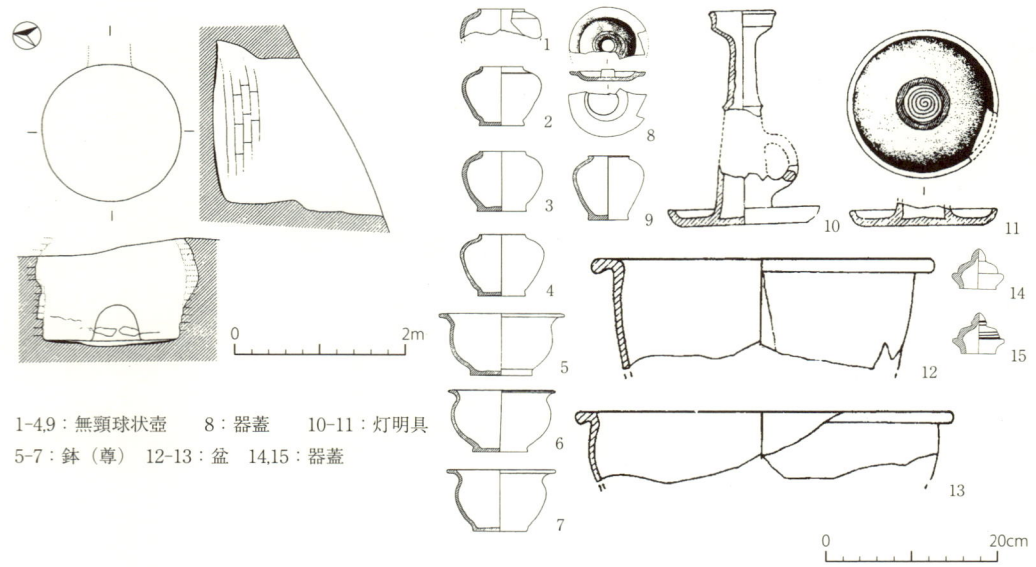

1-4,9：無頸球状壺　　8：器蓋　　10-11：灯明具
5-7：鉢（尊）　12-13：盆　14,15：器蓋

第5図　吉林省東遼県尚志金代窯跡平面図・出土遺物

スコエ城址出土のものと類似している。また，特徴的な点として，脚を持つ灯明具（第5図10・11）が器種組成の25％余りを占めることが挙げられる[3]。また小型球状壺や深鉢等の小型製品が比較的多く，口径40cmを超えるような壺・甕類等の大型製品は出土していない。年代については，報告者によって金代晩期と推定されている。

　　ラゾ城址土器窯跡（Леньков, Шавкунов 2002，Леньков, Артемьева 2003）
　ラゾ城址は，ロシア沿海地方南部ラゾ地区の日本海沿岸から十数km内陸に所在する山城である。面積25万㎡を測る中規模城郭である。城郭内では，多数の炕付建物跡の他，「堡塁（редут）」と呼ばれる方形区画，行政関連施設とされる礎石建物跡を伴う約100m四方の区画（内郭），工房跡，倉庫等が検出されている。
　工房跡は，城郭西側の斜面に位置する（第6図）。50m×50mの方形状を呈し，周りを高さ1m，幅4mの土塁，土塁外側に幅1m程の浅い溝（壕）が巡る。その南側中央部には出入口を有する。方形区画では，北部中央にコの字状の炕を有する第60号建物跡（6m×8m）が位置し，その南側には石組みの板塀跡が検出されている。建物内から陶器片，鉄製品（釘・鉄鏃・刀子・鉄鍋片），元豊通宝，板塀跡付近から陶器片，鉄滓，鉄製武器・武具（鉄矛・鉄鏃・小札）が出土している。第60号建物跡の南西部には，炕を有する第64号・第65号建物跡がある。その他，方形区画内部では，東側に窯跡，土坑（粘土採掘坑か），製品を保管するための作業場が検出されている。また東側中央部には高さ0.5m程の土塁で囲郭された方形状の遺構（10m×8m）が見られ，鉄滓が大量に検出されていることから，鉄生産関連施設が存在したと考えられている（Леньков, Артемьева 2003）。
　窯跡は8基検出され，主軸方向を南北と東西に持つ2タイプがある。特に後者は，各窯跡が平

第1章　北東アジアにおける陶質土器生産・流通構造の変遷　21

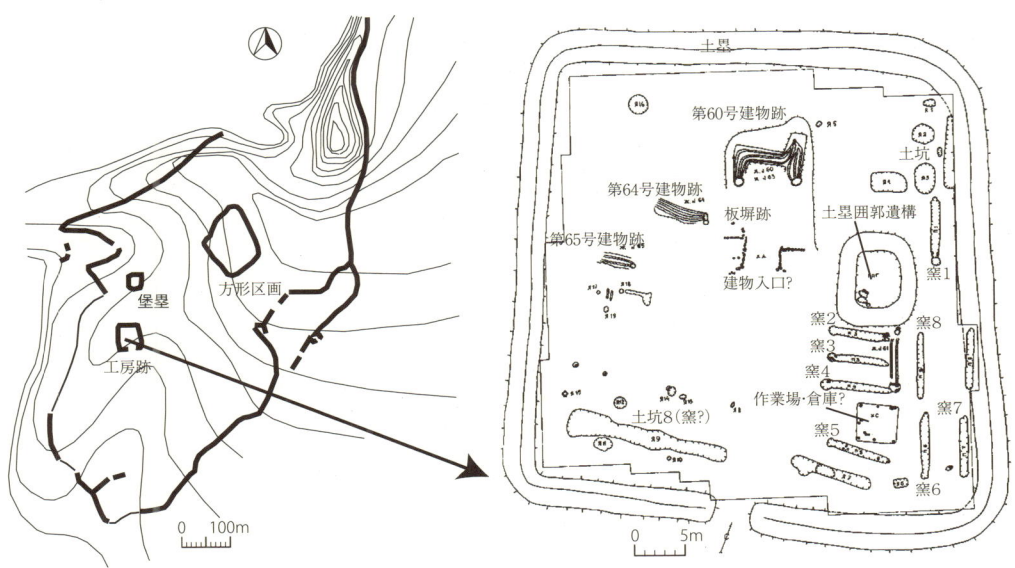

第6図　ラゾ城址平面図と土器生産工房跡

行して整然と並び，焚口は方形区画内の中央部を向いている。窯は，ほぼ同じ形態であり，長さが6.5m，幅0.8m，深さ0.6m程を測る半地下式となる。窯跡出土遺物の詳細は不明であるが，第1号窯跡から窯壁片が出土しているという。また窯跡に隣接して方形（4m×4m）の倉庫跡あるいは作業場と考えられる遺構も存在する。現在のところ，窯業生産に関わる工房跡の検出例はきわめて少なく，本城址検出の工房跡は，成形から乾燥・焼成，製品搬出に至るまでのおおよその生産工程を理解できる数少ない事例の一つとして注目される。また，土器生産と金属生産が同一の場所で行われていた点も注目される。ただし，土器窯跡と報告されているもののなかには，鉄生産に伴う炭窯として利用されたものもあると推定される。

　このほか，中国東北地方やロシア沿海地方ではいくつかの土器窯の報告事例が知られている。ラゾ城址と同様の形態の土器窯がミハイロフカ地区ミハイロフカ村で確認されている（Хорев 1988）が，詳細は不明である。また，遼寧省撫順市千金郷唐力村金代遺跡で窯道具（窯棒・トチン等）の出土が認められ，遺跡付近に窯跡が存在した可能性が指摘されている（王維臣・温秀栄 2000）。最近では，ロシア沿海地方の日本海沿岸北部のゼルカリナヤ川流域で登り窯が確認されているが，詳細は不明瞭である（ヂャーコヴァ氏のご教示による）。
　また時期が遡るが，靺鞨・渤海の墓地として知られるチェルニャチノ5墓地に近接するチェルニャチノ2遺跡において土器窯が検出されている（ロシア連邦極東工科大学 2008：227-240）。チェルニャチノ2遺跡は，クロウノフカ文化から靺鞨・渤海の文化層を伴う集落遺跡である。土器窯は平面が楕円形を呈し，規模は長軸2.3m～3m，短軸1.9m，深さ18cmを測る。近くには灰原と考えられる土坑も検出されている。窯跡や灰原からはクロウノフカ文化の土器片が多く出土し

ているため，時期もこの文化に相当すると推定される。また，靺鞨文化のトロイツァ遺跡では，平面円形状を呈する野焼き土器窯が検出されている（Андреева, Жущиховская 1986）。これらの事例は，靺鞨文化以前に土器生産が集落内で行われていたことを示唆する。

　以上，現在までに確認されている窯業生産関連遺跡について概観してきた。その結果，次の点を確認できる。第一に，渤海と東夏の窯業関連遺跡の場合，複数の窯跡が隣接して形成されることである。これは，アナニエフカ村土器窯のような単基存在の窯跡とは明らかに性格が異なるものであり，土器生産が集約的に行われていたことを示唆する。第二に，12〜13世紀になると，城郭内部に生産工房が独立して形成されることである。特に，こうした生産工房は城郭主要門付近や城郭端部等，寺院・官庁が設置された場所とは隔絶して立地するのが特徴である。またラゾ城址検出工房跡のように，工房跡が土塁で区画され，燃料調達・保管から焼成までの工程を一つの空間で集約的に行い，窯業生産が組織的かつ専業的に行われていた例も存在する。

第3節　土器窯の構造と変遷・系統関係

(1) 窯体構造の分類・変遷

　ここでは，窯業技術の導入・展開過程を理解するため，窯体構造の分類を行い，その変遷及び系統関係について検討する。当該地域における窯跡は，その平面形と断面形態・構築方法（地表面からの深度・排煙構造等）を基準にすると，以下の3形態に大別できる（第7図）。

　1類：焼成室が方形状を呈する。地下式のもの（1a類）と半地下式のもの（1b類）に分けられそうであるが，具体的様相は判然としない。磚あるいは石組み構築のものもある。

　2類：焼成室に最大径を持った楕円形状を呈する。半地下式（2a類）と地上式（2b類）に分けられそうであるが，具体的様相は判然としない。磚あるいは石組み構築のものもある。

　3類：焼成室が長細いタイプの半地下式無階無段の登り窯。石組み構築とはならない。

　1類は，コルサコフ1集落遺跡検出の窯跡が代表的である。焼成室は緩やかに傾斜しており，排煙構造は直立するタイプである。排煙施設は1箇所である。燃焼室と焼成室の境界に段を伴っていない。焚口から焼成室にかけての長さは3m程のものが多い。2類は，アナニエフカ村土器窯跡と中国吉林省の前坡林子遺跡のものが該当する。前者は燃焼室と焼成室の境に段を有する。一方，後者は焚口・燃焼室・焼成室が仕切られている。3類はラゾ城址のものが代表的である。焚口に2つの角礫を持ち，燃焼室から焼成室にかけて細長い形態をとる。排煙施設は傾斜するタイプであるが，窯体の傾斜角度は強くない。

　窯体構造の変遷については，調査事例がきわめて少ないため，現段階で把握できる各形態の存続時期から推定したい。まず，1類はクラスキノ城址寺院地区で検出されている瓦窯や杏山渤海瓦窯跡（黒龍江省文物考古研究所 1986）と類似する点が多いことからも，瓦窯の窯体構造を引き継いだものと推定される（第8図）。杏山渤海瓦窯跡は，上京龍泉府が建設される時期，すなわち8世紀中葉頃から9世紀代に年代付けられる。したがって，土器窯も8世紀中葉から9世紀代に相

第1章 北東アジアにおける陶質土器生産・流通構造の変遷

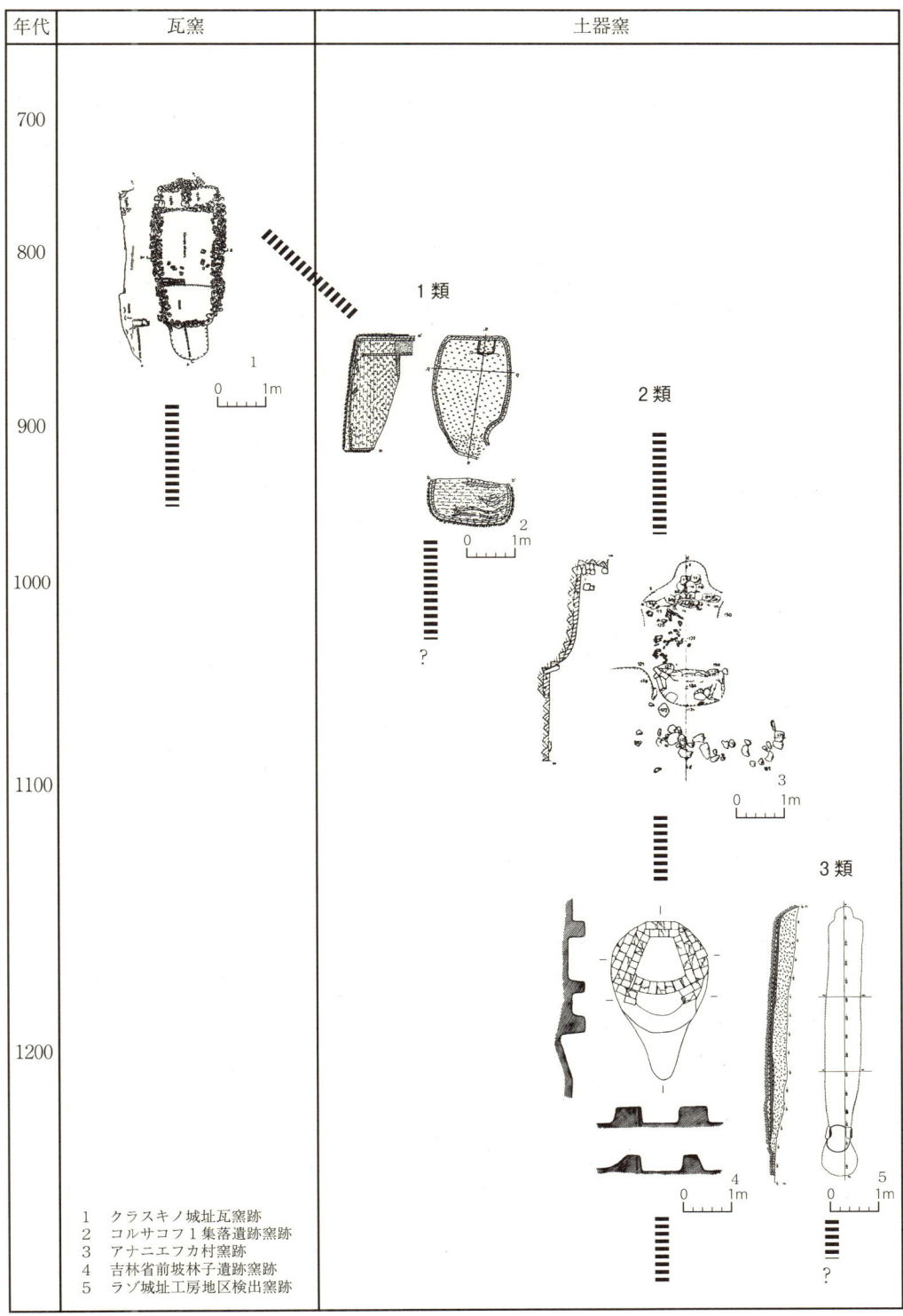

第7図 渤海から金・東夏代の窯体構造の変遷図

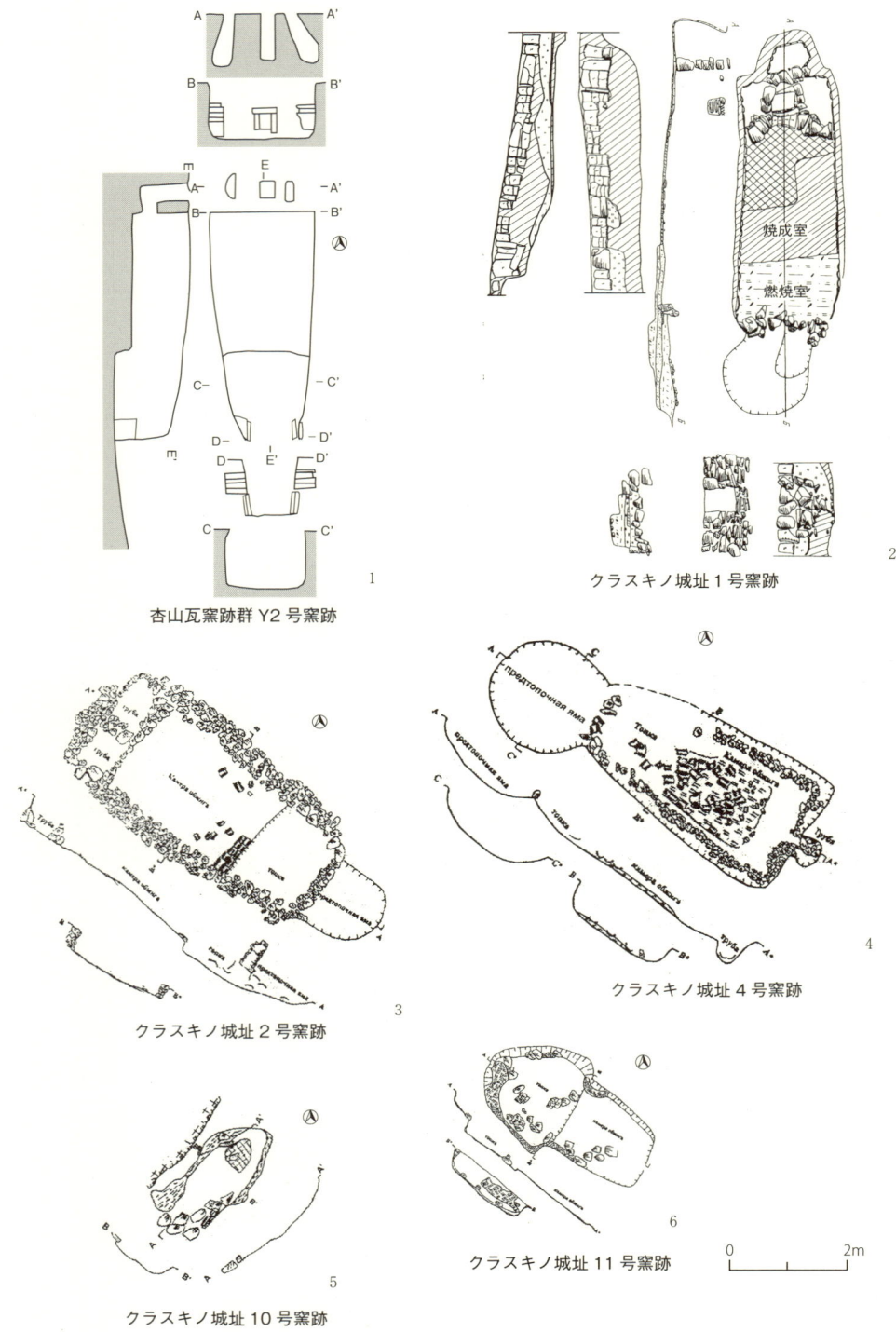

第8図 渤海の瓦窯跡

1 杏山瓦窯跡群 Y2号窯跡
2 クラスキノ城址1号窯跡
3 クラスキノ城址2号窯跡
4 クラスキノ城址4号窯跡
5 クラスキノ城址10号窯跡
6 クラスキノ城址11号窯跡

当するものと考えられる。渤海の瓦生産は，都城・地方城郭の建設に伴って8世紀以降に始まり，10世紀前半代をもって終焉を迎える。したがって，現時点では，1類は，瓦窯と同様に，8世紀以降に出現し，10世紀前半に至るまで渤海領域内で見られる形態と捉えておきたい。また，1類は，前述のように，地下式と半地下式の2形態がありそうだが，新旧関係で理解できるものか，それとも同時期の地域差・機能差で理解できるものかは今後の課題である。

2類は，当該地域において，時期によって形態差が見られるものの，おおむね10世紀後半から11世紀代を中心に，またそれ以降にも見られる形態であると考えられる。こうした形態は，華北地域で見られる「饅頭窯」と呼ばれる窯に類似する。饅頭窯は，焼成室の平面形が楕円形（馬蹄形）を呈し，外見がドーム状に構築されるのが特徴的である（第9図）。饅頭窯は，西周晩期以降出現し，隋唐・北宋・遼・金代に至るまで，華北の典型的な陶瓷器窯である（劉1982）。遼代と推定されるモンゴル国のチントルゴイ城址では，城外南部において瓦・陶質土器を焼成したと推定される饅頭窯が数基検出され，長頸壺・短頸壺などが出土している（臼杵2009d）。

3類は，ラゾ城址検出例を踏まえると，12世紀後葉から13世紀代の金代晩期・東夏代を主体とすると考えられる。現段階では，ロシア沿海地方の日本海沿岸地域を中心に3類が分布するものと推測されるが，窯の性格も含め詳細については今後の調査に委ねたい。また，この形態が元・明代以降に継続する形態なのかは，今のところ不明と言わざるを得ない。前述したロシア沿海地方日本海沿岸北部のゼルカリナヤ川流域の登り窯の年代や実態の解明が望まれる。

以上をまとめると，おおむね8世紀以降に1類が渤海領域内に導入され，10世紀後半代になると半地下式・地上式の「饅頭窯」に類似する2類が旧渤海領域内に出現し，金代以降も継続し，一方12世紀後葉からロシア沿海地方日本海沿岸部を中心に3類が出現するという変遷を想定できる。

(2) 窯業技術の系統関係と周辺諸地域との関係

ここでは，各形態の窯業技術の系統関係と周辺諸地域との関係について述べる。

まず，1類については，前述したように基本的に杏山瓦窯跡やクラスキノ城址等の瓦窯の形態と類似していることから，渤海領域の瓦窯あるいは土器・瓦兼業窯から発生した形態と推測される。クラスキノ城址の瓦窯跡は，焚口・燃焼室・焼成室・排煙孔が分かれているものが多く，焼成室は方形状となる（Болдин, Ивлиев 1984, Болдин 2003）。特徴として，排煙孔を1～3つ持つタイプがある（第8図）。コルサコフ1遺跡土器窯は，前者の形態に相当する。クラスキノ城址瓦窯跡群では，瓦焼成が主体であるが，陶質土器も一部焼成していたことが確認されており，完全な瓦専用窯ではなかったことが判明している（Болдин 2003）。このことは，地方城郭の場合，瓦生産と土器生産の組織が未分化であり，両者が相互に補完しあっていた可能性が高いことを示唆する。また，窯体構造から見る限り，渤海領域内の瓦窯と1類の形態は類似する点が多く，築窯技術の導入過程において両者間に密接な関係があったと想定できるだろう。

2類は，前述したように，いわゆる「饅頭窯」と呼ばれる瓷器窯からの築窯技術の影響が考え

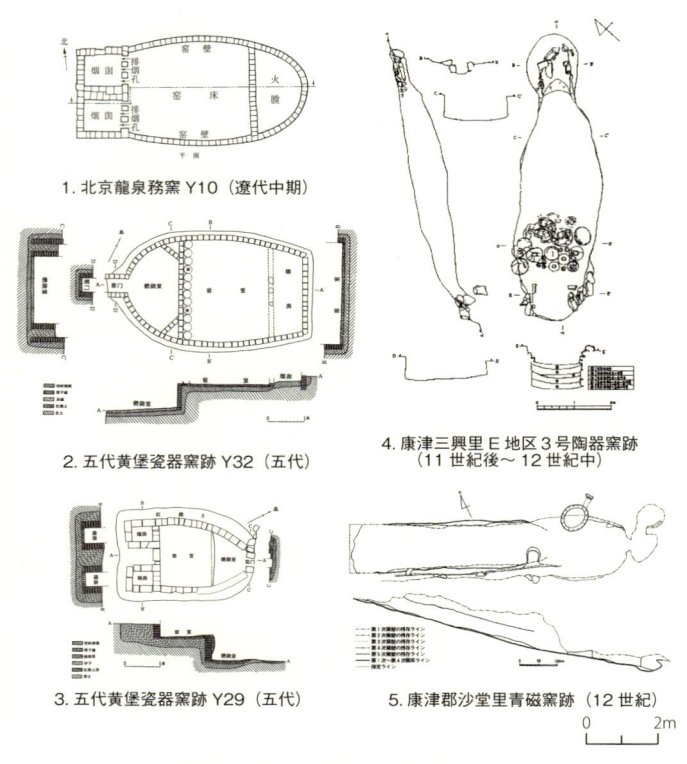

1. 北京龍泉務窯 Y10（遼代中期）
2. 五代黄堡瓷器窯跡 Y32（五代）
3. 五代黄堡瓷器窯跡 Y29（五代）
4. 康津三興里 E 地区 3 号陶器窯跡（11 世紀後〜12 世紀中）
5. 康津郡沙堂里青磁窯跡（12 世紀）

第 9 図　周辺諸地域の中世陶瓷器窯跡

られる（第9図-1・2・3）。このことは，中国東北地方からロシア沿海地方にかけての地域もまた，華北地域と同様に，「北方系」の範疇で捉えられることを示す。当然のことながら，瓷器窯と陶質土器窯を同列に扱うことはできないが，石積み構造をとる窯跡は瓷器窯に顕著なものであり注目してもよいであろう。一方，河北省・遼寧省・内蒙古では，遼代の北京龍泉務窯跡（北京市文物研究所 2002）や遼中京に近接する缸瓦窯跡 Y1・Y2（彭 2003）等の陶瓷器窯跡が存在する（第9図）。この窯も基本的には「饅頭窯」からの系譜を引くものである。しかしながら，アナニエフカ村で検出された陶質土器窯跡は，規模・築窯方法の点において遼代の陶瓷器窯とは明らかに相違が認められ，遼代の陶瓷器窯の築窯技術が伝わったとは理解しにくい。資料的制約により詳細については今後に委ねたいが，アナニエフカ村土器窯のような例は，遼代以前に華北地域で展開した「饅頭窯」の築窯技術の影響を受け，各地域において技術の選択的受容を経て成立した地方化した窯である可能性を指摘しておきたい。推測の域を出るものではないが，10世紀後半代から11世紀代にかけて，「饅頭窯」タイプの築窯技術が中原地域から契丹（遼）領域や旧渤海領域をはじめとする複数の地域に拡散し，構造上の変容や瓷器窯の影響も受けながら前坡林子遺跡土器窯跡のような金代の陶質土器窯に至ると想定したい。

　3類は，形態的に類似するものは高麗の陶器・瓷器窯に認められる（第9図-4・5）。高麗の瓷器窯については，11世紀から12世紀前半にかけて中国式磚築窯に代わって築造材料に粘土を用い

た土築窯が定着し，12世紀中葉から13世紀代にかけて粘土築造による半地下式の登り窯が普及する（韓貞華2005）。一方，高麗陶器窯は焚口・焼成室・排煙口から構成される単室窯であり，平面形は長さ6～8m前後の長楕円形状となる（韓惠先2005）。窯体構造は地下式と半地下式に大別されるが，両者が同時併行して使用されるようである。現在のところ，高麗陶器窯の調査遺跡は，韓国京畿道とその周辺に集中しており，朝鮮半島北東部の様相については判然としない。一方，ラゾ城址検出土器窯と高麗青瓷を焼成したとされる韓国・龍仁郡西里窯跡（10世紀後半～12世紀前半）や康津郡沙堂里窯跡（12世紀）とを比較すると，築窯方法において類似する点も見らるものの，明らかに規模においてラゾ城址のものが小規模であり，立地も異なる。今後の調査の進展を俟つほかないが，現時点においては，3類の検出遺跡が日本海沿岸地域に分布することを考慮し，朝鮮半島から日本海沿岸部を北上して伝播した形態と考えておきたい。また，ラゾ城址検出土器窯に関して言えば，12世紀後葉から13世紀前半頃に高麗（朝鮮半島）からの築窯技術を部分的に選択・受容し，築窯された可能性を指摘しておきたい。今後，中国東北地方を含む内陸地域において3類の窯跡が存在するか否かが注目される。

　以上，現時点で想定しうる窯業技術の系統関係について述べた。従来までの中国陶瓷史研究によって，焼成室中央部に最大径を持つ「饅頭窯」が北方（華北地域），焼成室が長い「龍窯」が南方（華南地域）で見られ，中国領内でも窯体構造に2つの地域差が生じていたことが指摘されている（王2007：62）。本章で対象とした地域は，窯体構造から見ると，基本的に「北方系」の範疇で捉えられるが，12世紀後葉から13世紀前半のラゾ城址土器窯跡のように日本海沿岸地域の一部では，朝鮮半島からの技術的影響で理解できるものもある。以上の窯体構造の地域差を考慮した上で窯業生産技術の伝播過程を捉えると，渤海滅亡後の10世紀後半から11世紀代に中原地域から遼河〜第二松花江〜松花江〜牡丹江〜図們江（豆満江）・綏芬河流域へと拡がる北方系築窯技術，12世紀後葉頃から高麗（朝鮮半島）からロシア沿海地方日本海沿岸地域へと拡がる高麗系築窯技術，という2系統の流れを想定できるだろう。

第4節　消費地遺跡における陶質土器の様相

　ここでは，中国東北地方・ロシア極東地域の墓地・集落・城郭遺跡を対象とし，時期毎の陶質土器の流通と消費の様相について述べる（第10図）。

7世紀～8世紀前葉

　この時期に該当する遺跡はきわめて少ないものの，松花江流域に立地する大海猛遺跡では，土壙墓が40基検出されている（吉林市博物館1987）。墓葬では靺鞨式土器が主体を占め，陶質土器はきわめて少ない。基本的に，口縁直下・胴部に刻み目突帯を有する深鉢形土器と陶質土器短頸壺・橋状把手付短頸壺が共伴する。短頸壺は，胴部中央部に弦文・列点文を有する。このような器種構成は，第二松花江流域の老河深遺跡（吉林省文物考古研究所1987）でも見られ，大海猛遺跡33号墓出土の橋状把手付短頸壺と類似する陶質土器が出土している。この時期の陶質土器は，

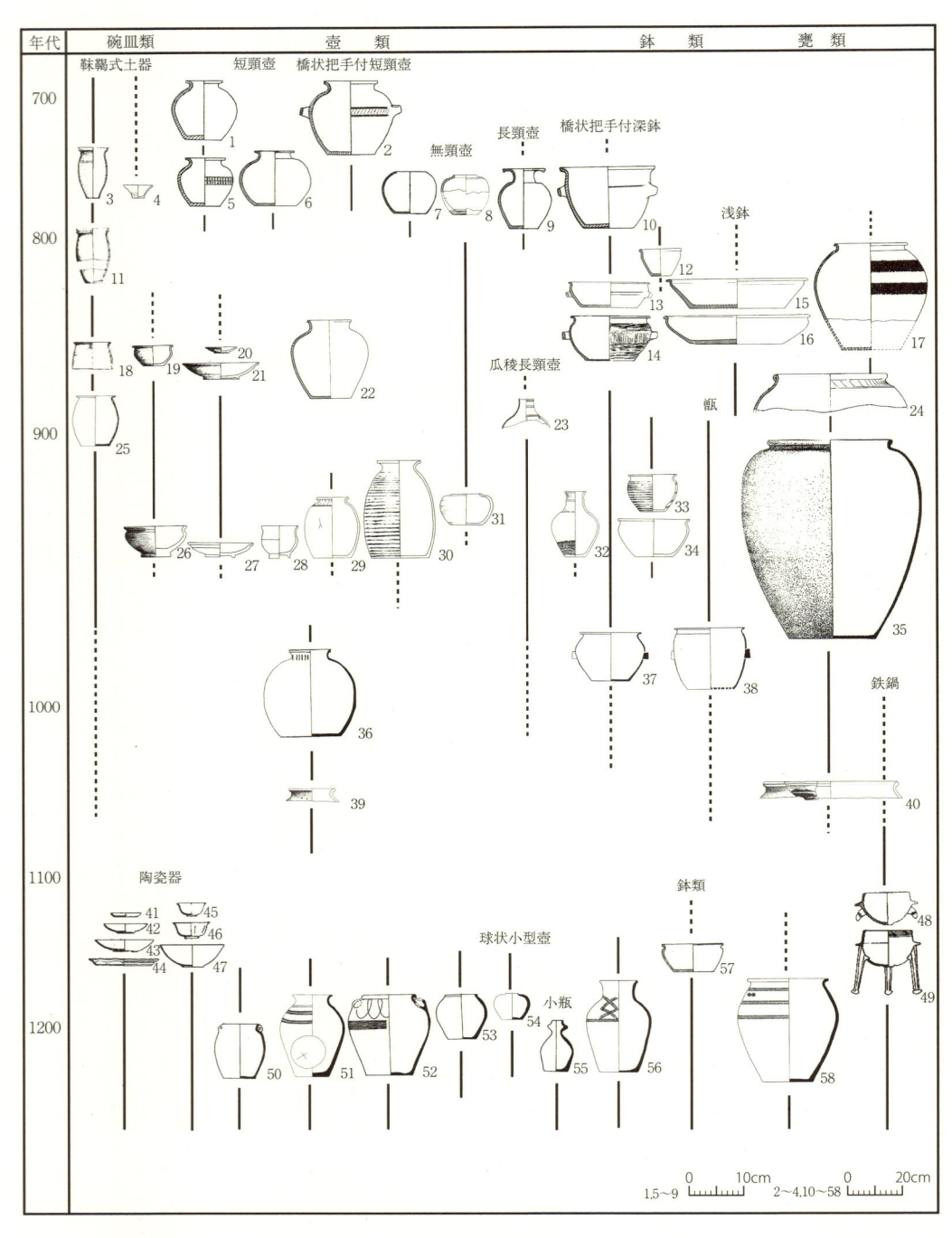

1,2,5〜9　大海猛遺跡　　3,4　ラコフカ10遺跡　　10　六頂山墳墓群　　11　チェルニャチノ5墓地　　12〜14,22,23　振興遺跡
15〜17　上京龍泉府　　18〜21,24,26〜35　クラスキノ城址(26〜34は井戸跡出土)　　25　ゴルバトカ城址　　36〜38　アウロフカ城址
39,40　ニコラエフカ城址　　41〜49,57　中興墓地　　50,52,55　アナニエフカ城址　　51,53,54,56,58　ラゾ城址

第10図　中世北東アジアにおける食器様式変遷図（渤海〜金・東夏）

墓地から出土することが多い。日常生活食器という性格だけではなく，葬送に関わる供献儀礼・副葬容器としても機能したと考えられる[4]。

8世紀中葉～後葉

牡丹江流域を中心に城郭・集落が増加しはじめ，陶質土器が本格的に生産される。虹鱒漁場墓地・六頂山墳墓群・査里巴墓地等が該当する（黒龍江省文物考古研究所1997，中国社会科学院考古研究所1997，吉林省文物考古研究所1995）。この時期，陶質土器とともに，成形後にロクロ修正を施す野焼きの深鉢形土器が加わる。器種構成は，墓地では前段階と大差なく，短頸壺が中心で長頸壺・無頸壺が若干見られる。また頸部下に明確な稜を有する短頸壺が登場する。

また上京龍泉府などの都城周辺では，陶質土器が種類・法量とも多様性に富み，日常食器として使用される（中国社会科学院考古研究所1997）。器種構成は，橋状把手付鉢・盤・鉢を中心に瓶・碗・蓋，そのほか円面硯などの文房具が伴う。野焼き土器はきわめて少ない。一方，地方城郭では都城の技術的影響を受けた窯業生産が行われ，陶質土器が主体となる。重要なことは，都城・城郭においては陶質土器が主体的に使用され，集落では依然として野焼き土器（靺鞨式土器）が使用される。これは，陶質土器生産が都城や城郭と密接に関わっていたことを示唆する。

8世紀末葉～10世紀前葉

9世紀以降になると陶質土器が定着・普及する。上京龍泉府の他，振興遺跡第5期文化遺存や永安遺跡（黒龍江省文物考古研究所・吉林大学考古学系2001，吉林省文物考古研究所1997），クラスキノ城址やゴルバトカ城址（ボルディン・ゲルマン2005，高句麗研究財団他2006）等で顕著となる。陶質土器の基本器種は，前段階からの流れを引き，短頸壺・鉢・盤・碗・皿・蓋等から構成される。この頃から城郭・寺院では多様な種類の陶質土器・黒色土器を中心に施釉陶器（三彩）・瓷器が少量加わる。

一方，集落遺跡ではロクロ製の深鉢形土器に陶質土器の貯蔵具が少量加わるという構成となる。永安遺跡では，上京龍泉府と類似する陶質土器があり，野焼き深鉢形土器が主体を占めるが，陶質土器短頸壺・鉢・橋状把手付土器が共伴する（吉林省文物考古研究所1997）。前段階と同様に，遺跡の性格によって食器構成が異なり，陶質土器は城郭・寺院等の公的機関での使用を目的として生産されたものであり，集落へはその一部が流入したものと推測される。また，この時期の窯業生産に関して述べると，クラスキノ城址出土陶質土器は，筆者が実見した限り，胎土に砂礫を含むものと含まないものがあり，複数の生産地から製品が流入していた可能性がある。この点ついては，今後，窯跡差・時期差の問題を含めて検討する必要があるだろう。

また，より時期がくだると，綏芬河中流域のコルサコフ1遺跡のように陶質土器が一般集落でも伴う。9世紀中頃までには，陶質土器の普及に伴って，広い地域でロクロ技術が浸透する。渤海衰退期から滅亡後とされるアウロフカ城址では，陶質土器甕・壺・瓿にロクロ製の深鉢形土器を伴う（Шавкунов, Гельман 2002）。クラスキノ城址の井戸跡出土遺物，第34調査区検出の炕付建物跡出土遺物は，10世紀前葉～中葉頃に年代付けられる（Гельман, Болдин, Ивлиев 2000，高句麗研究財団他2006）。この段階には，陶質土器壺・瓶類を中心として，内外面が黒色処理された

土器が見られる。

10世紀中・後葉～11世紀代

　渤海滅亡後の考古学的様相は判然としないものの，ロシア沿海地方では，「ニコラエフカ文化」（Гельман 2006）が展開し，器面に格子目状叩きを有したロクロ製土器や陶質土器が伴う。こうした格子目状叩き土器は，アムール河中流域に展開したパクロフカ文化（アムール女真文化）で出土する小型の寸胴の深鉢形土器にも見られる（Медведев 1977）が，ニコラエフカ文化のものとは技術的に相違がある。この時期の陶質土器の器種構成は，渤海伝統を引くものと理解されるが，壺・甕・甑類を中心とした食器構成に変わっている。

　一方，同時期のアムール河中流域では，コルサコフ墓地のように野焼きの深鉢形土器と盤状口縁を持つ長頸壺，短頸壺がセットとなる（Медведев 1982）。盤状口縁を持つ長頸壺は契丹（遼代）に顕著なものである（今野 2002，喬 2007）。9世紀代から徐々に見られる当該地域における長頸壺の一定量の存在は，同時期の日本列島でも見られる共通の現象として捉えられる。

12世紀～13世紀前半代

　金建国後の陶質土器は，食器組成の大部分を占め，基本器種は壺・甕・瓶・鉢類となる。野焼き土器はきわめて少なく，靺鞨式土器は基本的に11世紀末を以って消滅する。この頃になると土製甑に加え，金属製の鍋・羽釜が普及する。鍋・羽釜の形態には地域差があり，中国東北地方では六耳鍋や三足羽釜，沿海地方では三足羽釜・羽釜が主体となる（第2章参照）。また食膳具は，都城周辺と地方においてやや地域差が見られるものの，瓷器・施釉陶器・金属器・木器等が補完する[5]。

　金代晩期・東夏代においても貯蔵具主体という陶質土器の位置づけは変わらない。しかしながら，同一城郭内であっても地区・施設毎に器種構成が異なることが特徴的である。たとえば，東夏の首都・上京開元府に比定する説もあるクラスノヤロフスコエ城址では，外城・内城・内郭で器種組成が異なっている（Артемьева 2005，拙稿 2007a・b）。外城東北部では，主軸を一定方向（東西方向）に持つ「コ」の字状の炕を有する方形の建物跡（30～50㎡）が25棟余り確認されている。食器構成は，灰色系を呈した陶質土器の甕類（大・小），壺類，瓶類，甑，鉢類，褐釉陶器の小壺（把手付含む），白瓷・青瓷碗類である。第1号建物跡では，「天泰七年（1221）十二月」の年号が記された青銅製印鑑が出土している。この地区では，食膳具（碗・皿），煮炊具（鍋），貯蔵具（壺・甕）等の日常生活に関わる食器が多数出土しており，官人の生活居住区であったと想定される。また内城南西部の行政施設が密集する地区では，瓦葺きの礎石建物跡が2棟確認されている。大甕，球状壺，小壺，白瓷碗が見られ，球状壺がその大半を占める。近接するテラスでも行政施設と同様に倉庫と推定される建物跡が検出され，球状壺が大量に出土している。外城では，甕・壺類等生活用食器を中心とした組成であるのに対し，内城では球状壺等特殊な器種が見られる。このような違いは，城址内部空間の機能差を示唆するものであり，外城は官吏等の居住区，内城が行政・宗教等の政治機構を備えた地区と想定される。このような傾向は，シャイガ城址でも見られ，特に「堡塁（редут）」と呼ばれる小方形区画やその周囲では陶質土器とともに陶瓷器

碗・皿類が比較的多く伴う（拙稿 2007b・2008c・2008f）。

第5節　北東アジアにおける土器生産・流通構造の特質

(1) 窯業生産の組織化と流通機構の統制（8世紀中葉〜9世紀代）（第11図）

　陶質土器生産の組織化が明確に捉えられるのは8世紀中葉頃からである。都城や官衙（地方城郭）・寺院等の建設に伴って瓦・土器・鉄などの手工業生産が組織化される。これ以後，陶質土器は都城周辺を中心に副葬品としての機能のみならず，甕・壺・鉢などの豊富な器種が生産され，日常食器化を遂げる。この時期の陶質土器生産は，その消費地が都城・官衙（地方城郭）で顕著であることから，都城や地方城郭の行政機関が生産活動に少なからず関わっていたと推定される[6]。また，消費遺跡の状況を見ると，一般の集落へ搬入されることは稀であり，製品の供給（流通）も管理されていたと推測される。一方，都城や地方城郭内の建物建設と関わる瓦・磚は，土器とは異なり，都城のように需要量がきわめて高い地域では，燃料資源が得られ，かつ製品運搬に便利な場所に独立して生産工房を設け，生産と消費の場の二元化が図られる[7]。法量の規格性や文字瓦の存在から組織化された専門工人によって生産活動が行われ，その工房も官営工房のような性格を持っていたと推測される。

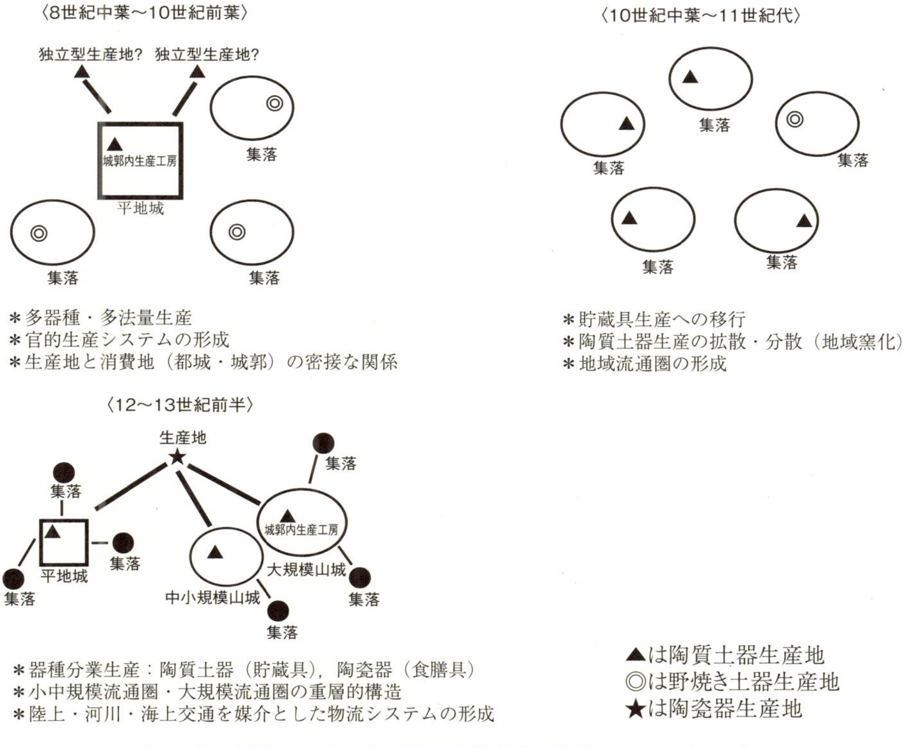

第11図　渤海から金・東夏代の窯業生産・物流システムのモデル

一方，地方の平地城の場合，消費地に隣接して瓦の生産工房が設けられる。府州クラスの大規模城郭を除けば，城郭内工房あるいは施設隣接型が主体である。生産目的は，基本的に城郭内での自家消費を主としており，地域内流通を目的としたものではない。地方城郭では，窯跡から瓦と土器が出土する事例（クラスキノ城址等）もあり，城址内の窯業生産が未分離であった可能性がある。また地方の窯業生産は，基本的には都城周辺の技術的影響を受けながら実現されるが，技法上の点で城郭差・地域差があることを踏まえると，中央からの指導者をはじめとする技術者集団以外に在地居住民を工人として生産活動に従事させたと推測される。

　しかしながら，こうした陶質土器の生産活動の様子がわかるのは綏芬河や図們江流域までであり，ロシア沿海地方北部・アムール河中流域では，依然として野焼き土器が食器構成の主体である。たとえば，ウスリー河流域のマリヤノフカ城址では，野焼き土器に陶質土器短頸壺・瓜稜壺が加わる構成であり，瓷器は数片伴うに過ぎない（Гельман 1998а・1998б）。今後の発掘調査成果に期待する部分が大きいものの，陶質土器の流通・消費にも地域差があったと推測される。

(2) 窯業生産の地方分散化と小地域流通圏の形成（10～11世紀代）

　8世紀代に組織化された窯業生産は，9世紀以降に技術拡散という現象を生む。それまで平地城郭でのみ使用された陶質土器が一般集落へも普及する。コルサコフ1遺跡のように集落内においても生産活動が行われる。この遺跡の土器生産が一集落内での自家消費を目的としていたのか，それとも一定地域内への供給を目的としていたのかは現段階では判らない。しかしながら，この頃から窯業生産をはじめとする手工業生産を支えていた基盤が大きく揺らぎ，それに伴って地方への技術拡散及び工人集団の分散がなされたものと推測したい。

　このような動きと連動するように，北方のアムール河中流域でもコルサコフ墓地277号墓のように渤海と類似する橋状把手付土器や無頸壺等が見られるようになり，人・モノ・情報の交流の一端がうかがわれる。そして，渤海城郭内での窯業生産が停止する10世紀中葉頃，アムール河中流域では，コルサコフ墓地48号墓・112号墓のように盤状口縁を持つ長頸壺と短頸壺を中心とする窯業生産が開始される。これらの製品はアムール河中流域を中心に分布していることから，当該地域において一定地域への陶質土器供給を目指した地域窯が成立した可能性が高い。

　一方，ロシア沿海地方のシホテ・アリン山脈南東部の日本海沿岸地域では，日本海沿岸上を帯状に連なった地方文化（ゲルマン氏の言う「ニコラエフカ文化」）が展開していた。当該期には，アナニエフカ村窯跡のような小規模な地域窯が操業しているが，渤海期のような「官窯」的な性格は見出せない。また，この時期に中原地域で顕著な「饅頭窯」タイプの築窯技術が当該地域へ拡散・波及することは，渤海滅亡後の人・モノの流動化の一つの表れと理解することができる。この頃，女真（東女真）が日本海沿岸部を中心として活発に海賊行為を行っていたことが知られる（高井 2004）。彼等の活動によって利用された日本海沿岸の経路は，12世紀前半に建国される金代の流通網を整備する上での基盤となったと考えられる。

(3) 窯業生産組織の再編成と重層的物流網の確立（12～13世紀前半）

　12世紀になると，瓷器・陶質土器生産，寺院や行政建物に用いられた平瓦・丸瓦・磚などの瓦生産，金属生産，皮革生産等多種多様な手工業生産活動が行われた。金建国後，女真の伝統的な生産活動に遼代の生産形態・方式を結合させたものに再編される。契丹（遼）勢力の中心である上京臨潢府内故城内窯業址や中京付近の赤峰缸瓦窯のように，遼代五京付近では，城郭内部と外部に生産工房を設けて生産活動が行われた。このようなあり方は，基本的に金代にも受け継がれる。金の上京会寧府周辺の状況は判然としないが，偏臉城のように平地城内部に生産地を設け，集約的な土器生産を行うものがある。また需要量が高く，大量の燃料が必要な場合には，城外近接地に生産地を形成する場合もあった。

　12世紀前葉以降は，陶質土器・木器に瓷器が加わる組成となる。陶質土器は，壺・甕・鉢の基本器種とする。また上京会寧府周辺では金銀玉製容器も使用された（閻1990）。瓷器は，12世紀中葉以降に増加し，定窯・仿定窯白瓷・磁州窯系陶瓷器のほか，釣窯系青瓷・耀州窯系青瓷・景徳鎮窯系青白瓷などが流入するが，その質（器種）・量には地域差がある。たとえば，沿海地方等金領域周縁部では，瓷器出土地がユジノ・ウスリースク城址のように大規模城址等一部の施設に限定され，中国東北地方に比べると量・質ともに劣る（拙稿2007bほか）。

　12世紀後葉から13世紀前葉になると，ロシア沿海地方では山城が出現する。中国東北地方の生産活動の様子は判然としないが，沿海地方では，ラゾ城址のように基本的に城址内部に生産施設が存在する。工房が土塁で囲郭される場合もあり，工人の職業身分化と専業化が進行したことを示唆する。また陶質土器の流通に関しては，トゥピーキナ氏によって，クラスノヤロフスコエ城址と綏芬河下流域に所在するアナニエフカ城址の陶質土器の形態・胎土が類似することが指摘されている（Тупикина, Хорев 2001）。このことは，河川流域を単位とした中規模流通を目的とした陶質土器生産も行われたことを示唆する。アナニエフカ城址は，日本海沿岸から綏芬河中流域に至る河川・海上交通の結節点に位置し，シャイガ城址に次ぐ数量の定窯産白瓷や青銅鏡（113枚）が出土している[8]。現状では窯跡が発見されていないため，中規模流通窯の実態を復元するのは容易ではないが，基本的には城郭内（狭域）流通（瓦・土器・陶質土器・金属器等），小地域内（中域）流通（陶質土器・金属器等），国内（広域）流通（瓷器・銭・銅鏡等）が重層的に絡み合う流通網・物流システムが存在したと推測される。

小　括

　以上，北東アジア地域の窯業生産と流通の様相について，渤海から金・東夏代の窯業生産関連遺跡の分布と立地，工房形態，窯体構造，さらには周辺諸地域との技術交流の様相から検討を加えてきた。以下，本章で得られた見通しについてまとめておきたい。

①窯業生産関連遺跡の立地は，施設隣接型，城郭（集落）内包型，独立型の3つに分けられる。現在のところ，土器窯は城郭（集落）内包型あるいは施設隣接型と推定され，独立型に該当するものは確認できない。

②渤海と東夏の窯業関連遺跡の場合，複数の窯跡が隣接して形成されるものがあり，土器生産が集約的に行われていたことを示唆する。また，12～13世紀になると，城内に生産工房を形成し，燃料調達・保管から焼成までの行程を一つの空間で行っていた例もある。

③渤海の陶質土器生産の導入にあたっては，築窯技術などにおいて瓦窯の影響を想定できるものもある。

④窯業生産技術の伝播過程は，「饅頭窯」に代表されるように中原地域から遼河～第二松花江～松花江～牡丹江～図們江（豆満江）・綏芬河流域等旧渤海領域へと拡がる北方系築窯技術と，登り窯に代表されるように朝鮮半島からロシア沿海地方日本海沿岸地域へと拡がる朝鮮半島系築窯技術，という2系統の流れを想定できる。

⑤土器の生産・流通面に関しては，8世紀中葉に陶質土器生産の組織化と流通機構の統制が整備され次第に成熟化するが，9世紀後半以降にこうした構造が揺らぎ，渤海滅亡とともに崩壊する。そして，渤海衰退期～滅亡後に窯業生産の地方分散化（地域窯化）と小地域流通圏が形成される。12世紀代の金建国後になると，窯業生産組織が再編され，城郭内（狭域）流通（瓦・土器・陶質土器・金属器等），小地域内（中域）流通（陶質土器・金属器等），国内（広域）流通（瓷器・銭・銅鏡等）が重層的に絡み合う生産・物流システムが確立する。さらに12世紀後葉から13世紀前半代の東夏建国前後になると，山城を中心とした生産・物流ネットワークが形成される。

冒頭でも述べたように，当該地域では窯業生産関連遺跡の調査例がきわめて少ない。今後資料数を増やし，本章で指摘した仮説を検証する必要があるのは言うまでもない。

註

1) 本章では，製品が生産者から消費者に渡ること，つまりモノの移動を表わす用語を「流通」とする。それに対し，「物流」とは「物資流通」の略であり，生産者から消費者に至るまでの製品移動の流れ（過程）を指す。また，製品が生産者から消費者に渡るまでの流れにかかわる社会的な仕組みを指す用語として，「物流システム」という用語を使用する。

2) ここで言う「陶質土器」とは，中国側で「泥質灰陶」，ロシア側で「Станковая керамика」と呼ばれているものである。しかしながら，渤海の陶質土器と金・東夏のそれは，用語は同一であっても，胎土・製作技法・焼成方法において相違が見られる。

3) 土製の灯明具は城址や墓葬において顕著である。灯明皿が金領域に広く分布するのに対し，脚を持つ灯明具が使用される地域は中国東北地方の第二松花江中・上流域よりも西南で顕著であるが，ロシア沿海地方では一般的ではない。照明具にも地域差・機能差が存在したことを反映する。

4) 中国東北地方でこれまでに発掘調査されている遺跡が墓地遺跡に限定されるため，集落遺跡での陶質土器の流入・使用状況については判然としないのが現状である。

5) 現在のところ，土器・陶質土器がどの程度の範囲に流通していたかを理解するのはきわめて難しい。今後，巨大城郭とその周辺に展開する中・小城郭及び集落遺跡の発掘調査が実施されてこそ，流通の具体的様相や生産地・消費地の相互関係の実態が明らかになるだろう。また，中国華北地域を中心に陶瓷器

窯の発掘調査が行われているものの，消費地である墓地・集落・城郭遺跡の調査が断片的であるため，製品の流通範囲は明確になっていないのが現状である。さらに瓷器・施釉陶器は，地域・城郭規模によって流入量が異なっており，ロシア沿海地方では金領域の中心部にあたる吉林・遼寧等内陸部に比べると出土量が少ないため，瓷器類の民需化の度合いにも地域差・遺跡差があったと考えられる。

6) 現在のところ，渤海において土器や瓦の貢納体制が存在していたのか否かを論じることはできない。城郭以外の生産地や集落の調査が進展すれば，この問題に関して議論することができるだろう。

7) 渤海の瓦生産は，国家的建設事業を取り扱った信部の管理下におかれたと推定されている（三上1990：pp.213-214）。最近，宋玉彬氏は，西古城と八連城の瓦当の型式および文字瓦が共通していることから，同一の瓦窯から二つ都城へ瓦が供給された可能性を指摘している（宋2008・2009）。五京周辺では，瓦の需要量が膨大であるため，大規模な生産地を独立させて形成し，そこから多方面へ瓦を供給する生産・流通システムが存在したのだろう。このようなあり方は，寺院に付属する場所に瓦窯が築かれるクラスキノ城址とは異なる。また，西古城が所在する吉林省和龍県内に存在する東南溝寺址では「赤」，軍民橋寺址では「述」・「川」などのスタンプを押した文字瓦が見られる（方学鳳1998）。いずれも西古城出土文字瓦と同様のものである。このことは，同一の生産地から，都城のみならず，瓦を建築部材として用いる寺院へも瓦が供給されたことを示唆する。

8) V.A. ホレフ氏のご教示による。

第2章　北東アジアにおける金属製煮炊具の生産・流通・消費

はじめに

　8世紀以降，北東アジアでは都城や地方官衙，寺院等の土木・建設事業や農業技術，埋葬様式の変容等に伴って，釘・鎹・斧・鎌・錐・鋸・錠前・鍵をはじめとするさまざまな鉄製品や青銅製品が需要され，普及する。『新唐書』巻219・列伝144・北狄・渤海伝には，

　　　俗所ュ貴者，曰，太白山之菟，南海之昆布，柵城之豉，扶餘之鹿，鄚頡之豕，率賓之馬，顯
　　　州之布，沃州之綿，龍州之紬，位城之鐵，盧城之稻，湄沱湖之鯽。果有=九都之李，樂遊之
　　　梨₋。

と記され，渤海領域内の特産物の一つとして鉄が挙げられている。この史料に登場する「位城」とは，中京顕德府管轄下の鉄州に属する県の一つである。現在のところ，吉林省和龍市恵章村や撫松県松郊郷新安村，汪清県仲坪郷高城村などで渤海の鉄生産に関わると推定される遺跡・遺構が確認されている（小嶋1999，楊雨舒2005）。このほか，渤海には獨奏州として「銅州」という地名が見え，金属生産に関わるものと推定されている。

　また遼・金代になると，製鉄・鋳造技術の発展により，鉄製品の需要・供給量が大幅に増加する。それまで都城や地方城郭に限られた鋳造製の鍋・釜は，遼・金代になると急激に普及し，日常的に使用される。そして，それまで煮炊具の主体をなしていた深鉢形土器（罐）に代わって鉄製・銅製の鍋・羽釜が使用されるようになる（臼杵2004b，木山2006・2007，拙稿2008e：第1章・第4章参照）。このような変化は，渤海代に多用されていた土製甑の相対的な減少，農耕の発展，食生活の変容，建物構造の変化など，さまざまな文化的・社会的な現象の動きとも連動するものであったと推測される。

　そこで本章では，渤海から金・東夏代の鍋・羽釜等の金属製煮炊具[1]を取り上げ，その生産・流通・消費について検討を行い，地域差とその特質について考察したい。

第1節　渤海から金・東夏代の金属製煮炊具に関する研究動向

　当該時期の金属生産については，渤海の金属生産を扱った小嶋芳孝氏（小嶋1999），ロシア沿海地方の金代の鉄生産を扱ったV.D.レニコフ（Леньков 1974），女真の鉄生産を扱った村上恭通氏（村上1993），金代から元代の鉄生産について概括した笹田朋孝氏（笹田2008・2009）の研究がある。また，鉄製品・青銅製品の研究に関しては，鉄鏃・甲冑・小札等の武器・武具類，鍬・鋤等の農具，鍋・釜等の煮炊具などを扱った論考が存在する。

　楊雨舒氏は，渤海の鉄生産の中心であった中京顕德府周辺の鉄器を集成し，農具・工具・狩猟

具・漁撈具・武器・生活用具において鉄器化が進行した点，渤海代に鋳造技術・鍛造技術が進歩した点が指摘された（楊雨舒 2005）。

李士良・田華氏らは，「黒龍江出土金代鉄器の初歩研究」において，金代の農具・漁撈具等について検討し，金代鉄器の特質を述べる（李・田 1990）。すなわち，①金代の鉄器が多種多様で数量が多いこと，②鉄器の形態等において中原地域の影響を受けていること，③一部の鉄器には女真族独特の風格を持つものもあること，④法量・形態において多様性に富むこと，⑤鉄器は主に河川流域あるいはその付近に分布することを指摘した。

しかしながら，日常生活で用いられる鍋・釜といった金属製煮炊具は，軍事性を直接的に物語る武器・武具類（Шавкунов В. Э. 2000・2008a，服部 2005・2006・2007）や農耕技術の発展過程を示す農具・工具類（劉景文 1983）に比べると，積極的に取り上げられることがなかった。そのようななかで，遼・金代の金属製煮炊具を扱った数少ない論文として挙げられるのが趙清俊氏の「遼金時代契丹女真族使用銅鉄炊器習俗の探討」である（趙 1990）。趙氏は，鉄製・銅製の煮炊具を取り上げ，①冶錬業の勃興が遼（契丹）・金（女真）の金属製煮炊具の使用を促進させたこと，②農業の発展と食・住習慣の変容が遼（契丹）・金（女真）の鋳造技術の多様化を促したこと，③中原文化の影響が遼（契丹）・金（女真）に金属製煮炊具を使用させる契機となったことを指摘し，金属製煮炊具の出現・展開の要因を社会的背景も考慮して論じている。

一方，本章で対象とする渤海から金・東夏代の金属製煮炊具と関連して，日本列島およびその周辺地域の研究動向を見逃すことはできない。朝鮮半島・中国・東南アジアの鍋・釜を総合的に扱った朝岡康二氏（朝岡 1993）をはじめ，日本中世を含む東アジアの鋳物生産を扱った五十川伸矢氏（五十川 1992・1997・2003・2009），北海道からアムール河流域の鉄鍋を扱った越田賢一郎氏（越田 1984・2007），朝鮮半島の三国時代から高麗時代にかけての釜の変遷について論じた鄭鍾兌氏（鄭鍾兌 2005）による論考がある。これらの先行研究と本章での検討を対比させれば，北東アジア地域の金属製煮炊具の地域性や特質を浮き彫りにできるだろう。

第2節　金属製煮炊具の分類

(1) 形態分類

鋳鉄鋳物の鍋・釜は，中国の春秋時代に出現し，次第に日本列島・朝鮮半島など東方へ伝播したとされる（五十川 2003・2009）。ここでは，日本中世の金属製の鍋・釜を検討した五十川伸矢氏の定義に従い，鍔のあるものを「羽釜」，鍔のないものを「鍋」とする（五十川 1992：p.5）。そして，羽釜は三脚の有無によって，鍋は三脚の有無や口縁部形態，耳の位置・数などによって下記のように細分する。

【羽釜】
羽釜A：三脚を持つもの（いわゆる「三足羽釜」）。
羽釜B：三脚を持たないもの（いわゆる「羽釜」）。

【鍋】
鍋A：三脚を持つもの。
鍋B：三脚を持たないもの。
　Ⅰ類：内耳鍋。内側に吊るすための耳がつくもの。
　Ⅱ類：吊耳鍋。弦を付けるための穴の開いた吊耳・把手を口縁上端に付加したもの。
　Ⅲ類：「三足匜」と呼ばれるもの。液体を注ぐための片口を持つもの。
　Ⅳ類：板状把手付鍋（耳鍋）。胴部外面に板状把手（耳）を複数付けたもの。双耳・四耳・五耳・六耳・七耳・八耳等がある。
　Ⅴ類：無耳鍋。耳を持たないもの。

　高句麗以降，当該地域において羽釜や鍋が見られる。現在までに，高句麗・渤海から金・東夏代の遺跡で確認できるのは，羽釜A・羽釜B，鍋AⅡ（五十川分類の鍋B）・鍋AⅢ（五十川分類の片口付鍋B）・鍋AⅣ・鍋AⅤ，鍋BⅡ・鍋BⅢ・鍋BⅣ・鍋BⅤ（五十川分類の鍋A）である。数量が多いのは羽釜A・鍋BⅣである。とくに，鍋BⅣは，後述するように高句麗・渤海代の遺跡からは出土せず，遼・金以降に見られるものである。また同時期のサハリンや日本列島北部で見られるような鍋BⅠ類の内耳鍋は，渤海から金・東夏代の遺跡では出土していない。このほか，渤海五京や地方城郭から金属製の鍋・釜類を模倣したと推定される陶質土器・施釉陶器の「三足器」や，羽釜Aや鍋BⅣを模倣したと考えられる土器もある。

　管見によれば，中国東北地方～ロシア極東地域の高句麗・渤海から遼・金代にかけての金属製・土製の羽釜・鍋が出土数は，67遺跡145例を集成した（第12図，第1表）。前稿（拙稿2009b）で提示したデータに追加したが，いまだ遺漏もかなり多いと考えられ，実際にはさらに多くの資料が存在したにちがいない。このなかには，全体の器形が判らない破片資料や図版・写真が公表されていない資料も含まれているため，検討に用いることができる資料は多くはない。以下，それぞれの形態の特徴や分布について概観する。

(2) 羽釜A（三足羽釜）（第13図1～20）
　羽釜Aは，鉄製・銅製がある。ロシア沿海地方のクラスキノ城址，ラゾ城址，クラスノヤロフスコエ城址，松花江からアムール河流域の中興墓地，双城村金代墓葬，新香坊墓地，樺南県嵐嶺林場，図們江流域の吉林省和龍市軍民橋遺跡，鴨緑江流域の集安県鍾家村金代窖蔵，内蒙古自治区の饒州古城などで確認されている。クラスキノ城址と軍民橋遺跡は渤海代であるが，そのほかは遼・金代である。おおむね吉長地区（吉林市・長春市周辺）からアムール河中流域・沿海地方にかけての地域で顕著である。また，アムール河中流域では，遼代併行期（パクロフカ文化，綏濱三号類型）の十二連墓地のように羽釜Aを模倣したと推定される土器も出土している。羽釜Aの模倣土器はモンゴルなどでも見られる。また，ロシア沿海地方の「ニコラエフカ文化」の指標とされるニコラエフカ城址において，脚部の有無が不明だが釜模倣と推測される土器が出土している（第9章参照）。

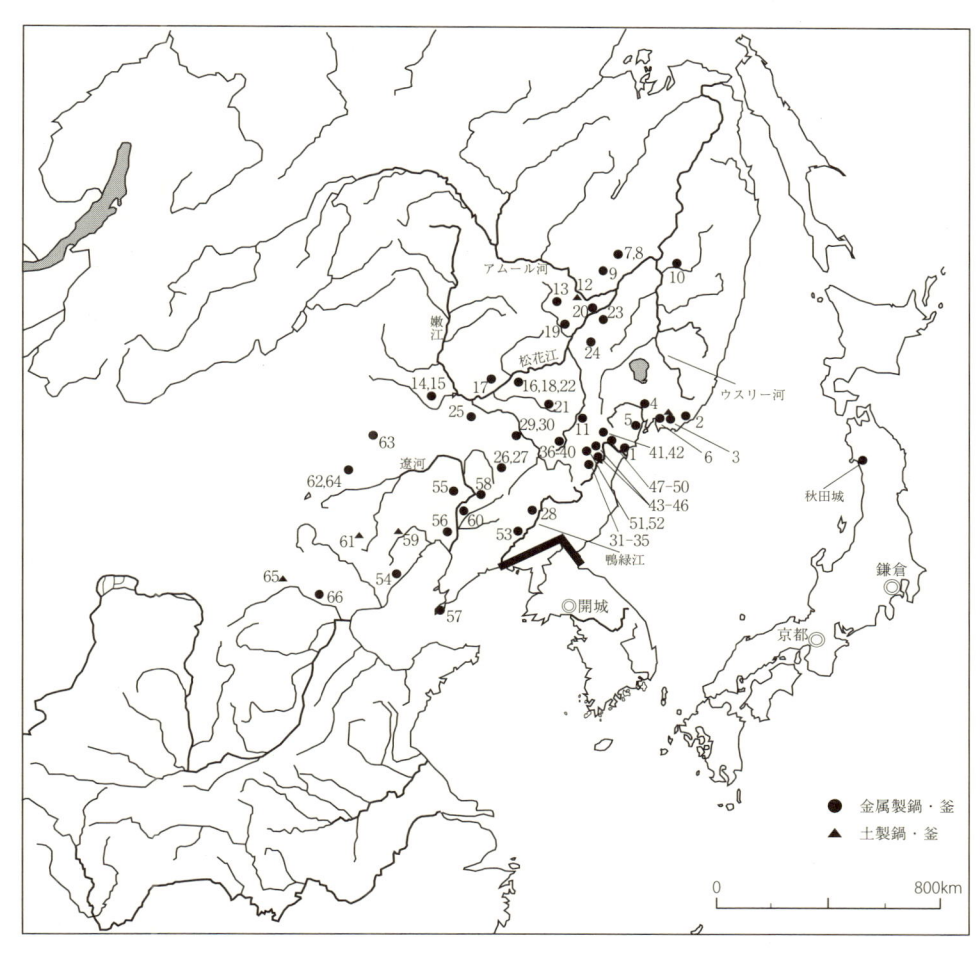

第２章　北東アジアにおける金属製煮炊具の生産・流通・消費

1 クラスキノ城址　　2 ラゾ城址　　3 シャイガ城址　　4 クラスノヤロフスコエ城址　　5 アナニエフカ城址
6 ノヴォネジナエ城址　　7 クラスノクロフスキー墓地　　8 シュキノ集落　　9 ナデジンスコエ墓地
10 ワシーリェフカ２集落遺跡　　11 上京龍泉府　　12 十二連墓地　　13 邵家店古城　　14 泰来英山遼墓
15 泰来后窩堡屯遼墓　　16 新香坊墓地　　17 肇東市撈洲鎮安業村遼代墓葬　　18 哈爾濱市東郊遼金遺跡
19 桃温万戸府古城　　20 中興墓地　　21 五常県金代窖蔵　　22 双城村金墓　　23 富錦出土金代文物
24 樺南県嵐嶺林場　　25 前郭県金代窖蔵，塔古城　　26 毛城子窖蔵　　27 育林窖蔵　　28 集安県鍾家村
29 吉林県郊江北郷八里村　　30 吉林市郊金代窖蔵　　31 和龍金代窖蔵　　32 章恵墓葬　　33 福洞墓葬
34 軍民橋遺跡　　35 頭道鎮龍新村　　36 板石溝遺跡　　37 雁鳴湖鎮（大山鎮）　　38 敦化大蒲柴河鎮
39 大山嘴子郷湖西遺跡　　40 西崴子電站工地　　41 汪清百草溝郷東山　　42 東四方台山城　　43 太陽郷新興遺跡
44 城子山山城　　45 吉林小営郷民主村　　46 図們大街遺跡　　47 小六道遺跡　　48 温特赫部城　　49 春化郷葫蘆頭溝
50 通背山山城　　51 奉陽北溝遺跡　　52 裕民遺跡　　53 五女山城　　54 城后村金元遺跡　　55 法庫劉邦屯窖蔵
56 台安県平安遺跡　　57 旅大馬圏子　　58 鉄嶺清河鋼廠，西豊涼泉金代窖蔵　　59 朝陽召都巴墓葬
60 遼寧新民法哈牛金代窖蔵　　61 遼中京西城外墓葬　　62 饒州故城　　63 霍林河砿区金代界壕
64 巴林右旗老房身金代窖蔵　　65 河北宣下八里遼金壁画墓　　66 北京大葆台金代遺跡

第12図　金属製煮炊具出土遺跡分布図（渤海～金）

第1表 北東アジアにおける金属製煮炊く具（鍋・釜）出土遺跡地名表（高句麗〜金・元代）

No.		遺跡名	所在地	性格	遺構	年代	分類	器質	口径(cm)	器高(cm)(脚高含む)	底面	脚	把手状耳数	備考	文献
1	a	クラスキノ城址	ロシア・沿海地方	平地城	寺院地区	渤海	三足鍋	土器	—	—	平底	—	—	—	Шавкунов 1994
	b	クラスキノ城址	ロシア・沿海地方	平地城	寺院地区	渤海	三足鍋	土器	—	—	平底	—	—	—	Шавкунов 1994
	c	クラスキノ城址	ロシア・沿海地方	平地城	—	渤海	羽釜A	鉄	—	—	—	—	—	未報告（2002年調査）	筆者実見による
2	a	ラゾ城址	ロシア・沿海地方	山城	第24号建物	金晩期・東夏代	羽釜A	鉄	—	—	—	三足	—	第13図19	Леньков、Артемьева 2003
	b	ラゾ城址	ロシア・沿海地方	山城	第68号建物	金晩期・東夏代	羽釜A	鉄	—	—	—	三足	—	—	Леньков、Артемьева 2003
3		シャイガ城址	ロシア・沿海地方	山城	第3号工房跡	金晩期・東夏代	羽釜A	鉄	—	—	—	三足	—	第13図20	Леньков 1974
4		クラスノヤロフスコエ城址	ロシア・沿海地方	山城	—	金晩期・東夏代	鍋・釜	鉄	—	—	—	—	—	詳細不明	筆者実見による
5		アナニエフカ城址	ロシア・沿海地方	山城	—	金晩期・東夏代	鍋・釜	鉄	—	—	—	—	—	詳細不明	筆者実見による
6		ノヴォネジナ城址	ロシア・沿海地方	山城	—	金晩期・東夏代	鍋・釜	鉄	—	—	—	—	—	詳細不明	筆者実見による
7	a	クラスノクロフスキー墓地	ロシア・ハバロフスク地方	墓地	—	パクロフカ文化	鍋BⅡ	鉄	—	—	—	—	3	第16図3	Васильев 2006
	b	クラスノクロフスキー墓地	ロシア・ハバロフスク地方	墓地	—	パクロフカ文化	鍋BⅡ	鉄	—	—	—	—	3	第16図4	Васильев 2006
8		シュキノ集落	ロシア・ハバロフスク地方	集落	—	パクロフカ文化	鍋BⅣ	鉄	—	—	—	—	2	第16図19	Васильев 2006
9		ナデジンスコエ墓地	ロシア・ハバロフスク地方	墓地	—	パクロフカ文化	鍋BⅡ	鉄	—	—	—	—	3	第16図5、6	Медведев 1977
10	a	ワシーリェフカ2集落遺跡	ロシア・ビキン河流域	集落	—	不明	鍋BⅣ	銅	43	26.6	—	—	2	第16図12	Краминцев 2002
	b	ワシーリェフカ2集落遺跡	ロシア・ビキン河流域	集落	第1号窯跡	11世紀後半	羽釜A	鉄？	—	—	—	三足	—	第13図11	Краминцев 2002
11	a	上京龍泉府	黒龍江・寧安	都城	宮城西区堆坊	渤海	三足鍋	黒色土器	15.7	9.4	平底	三足	—	足高5.5cm	中国社会科学院考古研究所1997
	b	上京龍泉府	黒龍江・寧安	都城	宮城西区堆坊	渤海	三足鍋	黒色土器	15.8	8.2	平底	三足	—	足高4.2cm	中国社会科学院考古研究所1997
	c	上京龍泉府	黒龍江・寧安	都城	宮城西区堆坊	渤海	三足鍋	三彩	18.5	9.5	平底	三足	—	足高5cm	中国社会科学院考古研究所1997
12		十二連墓地	黒龍江・綏濱	墓地	表採	綏濱三号類型（パクロフカ文化）	羽釜A	土器	17.1	21.9	—	三足	—	—	酈継和2006
13	a	邵家店古城	黒龍江・鶴岡	山城	表採	遼代伴行	鍋BⅣ	銅	43.5	21	—	—	6	第16図23	鄒晗・程松・景山1996
	b	邵家店古城	黒龍江・鶴岡	山城	表採	遼代伴行	鍋BⅣ	銅	41.5	10	—	—	6	第16図24	鄒晗・程松・景山1996
	c	邵家店古城	黒龍江・鶴岡	山城	表採	遼代伴行	羽釜A	銅	26	—	丸底	三足	—	湯口あり	鄒晗・程松・景山1996
	d	邵家店古城	黒龍江・鶴岡	山城	表採	遼代伴行	鍋BⅡ	銅	33	14	—	—	—	口縁下に三つの孔を設ける。第16図25	鄒晗・程松・景山1996
14		寨来英山遼墓	黒龍江・寨来	墓地	墓葬	遼代	羽釜A	鉄	—	—	—	斜三足	—	詳細不明	丹化沙1960
15		寨来高堡屯遺墓	黒龍江・寨来	墓地	墓葬	遼代	鍋BⅡ	鉄	24.5	8.5	—	—	2	—	丹化沙1962
16	a	新香坊墓地	黒龍江・哈尓濱	墓地	M4	遼代晩期〜金代中期	羽釜A	鉄	23.7	28	S字底	S字三足	—	第13図6	黒龍江省博物館2007

第2章　北東アジアにおける金属製煮炊具の生産・流通・消費　41

16	b	新香坊墓地	黒龍江・哈爾濱	墓地	M5	遼代晩期～金代中期	羽釜A	鉄	16.5	24	—	S字三足	—	第13図5	黒龍江省博物館 2007
	c	新香坊墓地	黒龍江・哈爾濱	墓地	M6	遼代晩期～金代中期	羽釜A	鉄	19	25.5	—	S字三足	—	第13図4	黒龍江省博物館 2007
17		肇東市楡洲鎮安楽村遼代墓葬	黒龍江・肇東市	墓地	墓葬	遼代	羽釜A	鉄	20	22	—	S字三足	—	第13図2	張傑・未涛 2004
18	a	哈爾濱市東郊遼金遺跡	黒龍江・哈爾濱	集落	—	金代	鍋BⅣ	銅	67	62	—	—	6	鍋内から開元通宝1枚あり	王永祥 1960
	b	哈爾濱市東郊遼金遺跡	黒龍江・哈爾濱	集落	墓葬	遼代	羽釜A	鉄	17.2	21.7	—	S字三足	—	鍋底に厚く開元通宝あり	王永祥 1960
19	a	桃温万戸府古城	黒龍江・湯原	平地城	西城壁内	元代	鍋AⅤ	銅	39	22	—	斜三足	—	第15図11	湯原県文物管理所 2006
	b	桃温万戸府古城	黒龍江・湯原	平地城	西城壁内	元代	鍋BⅣ	銅	33	18.5	—	—	6	第16図11	湯原県文物管理所 2006
20	a	中興墓地	黒龍江・綏濱	墓地	M5	金代	羽釜A	鉄	17.4	23.4	—	斜三足	—	第13図8	胡秀傑・田華 1991
	b	中興墓地	黒龍江・綏濱	墓地	M5	金代	羽釜A	鉄	15.6	18.2	—	斜三足	—	第13図9	胡秀傑・田華 1991
	c	中興墓地	黒龍江・綏濱	墓地	M6	金代	羽釜A	鉄	15.6	11.9	—	—	—		胡秀傑・田華 1991
	d	中興墓地	黒龍江・綏濱	墓地	M7	金代	羽釜A	鉄	15.2	20.1	—	斜三足	—	第13図7	胡秀傑・田華 1991
	e	中興墓地	黒龍江・綏濱	墓地	M6	金代	鍋AⅤ	銅	19.6	13.6	丸底	三足	—		胡秀傑・田華 1991
21	a	五常県金代窖蔵	黒龍江・五常	窖蔵	金代	鍋BⅣ	鉄	54.8	32	—	—	6		姚費穆・依凌阿 1982
	b	五常県金代窖蔵	黒龍江・五常	窖蔵	金代	鍋BⅣ	鉄	35.5	20	—	—	6		姚費穆・依凌阿 1982
	c	五常県金代窖蔵	黒龍江・五常	窖蔵	金代	鍋AⅡ	銅	30	26.5	—	三足	2		姚費穆・依凌阿 1982
22	a	双城村金墓	黒龍江・阿城	墓地	—	金代	羽釜A	鉄	17.8	22.4	—	S字三足	—	第13図16	閻景全 1990
	b	双城村金墓	黒龍江・阿城	墓地	—	金代	羽釜A	鉄	13	18.5	—	S字三足	—	第13図12	閻景全 1990
	c	双城村金墓	黒龍江・阿城	墓地	—	金代	羽釜A	鉄	13.5	22.3	—	直三足	—	第13図15	閻景全 1990
	d	双城村金墓	黒龍江・阿城	墓地	—	金代	羽釜A	鉄	20.5	25.5	—	直三足	—	第13図13	閻景全 1990
	e	双城村金墓	黒龍江・阿城	墓地	—	金代	羽釜A	鉄	16.6	21	—	三獣足	—	第13図18	閻景全 1990
	f	双城村金墓	黒龍江・阿城	墓地	—	金代	鍋AⅡ	鉄	12	32.5	—	三獣足	竪耳2		閻景全 1990
	g	双城村金墓	黒龍江・阿城	墓地	—	金代	羽釜A	鉄	29	29.6	—	S字三足	—		閻景全 1990
	h	双城村金墓	黒龍江・阿城	墓地	—	金代	羽釜A	鉄	25	18.5	—	S字三足	2		閻景全 1990
	i	双城村金墓	黒龍江・阿城	墓地	—	金代	鍋BⅡ	鉄	26	8.7	—	—	3		閻景全 1990
	j	双城村金墓	黒龍江・阿城	墓地	—	金代	羽釜A	鉄	16.4	12.9	—	短三足	—	第13図14	閻景全 1990
	k	双城村金墓	黒龍江・阿城	墓地	—	金代	羽釜A	鉄	15	16	—	三足	—	第13図17	閻景全 1990
23	a	富錦出土金代文物	黒龍江・富錦	—	—	金代	鍋AⅤ	銅	21	11.8	—	三足	—		張亜平 2006
	b	富錦出土金代文物	黒龍江・富錦	—	—	金代	羽釜A	銅	20.8	16.2	—	三足	—		張亜平 2006
	c	富錦出土金代文物	黒龍江・富錦	—	—	金代	鍋AⅣ	銅	26	17.7	—	三足	2		張亜平 2006
	d	富錦出土金代文物	黒龍江・富錦	—	—	金代	鍋AⅡ	銅	40	18.4	—	—	把手2		張亜平 2006

No.		遺跡名	所在地	性格	遺構	年代	分類	器質	口径(cm)	器高(cm)(脚高含む)	底面	脚	把手状耳数	備考	文献
24		樺南県嵐嶺林場金代文物	黒龍江・樺南	—	—	金代	羽釜A	鉄	20.4	25	—	三足	—	第13図10	佳木斯市文物管理站2000
25	a	前郭県金代窖蔵	吉林・前郭	窖蔵	窖蔵	金代初頭	鍋BⅣ	銅	54	43.5	—	—	4	第16図10	洪峰・志立1991
	b	塔古城	吉林・前郭	平地城	—	遼・金代	鍋AⅣ	銅	27	17.5	平底	三足	2	第15図10	何明1982
	c	塔古城	吉林・前郭	平地城	—	遼・金代	三足盤	銅	28	16.5	平底	三足	—	第15図16	何明1982
26		毛城子窖蔵	吉林・公主嶺	窖蔵	窖蔵	金代	鍋BⅣ	鉄	56.3	31.5	—	—	6	第16図9	武中宝・郭宏・邵春華1989
27		育林窖蔵	吉林・公主嶺	窖蔵	窖蔵	金代	鍋BⅣ	鉄	—	—	—	—	6	毛城子窖蔵のものと同型式	武中宝・郭宏・邵春華1989
28	a	集安県頭家村金代文物	吉林・集安	集落?	—	金代	鍋AⅣ	鉄	—	—	—	—	6		吉林省博物館輯安考古隊他1963
	b	集安県頭家村金代文物	吉林・集安	集落?	—	金代	羽釜A	鉄	—	—	—	三足	—		吉林省博物館輯安考古隊他1963
	c	集安県頭家村金代文物	吉林・集安	集落?	—	金代	鍋AⅢ	鉄	—	—	—	三足	—		吉林省博物館輯安考古隊他1963
29		吉林市郊江北郷八里村	吉林・吉林	—	—	金代	鍋BⅣ	銅	44	31	—	—	6		徳敏・鄭明1986
30	a	吉林市郊金代窖蔵	吉林・吉林	窖蔵	窖蔵	1119年以降	鍋BⅣ	銅	57	41	—	—	6	胴部に女真大字あり(鍋の意)	吉林市博物館1982
	b	吉林市郊金代窖蔵	吉林・吉林	窖蔵	窖蔵	1119年以降	鍋BⅣ	銅	56.5	44	—	—	6		吉林市博物館1982
	c	吉林市郊金代窖蔵	吉林・吉林	窖蔵	窖蔵	1119年以降	鍋BⅣ	銅	35.5	12.5	—	—	2		吉林市博物館1982
	d	吉林市郊金代窖蔵	吉林・吉林	窖蔵	窖蔵	1119年以降	鍋BⅣ	銅	42	18.5	—	—	2		吉林市博物館1982
	e	吉林市郊金代窖蔵	吉林・吉林	窖蔵	窖蔵	1119年以降	鍋BⅣ	銅	15	13.2	—	—	2		吉林市博物館1982
	f	吉林市郊金代窖蔵	吉林・吉林	窖蔵	窖蔵	1119年以降	鍋AⅤ	銅	22.9	11.8	—	三足	2		吉林市博物館1982
	g	吉林市郊金代窖蔵	吉林・吉林	窖蔵	窖蔵	1119年以降	鍋BⅢ	銅	29.6	12.3	—	—	—		吉林市博物館1982
	h	吉林市郊金代窖蔵	吉林・吉林	窖蔵	窖蔵	1119年以降	鍋BⅣ	銅	38.9	22.5	—	—	把手2		吉林市博物館1982
	i	吉林市郊金代窖蔵	吉林・吉林	窖蔵	窖蔵	1119年以降	鍋BⅣ	銅	40	21.5	—	—	把手2		吉林市博物館1982
	j	吉林市郊金代窖蔵	吉林・吉林	窖蔵	窖蔵	1119年以降	鍋BⅣ	鉄	26	15	—	—	4		吉林市博物館1982
31	a	和龍金代窖蔵	吉林・和龍(龍新)	窖蔵	窖蔵	金代	羽釜B	鉄	41	36	—	—	—	第16図14	朴潤武1990
	b	和龍金代窖蔵	吉林・和龍(龍新)	窖蔵	窖蔵	金代	羽釜B	鉄	—	—	—	—	—	第16図15	朴潤武1990
	c	和龍金代窖蔵	吉林・和龍(龍新)	窖蔵	窖蔵	金代	鍋AⅡ	鉄	24	15	—	三足	2	第15図3	朴潤武1990
	d	和龍金代窖蔵	吉林・和龍(龍新)	窖蔵	窖蔵	金代	鍋AⅣ	銅	29.8	16.5	—	三足	2	第15図8	朴潤武1990
	e	和龍金代窖蔵	吉林・和龍(龍新)	窖蔵	窖蔵	金代	鍋B	銅	—	—	—	—	把手2		朴潤武1990
32		章恵塞華	吉林・和龍	墓地	表採	渤海?	双耳鍋	鉄	50	40	—	孔丁状三足	—	詳細不明	『吉林省文物志編委会1984b』

第2章　北東アジアにおける金属製煮炊具の生産・流通・消費　43

33	福洞墓葬	吉林・和龍			明代	駛斗	鉄	19.8	6.5	—	—	—	第13図1	『吉林省文物志編委会1984b』
34a	軍民橋遺跡	吉林・和龍	寺院跡	—	渤海	羽釜A	鉄	13	12.2	三足	—	—		『吉林省文物志編委会1984b』
34b	軍民橋遺跡	吉林・和龍	寺院跡	—	渤海	鍋AⅡ	鉄	28.1	19.8	三足	—	方形鍋（口径28.1×19.8cm。第15図1	『吉林省文物志編委会1984b』
35a	頭道鎮龍新村	吉林・和龍	窖蔵	—	遼・金代	鍋AⅡ	銅	30	16.8	三足	2	楊雨舒氏は渤海としている	『吉林省文物志編委会1984b』、楊雨舒2005
35b	頭道鎮龍新村	吉林・和龍	—	—	遼・金代	羽釜B	鉄	41.3	33.5	—	—		『吉林省文物志編委会1984b』
36	板石溝遺跡	吉林・延辺（富尓河南岸）	集落	—	金代	鍋BⅣ	銅	38	22	—	6	銅鍋内に鉄子3、鉄鋤6、馬具鑣圏1、銅銭200余有り	『吉林省文物志編委会1985b』、高峰・王波2008
37	雁鳴湖鎮（大山鎮）	吉林・敦化	—	—	金代	鍋BⅣ	銅	—	—	—	6		高峰・王波2008
38	敦化大蒲柴河鎮発見文物	吉林・敦化	—	—	金代	鍋BⅣ	銅	54.5	38	—	4	耳は長13cm、幅3cm、厚0.7cm、重量28kg、弦紋10条	高峰・王波2008
39	大山嘴子郷湖西遺跡	吉林・敦化	—	—	金代	鍋BⅣ	銅	43	32	—	6	重量23kg	『吉林省文物志編委会1985b』
40	西崴子電站工地	吉林・敦化	—	—	金代	三足盤	鉄	—	7.5	獣足	—	香炉　第15図14	『吉林省文物志編委会1985b』
41	汪清百草溝郷東山	吉林・汪清（嘎呀河右岸）	—	—	金代	鍋BⅣ	銅	48	37	—	4	重量100kg　第16図21	『吉林省文物志編委会1983』、高峰・王波2008
42	東崴子郷方台山城	吉林・汪清（嘎呀河右岸）	山城	—	金代	鍋BⅣ	鉄	38	24	—	6	重量40.5kg　第16図22	『吉林省文物志編委会1983』
43	太陽郷新興遺跡	吉林・龍井	—	—	金代	鍋BⅣ	銅	54.7	42	—	6		『吉林省文物志編委会1983』、高峰・王波2008
44	城子山山城	吉林・龍井（布尓哈通河左岸）	山城	—	高句麗	羽釜B	鉄	53.8	51	—	—		『吉林省文物志編委会1984c』
45a	吉林小営郷民主村	吉林・延吉（布尓哈通河左岸）	—	—	金代	鍋BⅣ	銅	52	39	—	4	耳は長13.5cm	『吉林省文物志編委会1985b』、高峰・王波2008
45b	吉林小営郷小営村	吉林・延吉（布尓哈通河左岸）	—	—	高句麗	羽釜B	鉄	54	51	—	—	第13図23	『吉林省文物志編委会1985b』
46a	図門大街遺跡	吉林・図門	集落	—	金代	三足盤	鉄	51	41	三足	—	第15図15	『吉林省文物志編委会1985c』
46b	図門大街遺跡	吉林・図門	集落	—	金代	鍋BⅣ	鉄	35.7	15.3	—	6	足高4-8cm。第16図20	『吉林省文物志編委会1985c』

No.	遺跡名	所在地	性格	遺構	年代	分類	器質	口径(cm)	器高(cm)(脚高含む)	底面	脚	把手状耳数	備考	文献
47	小六道遺跡	吉林・琿春(琿春河上流)	集落	—	高句麗	羽釜B	鉄	56	55	—	—	—	第13図24	『吉林省文物志編委会 1984a』
48	温特赫部城	吉林・琿春	平地城	—	遼・金代	鍋AⅢ	鉄	17.2	8.2	—	乳丁状三足	—	第15図7	『吉林省文物志編委会 1984a』
49	春化郷葫蘆頭溝	吉林・琿春	塞葬	—	渤海	双耳平底罐	鉄	14	14.5	—	—	—	双耳あり	『吉林省文物志編委会 1984a』
50	通肯山山城	吉林・琿春	山城	—	渤海	鍋	鉄	—	—	—	三足	—	詳細不明	『吉林省文物志編委会 1984a』
51	奉陽北溝遺跡	吉林・安図	—	—	不明	鍋	鉄	—	—	—	三足	—	詳細不明	『吉林省文物志編委会 1985a』
52	裕民遺跡	吉林・安図	—	—	不明	鍋	鉄	—	—	—	三足	—	詳細不明	『吉林省文物志編委会 1985a』
53 a	五女山山城第5期文化	遼寧・桓仁	山城	F1	金代	鍋	鉄	—	—	—	—	—		遼寧省文物考古研究所 2004
b	五女山山城第5期文化	遼寧・桓仁	山城	F1	金代	鍋BⅡ	鉄	26.6	—	—	—	—	第16図2	遼寧省文物考古研究所 2004
c	五女山山城第5期文化	遼寧・桓仁	山城	F2	金代	羽釜B	鉄	36	—	—	—	—	第13図25	遼寧省文物考古研究所 2004
d	五女山山城第5期文化	遼寧・桓仁	山城	F2	金代	鍋AⅢ	鉄	20	9.4	—	三足	—	第15図5	遼寧省文物考古研究所 2004
e	五女山山城第5期文化	遼寧・桓仁	山城	F10	金代	羽釜B	鉄	—	—	—	—	—	第13図26	遼寧省文物考古研究所 2004
f	五女山山城第5期文化	遼寧・桓仁	山城	F43	金代	羽釜B	鉄	36	—	—	—	—		遼寧省文物考古研究所 2004
g	五女山山城第5期文化	遼寧・桓仁	山城	F50	金代	鍋BⅣ	鉄	36	—	—	—	—	第16図16	遼寧省文物考古研究所 2004
h	五女山山城第5期文化	遼寧・桓仁	山城	F69	金代	鍋?	鉄	—	—	—	—	—	詳細不明	遼寧省文物考古研究所 2004
i	五女山山城第5期文化	遼寧・桓仁	山城	層位	金代	鍋AⅢ	鉄	19	7.2	—	—	—	第15図6	遼寧省文物考古研究所 2004
j	五女山山城第5期文化	遼寧・桓仁	山城	層位	金代	鍋AⅡ	鉄	33	—	—	三獣足	2	第15図2	遼寧省文物考古研究所 2004
k	五女山山城第5期文化	遼寧・桓仁	山城	表採	金代	鍋AⅢ	鉄	23.5	13.5	—	三足	—	第15図4	遼寧省文物考古研究所 2004
l	五女山山城第4期文化	遼寧・桓仁	山城	窖蔵	高句麗	釜B	鉄	31.2	38	平底	—	—	第13図21	遼寧省文物考古研究所 2004

第 2 章　北東アジアにおける金属製煮炊具の生産・流通・消費

	遺跡名	所在	遺構	時代	型式	材質	口径	器高	底部	脚	点数	備考	文献
54 a	坡岳村金元遺跡	遼寧・綏中	集落	—	金・元代	鍋BⅣ	鉄	51.5	32.3	—	—	6	—	王増新 1960
54 b	坡岳村金元遺跡	遼寧・綏中	集落	—	金・元代	鍋BⅣ	銅	43	25	—	—	6	—	王増新 1960
55	法庫劉邦屯元窖蔵	遼寧・法庫	窖蔵	—	金代	鍋BⅣ	鉄	43.5	24	—	—	6	坡岳村金元遺跡と同型式、第16図7	庄艶傑 1994
56	台安県平安遺跡	遼寧・台安	集落	—	金代	鍋BⅣ	銅	45	25	—	—	6	—	富 1993
57	旅大馬圏子金元文物	遼寧・大連	—	—	金代	鍋BⅣ	銅	45	29.3	—	—	6	第16図13	許明綱 1966
58 a	鉄嶺清河鋼廠	遼寧・鉄嶺	窖蔵	—	金代	鍋BⅣ	銅	68	56.5	—	—	6	—	張大為 2000
58 b	鉄嶺清河鋼廠	遼寧・鉄嶺	窖蔵	—	金代	鍋BⅣ	銅	48	25	—	—	6	—	張大為 2000
58 c	鉄嶺清河鋼廠	遼寧・鉄嶺	窖蔵	—	金代	鍋AⅡ	銅	60	25	—	三足	2	—	張大為 2000
58 d	西豊京泉金代窖蔵	遼寧・鉄嶺	窖蔵	—	金代	鍋AⅣ	鉄	40.8	14.9	平底	三足	2	第15図9	張大為ほか 1997
59 a	朝陽召都巴金墓	遼寧・朝陽	墓地	M	金代	鍋AⅤ	土器	15	10	—	三足	—	—	朝陽市博物館ほか 2005
59 b	朝陽召都巴金墓	遼寧・朝陽	墓地	M	金代	鍋AⅡ	土器	18.8	8.4	—	三足	—	—	朝陽市博物館ほか 2005
59 c	朝陽召都巴金墓	遼寧・朝陽	墓地	M	金代	羽釜B	土器	10	8.2	—	—	—	—	朝陽市博物館ほか 2005
60 1	遼寧新民法哈牛金代窖蔵	遼寧・瀋陽	窖蔵	—	金代	鍋BⅣ	鉄	64.5	44	丸底	三足	6	第16図8	佟・林・劉
60 2	遼寧新民法哈牛金代窖蔵	遼寧・瀋陽	窖蔵	—	金代	鍋AⅡ	鉄	47	38	丸底	—	6	第16図17	佟・林・劉
60 3	遼寧新民法哈牛金代窖蔵	遼寧・瀋陽	窖蔵	—	金代	三足盤	鉄	45	17.5	平底	獣足	—	第15図13	佟・林・劉
61 a	遼中京西城外墓葬	内蒙古・昭烏達盟寧城県	墓葬	—	遼代晩期	鍋AⅤ	土器	17	7	—	三足	5	—	内蒙古自治区文物工作隊 1959
61 b	遼中京西城外墓葬	内蒙古・昭烏達盟寧城県	墓葬	—	遼代晩期	鍋AⅡ	土器	16	10	—	—	—	—	内蒙古自治区文物工作隊 1959
61 c	遼中京西城外墓葬	内蒙古・昭烏達盟寧城県	墓葬	—	遼代晩期	羽釜B	土器	—	11	—	—	—	—	内蒙古自治区文物工作隊 1959
62	饒州古城	内蒙古・林西県	平地城	—	遼代	羽釜A	鉄	—	16	—	三足	—	器底に補修痕、双城村金墓一丁と相似、第13図3	林西県文化館 1980
63 a	霍林河砿区金代界壕	内蒙古・霍林河砿区	界壕	1号辺堡	金代	鍋BⅣ	鉄	54	—	—	—	6	第16図8	哲里木盟博物館 1984
63 b	霍林河砿区金代界壕	内蒙古・霍林河砿区	界壕	1号辺堡	金代	鍋BⅡ	鉄	38	20.5	—	—	2	第16図1	哲里木盟博物館 1984
64	巴林右旗老房身金代窖蔵	内蒙古・巴林右旗	窖蔵	—	金代	鍋AⅤ	鉄	16.7	10.7	—	—	—	第15図12	苗潤華 1994
65 a	河北宣下八里堡金代壁画墓	河北・宣化	墓地	M2	遼・金代	鍋BⅣ	土器	—	—	—	—	—	—	張家口市文物事業管理所ほか 1990
65 b	河北宣下八里堡金代壁画墓	河北・宣化	墓地	M3	遼・金代	鍋BⅣ	土器	—	—	—	—	—	—	張家口市文物事業管理所ほか 1990
66 a	北京大葆台金代遺跡	北京	—	—	金代	鍋BⅣ	鉄	34.5	22.5	—	三足	6	—	北京市文物工作隊 1980
66 b	北京大葆台金代遺跡	北京	—	—	金代	鍋A	鉄	26	16	—	三足	2	—	北京市文物工作隊 1980
—	遺跡名不明	ハバロフスク地方	墓地	—	バクロフカ文化	羽釜	土器	—	—	—	—	—	—	Васильев 2006

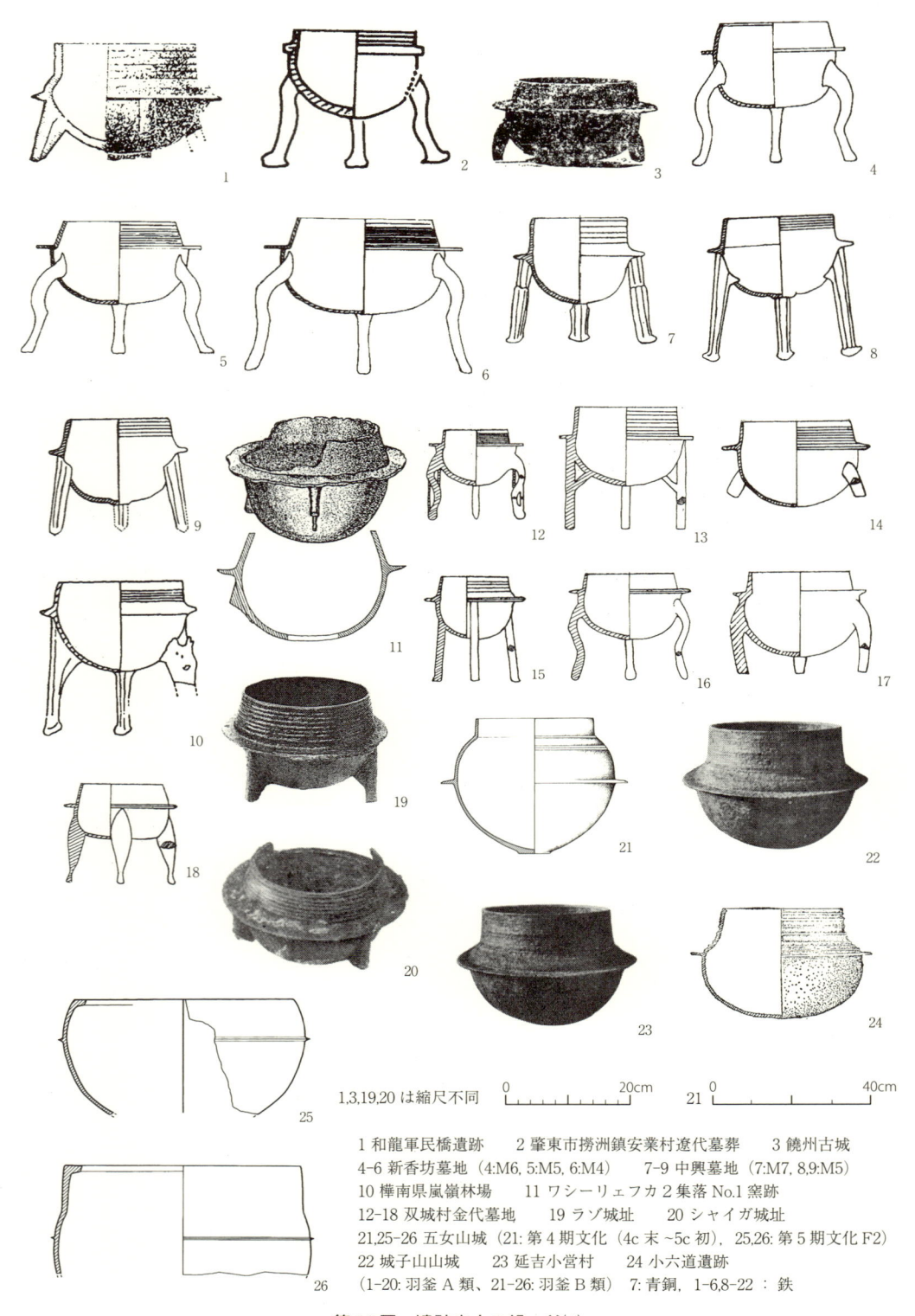

1 和龍軍民橋遺跡　　2 肇東市撈洲鎮安業村遼代墓葬　　3 饒州古城
4-6 新香坊墓地（4:M6, 5:M5, 6:M4）　　7-9 中興墓地（7:M7, 8,9:M5）
10 樺南県嵐嶺林場　　11 ワシーリェフカ2集落No.1窯跡
12-18 双城村金代墓地　　19 ラゾ城址　　20 シャイガ城址
21,25-26 五女山城（21:第4期文化（4c末〜5c初），25,26:第5期文化F2）
22 城子山山城　　23 延吉小営村　　24 小六道遺跡
(1-20:羽釜A類，21-26:羽釜B類) 7:青銅, 1-6,8-22：鉄

第13図　遺跡出土の鍋・釜(1)

第2章　北東アジアにおける金属製煮炊具の生産・流通・消費　　47

　渤海代とされる軍民橋遺跡出土の羽釜Aは，胴部半ばに鍔を持ち，鍔部から緩やかに内側に傾斜し，口縁は肩部から垂直に立ち上がる。胴部半ばに最大径を持ち，底部は丸底である。この形態は，後述する羽釜B2に短い脚部を付けた形態と考えられる。また，クラスキノ城址寺院地区でも羽釜Aが出土している（A.L. イブリエフ氏のご教示による）。クラスキノ城址のものは，軍民橋遺跡出土の羽釜Aと同様に脚部が短いものと，長いものが見られる。前者は三角形の脚部が胴部下半に付けられ，後者は脚部の形状がS字状を呈する。渤海代の都城や地方城郭では，現在に至るまで煮炊具に用いたと推定される鞨鞳罐や深鉢形土器が少ないことから，金属器が煮炊具として用いられたと推定される。

　羽釜Aが顕著に見られるようになるのは，遼代以降である。墓地遺跡からの出土例が多い。金属製のものだけではなく，土製のものも見られる点が特徴的である。この時期の羽釜Aは，口径・器高ともに15～20cm前後の小型のものが多いが，集落・城址では口径30～40cm前後になるものも存在する（第13図）。10世紀以降の羽釜Aは，頸部の凸弦紋の有無や三脚の付け方・形状によって分類可能である。ここでは，脚の形態をもとに下記のように細分する。

　1類：鍔直下の胴部に脚を付け，その形状がS字状を呈するもの（第13図-2・4・5・6等）
　2類：鍔直下の胴部に脚を付け，その形状が獣足状を呈するもの（第13図-18）
　3類：鍔直下に脚を付け，その形状が直線的になるもの（第13図-7～10）
　4類：鍔直下の胴部に短い脚を付けるもの（第13図-14）

　これらの資料は，いずれも金代に属することが判明している。ただ，1類は安業村遼代墓葬（第13図-2）や遼代晩期から金代に比定される新香坊墓地M4・M5・M6（第13図4～6）のように金代以前から見られる形態である。1類は中興墓地では一般的ではないことから金代前・中期頃までに生産を終えるような印象を持つものの，羽釜の地域差に起因する可能性もあり，詳細は不明である。一方，3類はアムール河中流域の中興墓地（第13図7～9）のように金代中期以降に多く見られるが，遼代併行（綏濱三号類型・パクロフカ文化）の十二連墓地において3類と相似する三足土鍋が出土していることから，11世紀代から存在した可能性が高い。2類と4類については判然としない。4類と類似するものは，遼代の饒州故城でも出土しており，遼代から見られる形態であると推測される。

（3）羽釜B（羽釜）（第13図21～26）

　羽釜Bは，鉄製が知られている。鴨緑江流域の五女山城，図們江流域の和龍金代窖蔵，龍井市の城子山山城，延吉市の小営郷小営村，内蒙古の遼中京西城外墓葬，ロシア沿海地方のシャイガ城址，クラスノヤロフスコエ城址などで確認できる。五女山城第4期文化遺存・城子山山城・小営村出土例は高句麗のものである。報告事例が少ないが，おおむね現在の鴨緑江流域・図們江（豆満江）流域，ロシア沿海地方を中心とした地域で顕著であったと推定される。羽釜Bの法量は口径35～40cm前後の中型のものが一般的である。

　当該地域では，高句麗代から羽釜Bが見られるようである。形態は大きく2つに分けられる。

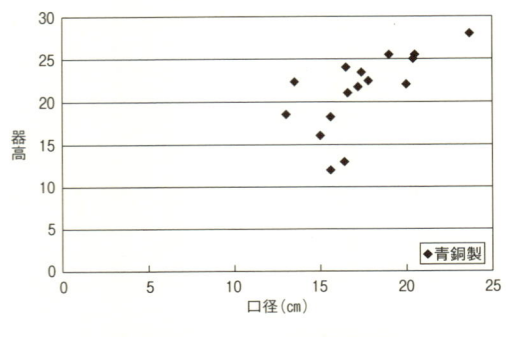

第14図 羽釜Ａの法量散布図

一つは、五女山城第4期文化遺存（4世紀末～5世紀初頭）出土例に代表されるものであり、口径よりも器高が高く、胴部半ばに最大径を持ち張り出した器形となる平底の羽釜である。短い口縁が垂直に立ち上がるのが特徴的である。これを羽釜B1とする（第13図-21）。もう一方は、吉林省龍井市城子山山城、延吉市小営村、琿春市小六道遺跡出土例に代表されるものであり、胴部半ばに羽（鍔）を持ち、鍔部から緩やかに内側に傾斜し、肩部から垂直に立ち上がる口縁となる。胴部半ばに最大径を持ち、底部は丸底である。これを羽釜B2とする（第13図-22～24）。

前者は、遼寧省桓仁の五女山城第4期文化遺存において窖蔵の容器として用いられたものが確認されている（遼寧省文物考古研究所2004）。この羽釜は、口径31.2cm、底径8cm、胴部最大径42.4cm、器高38cmである。羽釜のなかには農工具（鎌・斧・楔など）、車轄、馬具、武器（鉄鏃）、刑具など約300点がおさめられていた。一方、後者は、城子山山城（吉林省龍井市）、小営村（延吉市）、小六道遺跡（琿春市）から出土している。いずれも口径54～56cm、器高51～55cm程度である。これら3遺跡出土の羽釜Bは、法量・形態ともに近似しており、同じ生産地から流入した製品である可能性が高い。

渤海代の羽釜Bの様相は不明瞭である。続いて、羽釜Bが認められるのは遼・金代以降である。和龍金代窖蔵の容器として使用された羽釜Bが2個体確認されている。口径41cm、器高36cm程度であり、口径と胴部最大径がほぼ同じか、若干口径が小さい。これを羽釜B3とする。

なお、羽釜Bに関しては、従来から秋田城跡で出土した鉄製羽釜が注目されてきた（伊藤2006：p.101-104）。この羽釜は、秋田城跡第54次調査SG1031土取り穴の8世紀第3四半期の土層から出土している。製品は欠損しているが、おおむね法量は口径15cm、鍔の直径25.8cmである。器形は、鍔部から口縁部にかけて内傾し、頸部には沈線を有する。これまで、秋田城跡出土の羽釜については、大陸（渤海）産と推定する見解もあったが、渤海領域内の羽釜Bの様相が不明瞭な現状では、渤海産という見方に対しては慎重にならざるを得ない。日本列島では、奈良県明日香村川原寺北限遺跡で7世紀末に大型羽釜が生産されたことが明らかになり、また、9～10世紀代に各地において小型の鋳鉄生産脚付き羽釜の生産が活発化することが指摘されている（五十川2009）。今後、日本列島での類例との比較検討をするとともに、渤海および日本列島の鉄製羽釜の理化学的分析を行い、両者を比較検討することが望まれる。

(4) 鍋Ａ（第15図）

【鍋ＡⅡ（双耳三足鍋）】

吊耳を持つ三足鍋である鍋ＡⅡは、銅製・鉄製がある。松花江中・下流域の富錦金代文物、

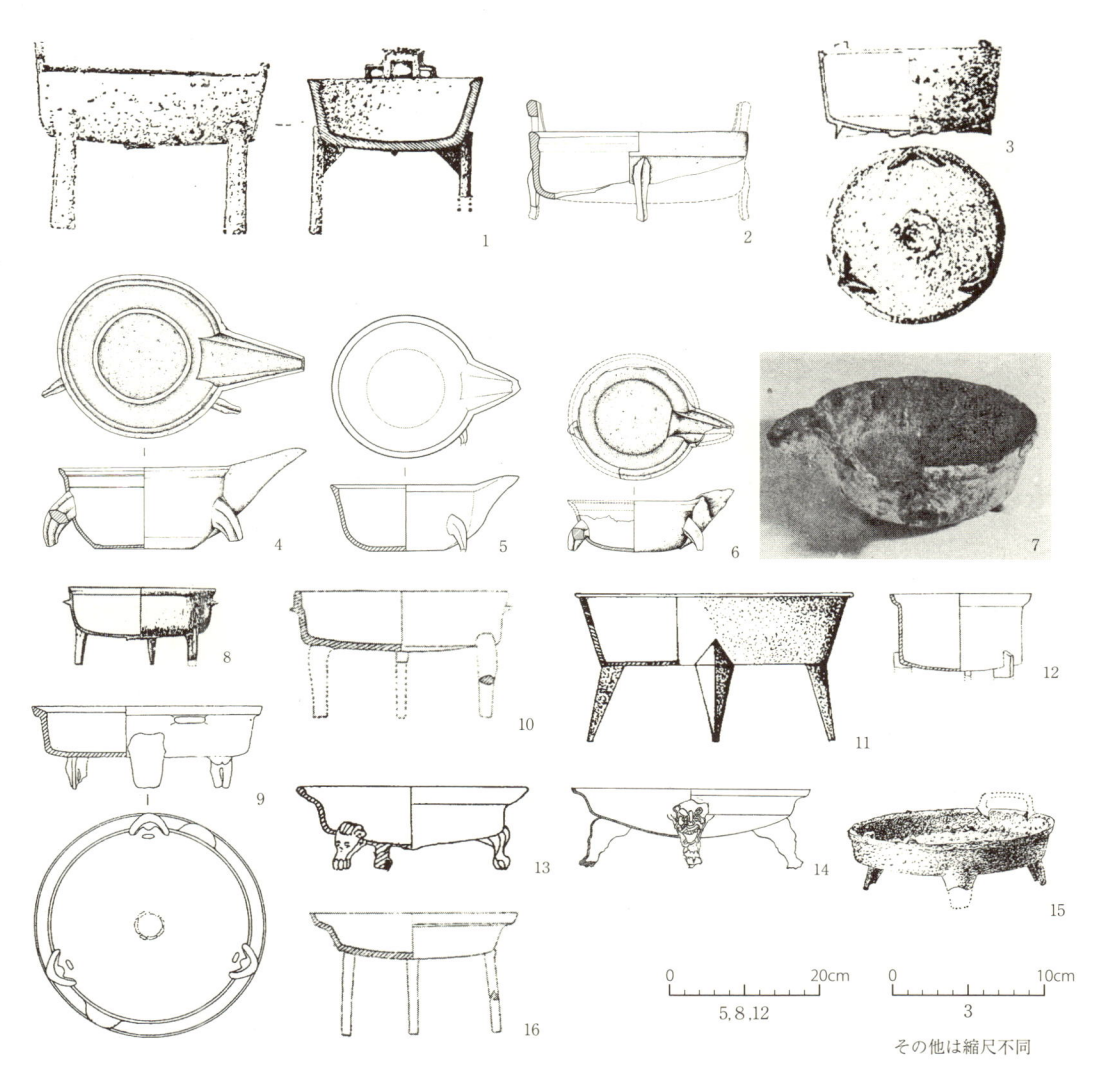

第2章 北東アジアにおける金属製煮炊具の生産・流通・消費　49

1 和龍軍民橋遺跡（渤海）　　2,4-6 五女山城第5期文化　　3,8 和龍金代窖蔵　　7 温特赫部城（遼・金代）　　9 西豊涼泉金代窖蔵
10,16 塔虎城　　11 桃温万戸府故城　　12 巴林右旗老房身金代窖蔵　　13 新民法哈牛金代窖蔵　　14 西巌子電站工地（金代）
15 図們大街遺跡（金代）　　（1-3: 鍋AⅡ類，4-7: 鍋AⅢ類，8-10: 鍋AⅣ類，11-12: 鍋AⅤ類，13-16: 三足盤）
5,8,10,11,16: 青銅，その他: 鉄

第15図　遺跡出土の鍋・釜(2)

　五常県金代窖蔵，双城村金代墓葬等，図們江流域の和龍金代窖蔵，和龍軍民橋遺跡，遼河水系の鉄嶺清河鋼厂窖蔵，，鴨緑江流域の五女山城などで確認されている。法量は口径25～30cm前後のもの，口径40～60cmのものという大・小の法量がある。
　器形は，口径に比べて胴部高が低く，平底となる。口縁部端部に直立した双耳を付ける。和龍金代窖蔵出土例のように，明瞭な湯口が見られるものもある。脚部は長いものと短いものがある。

前者は軍民橋遺跡，後者は和龍金代窖蔵が挙げられる。五女山城出土の鍋AⅡは獣脚となる。

また，朝陽召都巴金墓や遼中京西城外墓葬からは土製の鍋AⅡが出土している。いずれも20cm弱の小型のものである。

【鍋AⅢ（三足匜）】

片口を持つAⅢは，鉄製がある。鴨緑江流域の遼寧省五女山城第5期文化や吉林省集安県鍾家村，温特赫部城などで確認できる。いずれも遼・金代の資料であり，鴨緑江から図們江流域にかけて見られる。法量は，口径20cm前後，底径10cm前後の小型のものが多い。五女山城第5期文化出土の鍋AⅢは，鉄製であり，三角形の注ぎ口を持ち，胴部半ばに湾曲した脚が付く。把手はない。

【鍋AⅣ（板状把手付三足鍋）】

板状耳を持つ鍋AⅣは，銅製・鉄製がある。遼寧西豊涼泉金代窖蔵，吉林和龍金代窖蔵，塔虎城，黒龍江富錦出土金代文物，クラスノヤロフスコエ城址などで見られる。出土例が少ないが，おおむね遼河流域の遼寧省鉄嶺付近，松花江流域，図們江中流域から沿海地方南部にかけて分布する。法量は口径30cm前後にまとまる。器形は，口径に比べて胴部高が低く，平底を呈したものが多い。

【鍋AⅤ（板状把手付三足鍋）】

鍋AⅤは，銅製・鉄製があり，模倣土器もある。吉林市郊金代窖蔵，中興墓地，桃温万戸府古城，富錦出土金代文物，巴林右旗老房身金代窖蔵など，松花江流域からアムール河中流域，内蒙古にかけて見られる。法量は，口径40cm前後のものと口径20cm前後の大・小がある。桃温万戸府古城のものは青銅製で，口径が40cm弱となる。

鍋AⅤは器形によって，口径に比べて胴部高が低く，平底を呈した三足鍋（1類），胴部半ばから口縁部に向かって内湾する，丸底の三足鍋（2類），口縁部が受け状を呈し，胴部高が口径よりやや小さい平底気味の三足鍋（3類）に大別される。代表例を挙げると，1類が吉林市郊金代窖蔵，元代の桃温万戸府古城，2類が中興墓地M6，3類が巴林右旗老房身金代窖蔵となる。

また，鍋AⅤと関連する資料として，渤海の上京龍泉府やクラスキノ城址，金代の朝陽召都巴金墓において土製の鍋AⅤが出土している。上京龍泉府では陶質土器のほか，施釉陶器の鍋AⅤが見られる。器形は1類の範疇で捉えられる。法量は，口径15〜20cmに収まる。また，三足盤も僅かであるが確認できる。鍋AⅤよりも胴部高が低く，底面は丸底気味になる。器形も底部から逆「く」字状に屈曲するものが多い。

(5) 鍋B（第16図）

【鍋BⅡ（吊耳鍋・双耳鍋）】

平底の吊耳鍋である鍋BⅡは，鉄製がある。霍林河砿区金代界壕，五女山城，双城村金代墓葬やクラスノクロフスク墓地，ナデジンスコエ墓地などで確認できる。内蒙古，遼東，松花江中流域からアムール河中流域にかけて分布する。法量の詳細は不明であるが，口径25〜30cmに収

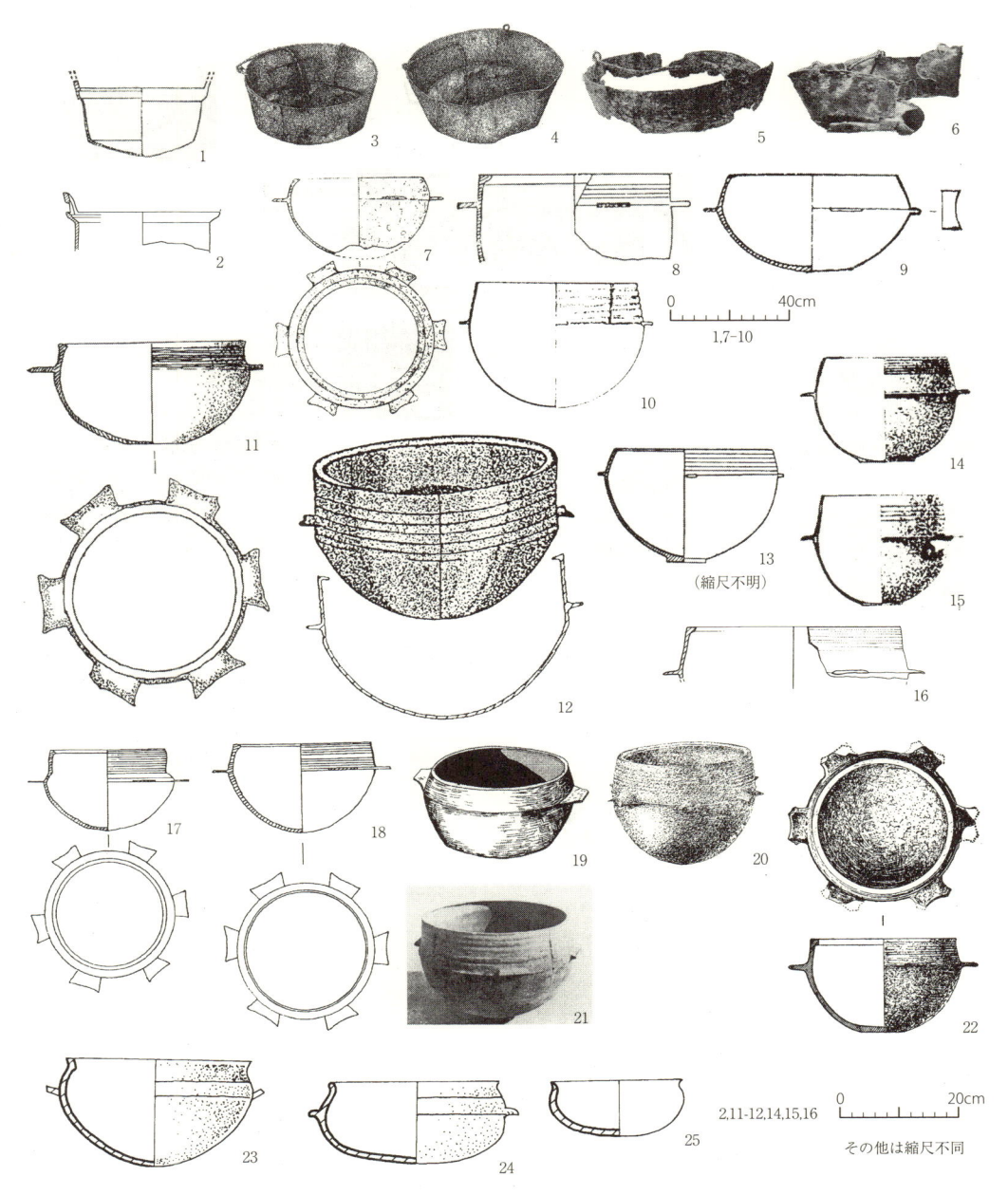

第 2 章　北東アジアにおける金属製煮炊具の生産・流通・消費　51

1,8 霍林皮砥区金代界壕　2,16 五女山城第 5 期文化　3,4 クラスノクロフスキー墓地　5,6 ナデジンスコエ墓地
7 法庫劉邦屯身金代窖蔵　9 公主嶺市毛城子窖蔵　10 吉林省前郭県金代窖蔵　11 桃温万戸府故城
12 ワシーリェフカ 2 集落遺跡　13 大連市馬圏子金元文物　14-15 和龍金代窖蔵　17-18 新民法哈牛金代窖蔵
19 シュキノ遺跡　20：図們大街遺跡（金代）　21：汪清百草溝郷東山（金代）　22：東四方台山城（金代）
23-25 邵家店古城
(1-6: 鍋 B Ⅱ 類，7-13,16-24: 鍋 B Ⅳ 類，25: 鍋 B Ⅴ 類，14-15: 羽釜 B)　10,12,13,21,23-25: 青銅，その他: 鉄

第 16 図　遺跡出土の鍋・釜(3)

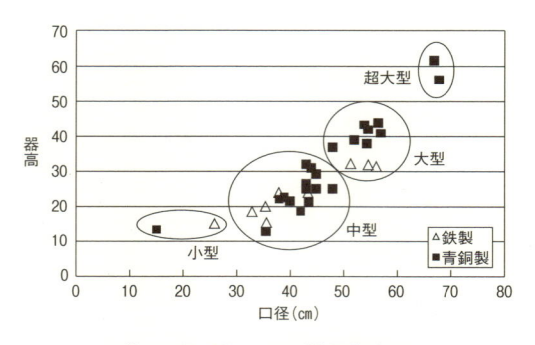

第17図　鍋BⅣの法量散布図

まるようである。

　内蒙古から遼東地域で見られるものとアムール河中流域で見られるものは器形が異なる。前者は丸底気味となり，口縁部先端に双耳を取り付けるもの（1類）（第16図1・2），後者は平底で口縁部に双耳を取り付けるもの（2類）（第16図3〜6）である。後者はパクロフカ文化に該当する資料である。このような器形はアムール河中流域よりも南の地域では見られず，地域色の強い資料と言える。サハリンや北海道で見られる内耳鉄鍋につながる要素も見られ，北方地域で特徴的な器形と推測される。

【鍋BⅢ（有耳匜）】

　現在のところ，吉林市郊金代窖蔵において1点確認されている。銅製である。口径29.6cm，器高12.3cmを測る。鍋AⅢよりもやや大型である。口縁部に一対の把手を持つ。

【鍋BⅣ（板状把手付鍋，耳鍋）】

　数量的に最も多い鍋BⅣは，銅製・鉄製がある。吉長地区から牡丹江流域，遼寧地区，さらには河北にかけての地域で優勢である。西側では内蒙古やモンゴルでも見られる。また，河北宣化下八里遼金壁画墓やシャイガ城址において鍋BⅣを模倣したと考えられる土製の鍋BⅣが出土している（第20図）。アムール河中流域では，鍋BⅣは顕著ではないが，邵家店古城で確認できる。羽釜Aと排他的な関係にある点は注目すべき現象である。

　鍋BⅣは，器壁はやや厚く，基本的に丸底になり，頸部から口縁部にかけて数条の凸弦文を持つ。口径・器高の比率は，1：1と2：1のものに分かれる。また法量は，小型（口径30cm以下）・中型（口径30〜50）・大型（口径50〜65cm）・超大型（口径65cm以上）に大別できる（第17図）。

　また，この鍋の特徴である板状耳の形状は，略長方形状を呈するが，外側が内側よりも幅広で，さらに耳の中央部が凹む。板状耳の機能は，運搬時の利便性やカマド設置時の安定性を図るためと推定されている（趙1990）。鍋BⅣは，口縁部形態によって下記のように細分できる。

1類：口縁部形態が「Γ」の字状を呈するもの（第16図-8・12・16）

2類：口縁部が内湾・内傾するもの（第16図-7・9・18）

3類：口縁部が立ち上がるもの（第16図-11）

　鍋BⅣは遼代から存在する器種であり，元代にも見られる。現時点において，上記の形態差が時期差を示すものか，地域差を示すものか判然としない。こうした口縁部形態の差は，製作工程上で生じた可能性もある。

【鍋BⅤ（無耳鍋）】

　鍋BⅤは，銅製がある。アムール河中流域の邵家店古城で確認されている（第16図25）。丸底気味で小形である。邵家店古城のものは口縁下に3つの孔を設けている。把手を引っ掛けるため

第2章　北東アジアにおける金属製煮炊具の生産・流通・消費　53

の吊耳とした可能性がある。現在のところ，このタイプはきわめて数量が少なく，詳細は不明である。

(5) 小括

現在のところ，ある程度の資料が蓄積されているのは，金代の羽釜Aと鍋BⅣである。これらの分布状況を見ると，羽釜Aが優勢となる北部地域（吉長地区からアムール河中流域・沿海地方），鍋BⅣが優勢となる南部地域（松花江中・上流域〜遼寧省・内蒙古自治区）という地域差を見出すことができる。その境界領域は，金上京会寧府が置かれた松花江中流域と推定される。この地域では，鉄製煮炊具が一般的であるが，銅製煮炊具も僅かながら確認できる。

また鴨緑江流域・図們江（豆満江）流域を中心に見られる羽釜Bや鍋AⅢ，アムール河中流域に分布する鍋BⅡ2類のように，ある程度地域が限定される器種もある。

第3節　遼・金代の金属製煮炊具の消費・使用状況

次に，出土量が多くなる遼・金代の金属製煮炊具の消費・使用状況について検討する。この時期の金属製煮炊具は，窖蔵・墓地（墓葬）・城郭・集落遺跡で確認できる。金属製煮炊具が城郭のみならず，集落遺跡からも出土することを踏まえると，需要階層を問わず，ある程度浸透したものであったと推定される。以下では，出土遺跡の特徴と出土状況について述べる（拙稿2009b）。

(1) 窖蔵

窖蔵とは土坑状の遺構に陶瓷器や銭貨，金属製品等の物資を一時的に貯蔵するための埋蔵施設である。こうした窖蔵は，戦時から物資を守ることを目的として構築されたと理解されている。窖蔵では，鍋BⅣが多く，ほかに羽釜Bや鍋AⅡ・鍋AⅣ・鍋AⅤがある。これらは，鍋・釜におさめられた陶瓷器・金属器などを保護するための容器として利用された。

窖蔵から出土した金属製煮炊具鍋BⅣの出土状況を見ると，陶瓷器や農具・武器・武具等の物資を貯蔵するための容器として利用されたもの，物資を貯蔵した容器の蓋として用いられたものに大別できる。

前者の事例として，吉林省前郭県金代窖蔵出土の四耳銅鍋が挙げられる。この銅鍋は，口径54cm，器高43.5cmを測り，頸部には五条の凸弦紋がめぐる。この銅鍋のなかに青瓷碗や白瓷碗・盤，黒釉碗，三彩盤等13点の瓷器が収められ，さらに銅鍋の上面に大きな板石を用いて蓋がされた状態で検出された。年代は金代初頭と推定されている（洪・志1991）。他に公主嶺市育林窖蔵で出土した六耳鉄鍋（武・郭・邵1982）や法庫劉邦屯金代窖蔵（庄1994）も同様の事例として挙げられる。また吉林市郊金代窖蔵（吉林市博物館1982）・吉林省和龍金代窖蔵（朴1990）・黒龍江省五常県金代窖蔵（姚・依1982）では，一対の大鍋の開口部が合わせた状態で検出され，瓷器や鉄製農具，武器・武具類がその中に収められていたという。

後者の事例として，公主嶺市毛城子窖蔵が挙げられる。この窖蔵は，円形土坑内に大型瓷器甕

が埋設され，その開口部は六耳鉄鍋を用いてふさがれた状態で検出された（武・郭・邵 1982）。瓷器大甕は口径 37cm，器高 58cm を測る黒灰色釉が施されたものである。一方，六耳鉄鍋は 56.3cm，器高 31.5cm を測る。瓷器大甕のなかには，18 点の瓷器碗・皿・盤，鉄熨斗 1 点，鉄製農具 10 点，車轄 4 点が収められていた。

(2) 城郭・集落

城郭や集落出土の金属製煮炊具は，沿海地方では羽釜 A・B，松花江上流域から遼河流域では鍋 B Ⅳ，鴨緑江流域では鍋 B Ⅱ・羽釜 B が見られる。表採資料が多いため，出土遺構との関わりが捉えにくいが，おおむね建物跡に帰属すると理解してよいだろう。

城郭での出土事例として，13 世紀前葉を中心に機能したラゾ城址第 24 号建物跡を挙げる。ここでは羽釜 A が 8 個体出土している（Леньков, Артемьева 2003）。この建物跡は，面積約 40㎡であり，「コ」の字状の炕を巡らす（第 18 図）。羽釜 A はカマド付近の床面と炉跡内，また煙出し付近から出土している。この遺構では，鉄鏃・刀子・北宋銭（政和通宝）等が共伴している。ラゾ城址と同様に，アムール河中流域の同仁遺跡の炕付住居跡 F1（同仁文化 2 期）の炉跡内から羽釜 A が出土した（黒龍江省文物考古研究所ほか 2006）。このような事例は，出土状況から羽釜 A の使用形態を理解できる良好な資料である。特に炉跡からの羽釜 A の出土は，煮炊きが炉で行われた可能性を示す。また煙出し付近での出土は，屋外での使用を示唆するが，資料数が少ないため不明と言わざるを得ない。このような使用は，沿海地方とアムール河中流域で見られる点に留意する必要がある。

鴨緑江流域の五女山城では，建物内 F10・F43・F50 などから羽釜 B や鍋 B Ⅳ が出土している（遼寧省文物考古研究所 2004）。炕を伴う点ではラゾ城址と同様だが，建物内には地床炉を持たない。炕は暖房装置としての機能とともに，焚口に設けられたカマドは調理場としても利用されていたことを示唆する。

ラゾ城址と五女山城の事例は，三足鍋・釜と無足鍋・釜の用いられる地域の居住環境・調理環境の違いを反映するものとして興味深い。

(3) 墓地

墓地では羽釜 A が顕著に見られる。墓葬に羽釜 A を副葬する事例は，中興墓地（黒龍江省文物考古工作隊 1977a，胡・田 1991）や双城村金代墓葬（閻 1990），新香坊墓地（黒龍江省博物館 2007）等，主にアムール河（黒龍江）中流域から松花江中流域において確認できる。それらの遺跡は，12 世紀以降に年代比定されるものである。特徴的なのは，墓葬から出土する金属製煮炊具は，城郭や集落から出土するものに比べて小型であることである。

金属製煮炊具を伴う墓葬については，新香坊墓地と双城村金代墓葬の詳細が不明なため，ここでは中興墓地を取り上げたい。M5～M7 は，土葬・火葬の 2 形態があるが，土壙内に木棺を持つものである。中興墓地では木棺を持つものが一般的であるため，M5～M7 が際立った構造上

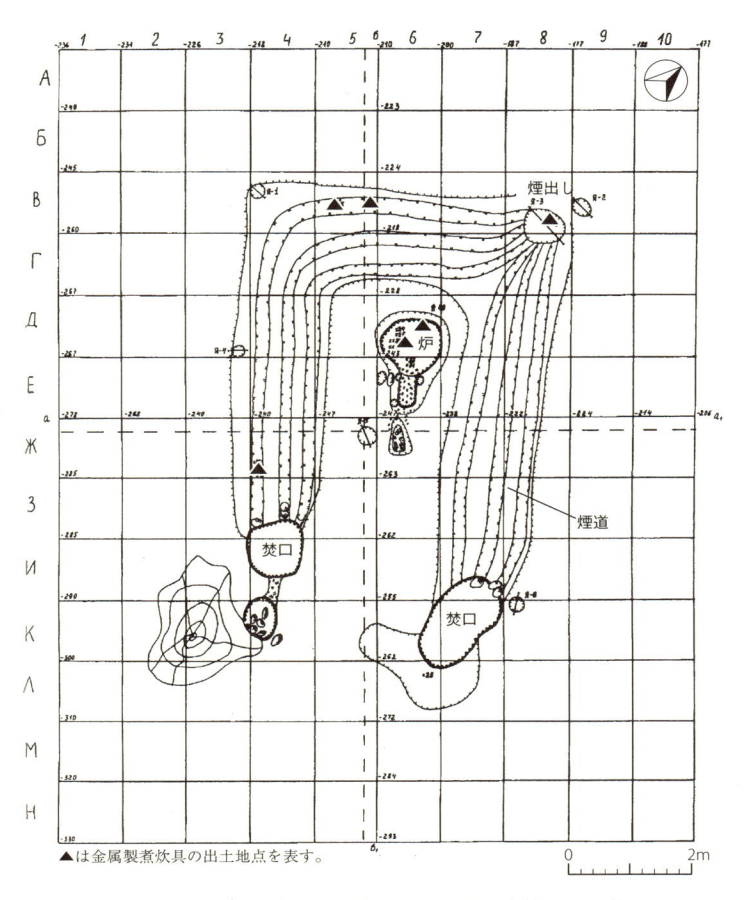

第 2 章　北東アジアにおける金属製煮炊具の生産・流通・消費　55

▲は金属製煮炊具の出土地点を表す。

第 18 図　ラゾ城址第 24 号建物跡の金属製煮炊具出土位置

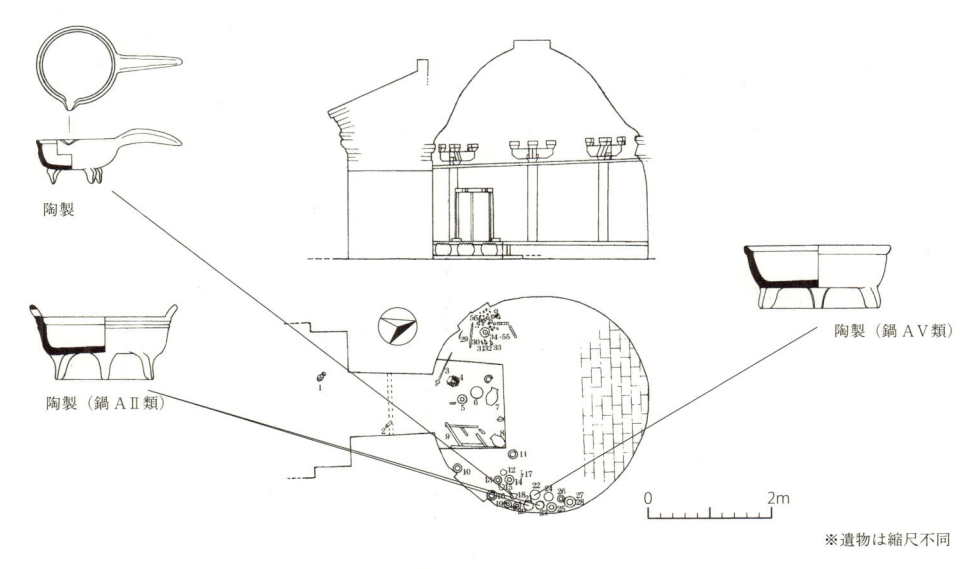

陶製

陶製（鍋AⅡ類）

陶製（鍋AV類）

※遺物は縮尺不同

第 19 図　遼寧朝陽召都巴金墓の金属製煮炊具模倣土器

の違いを持っていたわけではない。また金属製煮炊具と共伴する副葬品に注目すると，M5では鉄斧・馬鐙・銅鞍飾・瓜稜罐・定窯瓷器，M6では瓜稜壺・陶質土器壺・銀製碗・白瓷盤，M7では陶器罐，定窯・耀州窯瓷器碗，白瓷碗・盤，銀製品，銅鏡，玉製品，白樺皮製品が出土している。M5・M6の副葬品に関しては，他の墓葬のそれとの著しい差があるわけではない。しかしながら，M7では多様な副葬品が出土し，銀製品や玉製品も共伴する。新香坊墓地でも金銀器，青銅製装飾品，玉製品，陶質土器瓶が羽釜Aと共伴している。このことから直ちに金属製煮炊具が金銀器を身につけることができるような上位階層でのみ需要されたと考えることはできない。ただし，羽釜Aが上京会寧府の置かれた松花江中流域からアムール河中流域で見られる現象，また羽釜Aが金銀製品・玉製品と共伴する現象は，金代女真の埋葬儀礼を関連させて検討すべき問題である。

　こうした墓葬の副葬品として金属製煮炊具を用いる例は，河北〜遼寧地域では顕著ではない。河北省徐水西黒山墓地では，金・元代の墓葬62基が発掘調査されているものの，金属製煮炊具を副葬する事例はない（南水北調中錢干銭工程建設管理局ほか2007）。副葬されるのは瓷器罐・陶質土器，瓷器碗・皿類である。ただし，遼寧省南部から河北省にかけての金代墓葬では，金属製煮炊具を模倣したと推測される土製の板状耳付鍋や三足土器の出土を確認できる。河北宣化下八里遼金壁画墓M2では五耳土鍋，M3号墓では六耳土鍋（張家口市文物事業管理所ほか1990），朝陽召都巴金墓では三足土器（朝陽市博物館ほか2005）が出土している（第19図）。アムール河（黒龍江）中流域から松花江中流域の金属製煮炊具の副葬は，金属器模倣の土製容器を副葬する中原地域の影響を想定することが可能かもしれないが，実態は判然としない。これは，各集団の埋葬様式に起因する可能性もあり，今後検討すべき課題である。

(4) その他

　金属製煮炊具が窯跡から出土した事例がある。ハバロフスク地方ビキン地区のワシーリェフカ2集落遺跡では，第1号窯跡から鉄製三足羽釜の出土が報告されている（Краминцев 2002）。この遺跡では，3基の窯跡が確認されているが，第1号窯跡は11世紀後半代に比定される土器窯と推定され，スサを含んだ窯壁も検出されている。窯跡床面において土器片や皇宋通宝とともに三足羽釜が出土したという。この羽釜が土器窯に伴うものかは判然としないが，仮に帰属するものとするならば，土器窯における金属製煮炊具の使用方法が問題となるが，詳細は不明である。

第4節　金属製煮炊具の生産・流通・消費構造とその意義

(1) 金属生産関連遺跡

　これまでの発掘調査では，確実に金属製煮炊具を生産したと考えられる工房跡は確認されていない。鍋・釜の鋳型の出土に関しても不明瞭である。

　金属生産遺跡としては，渤海代には高城遺跡（吉林省汪清県），西古城北東遺跡（吉林省和龍県），

福溝口製鉄遺跡（吉林省和龍県恵章村），新安製鉄遺跡（吉林省撫松県），二道河子墓地周辺の製鉄遺跡（吉林省琿江市）で製鉄，恵章遺跡（吉林省和龍県）と新安古城（吉林省撫松県）で鍛冶，温特赫部城（吉林省琿春市），上京龍泉府三号門北側建築遺構（黒龍江省寧安市）で鋳造が行われたと考えられている（小嶋2005a）。このような施設は，平地城内部あるいは隣接する場所に築かれる施設隣接型や城郭（集落）内包型の工房が多く，製鉄遺跡で生産された鉄素材が地方城郭へ運ばれ，鍛冶・鋳造工房で鉄製品が作られたと推定される。ここで生産された製品が城内・集落内で消費されたのか，それとも城外・集落外へも供給されたのかは判然としない。

　近年，綏芬河中流域のアブリコソフスキー寺院遺跡の門前で多量の鉄滓が確認され，金属生産工房の存在が推定されている（E.I.ゲルマン氏のご教示による）。また，クラスキノ城址北西部の寺院地区南側に隣接する第40調査区では，第4文化層・第5文化層から銑鉄片などの金属生産に関わると推定される資料が得られている（ゲルマン2009）。また北側に隣接する第34調査区の第6号住居跡（第5文化層）からは，胴部中央部に孔のあいた土器が出土している（東北亜歴史財団ほか2008：328頁）。この土器は，孔に送風管を装着することによって鍛冶炉として使用したものと推定される。つまり，クラスキノ城址では第5文化層の時期（8世紀代）に，鍛冶，鋳造等の金属生産かかわる一連の活動が行われていた可能性が高い。

　また金代になると，吉林省臨江市の宝山―六道溝冶銅遺跡（趙海龍2008），金上京会寧府が置かれた阿城市の郊外小嶺地区五道嶺遺跡（黒龍江省博物館1965）やロシア沿海地方のシャイガ城址（Леньков 1974），スカリストエ城址（Леньков 1974），ラゾ城址（Леньков, Артемьева 2003），アナニエフカ城址（Артемьева 1995）などが知られている。五道嶺遺跡では，採掘坑跡10ヶ所余り，製錬炉50基以上が確認されている。ここでは半地下式の竪形炉を用いて製鉄が行われ，鉄製品化は別の場所で行われたと推定されている（笹田2008）。ロシア沿海地方では，金・東夏代の山城内部に鋳造・鍛冶工房を設けている例も少なくない。近年，東夏の上京開元府に比定されているクラスノヤロフスコエ城址の内城において青銅鋳造遺構が検出され，周辺から坩堝・銅滓が確認されている（N.G.アルテミエヴァ氏のご教示による）。この遺構に隣接する場所では建物跡も検出されており，銅生産に関わる工房が展開していた可能性がある。青銅鋳造遺構は，ロシア沿海地方では初めて事例であり，今後の調査成果が期待される。

（2）鍋・釜の流通圏

　生産地の考古学的様相が判然としないが，おおむね都城や地方城郭・寺院の内部や近接する場所に工房が築かれる。金属製品の生産・流通構造を理解することは容易ではないが，年代が推定できる金属製煮炊具の形態的特徴を見ると，型式分布のまとまりを想定することが可能である。

【高句麗】

　図們江水系の布爾哈通河流域に所在する小営郷小営村および城子山山城，琿春河上流域に所在する小六道遺跡から出土している羽釜Bは，法量・形態ともに類似しており，同じ生産地で製作された可能性がある。資料が少ないため判然としないが，製品は，おおむね水系毎の一定の範

囲内に流通していたと推測される。製品の運搬に際して水運が利用された可能性もある。

【渤海】

　金属製煮炊具が都城や地方城郭，寺院などの公的機関で使用されていることを確認できるが，集落では煮炊具の中心は鞨鞨罐である。断片資料が多く詳細は不明である。

【金・東夏代】

　羽釜Ａの形態的特徴に注目すると，1類は上京会寧府が置かれた阿城周辺を含む松花江中流域に分布し，4類は松花江下流域とアムール河中流域に分布するといった地域差を確認できる。先述したように，1類は4類に先行する可能性は残るものの，金属製煮炊具の生産地と流通圏の違いを反映している可能性もある。

　一方，鍋ＢⅣは，法庫劉邦屯金代窖蔵・城后村金元遺跡・毛城子窖蔵等，主に遼河中・下流域から第二松花江中流域で同形態のものが分布するという点を確認でき，和龍金代窖蔵のやや平底気味となる鍋ＢⅣとは形態において相違が見られる。

　図們江水系の嘎呀河右岸の汪清百草溝郷東山，布爾哈通河左岸の吉林小営郷民主村出土の青銅製鍋ＢⅣは，四耳鍋であり，法量・形態ともに近似している。同一の生産地で製作された可能性がある。また遼河水系の吉林省公主嶺の毛城子窖蔵と育林窖蔵出土の鉄製鍋ＢⅣは形態が類似している。このような点は，羽釜Ａと同様に，生産地と流通圏の違いを反映していると考えられる。

　以上のように，分布のまとまりが，おおむね会寧府や咸平府，東京路，故里改路等の路・府といった金代行政区域の上位レベルの行政区とほぼ対応していることは注目される。また図們江や松花江，鴨緑江，遼河といった水系が物資の流通に利用されていた可能性も看取される。このことは，金属製煮炊具の生産が路・府単位で行われ，流通圏はおおむねその範囲内に収まる可能性がある。瓷器類が金領域内で流通する「広域流通品」だとすれば，金属製煮炊具は路・府内で流通した「中域流通品」とみなすことができる。

(3) 金属製鍋・釜模倣の土器

　当該地域では，金属製煮炊具とともに，それらを模倣したと考えられる土製鍋・釜が確認できる。渤海代のものは都城や地方城郭で出土しており，儀礼や仏器として利用されたものであろう。また，遼・金代に入ると，墓葬から模倣土器が出土する。土製の羽釜Ａはアムール河中流域，鍋ＡⅡは遼河流域一帯，鍋ＢⅣは河北・山西・山東など華北地域で確認される。おおむね金属製の鍋・釜の分布と一致するようである。

　そのようななか，鍋ＢⅣが一般的ではないロシア沿海地方南部のシャイガ城址において，複数の鍔状（板状）の耳が付いた小型鍋形土器が出土している（第20図）。シャイガ城址は，パルチザン地区のパルチザンスク河左岸の丘陵地に所在する大規模山城である。本城址の南西約20km には耶嬾路の中心的役割を担ったと推定されるニコラエフカ城址が存在する。シャイガ城址は，金代晩期・東夏代，概ね12世紀後葉〜13世紀前半代を中心に存続した遺跡である。これまでに

第2章　北東アジアにおける金属製煮炊具の生産・流通・消費　59

400棟以上の建物跡が発掘調査され，城内には鉄生産関連工房や方形区画，堡塁（Редут），テラス状に造成された平場等が存在することが確認されている（Артемьева 1998・2005）。

　この小型鍋形土器は，城内中央部にあるテラス状平場の第50号建物跡から出土したという（Тупикина 1996：p.27）。この建物跡に近接した場所には，銀牌（パイザ）が出土した第155号建物跡も存在する。小型鍋形土器の法量は，口径12cm，胴部最大径14cm，器高4.7cmを測る（Тупикина 1996: p.27, pp.106-107）。この土器は，完形品ではないものの，9つの鍔状外耳が付くものと推定される。第50号建物跡の小型鍋形

第20図　シャイガ城址出土小型鍋形土器

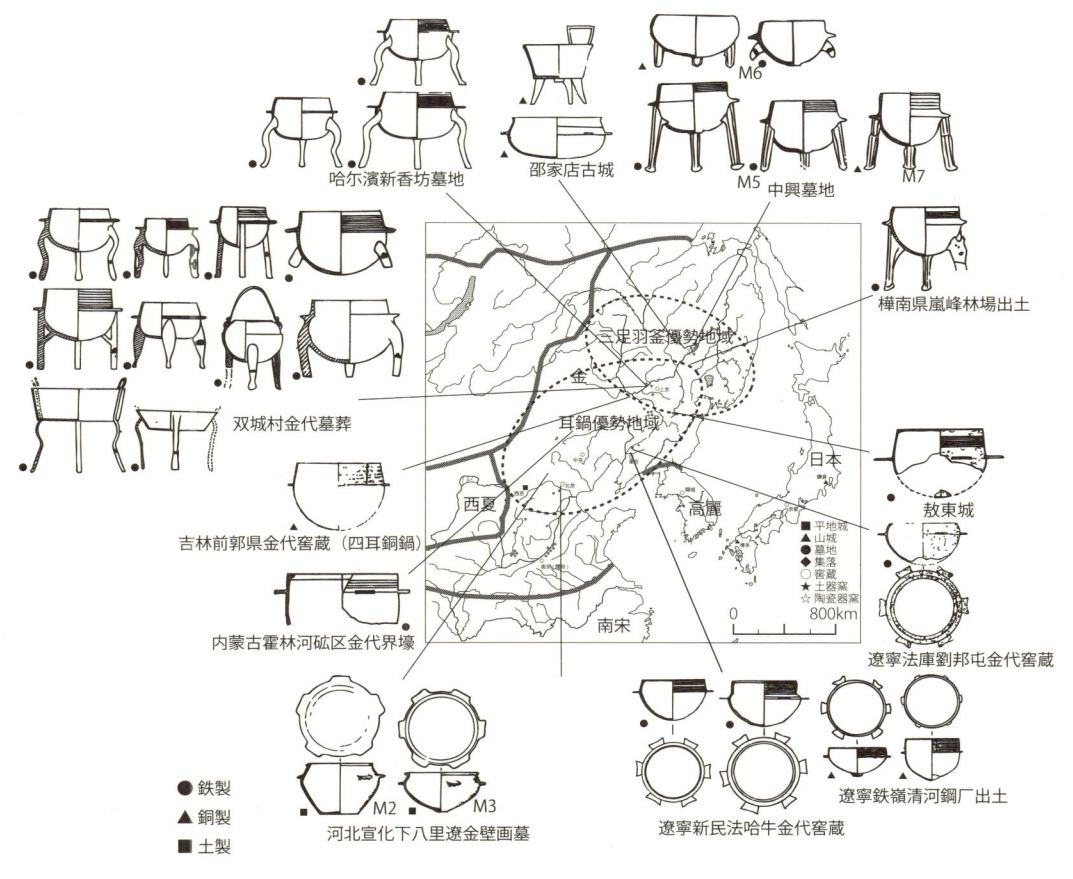

第21図　金属製煮炊具の地域性

土器は，施釉双耳小壺・陶質土器瓶類と共伴しており，双耳小壺は 12 世紀後葉頃に年代比定できる。

　前節までの検討によって，ロシア沿海地方日本海沿岸部では松花江中流域やアムール河中流域と同様に羽釜 A が主体を占め，小型鍋形土器のモデルと推定される鍋 B Ⅳ は一般的ではない（第 21 図）。また鍋 B Ⅳ が出土している松花江流域や図們江流域では土製の鍋 B Ⅳ は確認されない。このような土器は，河北省や遼寧省で見られ，シャイガ城址のものと若干器形が異なるが，土製の耳鍋という共通性がある。

　当該地域では，1215 年に蒲鮮万奴が遼陽で反旗を翻し，金から独立し，東夏国を建国する。東夏は現在の吉林省や黒龍江省，ロシア沿海地方南部を版図とした。金代晩期・東夏代になると，沿海地方から中国東北地方南東部において数多くの山城が形成される（第 6 章参照）。シャイガ城址の小型鍋形土器は，胎土から見ると，在地で生産されたものと推測される。住居跡から出土しているとはいえ，墓葬などに埋葬するための容器として製作された可能性もある。シャイガ城址出土の小型鍋形土器は，河北省・北京市周辺や遼河流域方面とのつながりを推測させるとともに，当該時期の人やモノの移動の一端を示す資料と理解できる。

（4）北東アジアの金属製煮炊具の生産・流通・消費の意義

　当該地域において，金属製煮炊具は 5～7 世紀代には高句麗領内の一部地域において定着するが，食器組成を大きく変容させるまでに普及するのは 12 世紀代に入ってからである。渤海代には都城や地方城郭において土製甑・盆とともに，調理を担う道具として金属製鍋・釜が定着すると推定されるが，渤海領域内の集落遺跡では深鉢形の土器が一般的である。この状況は 11 世紀代まで続く。

　アムール河中流域では，まず墓葬への副葬品として羽釜 A が用いられる。おおむね 10・11 世紀代に土製羽釜 A，12 世紀以降に鉄製・青銅製の羽釜 A が見られる。11 世紀から 12 世紀にかけての時期が土製から金属製への移行期にあたるのだろう。特に，当該時期に松花江流域やアムール河中流域などを中心に羽釜 A を用いた葬送儀礼が行われていた点は注目すべき現象である。また 12 世紀代の中原地域では，金属製鍋・釜模倣の土器が副葬品として用いられる。

　当該地域における金属製煮炊具の普及は，鋳造技術の発展に伴う製品入手の容易さが背景にある。前節までの検討によって，金・東夏代には地方各地で城郭を単位として鋳造活動が行われ，製品が供給されるシステムが成立していたと推定した。金属生産の組織や工人の存在形態については，不明瞭であるが，『金史』巻 55 志第 36 百官 1 の「工部」には以下のように記されている。

　工部
　　尚書一員，正三品。
　　侍郎一員，正四品。
　　郎中一員，從五品。
　　掌＝修造營建法式，諸作工匠，屯田，山林川澤之禁，江河　岸，道路橋梁之事＿。

第 2 章　北東アジアにおける金属製煮炊具の生産・流通・消費　61

　　員外郎一員，從六品。貞祐五年，兼覆實司官。天德三年，增二員。
　　主事二員，從七品。令史十八人，內女直四人。譯史二人，通事一人。
覆實司
　　管勾一員，從七品，隸戶，工部，<u>掌覆實營造材物，工匠償直等事</u>。大安元年，隸三司，工部，
　　罷同管勾。貞祐五年併罷之，以二部主事兼。興定四年復設，從省擬，不令戶，工部舉。

　この記事は工部の職掌について記載しており，建設・修繕などの土木活動にかかわった「工匠」が工部によって統括されていたことがわかる。土木工事をはじめとする開発に際して，工匠が金属生産に携わっていた可能性もあるだろう。また女真社会に敷かれた軍事制度である猛安・謀克に関して，『金史』巻57志第38百官3には，

　　諸猛安謀克隸焉。
　　猛安，從四品，<u>掌₌修理軍務，訓練武藝，勸課農桑，餘同防禦₌</u>。司吏四人，譯一人，撻馬，
　　差役人數並同舊例。
　　諸謀克，從五品，<u>掌₌撫輯軍戶，訓練武藝₌</u>。惟不レ管二常平倉一，餘同縣令。女直司吏一人，
　　譯一人，撻馬。

と記されている。猛安・謀克を単位として，軍事・武芸・農業に関わる道具などの生産（鍛冶・鋳造など）にも関与していた可能性がある。これを裏付けるように，ロシア・中国で確認されている金・東夏代の山城内部から金属生産工房が検出されている。

　また，鍋・釜は武器や農具の流通とはやや異なっていた可能性もあるが，鍋・釜の分布状況からその流通圏は水系を単位としていたと推定される。推測の域を出ないが，人々は地方城郭内あるいはその周辺に存在した「市」などを通じて，製品を入手したのだろう。現在のところ，大規模な城郭で生産された製品が各地へ運ばれたのか，それとも城外に独立して形成された工房から城郭へ製品が運ばれたのかは判然としない。

小　括

　本章では，渤海から遼・金代の金属製煮炊具の生産と流通，消費状況について検討を加えてきた。特に，高句麗・渤海代から金属製煮炊具が見られるとはいえ，普及するのは金代以降であることが確認できた。そして，地域差が認められるものの，金代に調理具・貯蔵具は陶質土器，煮炊具は金属器，食膳具は陶瓷器・木器・漆器というように，それぞれの器種が補完しあいながら食器様式を構成する器種分業体制が整備される。以下に本章で明らかになった点について記す。

1. 当該地域の金属製煮炊具は，羽釜Aが優勢となる北部地域（吉長地区からアムール河中流域・沿海地方），鍋BⅣが優勢となる南部地域（松花江中・上流域～遼寧省・内蒙古自治区）という地域差を見出すことができる。
2. 羽釜A・鍋BⅣの形態的特徴と分布状況を関連させて考えると，金属製煮炊具の生産が路・府単位で行われ，さらにその流通圏も路・府の範囲内に収まる可能性がある。
3. 金属製煮炊具は，窖蔵・墓地（墓葬）・遺跡・集落で確認できる。窖蔵では陶瓷器や鉄製品

などの物資収蔵・埋蔵のための容器，墓地（墓葬）では埋葬儀礼と何らかの関係を持つもの，
　　城郭・集落遺跡では日常生活食器として用いられるものなど，機能の多様性を看取できる。
 4. シャイガ城址出土小型鍋形土器は，鍋BⅣが定着しないロシア沿海地方で出土しており，
　　器形上の特徴から見て河北・遼東方面からの影響が推測される。
　当該地域の金属製煮炊具に関しては，未だ断片的な資料しか得られていないが，生産・流通構造や地域相互関係を理解する上で重要な資料である。今後，理化学的分析等を行い流通圏の復元を目指すとともに，金属製煮炊具の製作技法や技術面，系譜関係についても検討を深めることが課題である。

註
1)「金属製煮炊具」は，「鍋」と「釜」の両方を含む概念として用いる。通常，「鍋」は煮炊きをするもの，「釜」は湯を沸かすものという機能差で理解されるが，ここでは便宜的な総称として用いる。

第3章　渤海の食器様式の変遷と地域性

はじめに

　第1章・第2章では，土器・金属器の生産・流通に焦点を当てたが，本章ではそれらの消費活動について検討する。本章で扱うのは，食膳具（供膳具）・調理具・煮炊具・貯蔵具など，いわゆる「食器」である。ここで言う「食器」とは，飲食（食事）にかかわる容器の総称であり，食料を得るための狩猟・採集・漁撈具や農具に対置する用語として用いる（宇野1991：p.252）。食器は，日常生活容器としての機能のみならず，威信財や儀礼・祭祀にも用いられる場合もあるため，当時の文化的・社会的様相を理解するための手がかりとなる。特に，各遺跡における食器の器種構成や使用状況を検討することによって，遺跡の性格や遺跡間・地域間の相互関係も理解できる。また，消費活動は生産・流通とも密接にかかわり，消費地の要求によって生産地で生産される器種や構成が異なることも予想される。

　そこで本章では，渤海の土器・陶瓷器に焦点を当て，食器様式[1]の変遷と地域性について検討を加えたい。いわゆる「渤海土器」は，渤海領域内に存在する土器を指すが（木山2007：p.47），靺鞨期からの伝統を引く野焼き土器と還元硬質で灰色・灰褐色を呈した陶質土器（中国で「泥質灰陶」や「黒灰陶」と呼ばれるもの）に区別することができる。前者は基本的に自家あるいは村落単位での消費を目的とした生産であり，後者は専用窯を使用して焼成された手工業生産によるものである。両者の組み合わせの時空間的な違いを抽出することによって，渤海の地域性やその特質を明らかにできると考える。以下では，近年の発掘調査成果を踏まえ，各遺跡の食器組成について検討し，渤海の食器様式とその特質について述べる（第22図）。

第1節　渤海土器・陶瓷器研究の現状と課題

　渤海遺跡における発掘調査の増加に伴い，土器研究も行われてきた。20世紀前半代に東亜考古学会が実施した東京城の発掘調査報告書『東京城』では，渤海土器は「陶容器」として扱われ，釉薬の有無によって釉薬陶器（第一類）と素焼きの陶質土器（第二類）に大別されたが（東亜考古学会1939），細かな土器編年が提示されるには至らなかった。その後，1980年代頃から土器研究が本格化し，中国では譚英傑氏ら（譚ほか1991），金大順氏（金1997），喬梁氏（喬1994・2007），胡秀傑・劉暁東氏ら（胡・劉2001），張玉霞氏（張2005），劉暁東氏（劉2006），ロシアではO.V.ヂャーコヴァ氏（Дьякова 1984・1993），E.I.ゲルマン氏（Гельман 2002），Ya.E.ピスカレヴァ氏（Пискарева 2005・2006a・2006b），日本では小嶋芳孝氏（小嶋1994），足立拓郎氏（足立1998），臼杵勲氏（臼杵1994b・2004b），木山克彦氏（木山2007）によって検討されてきた。これまでの研究

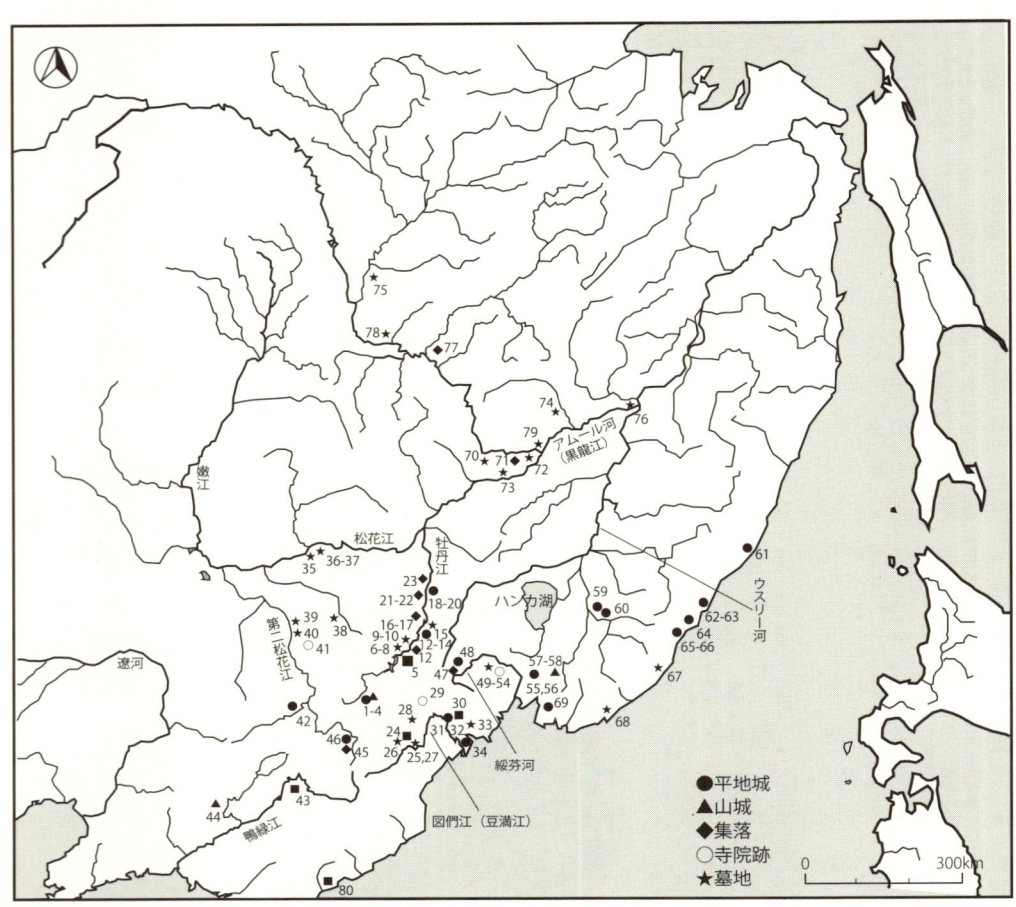

【牡丹江水系】
上流域：1　六頂山墳墓群　　2　永勝遺跡　　3　敷東城遺跡　　4　城山子山城
中流域：5　上京龍泉府（東京城）　6　三霊屯墓地　　7　大朱屯墓地　　8　虹鱒漁場墓地　　9　山咀子墓葬　　10　海林北站墓地　　11　石灰場遺跡
下流域：12　石場溝墓地　　13　南城子城址　　14　牡丹江辺墻　　15　羊草溝墓地　　16　細鱗河遺跡　　17　二道河子墓地　　18　海林興農城址
　　　　19　東興遺跡　　20　振興遺跡　　21　渡口遺跡　　22　河口遺跡　　23　木蘭集東遺跡

【図們江水系】
24　中京顕徳府（西古城）　25　河南屯古城，河南屯古墓　　26　和龍北大墓地　　27　和龍龍海墓群，龍湖墓群　　28　安図東清墓地
29　汪清紅雲建築跡（寺廟跡）　30　東京龍原府（八連城）　31　琿春凉水鎮墓地，凉水果園遺跡　　32　琿春温特赫部城　33　馬滴達墓葬
34　クラスキノ城址

【第二松花江流域～松花江中流域】
35　哈尓濱黄家崴子遺跡　　36　賓県索离溝遺跡　　37　老山頭墓地　　38　老河深墓地　　39　楊屯大海猛遺跡　　40　永吉査里巴墓地
41　蛟河七道河建築跡　　42　樺甸蘇密城跡

【鴨緑江流域】
43　西京鴨緑府　　44　五女山城　　45　琿江永安遺跡　　46　撫松新安古城

【綏芬河流域】
47　小地営遺跡　　48　東寧大城子城址・墓地　　49　チェルニャチノ5墓地，チェルニャチノ2遺跡　　50　シニェリニコヴォ1山城
51　アブリコソフスキー寺院　　52　コピト寺院　　53　ボリソフカ寺院　　54　コルサコフ1遺跡，コルサコフ2遺跡，コルサコフ寺院

【ロシア沿海地方】
55　ゴルバトカ城址　　56　ニコラエフカⅠ・Ⅱ城址　　57　アウロフカ城址　　58　ノヴォゴロディエフカ城址，ノヴォゴロディエフカ集落遺跡
59　マリヤノフカ城址　　60　コクシャロフカ1城址　　61　ケムスコエ・ドリンナエ城址　　62　クラスナエ・オゼロ城址　　63　ジギドフスコエ城址
64　エストンカ城址　　65　サドヴィ・クリュチ城址　　66　ブルシロフスコエ城址　　67　マナストィルカ3墓地　　68　グラズコフカ墓地
69　ステクリャヌーハ城址

【松花江下流域～アムール河流域】
70　団結城　　71　同仁遺跡　　72　四十連遺跡　　73　綏濱三号墓地　　74　ナイフェリド墓地　　75　トロイツコエ墓地　　76　コルサコフ墓地
77　ウスチ・タラカン遺跡　　78　シャブカ墓地　　79　プラゴスロベンナエ墓地

【北朝鮮北東部日本海沿岸域】
80　北青土城，悟梅里寺廟跡

第22図　靺鞨・渤海遺跡分布図

は，主に靺鞨罐を軸として，形態的特徴や装飾を中心に分類して編年が組まれた点で共通する。最近では，張玉霞氏と木山克彦氏が振興遺跡をはじめとする遺構の重複関係や層位的関係が明らかな資料を用いて，靺鞨罐と陶質土器を含めた渤海土器の体系的な編年，さらには地域性を把握しようと試みている（張2005，木山2007）。両氏の検討によって，①口縁部に刻み目を有する靺鞨罐から刻み目を持たない靺鞨罐へと無文化していくこと，②靺鞨罐の製作において，時期が降るとともに成形・整形にロクロが使用されるものが増加すること，③渤海初期には器形や製作技術上において高句麗の伝統を引いたと推定されるものが見られ，渤海中期以降に中原の影響を受けたと推定される器種が増えること，④陶質土器が主体となるのは渤海中期以降であり，それと連動するように中原の影響を受けたとされる盤・壺・瓶・三足器等の新たな器種が登場することなどが明らかにされた。

また近年，ロシア沿海地方でもゲルマン氏やピスカレヴァ氏らによって渤海土器の地域性に関する議論がされている。特にピスカレヴァ氏は，これまで靺鞨土器研究を主導してきたジャーコヴァ氏の研究を発展的に継承し，ロシア沿海地方の「靺鞨土器」を再整理して靺鞨期から渤海にかけてのより細かな地域性を把握しようとしている（Пискарева 2005 ほか）。

これまでの土器研究によって，靺鞨罐の変遷や土器編年の大枠，系統関係に関してはほぼ共通見解が得られつつある。しかしながら，食器様式の地域性や遺跡間あるいは中央・地方間での差異，さらには陶質土器の製作技術や技法の変遷やその画期など，渤海社会における土器生産や消費の時間軸・空間軸上での実態については十分に明らかにされていない。

また，これまで積極的に議論されてきた土器研究に比べると，渤海領域内で見られる施釉陶器・瓷器に関する研究もまた多くはない。その要因として，これらが土器に比べるとはるかに出土量が少ないこと，生産関連遺跡が発見されていないことが挙げられる。渤海の施釉陶器・瓷器を扱った研究としては，亀井明徳氏（亀井1999・2005），山崎一雄氏（山崎1992・1998），E.I. ゲルマン氏（Гельман 1999・ゲルマン 1999b・1999c・2007），馮浩璋氏（馮1999），王楽楽氏（王2006）のものが挙げられる。これまでの研究によって，渤海遺跡出土資料のなかには唐三彩のみならず，渤海領域内で生産された，いわゆる「渤海三彩」が存在する可能性が高まってきたこと（亀井1999・2005，山崎1992・1998，王2006），また渤海三彩は唐三彩の影響を受けて成立し，需要階層も渤海王室や高級貴族層，寺院に限定されていたこと（馮1999，王2006）が指摘されている。しかしながら，中原地域の施釉陶器・瓷器はいつ渤海に流入したのか，また渤海領域で渤海三彩を含む施釉陶器生産がいつから開始されたのか，渤海三彩が唐との朝貢や交易で入手した唐三彩を見本に生産されたものなのか，それとも唐からの製陶技術者が渡来して生産されたのか，その生産組織がどのようなものだったのか，など判然としない点も多い。そのため，土器との共伴関係や層位的関係の検討，さらには周辺諸地域の施釉陶器・瓷器との比較検討が不可欠である。

従来，渤海の食器研究は，個別事例での検討が多く，野焼き土器・陶質土器・陶瓷器・金属器を総合的に扱い，様式論的な観点から，地域性や遺跡差，その特質や歴史的背景について論じたものは少ない。

第2節　渤海代の食器の種類とその変遷

(1) 食器の種類

　冒頭でも触れたように，渤海の食器は野焼き土器と陶質土器を中心とし，この他に器面に炭素を吸着して黒色化させた黒色土器，陶瓷器（三彩，白瓷・青瓷など），金属器や木器・漆器などがある。ただし，木器・漆器に関しては出土事例が少ないのが現状である。

　野焼き土器は，靺鞨文化以来の伝統を引く酸化焔焼成された軟質の土器である。胎土に砂や小礫を含み，器壁が厚手となる。色調は黄褐色から赤褐色を呈する。器形は，深鉢（靺鞨罐）が多数を占め，他に坏・蓋等がある。基本的には輪積み成形で，ロクロを用いない。野焼き土器の主体を占める靺鞨罐は，口縁部下端や胴部の隆帯・胴部装飾を特徴とした深鉢形の器形を呈する。時期がくだるにつれて，回転台を用いて胴部・口縁部を整形するものも登場する。特に，ロクロを使用して成形された深鉢形土器（ロクロ製深鉢形土器）[2]は，野焼き土器と陶質土器の中間的性格を持ち，酸化焔焼成・還元焔焼成のものがある。

　陶質土器は，ロクロ製で高火度での還元焔焼成による無釉の硬質土器である。胎土は緻密であり，小礫をほとんど含まない。色調は灰色系から灰褐色系を呈する。専用窯で焼成されたと推定され，野焼き土器の焼成方法とは異なる。器表面は無調整あるいはロクロ回転ヘラミガキ調整されたもの，装飾を施したものなどがある。器種は，壺・盆・鉢・盤・甕・瓶・橋状把手付土器・碗などから構成される。

　黒色土器は，器面に炭素を吸着して内外面を黒色化させて光沢を有している土器である。成形はロクロ製であり，器表面は丁寧にヘラミガキ調整されているのが特徴である。陶質土器と区別がつけにくいものも存在するため，酸化焔の野焼き土器からではなく，還元焔の陶質土器から技術的発展を遂げて成立したものであろう。器種は壺・瓶・盆・碗・皿などがみられる。

(2) 靺鞨式土器と陶質土器の分類

　ここでは，食器構成の主体を占める野焼き土器と陶質土器を取り上げて器種分類を行う。特に，先行研究で土器編年の基準として用いられてきた靺鞨罐をもとに，層位的関係を確認した上で変遷を整理する。

1. 靺鞨式土器の分類

　靺鞨式土器は深鉢（靺鞨罐）が多数を占め，他に坏・蓋などからなる。主体を占める靺鞨罐は，器形によって頸部が絞まった壺，胴部に最大径を持ちやや絞まった頸部から口縁部にかけて外反する深鉢（「敞口鼓腹罐」と呼ばれるもの。本章では「深鉢Ⅰ」と呼ぶ。），口径と胴部最大径がほぼ同等で寸胴な器形となる深鉢（「筒形罐」と呼ばれるもの。本章では「深鉢Ⅱ」と呼ぶ。）に大別できる（劉暁東2006：191-216）。ここでは，口縁部の形態や突帯の刻み目の有無と胴部文様の組み合わせ

を基準として分類した足立拓郎氏（足立 2000）や木山克彦氏（木山 2007）の成果に基本的に従いながら，下記のように分類する。

口縁部形態

A 類：二重口縁。口縁下に突帯を持ち（突帯は貼り付けるものと作り出すものがある），その隆帯に刻み目を持つ。手製（ロクロ未使用）。

B 類：二重口縁。口縁下に突帯を持ち，その突帯に刻み目を持たないもの。口縁端面をつまみ出すことによって作るものと突帯は貼り付けるものがある。回転台で修正し，器面を調整するものもある。

C 類：口縁端面形が三角形・方形を呈するもの。刻み目は持たない。ロクロ成形・整形。「ロクロ製深鉢形土器」。

胴部文様

1 類：胴部に波状文や刻文・列点文・圧痕文を持つもの

2 類：無文突帯を持つもの

3 類：胴部に数条の横走沈線を持つもの

4 類：無文。突帯を持たないもの

5 類：胴部に叩きを施したもの

靺鞨罐の変遷については，器形や文様構成によって地域差は見られるものの，おおむね共通した変化が追えることが明らかになっている（大貫 1998，臼杵 1994b・2009b ほか）。ロシアでは，「ナイフェリド群」から「トロイツコエ群」へ，中国では同仁一期文化→同仁二期文化→綏濱三号類型という変遷が想定されている。足立氏は，刻み目が施文された突帯を口縁に有する靺鞨罐を「刻み目突帯靺鞨罐」（本稿 A 類）とし，櫛目文や波形の平行沈潜文が施文される「刻み目突帯靺鞨罐 1 類」（本稿 A1 類）から，小突起付靺鞨罐，「刻み目突帯靺鞨罐 2 類」のうち胴部に突帯を持つもの（本稿 A2 類），さらには口縁部に刻み目突帯を持ち胴部に突帯を持たない靺鞨罐（本稿 A4 類），刻み目のない突帯を口縁に有する「無文突帯靺鞨罐」（本稿 B4 類）の順に変遷すると想定した。年代観については，渤海前期に入ると，「刻み目突帯靺鞨罐 1 類」，前期中頃に「刻み目突帯靺鞨罐 2 類」が見られなくなり，代わって「無文突帯靺鞨罐」が増加し，靺鞨罐の無文化が完成し，「無文突帯靺鞨罐」のみが渤海中・後期に受け継がれるとした（足立 2000）。また，木山氏は，足立氏と同様に口縁部に刻み目突帯を有する靺鞨罐から口縁部に無文突帯を有する靺鞨罐へと推移するという理解については共通するが，口縁部に刻み目突帯を持ち胴部装飾のある靺鞨罐（本稿 A1 類）が口縁部に無文突帯を持つ胴部無文の靺鞨罐（本稿 B4 類）と一部併行し，後者が漸次的に増加して靺鞨罐の無文化が進行し，無文突帯靺鞨罐へ置き換わることを示した（木山 2007）。年代については，A1 類を主体とする遺跡が 6 世紀後半から 7 世紀初頭，口縁部に刻み目突帯を有して胴部に無文突帯を持つ靺鞨罐（本稿 A2 類）を主体とする遺跡が 7 世紀後半頃，口縁部及び胴部に無文突帯を有する靺鞨罐（本稿 B2 類）が主体となる遺跡は 8 世紀前半頃，口縁部に無文突帯を有した胴部無文の靺鞨罐（本稿 B4 類）を主体とする遺跡は 8 世紀後半から 9 世紀前

第2表 中国・ロシアにおける靺鞨・渤海遺跡出土木炭・付着炭化物の放射性炭素^{14}C年代測定値

番号	遺跡名	地区	遺構	実験室番号	サンプル	δ^{13}C(‰)	^{14}C年代(yrBP±1σ)	^{14}C年代を歴年代に較正した年代範囲 1σ暦年代範囲	^{14}C年代を歴年代に較正した年代範囲 2σ暦年代範囲	備考	文献
1	羅北団結墓地		M9	WB84-36	木炭		334-531年			同仁第一期文化、靺鞨罐A1	①
2	綏濱同仁遺跡		F3	ZK-0273	木炭		599-684年			同仁第一期文化、靺鞨罐A1	①
3	綏濱同仁遺跡		F2	―	木炭		994-1186年			同仁第一期文化、靺鞨罐B1・B2	⑥
4	綏濱同仁遺跡		F1	―	木炭		1131-1277年			同仁第一期文化、靺鞨罐無し	⑥
5	海林渡口遺跡		F6	ZK-2740	木炭		661-786年			第二期文化	①
6	海林渡口遺跡		F9	ZK-2741	木炭		607-679年			第三期文化	①
7	海林渡口遺跡		F2	―	木炭		972-1037年			第三期文化	⑦
8	海林渡口遺跡		F3	―	木炭		898-1028年			第三期文化	⑦
9	海林振興遺跡		F10	―	木炭		360-480年			第四期文化、靺鞨罐A1	①
10	永吉査里巴墓地		M10	ZK-2248	木炭		428-643年			陶質土器短頸壺	①・③
11	永吉大海猛墓地		T1	ZK-0808	木炭		415-636年				①
12	永吉大海猛墓地		T1	ZK-0809	木炭		538-645年				①
13	永吉大海猛墓地		T10M19	ZK-1196	木炭		980-1150年				①
14	クラスキノ城址		―	SNU04-679	木炭	-24.55	1180±50BP	AD770-900(62.5%) AD920-940(5.7%)	AD710-750(5.6%) AD760-990(89.8%)	サンプル採取地点不明	⑩
15	クラスキノ城址		―	SNU05-797	木炭	-16.79	1490±50BP	AD535-635(68.2%)	AD430-650(95.4%)	サンプル採取地点不明	⑪
16	クラスキノ城址		―	SNU05-798	木炭	-43.30	1420±60BP	AD580-660(68.2%)	AD460-490(1.2%) AD530-710(92.6%) AD740-770(1.6%)	サンプル採取地点不明	⑪
17	クラスキノ城址	第34調査区		SNU07-R093	木炭	-30.30	1400±60BP	AD580-675(68.2%)	AD540-730(91.0%) AD740-770(4.4%)		⑫
18	クラスキノ城址	第34調査区		SNU07-R094	木炭	-21.11	1310±50BP	AD650-720(47.3%) AD740-770(20.9%)	AD430-830(93.4%) AD840-870(2.0%)	h=-192	⑫
19	クラスキノ城址	第34調査区		SNU07-R095	木炭	-26.73	1360±50BP	AD610-690(62.1%) AD750-770(6.1%)	AD590-780(95.4%)	h=-199	⑫
20	クラスキノ城址	第34調査区		SNU07-R096	木炭	-26.74	1380±70BP	AD580-700(62.6%) AD740-770(5.6%)	AD530-820(95.4%)		⑫
21	クラスキノ城址	第40調査区		SNU09-R033	木炭	-34.49	1480±100BP	AD430-490(16.0%) AD510-660(52.2%)	AD340-720(93.7%) AD740-770(1.7%)	h=-136	㉔
22	クラスキノ城址	第40調査区		SNU09-R034	木炭	-27.98	1480±50BP	AD545-635(68.2%)	AD430-660(95.4%)	h=-123	㉔
23	チェルニャチノ5墓地		M46(石室墓)	SNU03-643	木炭	-23.2	1190±40BP	AD770-890(68.2%)	AD710-750(5.5%) AD760-980(89.9%)		⑮
24	チェルニャチノ5墓地		M48(石組墓)	SNU04-602	木炭	-20.41	1400±40BP	AD605-610(1.9%) AD615-670(66.3%)	AD560-700(95.4%)	靺鞨罐C4(ロクロ製土器)	⑮
25	チェルニャチノ5墓地		M50(土壙墓)	SNU03-645	木炭	-21.1	1170±40BP	AD780-900(58.9%) AD920-940(9.3%)	AD770-980(95.4%)	ロクロ製土器片、靺鞨土器片	⑮
26	チェルニャチノ5墓地		M55(石室墓)	SNU04-600	木炭	-28.78	1680±40BP	AD260-280(7.7%) AD330-420(60.5%)	AD240-440(95.4%)	靺鞨罐B4	⑮
27	チェルニャチノ5墓地		M56(土壙墓)	SNU04-601	木炭	-19.15	1690±40BP	AD260-280(10.7%) AD320-420(57.5%)	AD240-430(95.4%)	靺鞨罐B4	⑮

第3章 渤海の食器様式の変遷と地域性　69

第3表 ロシア・アムール河流域の靺鞨遺跡の放射性炭素^{14}C年代測定値

	遺跡名	遺構	実験室番号	サンプル	^{14}C年代(AD)	較正年代(±1σ)	較正年代(±2σ)	備考	文献
28	チェルニャチノ5墓地	M59(土壙墓)		SNU04-599	木炭	-27.67	1360±40BP	AD640-710(67.0%) AD750-760(1.2%)	AD600-730(85.8%) AD740-780(9.6%)		靺鞨鑵B4	⑮
29	チェルニャチノ5墓地	M60(土壙墓)		SNU04-603	木炭	-20.75	1590±40BP	AD420-540(68.2%)	AD380-570(95.4%)		陶質土器	⑮
30	チェルニャチノ5墓地	M61(土壙墓)		Tka-13488	付着炭化物	—	1310±50BP	—	—		靺鞨土器	⑮
31	チェルニャチノ5墓地	M61(土壙墓)		Tka-13489	付着炭化物	—	1310±44BP	—	—		土器2	⑮
32	チェルニャチノ5墓地	M61(土壙墓)		SNU04-604	木炭	-15.71	1850±60BP	AD80-240(68.2%)	AD20-340(95.4%)		靺鞨鑵B4	⑮
33	チェルニャチノ5墓地	M70(石室墓)		SNU04-598	木炭	-27.12	1500±80BP	AD430-450(3.8%) AD460-520(11.8%) AD530-650(52.6%)	AD390-680(95.4%)		陶質土器短頭壺	⑮
34	チェルニャチノ5墓地	M71(石室墓)		SNU04-597	木炭	-23.98	1180±40BP	AD770-900(68.2%)	AD720-750(2.7%) AD770-980(92.7%)		靺鞨鑵B4, C1(ロクロ製)	⑮
35	チェルニャチノ5墓地	M73(土壙墓)		SNU05-821	木炭	-26.22	1430±50BP	AD585-655(68.2%)	AD530-680(95.4%)		靺鞨鑵A4(3個体)	⑯
36	チェルニャチノ5墓地	M80(土壙墓)		SNU05-822	木炭	-29.84	1510±50BP	AD440-490(17.1%) AD530-620(51.1%)	AD430-640(95.4%)		土器なし	⑯
37	チェルニャチノ5墓地	M109(土壙墓)		SNU05-823	木炭	-28.97	1470±50BP	AD555-640(68.2%)	AD430-490(8.0%) AD510-660(87.5%)		靺鞨鑵A4, B4	⑯
38	チェルニャチノ5墓地	M115(木棺墓)		SNU05-824	木炭	-33.89	1290±60BP	AD660-780(68.2%)	AD640-880(95.4%)		靺鞨鑵B4(2個体)	⑯
39	コルサコフ墓地	M38		CO АН-1629	木炭		—	940±25年			靺鞨壺, 短頭板	㉑
40	コルサコフ墓地	M320		ЛЕ-1776	木炭		—	920±40年			短頸壺, 短頭板	㉑
41	コルサコフ墓地	M89		CO АН-1630	木炭		—	570±25年			長頭壺, 靺鞨鑵B2	㉑

遺跡名	遺構	実験室番号	サンプル	^{14}C年代(AD)	較正年代(±1σ)	較正年代(±2σ)	備考	文献
ナイフェリド墓地		CO АН-3541	木炭	1895±30BP	74～126年	26～206年	1962年調査	—
ナイフェリド墓地		ГИН-8613	木炭	1590±60BP	410～540年	270～600年		—
シャプカ墓地		CO АН-3041	木炭	1245±80BP	680～858年	654～958年		—
ウスチ・タラカン遺跡	2号住居	CO АН-3190	木炭	1190±20BP	809～881年	789～884年		—
ウスチ・タラカン遺跡	2号土坑	CO АН-3188	木炭	1185±25BP	808～884年	782～888年	墓葬	—

文献
Деревянко А.П., Богданов Е.С., Нестеров С.П. 1999 Могильник Найфельд. Новосибирск. 96 с.

第4表 ロシア極東地域における靺鞨墓地・渤海遺跡出土試料の光ルミネッセンス（OSL）年代測定値

遺跡名	地点・遺構名	試料番号	Does Rate (Gy/Ka)	Equivalent does (Gy)	water content (%)	Aliquots used (n)	OSL 年代 (Ka)	年代 (AD/Bc.Ye)	文献
チェルニャチノ5墓地	M66	M-66	3.183 ± 0.102 (3.084 ± 0.099)	4.92 ± 0.18	16.443 (19.766)	15	1.55 ± 0.08 (1.6 ± 0.08)	455 ± 80	⑯
チェルニャチノ5墓地	M80	M-80	3.046 ± 0.097 (2.887 ± 0.092)	4.35 ± 0.08	12.625 (18.088)	15	1.43 ± 0.05 (1.51 ± 0.06)	575 ± 60	⑯
チェルニャチノ5墓地	M96	M-96	2.899 ± 0.092 (2.689 ± 0.085)	3.67 ± 0.14	17.682 (25.896)	15	1.27 ± 0.06 (1.36 ± 0.07)	735 ± 70	⑯
チェルニャチノ5墓地	M109	M-109	3.133 ± 0.093 (2.964 ± 0.088)	3.08 ± 0.13	14.842 (20.630)	15	0.98 ± 0.05 (1.04 ± 0.05)	1025 ± 50	⑯

第5表 中国・ロシアにおける靺鞨・渤海遺跡の年代推定基準資料

遺跡名	遺構	基準資料	推定年代	備考	文献
敦化六頂山墓群	貞恵公主墓	墓誌	宝暦7年 (780)	大興56年 (792) 死亡	⑨
和龍龍海墓群	貞孝公主墓	墓誌	大興56年 (792)		⑰
和龍龍海墓群	順穆皇后墓 (M3)	墓誌	9世紀前葉	「建興12年7月15日 遷安口陵」。建興12年＝830年 (渤海)。順穆皇后は第9代大明忠 (817～818年？) の皇后。	⑳
和龍北大墓地	M7	三彩数珠鉢	8世紀中葉～9世紀初頭？	詳細不明。孝懿皇后墓からの出土あり	孝懿皇后は第3代大欽茂 (737～793年) の皇后。	⑳
上京龍泉府	柴里坊	邢窯白磁碗	8c前葉か		⑬
上京龍泉府	宮城西区寝殿遺跡	契丹系土器	9c代		⑨
クラスキノ遺跡	井戸跡	契丹系土器	10世紀前葉	契丹墓出土器との併行関係	⑨
老河深墓地	M33	五行大布	10世紀前葉	契丹墓出土器との併行関係	⑱
敦化永勝遺跡	—	開元通宝	—	上層。初鋳年574年 (北周：557～577年)	④
敦化敖東城遺跡	—	開元通宝	—	622年初鋳。	㉓
樺林石場溝墓地	M16	開元通宝	7世紀末～8世紀中葉	621年初鋳。ロクロ修正深鉢 (後有り)	⑭
海林興農城址	H44	開元通宝	—	621年初鋳。	②
永吉査里巴墓地	T13第2層	開元通宝	—	622年初鋳。	②
永吉大海猛墓地	M27	開元通宝	—	621年初鋳。	③
琿春京水鎮墓地	M17	開元通宝	—	第三期文化。621年初鋳。背面に星月。	⑧
上京龍泉府	4号墓	開元通宝	—	621年初鋳。	㉒
上京龍泉府	第2号宮殿基壇	開元通宝	—	621年初鋳。背面に月。	㉒
上京龍泉府	宮城南側建物跡	開元通宝	—	621年初鋳。背面に月。	㉒
上京龍泉府	第5号宮殿基壇	開元通宝	—	622年初鋳。背面無地。	㉒
上京龍泉府	宮城3号門	開元通宝	—	621年初鋳。	㉓
コルサコフ墓地	M20	開元通宝	—	3枚出土。621年初鋳。共伴土器なし。	㉑
コルサコフ墓地	M20	常平五銖	—	初鋳年553年 (北斉：550～577年)	㉑
ニコラエフカ城址	—	開元通宝	—	5枚出土。621年初鋳。	㉑
オシノフカ湖遺跡	—	開元通宝	—	621年初鋳。	㉓
ウスリースク市	—	開元通宝	—	621年初鋳。	㉓

文献一覧

① 喬梁 2007「靺鞨陶器の地域区分・時期区分および相関に関する問題の研究」『北東アジア交流史研究』楠書房、pp. 211-233。
② 黒龍江省文物考古研究所・吉林大学考古学系 2005「黒龍江省海林市巴里靺鞨墓地」『考古』2005-3, pp. 21-35。
③ 吉林省文物考古研究所 1995「吉林永吉査里巴靺鞨墓地発掘」『文物』1995-9, pp. 29-47。
④ 吉林省文物考古研究所 1987「楡樹老河深」文物出版社。
⑤ 吉林省文物考古研究所 1997「吉林琿江永安遺址発掘報告」『考古学報』1997-2, pp. 237-254。
⑥ 黒龍江省文物考古研究所・中国社会科学院考古研究所 2006「黒龍江綏濱同仁遺跡発掘報告」『考古学報』2006-1, pp. 115-140。
⑦ 吉林省文物考古研究所・吉林大学考古学系 1997「黒龍江海林渡口遺址的発掘」『考古』1997-7, pp. 16-26。
⑧ 吉林市博物館 1987「吉林永吉大海猛遺址」『考古学集刊』5, pp. 120-151。
⑨ 中国社会科学院考古研究所 1997「六頂山与渤海鎮―唐代渤海国的貴族墓地与都城遺址」中国大百科全書出版社。
⑩ 高句麗研究財団他 2006「2005年吉林省海ノ東林石場等墓地」財団法人 高句麗研究所、ソウル。
⑪ 東北亜歴史財団他 2007「2006年ロシア沿海州クラスキノ城址発掘調査報告書」東北アジア歴史財団、ソウル。
⑫ 東北亜歴史財団他 2008「2007年ロシア沿海州クラスキノ城址発掘調査報告書」東北アジア歴史財団、ソウル。
⑬ 延辺博物館・和龍文物管理所 1994「北大渤海墓葬」『文物』1994-1, pp. 35-49。
⑭ 黒龍江省文物考古研究所 1991「黒龍江省牡丹江樺林石場墓地」『北方文物』1991-4, pp. 57-66。
⑮ ロシア極東工科大学・韓国伝統文化大学 2005「2003・2004年沿海州チェルニャーチノ5墓地考古学調査」韓国伝統文化大学、扶余。
⑯ ロシア極東工科大学・韓国伝統文化大学 2006「2005年沿海州チェルニャーチノ5墓地考古学調査」韓国伝統文化大学、扶余。
⑰ 鄭永振・厳長録 2000「渤海墓葬研究」吉林人民出版社。
⑱ Гельман Е.И., Болдин В.И., Ивлиев А.Л. 2000 Раскопки колодца Краскинского городища.// История и Археология Дальнего Востока. Владивосток. С.153-165.
⑲ 中国社会科学院考古学中心十四年代数据集 1965-1991』文物出版社。
⑳ 吉林省文物考古研究所(編) 1991「中国考古学中碳十四年代数据集 1965-1991」文物出版社。
㉑ Медведев В.Е. 1982 Средневековые памятники острова Уссурийского. Новосибирск. 217 с.
㉒ 黒龍江省文物考古研究所 2009「渤海上京城 1998~2007年考古発掘調査報告」文物出版社。
㉓ 劉暁東 2006「渤海文化研究」黒龍江人民出版社。
㉔ 東北亜歴史財団他 2010「2009年ロシア沿海州クラスキノ城址発掘調査報告書」東北亜歴史財団、ソウル。

半頃と想定している。

一方，中国領内の渤海代の土器を扱った劉暁東氏は本稿分類のA2類→A1類→B4類と変遷すること（劉2006），牡丹江流域の土器編年を提示した張玉霞氏はA4類→A4類・B4類→B2類・B4類と変遷して次第にB4類が増加することを指摘している（張2005）。

年代観については，紀年銘資料や放射性炭素^{14}C年代測定結果などを参照すると（第2表～第5表），靺鞨罐A類が使用される時期は7世紀末葉以前，靺鞨罐B類が使用される時期は8世紀以降を主体とする。また臼杵勲氏によって，ナイフェリド群の靺鞨罐（本稿A1類）が出土したナイフェリド墓地9号墓出土の馬具の年代学的検討が行われ，6世紀後半から7世紀前半であることが指摘されている（臼杵1985・2004b）。一方，トロイツコエ墓地出土土器の放射性炭素^{14}C年代測定結果では，A2類は7～9世紀初頭，B2類は6世紀末～8世紀末，B5類は7世紀中葉から11世紀代の年代値が得られ，時間幅に地域差が見られるようである。

2. 陶質土器・黒色土器

陶質土器・黒色土器の器種は多種多様である。ここでは，劉暁東氏の分類（劉2006）を参考にしながら，器形をもとに，下記のように分類する。

橋状把手付土器：肩部やや下あるいは胴部半ばに1対の橋状把手を付けたもの。把手は幅3～5cmとなり，ヘラ状工具によって磨かれるものもある。多くの場合，把手を付ける位置に一周の横走沈線を施す。器形から壺形・鉢形・盆形に分けることができ，壺形は口径15～25cm程度，鉢形・盆形は口径30～45cm程度となり法量が異なる。

壺Ⅰ：短頸壺。口径＜胴部最大径。胴部半ばに文様帯を持ち，沈線文・列点文等を組み合わせた装飾が施される。例）楊屯大海猛M33，集安民主六隊出土例

壺Ⅱ：短頸広口壺。口径≒胴部最大径。頸部直下に稜を持つ。胴部半ばに文様帯を持ち，ヘラ状工具によって暗文風ミガキ装飾が施されて光沢を有する。胴部上半・下半にもロクロ回転を利用したヘラミガキが施される（第23図35）。

鉢Ⅰ：深鉢。底部から口縁部に向かって逆「ハ」の字状に開く器形（第24図19・20）。

盆（甑）Ⅰ：浅盆。口径に比べて器高が低く，底部から口縁部に向かって逆「ハ」の字状に開く器形。頸部直下に稜を持つ。器面はヘラ状工具で磨かれる（第24図17・18）。

盆（甑）Ⅱ：浅盆。口径に比べて器高が低く，胴部半ばに最大径を持つもの。口径≒胴部最大径。胴部半ばに文様帯を持ち，ヘラ状工具によって暗文風ミガキ装飾が施されて光沢を有する（第24図14・15）。

短頸壺：「鼓腹罐」と呼ばれる場合もある。胴部半ばに最大径を有した短頸壺。口径は底径とほぼ同等かやや小さい。法量は小型（器高14～16cm程度）・中型（器高20～25cm程度）・大型（器高30cm以上）がある。胴部半ばに横走沈線を施すものがある。

短頸壺Ⅰ：口縁部が「く」字状に外反するもの（第23図12他）。

短頸壺Ⅱ：口縁部が短く立ち上がるもの（第23図21）。

短頸瓶：「短頸壺」に含める場合もある（劉暁東 2006）。
　　短頸瓶Ⅰ：盤状の口縁を呈し，胴部が膨らむもの。例）二道河子 M4，北大墓地，六頂山 M201
　　短頸瓶Ⅱ：頸部高さに比べて胴部が寸胴形を呈するもの（第23図50・51）。
長頸瓶：頸部が長い瓶形を呈したもの。胴部高≒頸部高となる。
　　長頸瓶Ⅰ：口縁は頸部から外反して開く。頸部は細い。胴部に橋状把手を持つ（第24図27）。
　　長頸瓶Ⅱ：口縁は頸部から緩やかに外反する。頸部は細い。例）六頂山Ⅰ M9
　　長頸瓶Ⅲ：口縁が肩部から頸部にかけて直立し，短く外反する。例）上京3・4号宮殿
無頸壺：「盂」・「水盂」と呼ばれるもの。胴部半ばに最大径を有し，頸部を持たない。口径は底径とほぼ同等かやや小さい。口縁部直下に稜を持ち，器蓋の受け口状になる。法量は，器高によって小型（器高5cm程度），中型（器高10～15cm程度），大型（器高20cm以上）がある。
　　無頸壺Ⅰ：口縁は短く立ち上がる。口縁直下に稜を持つ（第23図7・8）。
　　無頸壺Ⅱ：口縁部は肩部から中心部に向かって内湾するもの（第23図52・53）。
甕：口縁部が短く「く」字状あるいは「の」字状を呈し，胴部に膨らみを有するもの。頸部下に稜を伴うものが多い（第23図75・79）。
鉢：底部から口縁部に向かって緩やかに外反する器形。盆より器高が高い。
　　鉢Ⅰ：橋状把手付鉢Ⅰと同形で，把手を伴わないもの（第23図5）。
　　鉢Ⅱ：底部から口縁部に向かって内湾しながら立ち上がる。器形は台形状（第23図7）。
盆：浅盆。口径に比べて器高が低い。橋状把手付土器（盆）の把手を持たないタイプ。
　　盆Ⅰ：浅盆。口径に比べて器高が低く，底部から口縁部に向かって逆「ハ」の字状に開く（第23図19）。
　　盆Ⅱ：浅盆。口径に比べて器高が低い。口径≒胴部最大径。胴部半ばに文様帯を持ち，ヘラ状工具によって暗文風ミガキ装飾が施されて光沢を有する（第23図38）。
盤：器高が口径の3分の1以下になる浅い皿状を呈した器形。法量は小型（口径20cm程度），中型（口径25～35cm程度），大型（口径40cm以上）がある。口径：器高＝4：1以上のものを深盤，口径：器高＝6：1以下を浅盤とする。
　　深盤Ⅰ：底部から口縁部に向かって逆「ハ」の字状に開く器形。底部は丸底気味となる。例）六頂山 M201
　　深盤Ⅱ：底部から口縁部に向かって逆「ハ」の字状に開く器形。底部は平底（第24図23）。
　　深盤Ⅲ：胴部半ばが膨らむ器形。底部は平底（第24図24）。
　　浅盤Ⅰ：底部から口縁部に向かって逆「ハ」の字状に開く器形。底部は平底（第23図40～42）。
坏・埦：
　　坏Ⅰ：台形を呈し，平底で無高台のもの（第23図58）。
　　埦Ⅰ：高台付き埦。胴部に膨らみを持つ。底面がヘラケズリ調整されたものや糸切り痕を持

つものがある。口径 15cm 程度，器高 10cm 程度となる（第 23 図 43，44）。

Ⅲ：高台付き皿。高台は「ハ」の字状に開く。胴部半ばに沈線・突帯を持つものがある（第 23 図 45）。

このほか，陶質土器の器種としては，板状把手付土器，唾壺，三足器（第 24 図 21），陶硯（円面硯・風字硯）（第 24 図 25・26），橋状把手付瓶，胴部に列点文・刻文などが施された契丹系土器（第 23 図 48）などがある。

第 3 節　都城・地方城郭・集落の食器様式と地域性

　渤海遺跡は，牡丹江や図們江（豆満江），松花江・第二松花江，綏芬河，ウスリー河，鴨緑江流域に分布し，水系を単位としてまとめられる。とくに図們江と牡丹江の両水系に渤海遺跡が集中する（小嶋 2008・2009a）。以下では，資料がある程度公表されているクラスキノ城址，上京龍泉府，振興遺跡を取り上げ，①食器組成における陶質土器の普及過程の地域差・遺跡差について，②地域・遺跡の性格による食器の器種構成・出土量・構成比率の違いの有無について検討する[3]。

（1）クラスキノ城址

　本城址は，図們江水系の河口部に位置し，東京龍原府管轄下の「塩州」の州治と推定されている平地城である。これまでに城址北西部の寺院地区とその南側，さらには東門付近で発掘調査が行われている。

　従来，クラスキノ城址の変遷については，寺院地区の遺構面から下層・中層・上層の 3 段階で理解されてきたが，近年行なわれた第 34 調査区・第 40 調査区の発掘調査によって細かな変遷を捉えることが可能になった。第 34 調査区では，遺構の重複関係から第 6 号住居跡（第 12 層で検出）→第 5 号住居跡（第 10 層で検出）→第 4 号住居跡（第 8 層で検出）→第 3 号住居跡→第 1 号・第 2 号住居跡（表土下で検出）と変遷することが確認された（高句麗研究財団他 2006，東北亜歴史財団ほか 2007・2008）。また，第 40 調査区では第 12 号住居跡→第 13 号住居跡→第 10・11・14・15 号住居跡→第 9 号住居跡→礎石建物跡と変遷することが確認された（東北亜歴史財団他 2010，ゲルマン 2010）。ここでは，層位関係からクラスキノ第Ⅰ期から第Ⅴ期に区分し，概要を述べる（第 23 図）。

【第Ⅰ期（8 世紀前半代）】

　第 34 調査区第 6 号住居跡（第 12 層で検出）を指標とする。器種構成は，靺鞨罐 A4・B4，陶質土器鉢Ⅰ，盆Ⅰ，無頸壺Ⅱ，短頸壺Ⅰ・Ⅱ，甕類，甑，橋状把手付土器，半円形の板状把手を持つ土器などである。主体は鉢・短頸壺である。靺鞨罐が上層よりも顕著に見られる印象を受けるが，器種組成全体から見ると，靺鞨罐は 1 割以下と少ない。甑は底面中央部とその周囲に 5〜6 つの孔を持つものである。壺類の器表面には沈線文，ジグザグ文，螺旋文を施すものなどがある。鉢類にはロクロ回転ヘラミガキ調整が施されるものがある。

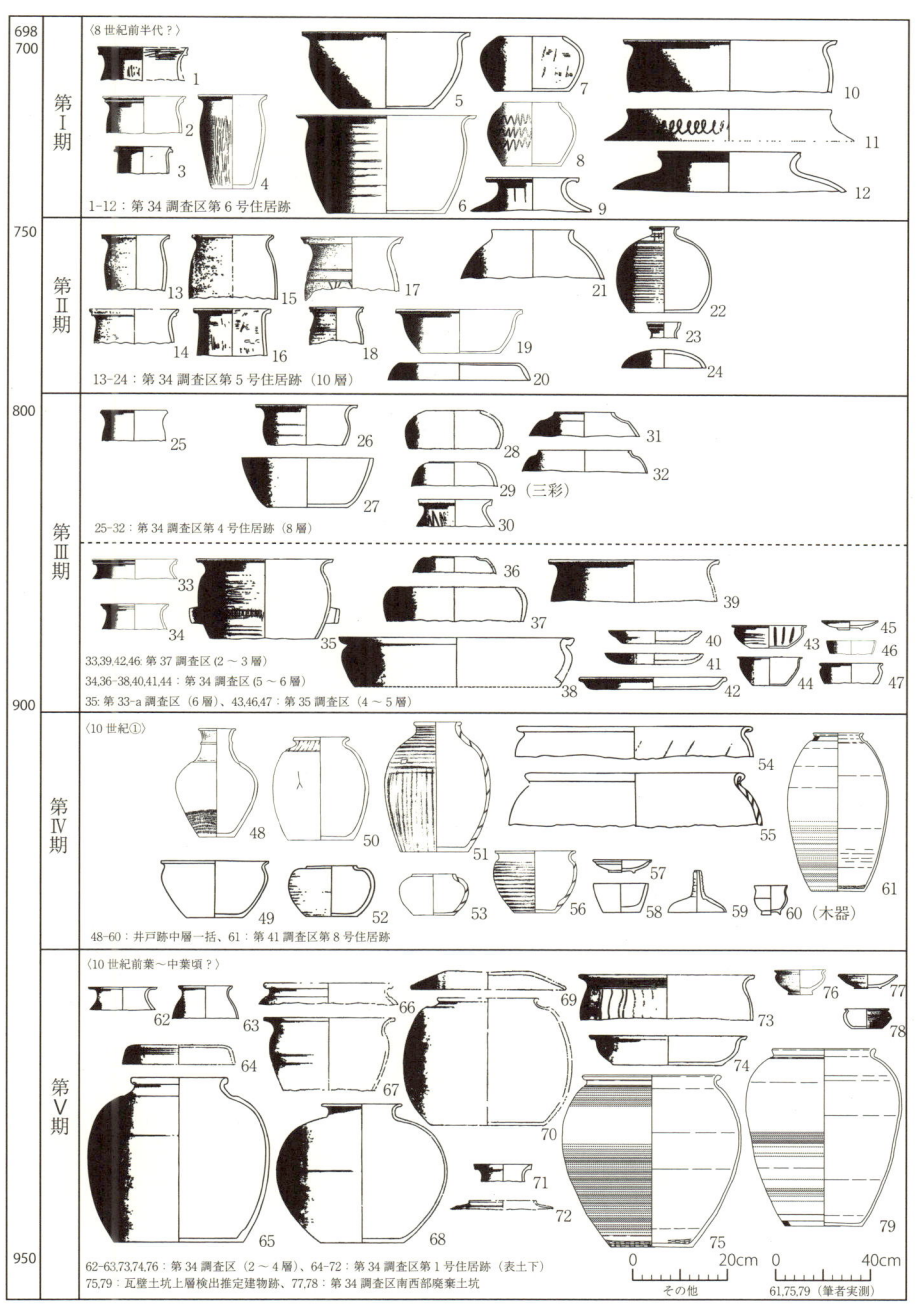

第 3 章 渤海の食器様式の変遷と地域性

1-4,13-18,25,33,34,62,63: 靺鞨罐　5,6,49,56,67: 鉢Ⅰ　7,8,37: 無頸壺Ⅱ　9,12,22,30,65,66,68,70: 短頸壺Ⅰ
10,11,54,55,61,73,75,79: 甕類　19: 盆Ⅰ　20,24: 器蓋　21: 短頸壺Ⅱ　23: 瓶類　26,39: ロクロ製深鉢形土器
27: 鉢Ⅱ　28,31,32,36,52,53,72: 無頸壺Ⅰ　29: 三彩無頸壺Ⅱ　35: 橋状把手付壺Ⅱ　38,74: 盆Ⅱ
40-42: 浅盤Ⅰ　43,44,46,47,76: 埦Ⅰ　45,57,66: 皿　48: 契丹系長頸壺　50,51,71: 瓶類　58: 坏Ⅰ
59,64,69: 器蓋　60: 木器埦　78: 鉢類

第 23 図　クラスキノ城址における食器様式の変遷

【第Ⅱ期（8世紀中・後葉）】

　第34調査区第5号住居跡（第10層で検出）を指標とする。器種構成は第Ⅰ期と同様に，靺鞨罐はA4・B2・B3・B4，無頸壺Ⅰ・Ⅱ，短頸壺Ⅰ，盆Ⅰ・Ⅱ，橋状把手付土器，板状把手付土器，壺・瓶・甕類，蓋類などがある。この時期には，第Ⅰ期に見られた板状付土器は減少する。この頃，板状把手付土器から高句麗の土器に顕著であった橋状把手付土器へ転換した可能性もあるが，詳細は判然としない。また，短頸壺Ⅰのなかには，頸部を縦方向のヘラミガキ，胴部はロクロ回転を用いた横位のヘラミガキを施した陶質土器がある。第Ⅰ期・第Ⅱ期には，外底面にロクロ盤の軸痕と推定される円形状の痕跡が見られるものがある。

【第Ⅲ期（8世紀末～9世紀代）】

　第34調査区第4号住居跡（第8層で検出），第3号住居跡（第7層），第35調査区第4～5層出土土器群を指標とする。器種構成は，陶質土器無頸壺Ⅰ・Ⅱ，短頸壺Ⅰ，盆Ⅰ，鉢Ⅱ，甑，橋状把手付土器（壺Ⅱなど），ロクロ製深鉢形土器，壺・瓶・甕類などに加え，新たに浅盤Ⅰ，高台付の碗Ⅰ・皿Ⅰなどの食膳具が加わる。靺鞨罐はB4類がきわめて少ないが存在する。この時期から三彩が加わる。第34調査区第4号住居跡から三彩の短頸壺Ⅱが出土している。

　第Ⅲ期に増加する碗Ⅰ・皿Ⅰは，器の内外面が丁寧にヘラミガキ調整され，黒色処理されて光沢を有したものが多い。また，ロクロからの切り離しの際に静止糸切りが用いられる坏・鉢もある。この時期になると，台形状の坏形から碗形へ変容するようであり，これはⅣ・Ⅴ期にも受け継がれる。また，ロクロ回転を用いた横方向のヘラミガキや暗文風の斜格子状のミガキ装飾，沈線文やジグザグ文を施した橋状把手付盆・鉢・壺が見られる。頸部直下に稜を有して段状になる短頸壺もこの頃から増加する。甕類のなかには，上京龍泉府でも出土するような，胴部に突帯を貼り付けて格子文を施した陶質土器も見られる。

　また，靺鞨罐とロクロ製深鉢形土器について述べると，第4号住居跡では靺鞨罐B3・B4類の深鉢Ⅰとロクロ製深鉢形土器，第5層～第6層及び第3層ではB4類のロクロ製深鉢形土器が出土している。振興遺跡第五期文化と同様に，次第にB4類に変わる点を確認できる。振興遺跡第四期・第五期文化遺存出土の靺鞨罐は口縁端部とその下端に付けられた隆帯との間隔が広いものが主体を占めるものの，クラスキノ城址第5号住居跡出土のものは口縁部直下に隆帯が貼り付けられた二重口縁（「重唇」とも言われる。）を呈する。さらには，その上層の靺鞨罐は口縁部直下の隆帯が不明瞭になり，より退化した形態となる。靺鞨罐の口縁部隆帯の間隔は，時期が降るにつれて狭くなり，二重口縁をなすもの，さらには端面形が方形・三角形を呈して形骸化・簡略化するものへと変容する状況を看取できる。これは，ロクロの受容・定着とも関わると推定される。

【第Ⅳ期（10世紀初頭）】

　第34調査区第4層出土土器群，寺院地区瓦壁土坑埋土出土土器群，井戸跡出土一括土器群，第41調査区第8号住居跡などを指標とする。器種構成は，陶質土器盆Ⅰ・Ⅱ，鉢Ⅰ，無頸壺Ⅰ・Ⅱ，短頸壺Ⅰ，甑，橋状把手付土器，大甕，壺・瓶類，浅盤Ⅰ・坏Ⅰ・碗Ⅰ・皿Ⅰなどがある。また第37調査区では，頸部半ばに突帯，頸部直下に稜を持つ長頸壺が出土している。また

第 3 章　渤海の食器様式の変遷と地域性

井戸跡からは仏器模倣と推定される蓋や高台付の木器椀，搬入土器と推定される契丹系土器が出土している。暗文風のヘラミガキ装飾を施した器種（盆・鉢）が増える。また壺・瓶類でも，縦位・横位のヘラミガキ調整が行われ，器表面が光沢を有する黒色土器が多い。

【第Ⅴ期（10世紀前葉〜中葉）】

　第34調査区第1号住居跡・廃棄土坑・第2〜4層出土土器群，寺院地区瓦壁土坑上層検出推定建物跡，第41調査区第7号住居跡を指標とする。器種構成は，ロクロ製深鉢形土器，陶質土器盆Ⅰ，盆Ⅱ，短頸壺Ⅰ，瓶類，大甕，碗Ⅰ・皿Ⅰ，蓋類などである。この時期から壺・甕類が増加し，特に大甕が住居跡に付属した状態で検出される。

(2)　上京龍泉府（東京城）

　渤海五京のうち，まとまった資料が公表されているのは上京龍泉府（東京城）である。上京龍

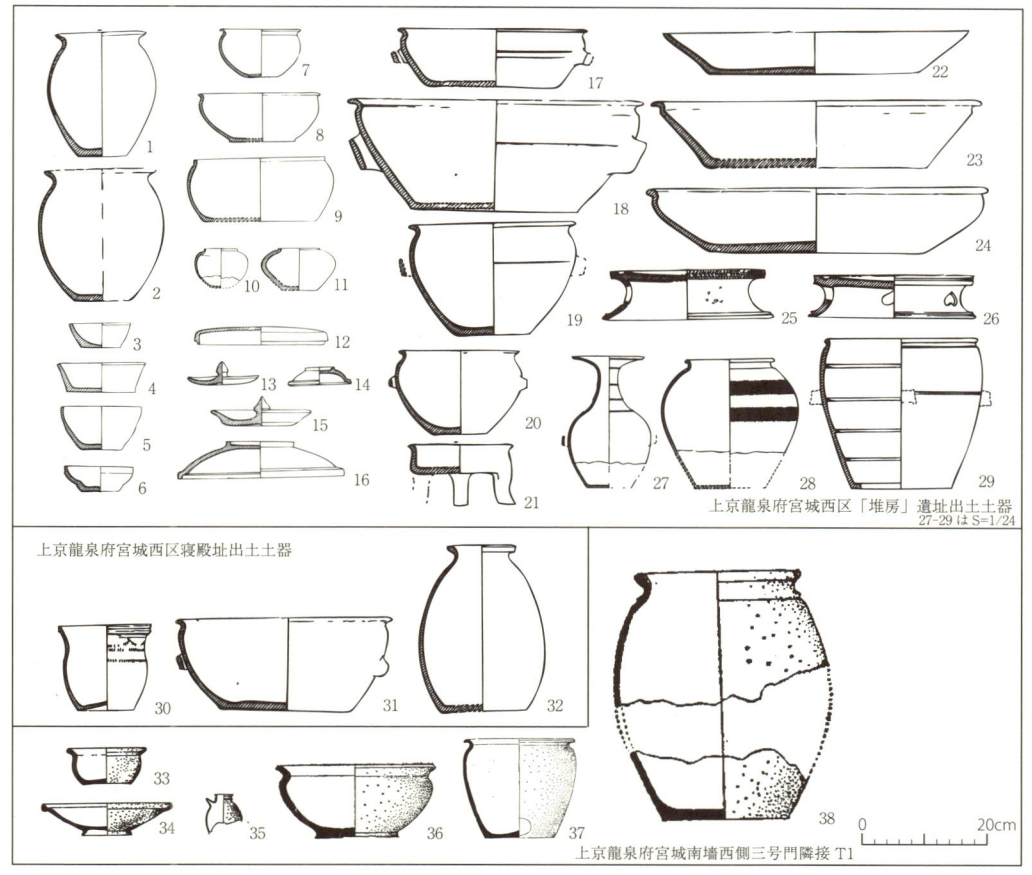

1,2: ロクロ製深鉢形土器　3-6: 坏Ⅰ　7,8,36: 椀Ⅰ　9,33,37: 鉢類　10-11: 無頸壺　12,13,15: 器蓋　14,16,34: 皿　17-18,31: 橋状把手付盆Ⅰ　19,20: 橋状把手付鉢Ⅰ　21: 三足器　22: 浅盤Ⅰ　23: 深盤Ⅱ　24: 深盤Ⅲ　25,26: 円面硯　27: 長頸瓶Ⅰ　28: 大甕　29: 瓶　30: 契丹系土器　32: 短頸瓶　35: 水注　38: 短頸壺

第24図　上京龍泉府宮城地区出土の土器様相

泉府は，中国黒龍江省寧安市渤海鎮に所在し，牡丹江中流域の東京城盆地の沖積平野に立地する。上京龍泉府は，第三代王大欽茂（在位737～793年）によって造営された王都である。天宝末（755年）に顕州から遷都され（第一次），貞元年間（785～804年）に東京龍原府へ遷るものの，大欽茂の死後に第五代渤海王として華璵が即位する（793年か794年）と，再び上京に遷都した（第二次）と伝えられる。しかしながら，考古学的には上京龍泉府が機能した170年余りの間の遺構変遷が判然としない[4]。以下に各調査区[5]の器種構成を記す（東亜考古学会1939，黒龍江省文物考古研究所1987b・2009b，中国社会科学院考古研究所1997）（第24図）。

第2号宮殿址：器台脚部，器蓋，施釉陶器唾壺・盆Ⅱ，刻文装飾された土器

第3号・第4号宮殿址：橋状把手付鉢，短頸壺Ⅰ，無頸壺Ⅰ・Ⅱ，甕類，深盤Ⅱ，長頸瓶Ⅲ，坏Ⅰ，埦Ⅰ，皿Ⅰ，施釉陶器

第5号宮殿址：短頸壺，無頸壺・鉢，短頸瓶，器蓋，鍔状把手付土器，甕類

三号門址西側T1建物跡F1：無頸瓶，単耳罐，碗，坩堝，漆器残片

1997年調査第Ⅰ区：盆Ⅱ，深盤Ⅲ，瓿，器蓋，三彩鉢

1997年調査第Ⅱ区：靺鞨罐深鉢Ⅱ，短頸瓶，短頸壺

宮城西区寝殿址：橋状把手付盆Ⅰ，短頸瓶

宮城西区「堆房」遺址：深鉢形土器，浅盤，深盤，雲形盤，橋状把手付壺・盆Ⅱ，甕，坏，長頸壺，三足器，円面硯，器蓋，施釉陶器盤，橋状把手付壺・盆Ⅱ，三足器，器蓋，白瓷碗

第50号宮殿基壇痕：瓶類，埦Ⅰ，筒型土器（土管？）

これまでに公表されている出土遺物は，第二次上京遷都以降のものとされる。器形・技法上の特徴から見て，おおむねクラスキノ城址第Ⅲ～Ⅴ期に相当する。

上京龍泉府では，宮殿地区の資料は公表されているが，仏教寺院や外郭などの様相については不明瞭である。宮殿地区では，基本的に陶質土器を中心とした組成であり，約8～9割を占める。煮炊具の靺鞨罐は出土しないが，ロクロ製深鉢形土器が若干見られる。施釉陶瓷器は1割程度である。土製煮炊具の比率が高くないため，上京龍泉府内では金属製の鍋・釜が用いられた可能性が高い。

宮城西区「堆房」遺址を中心に大量の土器が確認されている。陶質土器・黒色土器約95％，陶瓷器5％弱を占める。器種構成の特徴として，貯蔵具が少なく，供膳具・調理具としての盤・盆・坏の割合が多いことが挙げられる。とくに盤は法量分化が見られ，口径50cmを超える大型のものもある。また坏・碗のなかには，器表面に墨の痕跡があるものも存在し，食膳具としてではなく硯として用いられたものも存在するようである（中国社会科学院考古研究所1997）。また，施釉陶器・瓷器は比率としては高くはないが，1500片以上出土している。ほかの渤海遺跡と比較してもかなりの出土量であり，都城の特性を示しているものと考えられる。

また，第3号・第4号宮殿では陶質土器が約9割，施釉陶器が約1割となる。盤の出土は報告されていないが，壺・瓶・甕類の出土量が多い。

断片的な情報からの検討ではあるが，上京龍泉府では地区によって器種組成が異なっていたことが確認できる。貯蔵具が多い地点（第3・4号宮殿）と食膳具が多い地点（第2号宮殿・宮城西区「堆房」遺址）がある。食器構成の差異は地区の性格・機能の違いを反映するのだろう。

(3) 振興遺跡

　振興遺跡は，中国黒龍江省海林市三道河郷に所在し，牡丹江中流域に立地する集落遺跡である（黒龍江省文物考古研究所・吉林大学考古学系 2001）。牡丹江の対岸には河口遺跡がある。振興遺跡では，報告者によって層位的関係から第4期文化遺存・第5期文化遺存に分けられている（黒龍江省文物考古研究所・吉林大学考古学系 2001）。遺構の重複関係が明らかな例として，F4 → H27 → H7，F10（第4期文化遺存）→ H94 → H8（第5期文化遺存）という変遷が確認できる。そして両文化遺存は，下記のようにそれぞれ3小期に区分される（第25図）。

　　第四期文化遺存第一組（振興Ⅰ期）：F4　⇒靺鞨罐 A4
　　　　　　　　第二組（振興Ⅱ期）：H12，H14，H15，H17，H27，H28
　　　　　　　　　　（重複関係：H15 → H12，H28 → H14）
　　　　　　　　　　⇒靺鞨罐 A1・A4
　　　　　　　　第三組（振興Ⅲ期）：H7，F10，H94（重複関係：F10 → H94）
　　　　　　　　　　⇒靺鞨罐 A1・A4・B4
　　第五期文化遺存第一組（振興Ⅳ期）：H6（重複関係：H17 → H6）　⇒靺鞨罐 B2・B3
　　　　　　　　第二組（振興Ⅴ期）：G2，Ⅲ区 H10　⇒靺鞨罐 B2
　　　　　　　　第三組（振興Ⅵ期）：H153，H155，Ⅲ H11　⇒靺鞨罐 B4，B5

　張玉霞氏は，第四期文化遺存第一組から第三組を渤海建国以前（すなわち靺鞨期），第五期文化遺存第一組を渤海早期（713～794年：第二次上京遷都以前），第二組・第三組を渤海中・晩期（第二次上京遷都後）と想定している。靺鞨罐は，第四期文化遺存の F4・H27・H7 で A4 類の深鉢Ⅰ，H14 で A1 類の深鉢Ⅰ，H7・H94 で B4 類の深鉢Ⅰ・Ⅱが出土している。第四期文化遺存では陶質土器は伴わない。また第五期文化遺存の H6 で B2 類・B3 類の深鉢Ⅰ，H153 で B4 類が出土している。H155 では方格文が胴部外面に施された靺鞨罐 B5 類が出土しているが，木山氏の指摘するように，北方のアムール河中・上流域からの影響を受けたものである可能性がある（木山 2007）。層位的関係から，靺鞨罐は A4 → A1・A4 → A1・A4・B4 → B2・B3 → B4 と変遷したと想定される。第五期文化遺存の靺鞨罐は B 類が主体となる。とくに第五期文化遺存第一組に比べると，第二組・第三組の靺鞨罐の方が口縁部直下に隆帯を貼り付けられ，二重口縁を呈するものへ変遷するようである。

　次に，陶質土器が加わる第五期文化遺存の器種組成を示す。陶質土器は第一組で僅かに見られ，第二組・第三組で顕著となる。第五期文化では野焼き土器が2割，陶質土器が8割弱となる。

　第五期第一組（振興Ⅳ期）は靺鞨罐 B2 類・B3 類，陶質土器短頸壺が伴う組成である。陶質土器は主体を占めることはない。クラスキノ城址第Ⅱ期に併行するものと推定される。

80

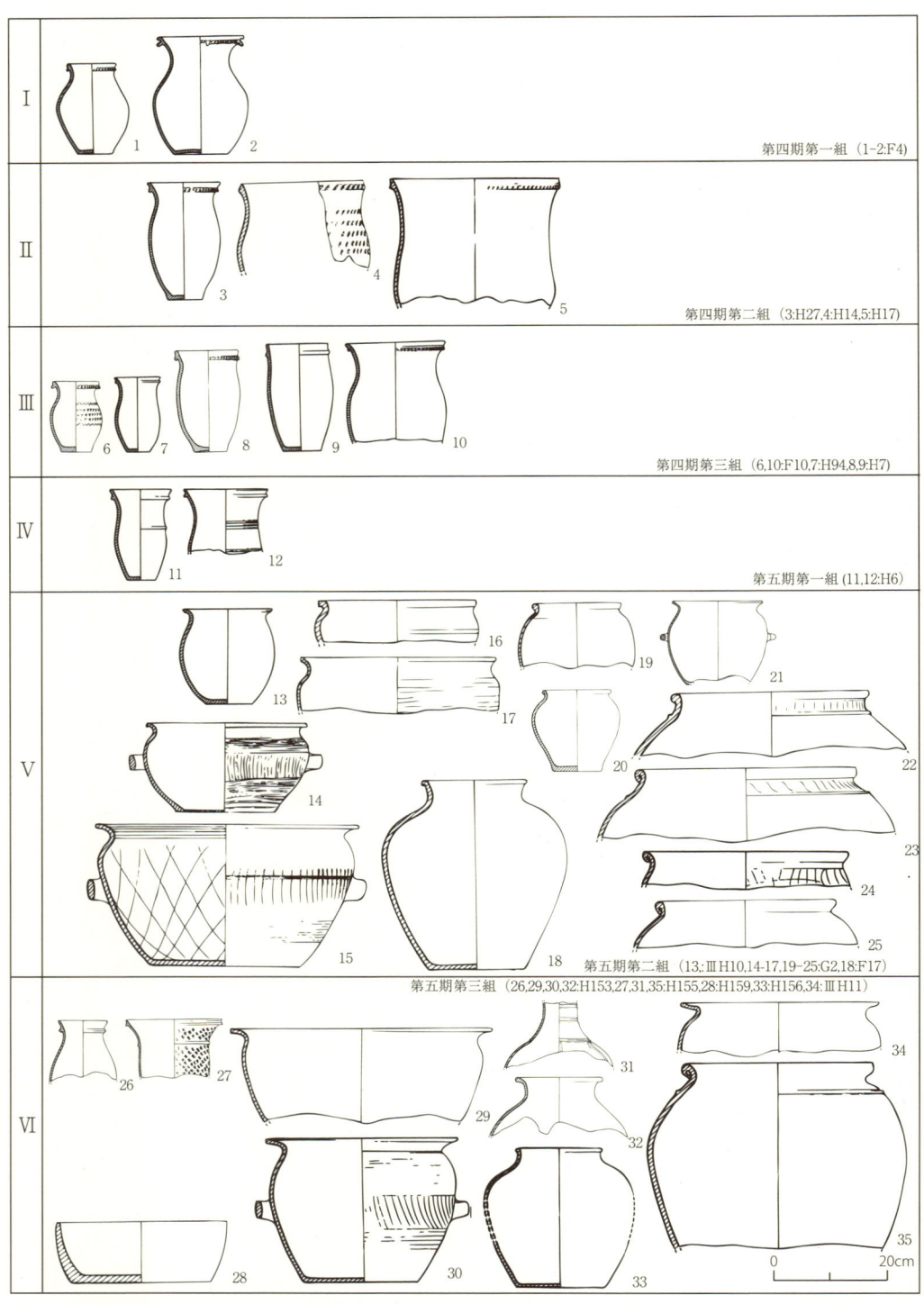

1-12,26-27：鞦韉罐　13：ロクロ製深鉢形土器　14-15：橋状把手付盆Ⅱ　16-17：盆　18-20,32,33：短頸壺Ⅰ
21：双耳壺　22-25,34,35：甕類　28：鉢Ⅱ　29：鉢Ⅰ　30：橋状把手付壺Ⅱ　31：瓜稜壺（瓶）

第25図　振興遺跡第四期・第五期文化遺存における食器様式の変遷

第五期第二組（振興Ⅴ期）の器種構成は，靺鞨罐B2類，陶質土器短頸壺Ⅰ，頸部直下に稜を持つ甕類，橋状把手付盆Ⅱ類，盆Ⅱ，深鉢形土器などがある。壺・甕・盆を基本器種とした組成となり，靺鞨罐は少ない。橋状把手付盆Ⅱ類は胴部がヘラ状工具によってミガキ装飾が施されている。甕類は大型化し，口縁端面形は巻き口縁になるものが多い。壺・甕類は頸部直下に稜を持ち，頸部は縦位のヘラミガキ調整が行なわれるものが多い。上京龍泉府やクラスキノ城址で顕著に見られる無頸壺Ⅰ・Ⅱは今のところ確認できない。このような形態はクラスキノ城址の第Ⅳ期～第Ⅴ期に顕著に見られるものである。また橋状把手付盆Ⅱ類・盆Ⅱ類に関しては，新興Ⅴ期でロクロ回転を用いた横方向のヘラミガキや斜格子状のミガキ装飾を施したものが見られる。

第五期第三組（振興Ⅵ期）の器種構成は，方格文を持つ靺鞨罐B2類，B4類，陶質土器鉢Ⅱ，短頸壺Ⅰ，橋状把手付壺Ⅱ，盆Ⅱ，瓜稜壺，甕類などがある。甕類の変遷はⅤ期からの連続性がある。振興Ⅵ期では胴部全体に横方向・縦方向の暗文風のヘラミガキを施したものが見られる。

土器製作におけるロクロ使用に関しては，新興Ⅳ期はロクロ未使用のものが多いのに対し，新興Ⅴ期・Ⅵ期ではロクロ成形の土器が増え，比較的大型の壺・盆の成形にもロクロが使用される。振興遺跡出土土器の器種組成の特徴として，靺鞨罐・橋状把手付盆・盆・短頸壺・甕を基本とする点が挙げられる。上京龍泉府やクラスキノ城址で見られるような坏や碗，盤，無頸壺，三足器などが欠如している点は注目される。上京龍泉府が所在する牡丹江流域とはいえ，食器組成は異なる。また三彩や陶瓷器なども見られない。

(4) 渤海領域内の食器様式の特質

以上，クラスキノ城址，上京龍泉府遺跡，振興遺跡の土器・陶資器の様相について概観した。器種構成のわかる事例は極めて少ないが，都城である上京龍泉府と集落遺跡である振興遺跡とでは器種構成が異なる点を確認できる。前者では陶質土器の盤・碗・皿が多いことや施釉陶器・瓷器が一定量存在している。これは都城という性格に起因するのだろう。同様の傾向は，クラスキノ城址でも認められるが，陶瓷器の出土量は上京には及ばない。特に，器種構成の多様化や陶瓷器の流入は8世紀末から9世紀初頭前後を画期として生じる。

また地方城郭では，クラスキノ城址のように都城の器種構成に類似する事例が存在する一方で，牡丹江中流域の海林興農城址のように器種構成に多様性を欠く遺跡もある。興農城址では，渤海層（第2層）から靺鞨罐A4類・B4類・坏，陶質土器鉢・長頸壺・甕・碗等が出土し，盤や盆は少ない（黒龍江省文物考古研究所・吉林大学考古学系2005）。また，渤海の境界領域と推定されるウスリー河中・上流域やアルセニエフ河流域に所在するゴルバトカ城址やニコラエフカⅠ・Ⅱ城址，マリヤノフカ城址では，陶質土器の割合が低く（Гельман 2005а・2005б），酸化質の野焼き土器が比較的多い。これらの城址では，陶質土器は短頸壺・無頸壺・盆・鉢・甕・橋状把手付土器（盆・鉢）などの調理具・貯蔵具に限定され，盤などの供膳具は基本的に伴わない。

このような器種構成の違いは，地方城郭の機能の違いや渤海領域の周縁部という地域的な特性を反映していると考えられる。つまり，クラスキノ城址において靺鞨罐が少なく，陶質土器が主

体を占めているのは,「塩州」の治所という州規模の地方行政機関であるとともに, 東京龍原府管轄下の「日本道」の拠点であるという性格に起因するのだろう。おそらく, 牡丹江・図們江水系といった渤海領域の中心部に存在する府・州規模の地方城郭や主要な交通路上に立地する地方城郭では, クラスキノ城址と同様に多器種・多法量の食器が用いられたと推測される。そして, ゲルマン氏の指摘するように, 渤海領域の周縁部に向かうにつれて, 器種構成が単純化し, 生産・使用器種の選択が図られたと推定される (Гельман 2005a・2005б)。

一方, 集落遺跡では, 靺鞨罐を主体とした組成となるものの, 時期が降るにつれて陶質土器が普及するようになる。牡丹江流域の海林細鱗河遺跡では, 靺鞨罐B4類深鉢形土器, 陶質土器盆Ⅱ・浅盤Ⅰ・短頸壺・短頸瓶・盤口瓶, 高台付坏 (坏Ⅱ) のほか, 甑や三彩も出土している。クラスキノ第Ⅲ期以降, 出土遺物の特徴は上京龍泉府「堆房」と類似するが, 都城と比べると器種の多様性に欠ける。また, 一般的に三彩は都城や地方城郭・寺院址において顕著に見られるが, 細鱗河遺跡で三彩が確認されている。これは, 集落遺跡から出土した数少ない事例として注目される。五京周辺の集落遺跡では, ロシア沿海地方の綏芬河流域やウスリー河流域に比べると, 陶質土器が比較的早い段階, つまり都城・地方城郭の形成期とそれほど時間差を置かないで普及した可能性がある。

また墓葬出土土器については, 虹鱒漁場墓地, チェルニャチノ5墓地において靺鞨罐の占める割合が9割以上となり, 陶質土器は1割未満である。このような傾向は渤海領域内の墓葬では共通した現象として理解できる。特に虹鱒漁場墓地は上京龍泉府に近接しているにもかかわらず陶質土器が伴う墓葬が少ないという点は, 葬送儀礼・副葬行為を含む墓制において従前の靺鞨罐を副葬するという伝統が渤海以降も継続していたことを示唆する。

第4節　渤海の食器様式の諸段階とその意義

以上のように, 渤海領域内では遺跡の性格や位置によって, 器種構成・組成が異なることを指摘できる。以下では, 渤海の食器様式の変遷について, 3段階に区分し, その特質について述べてみたい。

(1) 渤海の食器様式の諸段階 (第6表)
【第1段階 (8世紀前半代)】

クラスキノ城址第Ⅰ期, 振興Ⅲ～Ⅳ期に相当する。この時期の土器様相については, 墓地遺跡の事例が知られる。ただし, 墓地の副葬容器の組成は日常生活が営まれた城郭や集落などとは異なる点に留意する必要がある。

墓地遺跡では, 靺鞨期から続く, 靺鞨罐B類を主体とする。また靺鞨期に見られた靺鞨罐A類はほとんど見られなくなり, 無文化する状況が看取される。墓葬では, 地域差はあるが, 基本的には靺鞨罐が主体を占め, 陶質土器は壺・甕がわずかに伴う程度である。陶質土器も灰色を

第6表　本章で対象とした遺跡の併行関係と時期区分

年代	野焼き土器 靺鞨罐 A1 A2 A4 B2 B3 B4 B5 C	ロクロ製深鉢	陶質土器	クラスキノ城址	上京龍泉府	振興遺跡	その他	本章での時期区分
600〜698						四期	西石崗	靺鞨期
700				Ⅰ	第1次上京	五期第一組	虹鱒M2205 羊草溝M110,M117 六頂山	第1段階
				Ⅱ				第2段階
800				Ⅲ	第2次上京	五期第二組・第三組	大城子墓地	第3段階
				Ⅳ				
900〜926				Ⅴ 井戸跡中層 1号住居	東丹国期			
1000								

呈した還元焔焼成のものよりも，黄褐色・赤褐色系を呈した酸化焔焼成気味のものが多い。また，第二松花江流域では高句麗からの伝統を引くと推定される橋状把手付土器が見られる。橋状把手付土器は，高句麗や粟末靺鞨，さらには吉林省中部から遼寧省北部・黒龍江省南部に拡がる西団山文化に起源を発するという（劉2006：213〜216頁）。

　一方，城郭遺跡や集落遺跡の様相は不明瞭な点が多い。城壁で囲郭されていた平地城が存在していたかどうかも検討の余地がある（第5章参照）。クラスキノ城址第Ⅰ期には，靺鞨罐がわずかに見られるが，陶質土器鉢Ⅰ，盆Ⅰ，無頸壺Ⅱ，短頸壺Ⅰ・Ⅱ，甕類，甑などが主体となる。この段階の陶質土器は貯蔵具と調理具・煮炊具に限定され，集落では短頸壺に限定される。

　また，この段階の特徴として，在地の土器生産にロクロが使用されることが挙げられる。ロクロの使用は，陶質土器の製作において顕著である。陶質土器の製作技術は在地の土器生産にも影響を与え，靺鞨罐に次第にロクロが使用されたのだろう。ただし，8世紀前葉にはロクロ製深鉢形土器が登場する。これは低速回転のロクロを用いて成形・整形されたものである。まず靺鞨罐B2類・B4類の口縁部・胴部整形にロクロが用いられる。陶質土器生産が普及・浸透する以前に靺鞨罐にもロクロが使用されはじめたことは留意すべき点であろう。

【第2段階（8世紀中葉～後葉）】

　クラスキノ城址第Ⅱ期に相当し，おおむね第一次上京龍泉府遷都後と推定される。陶質土器の普及とともにロクロ製深鉢形土器が増加して靺鞨罐が減少する。陶質土器は短頸壺や瓶類等の貯蔵具，鉢・盆・甑などの調理具・煮炊具を主体とする。貯蔵具は都城や地方城郭で消費する食糧貯蔵容器や運搬容器として使用されたのだろう。

　この段階には，ロクロ技術の受容に伴って，胴部あるいは肩部に数条の横走沈線を施したB3類が見られる。B3類は綏芬河流域やロシア沿海地方南部に顕著に見られる。靺鞨罐の無文化とロクロ使用がほぼ連動して起こると推測される。B3類には数条の横走沈線によって施文されるが，この背景には陶質土器の装飾技法等の影響があるのかもしれない。

【第3段階（8世紀末葉～10世紀前・中葉）】

　クラスキノ城址第Ⅲ～Ⅴ期，上京龍泉府出土土器群，振興Ⅴ～Ⅵ期に相当する。おおむね第二次上京龍泉府遷都後から渤海滅亡に至るまでの時期である。

　この段階の特徴は，上京龍泉府やクラスキノ城址をはじめとする都城・地方城郭において，器種構成が多様化することである。器種構成の多様化の背景には，諸制度の整備や唐をはじめとした外部地域からの影響があるのだろう。先行研究によって，無頸壺（盂），唾壺，短頸瓶，長頸瓶，三足器，高台付碗，器蓋など，中原からの影響を受けた器種が登場することが指摘されている（劉暁東2006）。ただし，無頸壺（盂）は第1段階から見られる器種であり，中原からの影響を受けた器種であっても，その導入時期には若干の時間差がある。9世紀以降，都城や地方城郭では陶質土器盤・盆・坏・皿などの食膳具（供膳具）が顕著となる。盆・盤の整形にあたって，ロクロの回転力を使ったヘラミガキ調整技法やヘラミガキによる暗文風の装飾を施したものも顕著になる。また，土器食膳具が坏形のものから碗形のものが増加する点も注目される。

　この段階には施釉陶瓷器が器種組成に加わることも特徴である。渤海の施釉陶器としては唐三彩・渤海三彩が挙げられる（第26図・第7表）。三彩は，主に上京龍泉府・クラスキノ城址をはじめとする都城・地方城郭遺跡やアブリコソフスキー寺院などの寺院遺跡で出土しているが，チェルニャチノ2遺跡やアブリコソフスキー遺跡のような集落遺跡，北大墓地のような墓葬でも出土する。8世紀後半代には，渤海領域内でも三彩の生産が行われていたと推定される。クラスキノ城址などでは9世紀以降に三彩が認められる。ゲルマン氏は，渤海の三彩は唐三彩を模倣することによって，地域単位で生産が行われていたと推定している[6]。三彩が上京龍泉府（東京城）や東京龍原府（八連城）などの都城で顕著に見られることを考慮すると，都城毎に三彩の生産活動が行われ，地方官人や首領層によって各地へ請来されたと考えられる。三彩は陶質土器とは異なり，食器の中でも一部の上層階層のみが受容することのできる奢侈品であったと推定される。三彩の中には三足器などの仏器的性格を持つ器種や大型の盤・盆なども見られることから，都城・地方城郭における儀礼・祭祀，饗給などにも利用されたと推定される。

　また，施釉陶瓷器については，8世紀末あるいは9世紀初頭以降に青瓷・白瓷が中国から流入する。産地を見ると，越州窯系青瓷が多く，定窯・邢窯系白瓷がそれに次ぐ。長沙銅官窯の製品

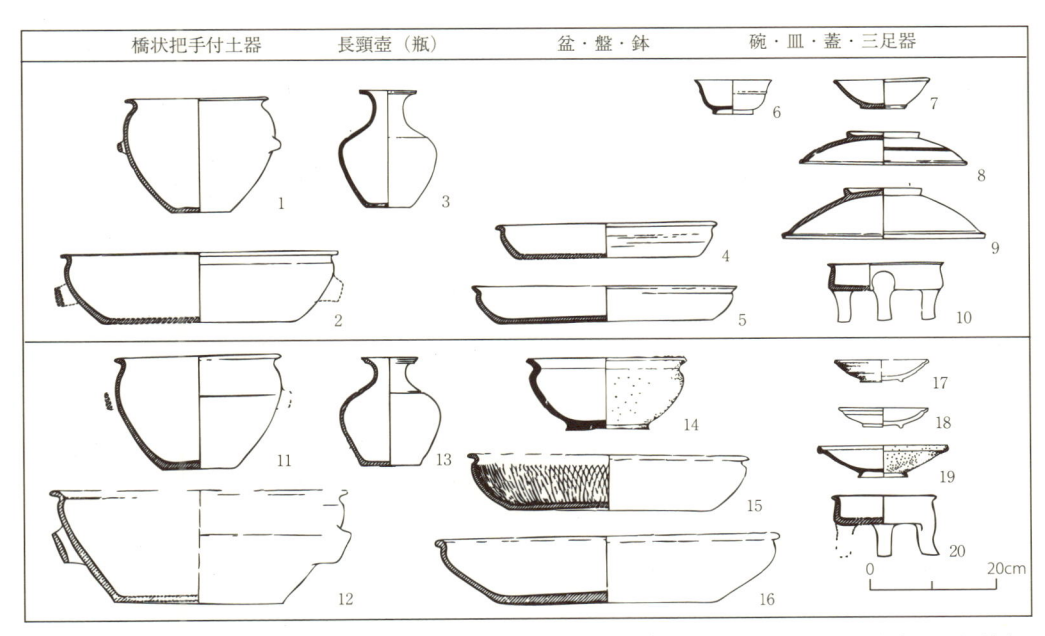

第3章 渤海の食器様式の変遷と地域性　85

1,2,4,5,8-10: 施釉陶器　3: 三彩釉陶器（長頸瓶）　6: 三彩絞胎器（碗）　7: 邢窯瓷器碗　15: 黒色光沢土器（盤）
17,18: 黒色土器（皿）　11-14,16,19,20: 陶質土器
(1-2,4,5,8-10,11,12,15,16: 上京龍泉府「堆房」遺址　7: 上京龍泉府系里坊遺址　14,19: 上京龍泉府第三号門西 T1
3,6: 北大墓地 M7　13: 羊草溝墓地 M110　17: クラスキノ城址第34調査区　18: クラスキノ城址井戸跡)

第26図　渤海における施釉陶器・瓷器（上段）と施釉陶器模倣土器（下段）

第7表　渤海領域内出土の施釉陶瓷器一覧

No.	遺跡名	所在地	三彩 碗	盆	盤	壺甕	瓶	三足器	蓋	他	破片	越州窯系 碗	皿	邢窯・定窯 碗	皿	長沙銅官窯 壺瓶	他	不明	備考
1	上京龍泉府	中国黒龍江省寧安市	●	●	●	●			●			●	●	●	●	●			
2	三陵屯墓地	中国黒龍江省寧安市								●									香炉
3	海林山咀子墓群	中国黒龍江省海林市																	
4	北大墓地 M7	中国吉林省和龍市	●				●												絞胎器碗
5	北大墓地 M28	中国吉林省和龍市				●													双耳壺
6	石国墓群	中国吉林省和龍市																●	
7	紅雲寺跡 F1	中国吉林省汪清市						●											
8	クラスキノ城址	ロシア沿海地方			●		●												
9	チェルニャチノ2遺跡	ロシア沿海地方									●								
10	アブリコソフスキー寺院	ロシア沿海地方			●	●					●								
11	コビト寺院	ロシア沿海地方									●								
12	コルサコフ寺院	ロシア沿海地方									●								
13	ニコラエフカⅡ城址	ロシア沿海地方										●	●						
14	ゴルバトカ城址	ロシア沿海地方										●							
15	ノヴォゴロディエフカ城址	ロシア沿海地方									●								
16	コクシャロフカⅠ城址	ロシア沿海地方										●		●					
17	マリヤノフカ城址	ロシア沿海地方								●		●							
18	シニエ・スカルィ遺跡	ロシア沿海地方									●								
19	北青土城	北朝鮮咸鏡南道北青郡														●			碗, 盆
20	悟梅里寺廟跡	北朝鮮咸鏡南道北青郡														●			碗, 甕

【凡例】
①出土器種の「●」は報告されているもの。
②器種・産地が不明の施釉陶瓷器（三彩）については，「不明」欄に記載した。

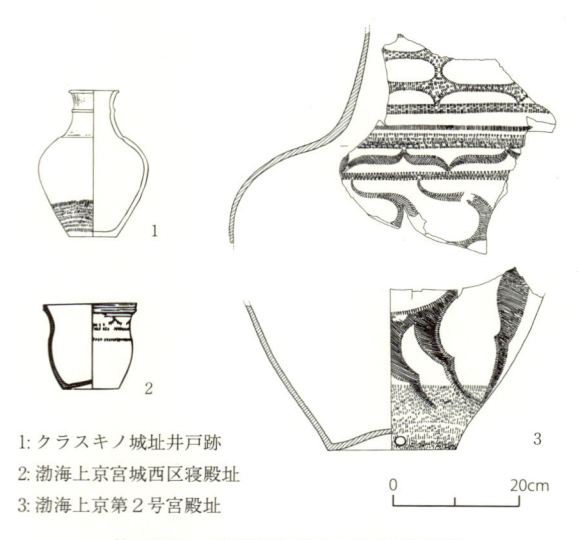

1: クラスキノ城址井戸跡
2: 渤海上京宮城西区寝殿址
3: 渤海上京第2号宮殿址

第27図　渤海遺跡出土の契丹系土器

(瓶類)も上京龍泉府やクラスキノ城址で確認されているが，きわめて少ない。時期がくだるにつれて陶瓷器の分布は拡がる。ただし，集落に陶瓷器が流入するのは稀である。陶瓷器分布の北東限であるマリヤノフカ城址やコクシャロフカ1城址では，越州窯系・定窯系陶瓷器が出土している。しかしながら，陶瓷器の食器組成全体に占める割合はきわめて少ないため，奢侈品としての性格が強いのだろう。

文献史学によって，9世紀になると，唐海商や新羅海商，渤海海商等海上貿易を専業とする海商が登場し，宋・元代につながる東アジア海域の航路・商圏が形成される点が指摘されている（榎本2007ほか）。また，『冊府元亀』などの中国史料には，9世紀以降になると唐からの交易品目として「器皿」や「銀器」，渤海からの交易品目として「紫瓷盆」や「瑪瑙杯」が見られるという（李1999）。渤海領域内で確認されている中原産の陶瓷器は，このような朝貢・交易・商業活動を背景として流入したと推測される。

また，9世紀代になると，黒色土器も顕著になる。黒色土器は器面の内外面をヘラ状工具で丁寧にミガキ調整し，焼成後に炭素を付着させることによって黒色処理を施して光沢を持つ。このような技法は，高台付碗や高台付皿といった食膳具，盆や盤のような供膳具・調理具に顕著である。また，黒色土器は施釉陶器と器形が類似している点も特徴である（第26図）。黒色土器は，都城・城郭を中心に施釉陶器・陶瓷器の流入と連動するように出現した新たな器種である。この頃に施釉陶瓷器碗・皿を模倣した黒色土器碗・皿が出現することは，渤海における食器様式を特徴付ける重要な要素である。おそらく施釉陶瓷器模倣の土器は黒色光沢を持たせることによって，施釉陶器や陶瓷器に類する機能を備えていた可能性がある。つまり，施釉陶器を上位とし，黒色土器をその下に位置づけ，さらに陶質土器や木器を下位に位置づける階層構造が存在した可能性を示唆する。

10世紀前葉から中葉頃には，上京龍泉府やクラスキノ城址のように，渤海領域内に契丹系土器が流入する（第27図）。契丹人の進出に伴って，契丹系土器が流入したのだろう。しかしながら，契丹系の遺物はごく僅かであるため文化的変容をもたらしたとは考え難い。この頃には，渤海の食器様式は崩れ，壺・甕・瓶類などの貯蔵具が顕著となる。クラスキノ城址第34調査区第1号建物跡（10世紀代）では，大甕が建物入口（土間？）に埋置された状態で検出された。この時期に見られる大甕は，水甕などの貯蔵機能のみならず，地域間を行き来する際に用いる運搬具としても機能したと推定される。そして，10世紀後半代になると，渤海代に栄えた遺跡の考古学

的様相が不明瞭となる。文献史学で指摘されているように，渤海滅亡後からそれほど時を隔てずして遼東やモンゴル方面へ移住した可能性も考えられる[7]。

(2) 渤海における「食器制」の評価

渤海では，衣服の色や腰帯具の材質・組み合わせ・数などによって身分秩序を示す衣服制と同様に，食器の色や材質，種類・法量等によって階層差を示す「食器制」が存在したのであろうか。

前節までに検討したように，都城・地方城郭において，陶質土器は食膳具の主体を占めることはなく，貯蔵具・調理具中心である。当該地域は，野焼き土器を含め土器食膳具がきわめて少ない地域である。初期鉄器時代のポリツェ文化，それにつづく靺鞨文化の遺跡では，深鉢とともに坏（蓋の可能性もあるが）が一定量存在する。上京龍泉府では，坏Iが出土するが，硯として用いられ，食膳具以外の機能も持っていた。都城や地方城郭では，基本的に土器食膳具を用いず，上京龍泉府南壁3号門西側トレンチT1やクラスキノ城址井戸跡，虹鱒漁場墓地で出土したような木器・漆器が使用されたと推定される（黒龍江省文物考古研究所1987）。また，都城や地方城郭では煮炊具である靺鞨罐もきわめて少ない。これらの遺跡では，陶質土器の甑や盆が調理具・煮炊具として使用されたほか，鉄製の鍋・釜が煮炊具として使用されたのだろう。渤海以降，都城および一部の地方城郭では，食膳具＝木器・漆器，煮炊具＝金属製鍋・釜という器種分業が成立していた可能性が高い。

また，9世紀以降になると，前述したように，緻密なヘラミガキを施した黒色土器の高台付の碗・皿や浅盤が登場する。都城・地方城郭・寺院などの特定の場所において，高台付の碗・皿は仏器・儀礼的な容器として，施釉陶瓷器を模倣するかたちで生産された。9世紀は都城・一部の平地城において食器構成が多様化する時期である。この頃，金属器・陶瓷器—黒色土器—木器・漆器という食器の材質・色によって階層性が示される新たな食器様式が成立したと推定される。しかしながら，都城やクラスキノ城址のような五京周辺の地方城郭（平地城）を除けば，明確な法量分化や施釉陶器・瓷器などとの互換性を認めることは難しい。特に，渤海の周縁部では靺鞨罐が一定量見られる点からも，食器にかかわる制度が受容されていなかった可能性が高い。つまり，このような食器の階層性は，あくまでも渤海領域の中央部に存在した都城，一部の地方城郭，寺院に限定されたものと言える。

同時期の日本列島に目を向けると，食器は使用者の官僚的身分秩序を表現するものとして使用されたという。その特徴は，仏器的色彩の強い金属器の形態を模倣すること，多種多様な器種と法量分化によって示された（西1982，宇野1991：252-286）。また，8世紀代に畿内では黒色土器が出現し，8世紀後半に上級の土器食膳具として位置づけられる。そして，9世紀第2四半期になると，宮廷儀礼の変革を背景として，公的様相の強い場において土器食膳具が金属器指向（仏器指向）から中国産陶瓷器指向（瓷器指向あるいは瓷器指向）へ転換し，食器組成において須恵器の減少，中国製陶瓷器，国産緑釉陶器・灰釉陶器，黒色土器，土師器・漆器・鉄製煮炊具などの増加が認められるという（宇野1991）。これまで見てきた渤海領域内で認められる9世紀を画期と

する食器様式の変化は，日本列島で生じる動きと類似する点で注目される。

小 括

　本章では，渤海の食器様式の地域差・遺跡差の変遷を捉えることを目的とし，最も発掘調査の進んでいるクラスキノ城址・上京龍泉府・振興遺跡の資料を中心に，検討を加えてきた。

　その結果，丁寧なヘラミガキ調整が行われた土器食膳具（高台付き埦・皿）の登場，施釉陶器・土器の模倣関係の成立，中原産の陶瓷器流入などを指標として，9世紀前後を渤海の食器様式の画期として捉えた。このような状況は，すべての遺跡に適応できるものではなく，都城や一部の地方城郭（平地城）・寺院で見られる現象である。また，渤海の地方城郭の食器構成・組成は，渤海領域の周縁部ほど器種組成が単純化するという傾向を確認できる。

　近年，中国東北地方では牡丹江流域を中心に渤海の集落（村落）遺跡の発掘調査が進められている。しかしながら，ロシア沿海地方ではアブリコソフスキー集落を除くとほとんど調査されていない。また寺院遺跡でも食器様相は不明瞭である。本章の検討によって，都城・地方城郭・集落の食器様式の差異についてある程度見通しを示すことができたが，資料増加を俟ち，城郭の機能や集落のレベルに応じた詳細な分析が必要であるのは言うまでもない。

註
1) 「食器様式」とは，ある時間・空間における土器・陶瓷器・鉄器等の食器の器種の組み合わせによって構成された一つのまとまりと定義する。渤海建国以降，当該地域では土器の他，施釉陶器・陶瓷器や鉄器も共伴する場合がある。食器は用途によって，貯蔵具，煮炊具，調理具，食膳具（供膳具）に区分できる。また，食器の中には，機能によって仏器や茶器として利用される場合もあるため留意する必要がある。
2) ロシア沿海地方における渤海土器は，成形技法によって「Лепная керамика（手捏ね土器）」，「Керамика, доработанная на круге（ロクロで整形した土器）」，「Круговая керамика（ロクロ成形土器）」の3種類に大別されている。Лепная керамика は野焼きによって酸化焔焼成された土器である。また Керамика, доработанная на круге は，ロクロ（回転台）を使用して整形される点で Лепная керамика と異なり，靺鞨土器の系譜を引く壺・罐，渤海タイプの壺，鉢（миски），蓋に分けられる。酸化焔焼成になるものが多く，Круговая керамика と焼成方法が異なっている。そして Круговая керамика はロクロ製で高火度での還元焔焼成された灰褐色を呈した陶質土器であり，瓶・壺・鼓腹壺・橋状把手付の壺（Кувшины）・甕・鉢・盆・甑（Пароварки）・坏等に分けられる。これらの土器名称は，研究者によって若干の相違があるものの，Лепная керамика と Керамика, доработанная на круге は日本で言う土師器，Круговая керамика や Станковая керамика は須恵器に相当するものである。さらに，Лепная керамика はロクロ未使用土師器（非ロクロ土師器），Керамика, доработанная на круге はロクロ（製）土師器に相当し，土器製作におけるロクロ技術の受容に伴って前者に代わって後者が登場すると考えると理解しやすいだろう。
3) 遺跡出土資料のすべてを報告している事例はきわめて少なく，消費地における食器組成を数値化することは容易ではない。算出にあたっては，報告書で出土遺物の個体総数あるいは破片総数を示している遺

跡を抽出し，比率を求めた。破片数のデータに関しては，同一個体のものも含まれている可能性があるため，目安として理解いただきたい。

4) 田村晃一氏は，蓮華文瓦当の検討から第二次上京龍泉府のある段階で大規模な改修工事が行われた点を指摘する（田村 2001・2002，田村（編）2005）。

5) 上京龍泉府宮城跡の宮殿名については，東亜考古学会調査段階のものではなく，最近の中国側のそれに倣う。すなわち，『東京城』の「渤海国上京龍泉府宮城址図三」の第1宮殿址（A）＝宮城正南門址，第2宮殿址（B）＝一号宮殿址，第3宮殿址（C）＝2号宮殿址，第4宮殿址（D）＝三号宮殿址，第5宮殿址（E）＝4号宮殿址，第6宮殿址（G）＝5号宮殿址となる。

6) ゲルマン氏のご教示による。

7) 鄭永振氏は，渤海遺民の大量移住（移転）の時期を，契丹が渤海へ進攻した時期と東丹国の拠点が遼陽へ南遷した時期の二段階に分けている。また渤海遺民は，①故地に居留した者あるいは女真地域に逃亡した者，②強制的に契丹（遼）の内陸部や遼東地方へ移転させられた者，③高麗に移り住んだ者，④中原や内陸部に頼った者があると指摘している（鄭永振 2004）。

第4章　金・東夏代女真の食器様式と地域性

はじめに

　宋の徐夢莘（1126～1207年）が著した『三朝北盟會編』巻三には，契丹（遼）の戸籍に属さない「生女真」の飲食に関して次のように記載されている。

　　「其飯食，則以_レ糜醸_レ酒，以_レ豆為_レ醤，以_二半生米_一為_二飯漬_一，以_二生狗血及葱韭之属和_一而食之苟，以_二蕪黄_一。食器無_二瓠陶_一，無_二匕筯_一。皆以_レ木為_レ盤。春夏之間，止_レ用_二木盆_一注_二鮮粥_一，随_二人多寡_一盛_レ之，以_二長柄小木杓子数柄_一回環共食。（中略）冬亦冷飲郤，以_二木楪_一盛_レ飯，木椀盛_レ羹。（後略）」（下線部：食器は瓠陶無く，匕筯無し。皆木を以て盤とす。春夏の間，ただ木盆を用いるのみ，鮮粥を注ぎ，人の多寡に随いてこれを盛る。長柄小木杓子数柄を以って回環して共食す。）

　この記事は，12世紀初め頃の生女真の飲食の様相を伝える。この史料から，生女真の社会では，飲食に用いる容器は陶器ではなく木器が使用されていたこと[1]，春夏と秋冬では食事形態が異なっていたことを理解できる。確かに，「女真」遺跡から出土する土器は貯蔵具（壺・甕・瓶）と調理具・煮炊具（盆・鉢類）が多く，食膳具（碗・皿類）はきわめて少ない。また遺跡出土の土器皿はほとんどが灯明皿として使用されたものである。しかしながら，これまでの発掘調査によって「女真」遺跡，特に金・東夏代の遺跡からは，土器や陶瓷器，鉄鍋等が出土しており，文献史料に描かれた世界とは異なる。

　このような点を考慮し，本章では金・東夏代の食器様式の変遷と地域性について検討する。対象地域は，当該期の城郭遺跡が発掘調査されているロシア沿海地方を中心に扱い，近年の中国東北地方の報告資料についても適宜取り上げる。残念ながら，当該地域では，城郭構造や城内の空間利用に関する視点が強調される一方で，出土遺物に関しては十分な検討がなされていないのが現状である。特に，食器に対する関心は薄く，土器製作技法や技術の地域相互関係，食器様式の地域性や城郭内部での偏差，窯業生産・流通構造等に関しては不明瞭な点が少なくない。

　以下では，ロシア沿海地方および中国東北地方の金・東夏代城郭・集落から出土した土器・陶瓷器・金属製煮炊具を中心に扱い，その器種構成・組成[2]や器種間の補完関係について検討を加え，食器様式の推移を明らかにする。そして，周辺諸地域との相互関係も考慮しながら，金・東夏代の食器様式の特質と地域性について考察する（第28図）。

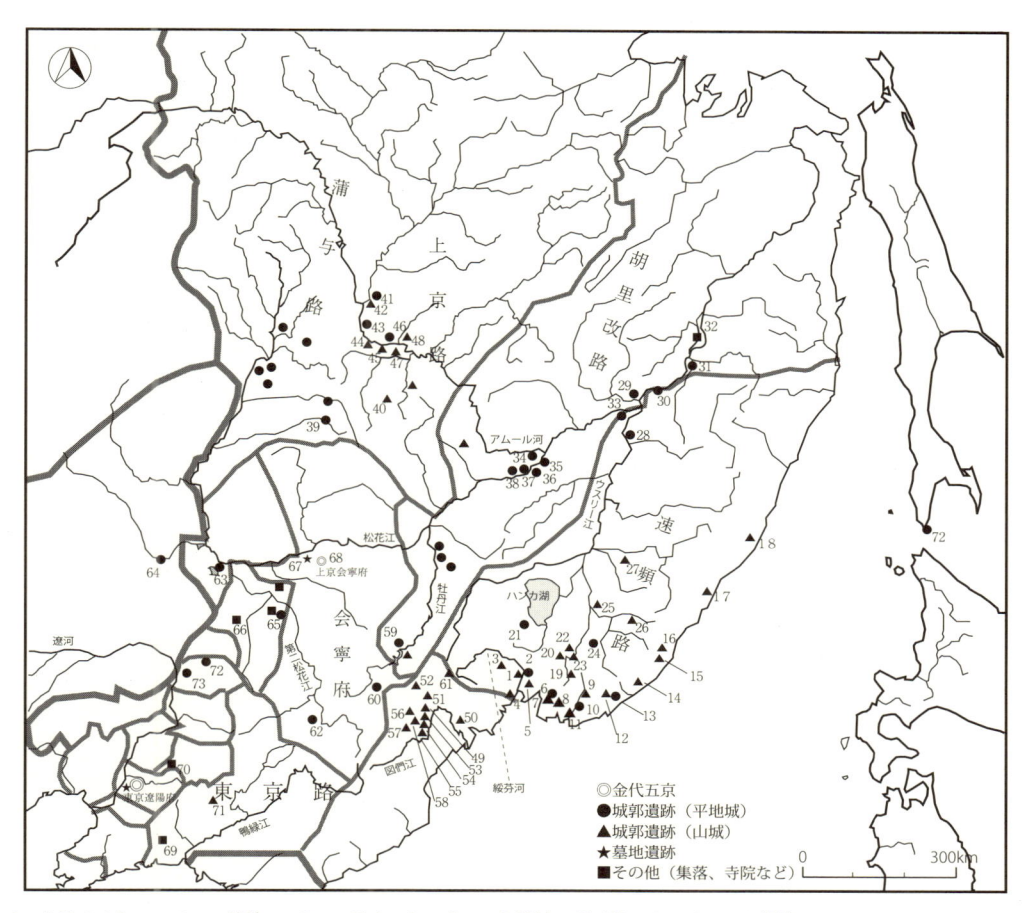

第 4 章　金・東夏代女真の食器様式と地域性　　91

1	クラスノヤロフスコエ城址	2	ユジノ・ウスリースク城址，ザパド・ウスリースク城址
3	コンスタンチノフカ城址	4	アナニエフカ城址　5　イズヴェスコバエ城址，ドゥボヴァエ・ソプカ城址
6	ステクリャヌーハ城址	7	スモリャニンスコエ城址　8　ノヴォゼジナエ城址　9　シャイガ城址
10	ニコラエフカ城址　11　エカチェリナ城址　12　ラゾ城址　13　バチュキ城址　14　シェルバトカ城址			
15	スカリストエ城址　16　シイバイゴウ城址　17　クナレイカ城址　18　ソプカ・リュヴィ城址			
19	スタゴフスコエ城址　20　アヌチノ城址　21　マイスコエ城址　22　シクリャエフスコエ城址			
23	ノヴォゴロディエフカ城址，スモリニンスコエ城址　24　チュグエフカ城址　25　ユルコフスコエ城址			
26	プラホトニュキンスコエ城址　27　ノヴォパクロフカ城址　28　ボル城址　29　ツングースカ城址			
30	シカチ・アリャン城址　31　ジャリ城址　32　ボロニ湖遺跡　33　城子山城址			
34	中興城址，中興墓地　35　団結小城子城址　36　霍呑吉里城址　37　奥里米城址，奥里米墓地			
38	瓦里霍呑城址　39　克東古城　40　邵家店古城　41　セミアジョールスコエ城址			
42	ウチョスナエ城址　43　グラデコヴォ城址　44　四方城城址　45　河西（何地営子）城址			
46	ノヴォペトロフカ城址　47　石砬子城址　48　シャプカ城址　49　城子山山城			
50	斐優城　51　満台城山城　52　広興山城　53　船口山城，河龍古城　54　養参峰山城			
55	清水山城　56　白石砬子山城，城子溝山城　57　松月山城　58　楊木頂子山城，東古城			
59	東営子古城・西営城子古城　60　敖東城，永勝遺跡　61　羅子溝古城			
62	蘇密城　63　塔虎城　64　城四家子古城　65　攬頭窩堡遺跡，后佟子城址，迎新遺跡			
66	農安草房王遺跡，農安金代窖蔵　67　新香坊墓地，双城村金代墓地　68　上京会寧府			
69	岫岩県長興遺跡，岫岩鎮遼金遺跡　70　撫順千金郷唐力村金代遺跡　71　五女山城			
72	偏臉城址　73　梨樹八棵樹金代遺跡			

第 28 図　本章で取り上げる女真（金・東夏代）遺跡分布図
※金代行政区分は，譚其驤編『中国歴史地図集』第 6 冊（中国地図出版社，1996 年）を参照して作成。

第1節　研究略史と問題の所在

　金・東夏代女真の食器研究に関しては，ロシアではS.M.トゥピーキナ氏による一連の研究（Тупикина С. М. 1996・2003）のほか，渤海から金・東夏代の食器様相について通史的に概観した筆者のもの（拙稿2008a・2008b）などがある。

　トゥピーキナ氏はシャイガ城址出土の土器様相について器種形態，組成，ヘラ記号等について検討した（Тупикина 1996）。彼女の研究は土器編年や技術交流について主眼が置かれていないため，周辺諸地域との相互関係や城郭間の土器生産・流通構造についてはあまり言及されていないものの，シャイガ城址の土器様相を様式論的観点から検討を行い，女真の土器を大系的に扱った画期的なものと評価できる。しかしながら，出土状況や共伴関係を明確に把握しようとする姿勢は希薄であり，土器と陶瓷器との共伴関係についてはほとんど言及されていない。その後，トゥピーキナ氏らは，綏芬河河口部に所在するアナニエフカ城址の土器様相について検討を加えた。そして，当該城址の土器と綏芬河中流域に所在するクラスノヤロフスコエ城址の土器が形態や胎土の面において共通していることを指摘した（Тупикина, Хорев 2001）。この見解は土器の中規模流通の可能性を示唆するものである。

　一方，土器研究のみならず，当該地域において金代以降急増し始める陶瓷器に関しても検討が深められつつある。遼・金代瓷器を検討した彭善国氏（彭善国 2000・2003・2006・2007）や宋・遼・金の紀年銘瓷器を検討した劉涛氏（劉涛 2004），ロシア沿海地方の渤海から金代の陶瓷器を検討したE.I.ゲルマン氏（Гельман 1999，ゲルマン 1999c・2007），中国東北地方の遼・金代の陶瓷器を検討した亀井明徳氏（亀井 2008）のものが代表的である。これらの研究は，陶瓷器の製作技法や消費地遺跡出土の陶瓷器の検討から年代的位置づけを考究したものであり，当該時期における陶瓷器流通とその構造を理解する上で重要である。特に，金代の陶瓷器のなかには，紀年銘を有するものや墓誌等によって暦年代を推定できるものが少なからず出土しており，同一遺構内出土土器との共伴関係から編年の定点資料として用いることができるという利点がある。このような資料を基準とし，金・東夏代の土器・陶瓷器編年を構築すれば，土器・陶瓷器の生産・流通・消費に至るまでのプロセスや地域性を解明できるだけではなく，これまで漠然と理解されてきた城郭遺跡や集落遺跡の存続時期を解明する糸口も得られる[3]。さらには，地域間・遺跡間での比較検討によって相互の関係を明らかにできるだろう。

第2節　金・東夏代遺跡出土食器の概要

（1）用語の設定

　金・東夏代の遺跡から出土する食器は，野焼き土器，陶質土器，瓦質土器，施釉陶瓷器，金属製（鉄製・青銅製）の鍋・釜，金銀器などに大別できる。

野焼き土器（酸化焔焼成軟質土器）は非ロクロ製の酸化焔焼成の土器である。胎土に石英や長石のほか砂礫をやや多く含んで軟質である。後述する陶質土器に比べると器壁が厚い。当該時期の遺跡ではその出土量は少なく，食器組成全体の1割程度かそれ未満である。器種は甕・壺・盆（浅鉢）・碗・皿等がある。特に，皿は食膳具としてではなく，灯明皿として用いられたものが大半を占め，器内面に煤が付着している場合が多い。

陶質土器（還元焔焼成硬質土器，泥質灰陶）は，胎土に石英や長石を含むが砂礫は含まず，ロクロを用いて製作され，高温で還元焔焼成されて焼き締まった灰褐色・灰白色を呈した硬質の土器である。無釉である。器外面はロクロ回転を利用して幅3～5mm程度の横方向のヘラミガキ調整が施されるものや沈線文や波状文等の装飾を施すもの，ヘラ状工具によって螺旋文等の暗文風の装飾文様を施すもの，幾何学文を基調としたローラースタンプ文を施すもの等がある。器種構成は，甕・壺・盆（浅鉢）・盤・鍋・碗・皿（灯明皿）などがあるが，甕・壺・盆が基本器種である。当該時期になると，渤海段階に顕著な胴部中半に橋状把手を持つ短頸壺・盆・甑が減少し，代わって肩部に縦耳を持つ双耳壺が増加する（第29図13・14）。

瓦質土器（内外黒色処理土器，黒色土器）はロクロを用いて製作され，土器の内外面に炭素を吸着させて黒色処理された土器である。内外面が黒色処理されるが，胎土が黄褐色を呈するため，サンドイッチ状の断面を呈する。陶質土器に比べると低温で焼成され，胎土も軟質であり，器壁もやや厚い。器外面の調整はロクロ回転を利用してヘラミガキ調整されたものや装飾を施すものがある。器種は碗・皿・壺・甕・盆がある。器形は陶質土器と大差なく，焼成方法の違いによって両者の差異が生じたものと推測される[4]。

(2) 対象遺跡

本章で対象とするのは，女真が居住していた金領域の北部である。金の行政区分で言えば，おおむね上京路・東京路・咸平路に相当する。上京路は，現在の中国吉林省・黒龍江省・ロシア沿海地方・アムール地方にあたり，上京会寧府が置かれた会寧府をはじめ，肇州や隆州，下級路として蒲与路・合懶路・恤品路・胡里改路が置かれた。会寧府は黒龍江省阿城市を中心とした第二松花江中流域，蒲与路がアムール河上流域，恤品路がロシア沿海地方，胡里改路が松花江下流域～アムール河中・下流域方面，曷懶路が朝鮮半島北東部日本海沿岸域～図們江流域に比定される。咸平路は遼寧省北西部・遼河中流域にあたる。東京路は鴨緑江流域・遼東・瀋陽・遼陽を中心とする。本章で対象とする主要な金・東夏代遺跡を金代の行政区分に対応させると，以下の通りとなる。

【上京路】会寧府：上京会寧府（黒龍江省阿城市），敖東城遺跡・永勝遺跡（吉林省敦化市）

　　　　　肇州・隆州：攬頭窩堡遺跡・后城子城址・迎新遺跡（吉林省徳恵市），長春市郊南陽堡金代村落遺跡（吉林省長春市），農安金代窖蔵・草房王遺跡（吉林省農安県）

　　　　　蒲与路：克東古城（黒龍江省克東県）

　　　　　恤品路：シャイガ城址，アナニエフカ城址，ラゾ城址，ノヴォジナエ城址，クラス

ノヤロフスコエ城址，ユジノ・ウスリースク城址，マイスコエ城址（ロシア沿海地方）

胡里改路：中興墓地・中興城址・奥里米城址・奥里米墓地（黒龍江省綏濱県）

【東京路】五女山城（遼寧省桓仁県），撫順千金郷唐力村金代遺址（遼寧省撫順市），岫岩鎮遼金遺跡・長興遺跡（遼寧省岫岩県）

【咸平路】梨樹八棵樹金代遺跡（吉林省梨樹県）

(3) ロシア沿海地方

シャイガ城址

本城址はロシア沿海地方パルチザン地区のパルチザンスク河（蘇城河）左岸に所在する大規模山城（包谷式）である（Артемьева 1998a・2005a）。城址は約 3600 m の土塁で囲郭され，城内面積は 45 万㎡を測る。城内には居住区，生産関連工房，方形区画，「堡塁（Редут）」，テラス地区などが置かれた。

シャイガ城址出土土器の器種組成は，瓶（34%），甕（28%），壺（20%），碗（5.4%）である（Тупикина 1996: 51-53）。陶質土器（瓦質土器を含む）が全体の 85%，野焼き土器が全体の 15% 程度を占め，野焼き土器の比率が他の城郭遺跡出土土器に比べると高い。野焼き土器が客体的である点や貯蔵具主体である点は他の城郭遺跡と変わらない（第 29 図）。金属製煮炊具は，鉄製の三足羽釜や足のない羽釜が伴う。また建物内の土間部分や入口付近には石臼（搗き臼）が埋め込まれている場合が多い。

シャイガ城址の陶瓷器に注目すると，定窯・仿定窯白瓷，鈞窯系青瓷，景徳鎮青白瓷，黒釉・茶褐釉陶器などが出土している（第 39 図・第 8 表）。ゲルマン氏によれば，シャイガ城址で調査された建物跡 276 棟のうち，3 分の 1 の建物跡から定窯・仿定窯産の瓷器が出土しているという（ゲルマン 2007：344-347）。陶瓷器の組成に関しては，碗・皿類が 5 割弱，小型の黒釉・茶褐釉小壺・瓶類が 4 割弱を占め，他に盤や香炉，大型の壺・甕類がわずかに存在する。全体的な傾向として，碗・皿・小壺等の小型製品が多く，大型の壺・甕・瓶類は 3% 程度ときわめて少ない。陶瓷器出土遺構に関しては，第 73 号，第 169 号，第 175 号，第 177 号，第 121 号，第 197 号，第 110 号，第 160 号，第 212 号，第 249 号建物跡等で一定量確認される。特に，建物面積が 40 ㎡以上で，城内南西部の「堡塁」を囲む区画内（第 174 号，第 178 号，第 212 号，第 230 号，第 249 号建物跡等）やその北側（第 73 号，第 121 号建物跡）で瓷器の出土が目立つ。ただし，面積 40 ㎡前後の建物はシャイガ城址では平均的なものであり，大型というわけではない。また「堡塁」周辺では，「治中之印」（第 174 号建物跡）や青銅製円盤形分銅（第 178 号・第 230 号建物跡）も出土していることから，政治・行政に関わる執務機関や官人の居住区が存在した場所と推定され，陶瓷器の所有と身分階層にある程度の相関性を見出すことができる。

さらに注目すべき点として，瓷器が出土している遺構では，基本的に野焼き土器が共伴しないことであろう。また野焼き土器が出土する建物跡は，城内中央部に展開するテラス状平場地区のなかでも沢に近い低位部に顕著である。トゥピーキナ氏とゲルマン氏が報告している資料

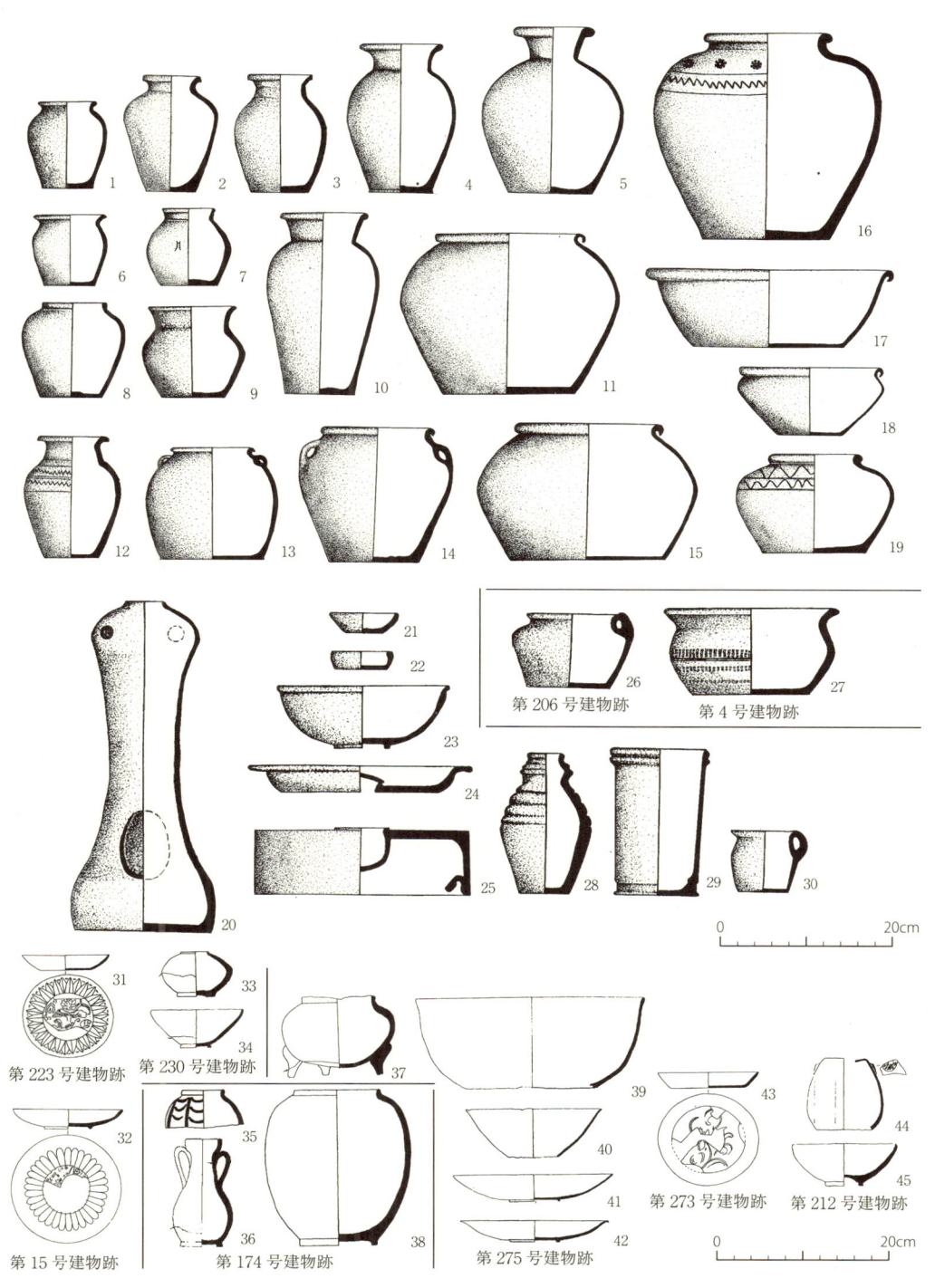

第4章　金・東夏代女真の食器様式と地域性

1～30　土器（1-16,19:壺・甕・瓶類, 17-18,27:盆類, 20:灯明具, 21-22:皿類, 23:碗類, 24:盤類, 25:台形, 28:鍔口形土器, 29:筒形土器, 26,30:把手付土器）, 31-45　陶瓷器（31-32,39-44:定窯, 45:鈞窯, 35:磁州窯, 34:天目, 36:茶褐釉, 33,37,38:黒釉）

第29図　シャイガ城址出土の瓦質土器・陶質土器・陶瓷器

(Тупикина 1996, Гельман 1999）は，発掘調査で得られた資料の全てではないため，あくまでも仮説の域を出るものではないが，野焼き土器と陶質土器を主体に構成される一群（A群）と陶質土器を主体として瓷器がそれに加わる一群（B群）に大別できると推定される。前者は第4号建物跡と第5号建物跡が代表的である。第4号建物跡では野焼き土器碗2個体と陶質土器広口双耳壺1個体，盆2個体，第5号建物跡では野焼き土器壺1個体と瓶2個体，陶質土器壺1個体と瓶1個体が出土している。これらの遺構の年代については，根拠となる資料が乏しいため不明といわざるを得ないが，第5号建物跡出土野焼き土器瓶と第230号建物跡出土のそれ（Тупикина 1996: p.87のрис.25の15，16を参照）は，同形態で円形スタンプ文を施しているという共通性から同時期と推定される。後者では銅牌（青銅製円盤形分銅）が出土しており，13世紀前半代に比定される。詳細は今後の報告に期待したいが，現時点では，こうした組成の違いは時期差というよりも，地区差あるいは居住者の階層差として理解しておきたい。しかしながら，シャイガ城址出土の野焼き土器は，形態的特徴から陶質土器の製作伝統とは異なっている。また野焼き土器が共伴する遺構はやや古手の様相を示す可能性も残る。そのため，A群の年代については，今後の調査に期待し，改めて検討したいと思う。

次にB群について述べる。筆者がトゥピーキナ氏とゲルマン氏の報告から確認し得た共伴関係がわかる代表的な遺構を以下に挙げる[5]。

　第12号建物跡：小瓶1，陶質土器瓶1・陶質土器小瓶3

　第174号建物跡：双耳小壺1，小壺1，磁州窯系中型罐1（178号と同一個体），陶質土器壺

　第178号建物跡：磁州窯系中型罐1，陶質土器瓶1，小型球状壺1

　第212号建物跡：鈞窯中碗2，小型球状壺1，白瓷水注1

　第218号建物跡：双耳小壺1，陶質土器瓶3，陶質土器盆1，陶質土器碗1

　第230号建物跡：定窯中碗1，天目碗1，小型球状壺1，陶質土器瓶1，野焼き土器瓶1

　第249号建物跡：定窯中碗1，水注1，陶質土器壺1

　第275号建物跡：定窯碗2，定窯皿2，小皿1，黒釉香炉1

　第276号建物跡：黒釉盤1，定窯皿1，小皿1，水注1，黒釉香炉1

それでは，これらの陶瓷器が陶質土器に共伴する年代はいつなのか。年代が明らかな遺構として第15号建物跡と第273号建物跡が挙げられる。第15号建物跡出土の定窯印花双鳥紋盤は，趙景興墓（大定22年（1182））から出土したものと類似する。また第273号建物跡出土の定窯刻花（萱草紋）平底盤（第29図43）は，遼寧省朝陽の馬令夫婦合葬墓（大定24年（1184））から出土したものと類似する（劉淼2007）。以上のことから，これらの遺構は12世紀後葉以降に比定できる。陶瓷器以外の紀年銘資料としては，シャイガ城址南西部に位置する第174号建物跡から出土した「治中之印」や第230号住居跡・第178号住居跡から出土した銅牌（青銅製円盤形分銅）が挙げられる（Ивлиев 1990）。シャイガ城址と同様な銅牌は，クラスノヤロフスコエ城址やイズベスト城址でも出土している（Артемьева, Ивлиев 2001, Артемьева 2001б）。クラスノヤロフスコエ城址出土の銅牌には東夏の元号である「大同七年」（1230年）銘のものがある。シャイガ城址の遺構年

代も概ね 13 世紀前半までに収まる時期と推定される。また定窯をはじめとする瓷器が加わるようになるのも，大定年間以降であり，12 世紀第 3 四半期から 13 世紀前半までの年代幅に収まるものが多い。

　アナニエフカ城址

　本城址は，ロシア沿海地方ナデジンスコエ地区に所在し，綏芬河河口から 5km 程西のアナニエフカ河流域に位置する（Артемьева 1998 а・2005a）。城郭は，面積 10.5 万㎡を測り，中規模山城に属する。発掘調査によって 2 枚の文化層が確認されている。調査を担当したホレフ氏によって，下層の建物跡が上層のそれに比べて小型（面積 15～30㎡）であり，また下層の炕は「Г」あるいは「П」字形，上層のそれは「С」字形の平面プランを有する等，両文化層の住居構造に相違があることが指摘されている（Хорев 2002）。調査担当者は，下層の遺構は城郭建設集団が居住した文化層と認識している。

　アナニエフカ城址出土土器は，上層出土のものが報告されており（Тупикина 1996, Гельман 1999），壺・甕・瓶，小瓶，盆，碗から構成される（第 30 図）。貯蔵具が全体の 7 割以上を占め，盆類が 5.7%，小型球状壺が 5.7%，碗が 4.5% を占める（Тупикина, Хорев 2001）。特徴的な点は，前述のシャイガ城址とは異なり，野焼き土器が伴わないことである。既にトゥピーキナ，ホレフ両氏によってアナニエフカ城址とクラスノヤロフスコエ城址出土の土器組成・土器形態・法量等に共通性が見られること，シャイガ城址の土器組成や形態上との相違性が指摘されている（Тупикина 1996, Гельман 1999）。確かに方形状の双耳を持つ壺（第 30 図 13）や頸部直下へ突帯を巡らす壺は，シャイガ城址では一般的ではないものの，胴部文様帯に沈線文や波状文，スタンプ文等を施すものが存在する等シャイガ城址と共通する要素もある。方形状の双耳を持つ短頸壺は，ウスリースク市のクラスノヤロフスコエ城址や後述するノヴォネジナエ城址出土土器の中にも見られ，綏芬河流域とその周辺を一つの単位とした土器分布（流通）圏を設定できる可能性がある。

　一方，瓷器は，定窯白瓷碗・皿・盤，鈞窯系小壺，黒釉小壺等が出土している。なかでも第 30 号建物跡から定窯中碗・大碗・盤，鈞窯中碗，壺蓋等がまとまって出土した。ここからは，底部に「尚食局」と刻書された定窯白瓷碗が出土している。尚食局とは内廷事務を執り行う機関のひとつである。劉涛氏は，「尚食局」銘の定窯瓷器を概ね 12 世紀後半あるいはそれ以降に年代比定しており（劉涛 2004：161-168），アナニエフカ城址のそれも 12 世紀後半代のものと考えられる。以上のことから，アナニエフカ城址上層建物群は第 30 号建物跡出土陶瓷器を指標として 12 世紀後葉から 13 世紀前葉頃，下層建物群は 12 世紀後葉以前と想定したい。

　また，アナニエフカ城址出土瓷器の傾向としては，シャイガ城址と同様に面積 40㎡以上の建物跡で，城郭南東部の堡塁周辺に拡がる区画域（1 号・11 号・16 号・18 号・24 号建物跡等）やその付近（30 号・43 号建物跡）で出土する。また，いずれの瓷器も上層の文化層から出土し，下層の文化層では出土しない。アナニエフカ城址では，調査面積の違いがあるものの，シャイガ城址に比べると瓷器の出土量は少ない。このことは，瓷器の流通が地域差のみならず，城郭規模によっ

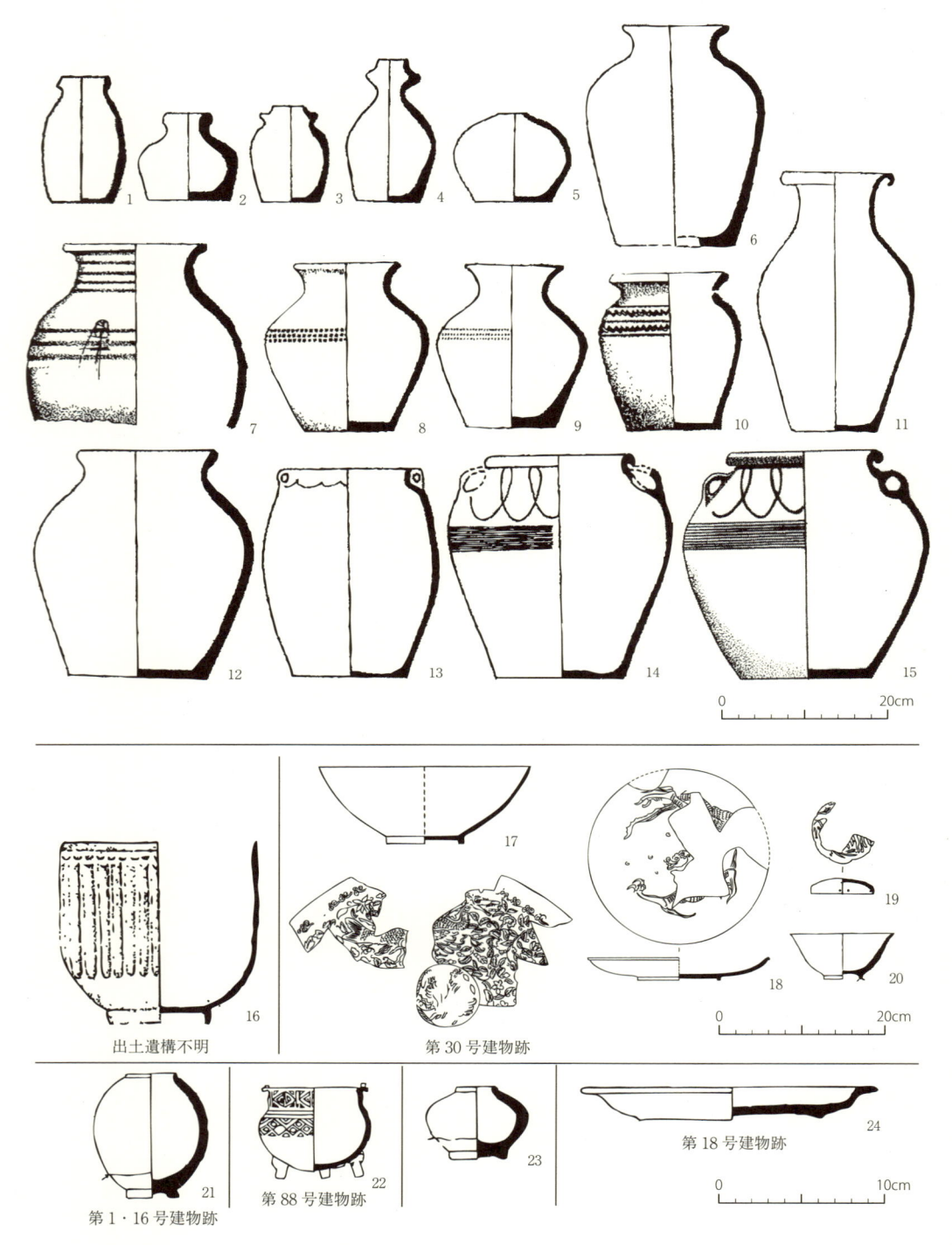

1～15 土器（1-2: 小瓶形，3-4: 鍔口形土器，5: 小型球状壺，6-10・12: 壺類，11: 瓶類，13-15: 把手付壺・甕類）
16～24 陶瓷器 （16-19: 定窯，20 24: 鈞窯，21: 磁州窯，22: 景徳鎮窯，23: 黒釉）

第30図　アナニエフカ城址出土の瓦質土器・陶質土器・陶瓷器

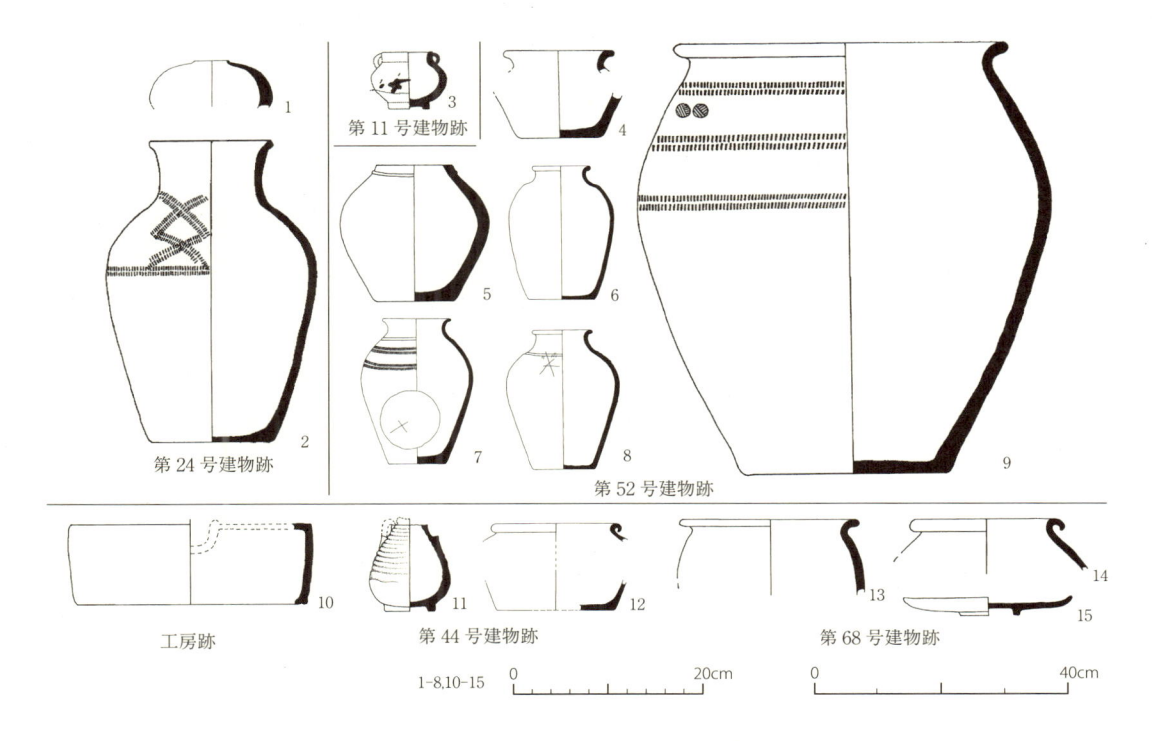

第4章　金・東夏代女真の食器様式と地域性

1-2,4-10,12-14　土器（1:小型球状壺、2,6-8:瓶類，4,5,9,12,14:壺甕類，10:台形土器，13:深鉢形土器）
3,11,15　陶瓷器　（3:磁州窯，11:黒釉，15:鈞窯）

第31図　ラゾ城址出土の土器・陶瓷器

ても差異があったことを示唆する。

　ラゾ城址
　本城址は，ロシア沿海地方ラゾ地区に所在する山城である。面積25万㎡を測る中規模山城に属する（Леньков, Артемьева 2003）。発掘調査によって下層検出建物群と上層検出建物群が存在することが確認されている。前者の建物は，面積15〜25㎡程度に収まる。面積30〜40㎡程度となる上層検出建物群のそれとの面積差が顕著である。下層検出建物群ではわずかな鉄製品が出土するのみであり，土器の出土は報告されていない。下層検出建物群に該当する第42号建物跡では北宋銭（元豊通宝）が出土しているが，大定通宝等の金代の銭貨は出土していない。
　ラゾ城址出土の土器・陶瓷器は，上層検出建物群出土のものである。瓶，小型球状壺，壺，甕，罐，台形土器，灯明皿から構成される（第31図・第39図・第8表）。シャイガ城址で見られるような小瓶形土器や盆類，碗類はない。全てがロクロ製の高温焼成された陶質土器であり，野焼き土器はないという（Леньков, Артемьева 2003: 78）。土器がまとまって出土したのは，第24号・第41号・第52号建物跡である。第24号建物跡からは418片の土器片が出土し，115片が黄褐色，303片が灰色を呈していたという。組成は陶質土器瓶，小型球状壺，壺からなり，三足羽釜が加

わる。第41号建物跡からは陶質土器小型球状壺が16個体出土し，他に瓶と罐が共伴する。第52号建物跡では陶質土器瓶7個体，甕1個体，壺2個体が共伴する。

一方，陶瓷器は，黒釉小壺と鈞窯系盤がある。第9号・第44号建物跡で小型双耳壺，第68号建物跡で灰白釉盤，第11号建物跡で白釉小壺，第62号建物跡で陶瓷器片が出土している。第44号建物跡では陶質土器瓶，陶質土器大甕が共伴している。このほか，三足羽釜やその破片も一定量出土している。

年代が明らかな遺構は，第9号建物跡であり，「泰和五年」(1206年) 銘の銅製分銅（銅権）が出土している (Леньков, Артемьева 2003, Шавкунов Э. В. 1990)。また第44号建物跡では北宋銭4枚，第49号建物跡と第66号建物跡で大定通宝 (1178年初鋳) がそれぞれ1点ずつ出土している。以上のことから，ラゾ城址上層建物群は13世紀前半代には存続していたことが確認できるが，下層建物群の年代や城址の上限年代については積極的な根拠が見出せない。ただ，ラゾ城址下層建物群はアナニエフカ城址下層建物群と規模の点において共通性があり，ほぼ同時期と推定される。

ノヴォネジナエ城址

本城址は，ロシア沿海地方シコトフスキー地区に位置する包谷式山城である (Артемьева, Ивлиев 2005)。周長約3200mの城壁が巡り，面積約50万㎡を測る。筆者は2007年度夏季に現地を訪れ，遺物の出土層位や出土状況，出土土器の観察・資料化の機会を得た。ここで取り上げる資料は城門付近の炕付建物跡とその付近から出土した層位資料である。

ノヴォネジナ城址出土の土器・陶器は，瓦質土器（内外黒色処理土器）と陶質土器に大別できる（第32図・第33図）。鉄製羽釜は破片資料が少なからず存在するが，陶瓷器は確認できなかった[6]。瓷器が出土しないのは城門付近という建物立地と関わるものかもしれない。瓦質土器は，軟質であり，胎土は泥質で礫は含まない。内外面を黒色処理するのが特徴的で，燻し焼成によるものである。一方，陶質土器は，泥質の胎土であり，灰白色系～灰褐色系の色調を呈した還元炎焼成の土器である。陶質土器は，瓦質土器に比べると器壁が薄く，高温焼成されて硬質となる。組成を見ると，瓦質土器が7～8割程度を占め，陶質土器は2～3割程度に過ぎない。

主要器種は，甕，壺，瓶，盆，碗，皿，甑，蓋などがある。特に中型の短頸壺と盆（胴部に突帯を持つもの）が目立つ。また食膳具が少ない状況は，沿海地方の他の城郭と同様である。しかしながら，シャイガ城址やラゾ城址で見られるような小型球状壺は確認できない。小型球状壺は，シャイガ城址第222号建物倉庫跡 (Гельман 1999, Леньков, Артемьева 2003: 77) やクラスノヤロフスコエ城址内城南西部の行政地区やテラス状平場 (Артемьева 2001) など，倉庫と推定される建物群から出土する傾向が高い。小型球状壺は，建物機能に左右される器種と予想される。また，瓦質土器盆のなかには，第二松花江以西や遼東地域で顕著に見られるような，胴部に刻み目突帯を施したものが出土している。第二松花江以西や遼東地域の土器とは焼成方法の違いがあるが，技術系統を理解する上で留意すべき資料である。

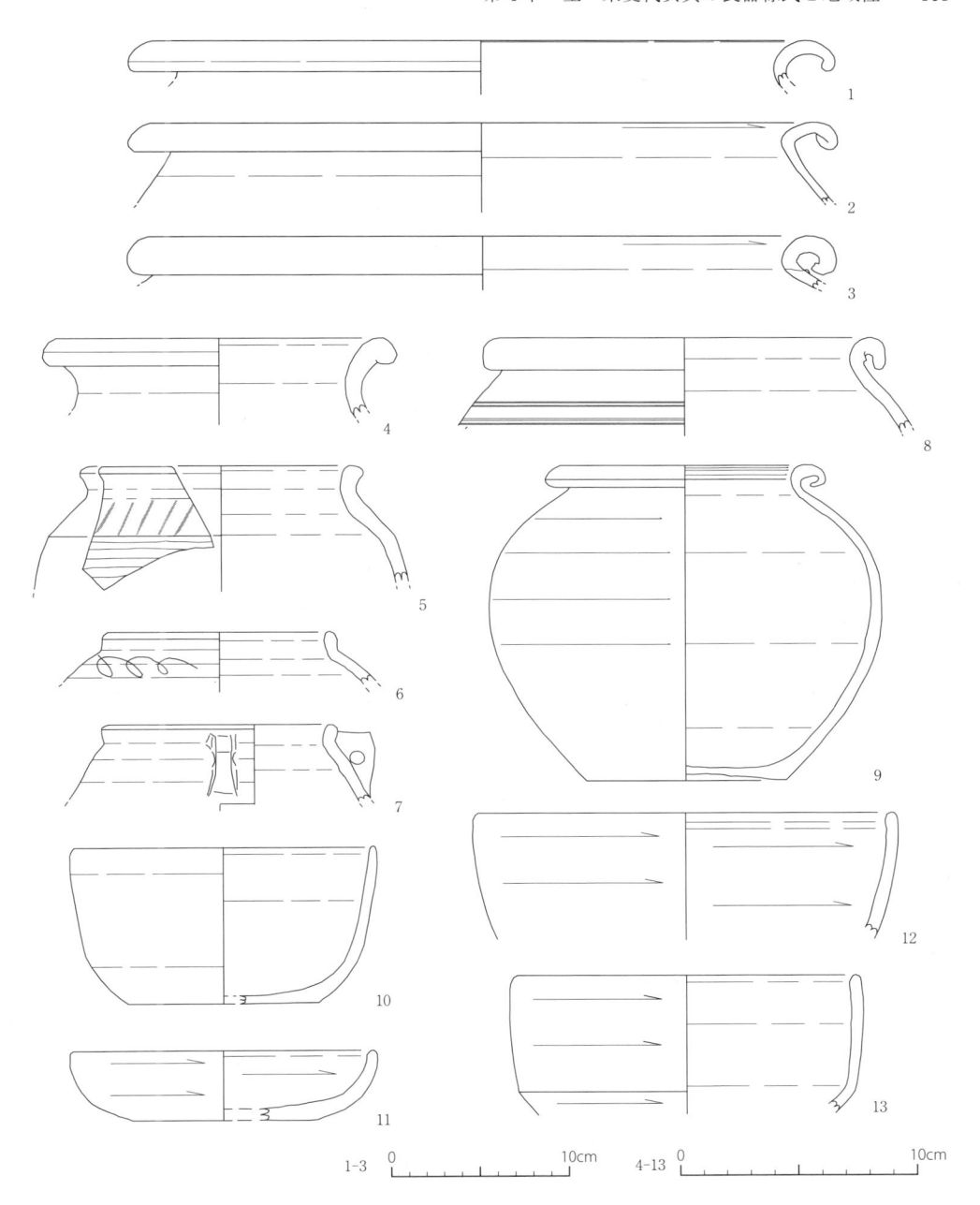

第4章　金・東夏代女真の食器様式と地域性　101

1-3: 瓦質土器大甕　4: 瓦質土器瓶類　5-6,8: 瓦質土器短頸壺　7: 瓦質土器把手付短頸壺　9: 陶質土器短頸壺
10,12,13: 瓦質土器碗　11: 瓦質土器皿

第32図　ノヴォネジナエ城址出土陶質土器・瓦質土器

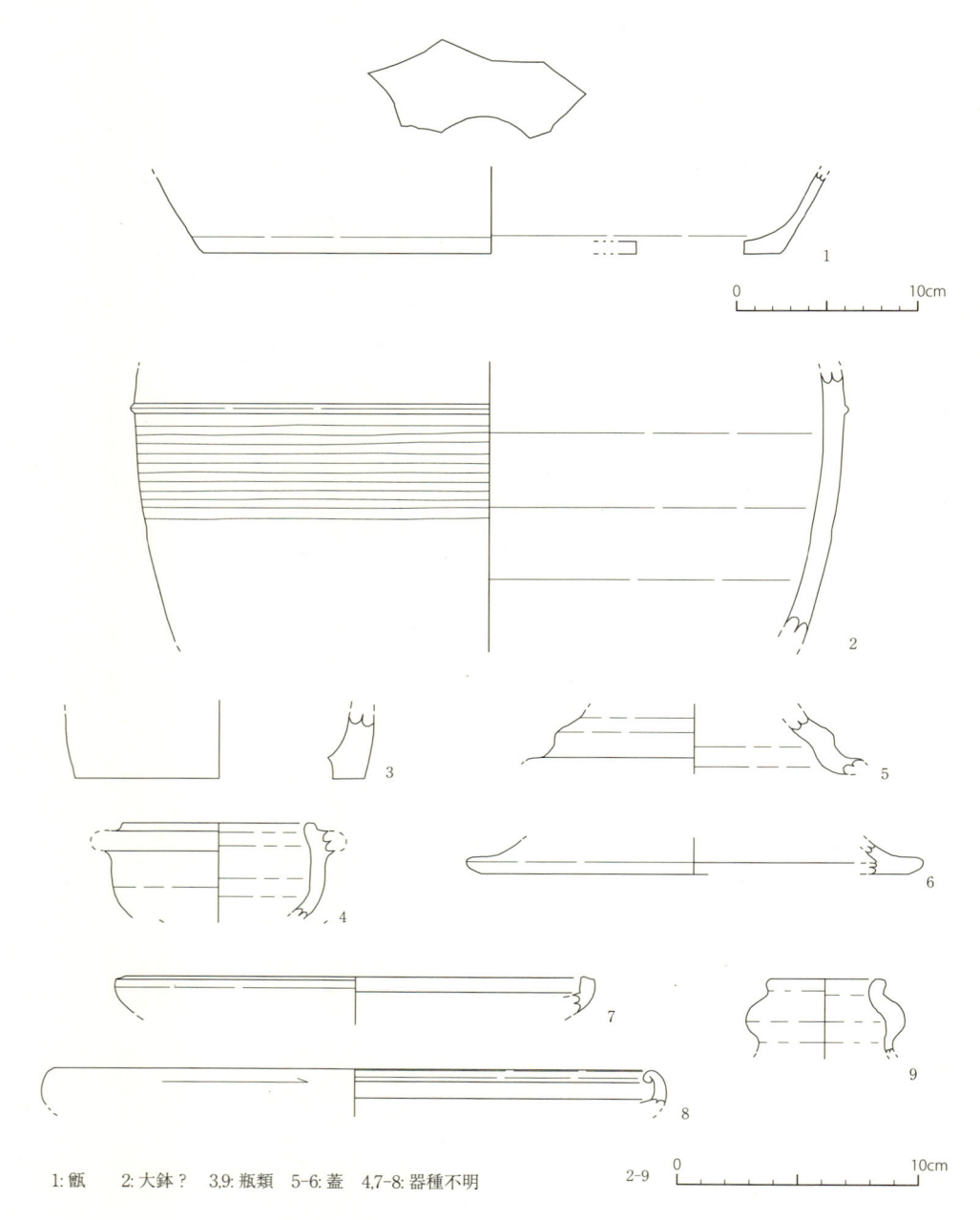

1: 甑　2: 大鉢？　3,9: 瓶類　5-6: 蓋　4,7-8: 器種不明

第33図　ノヴォネジナエ城址出土瓦質土器

　断片的な資料が多いため，現時点において，土器のみから年代を推定することはできない。ただ，城郭東側土塁から西側に続く谷からほど近い高位平坦面で発見された，「貞祐二年六月」(1214年)の紀年銘を持つ「同知鎮安軍節度使事印」や，表採資料であるが金代の王質観棋故事鏡や遼代中期に比定される四雲亀背蓮球紋鏡が確認されている（Шавкунов Э. В. 2003）。遼代の銅鏡は伝世資料の可能性もあり，その年代的評価が問題となるものの，13世紀前葉頃に存続し

ロシア沿海地方の平地城出土資料

ロシア沿海地方では，金・東夏代山城出土資料が多量に蓄積されているのに対し，平地城や集落出土の土器・陶瓷器については不明瞭な点が多い。現在のところ，マイスコエ城址，ユジノ・ウスリースク城址，バチュキ城址などの平地城の資料が知られている。

ハンカ湖の西側に位置するマイスコエ城址では，井戸跡から陶質土器の長頸瓶2点・短頸壺1点が出土している（第34図）。瓶類は縦方向のヘラミガキ調整が丁寧にされている。器形は上京会寧府やクラスノヤロフスコエ城址，シャイガ城址で認められる瓶類と類似する。

また，ラゾ城址に近接するバチュキ城址からは格子目状叩きを持つ陶質土器瓶が出土している。叩きは胴部半ばから下半に施され，叩きの後にロクロ回転を用いて叩きがナデ消されている。年代は不明であるが，女真の土器の系譜上にあるものと推測される。格子目状叩きを施す土器は，ニコラエフカ城址やスモリニンスコエ城址，チュグエフカ城址などでも見られ，いわゆる「ニコラエフカ文化」の文化層を伴う平地城で顕著である（第9章参照）。

ウスリースク市に所在するユジノ・ウスリースク城址は，金代恤品（速頻）路の治所と推定される平地城である。2006年夏季に城内で発掘調査が行われ，陶質土器瓶類のほか，鈞窯系青瓷碗・皿を中心とし，磁州窯系白釉陶器，白瓷，茶褐色釉薬陶器大甕，龍泉窯系青瓷片，象嵌高麗青瓷片などが出土した（第35図）。組成は青瓷主体であり，定窯系・仿定窯を含む白瓷の出土量が極めて少ない点が特徴である。年代については，金代晩期の遺物は少なく，龍泉窯系青瓷や象嵌高麗青瓷が伴うことから元代以降と推定している。これは，城址が金代に存在しなかったのではなく，金代のみならず元代以降も利用されていたという点を評価したい。ロシア沿海地方では元代以降の遺物は限られているため，層位一括資料として重要な位置を占める。

以上のように，平地城出土の土器・陶瓷器のうち，現在のところ確実に金代と言えるのは，マイスコエ城址のものである。平地城・集落の資料数が少ないので，今後の調査に期待せざるを得ない。

(4) 吉林・長春市周辺（吉長地区）

攬頭窩堡遺跡

吉林省徳恵市に所在する平地遺跡である。遺跡は第二松花江支流である伊通河と飲馬河に挟まれた緩やかな丘陵地に立地する（吉林省攬頭窩堡遺跡考古隊2003）。1998～1999年に約4200㎡が発掘調査され，コの字状に暖房施設である炕が巡る瓦葺き礎石建物跡F6が検出された。この建物跡F6は，南壁12.25m，東壁14m，北壁12.75m，西壁14.35mの方形プランを呈し，面積は170㎡を超える。遺跡の性格については不明瞭な点もあるが，瓦葺き礎石建物跡の存在から，地方行政にかかわる機関と推定される。年代は金代晩期と推定されている。

遺構内からは，陶質土器盆，甕，短頸壺，長頸壺，甑，玉壺春瓶，定窯白瓷碗・皿，在地産白

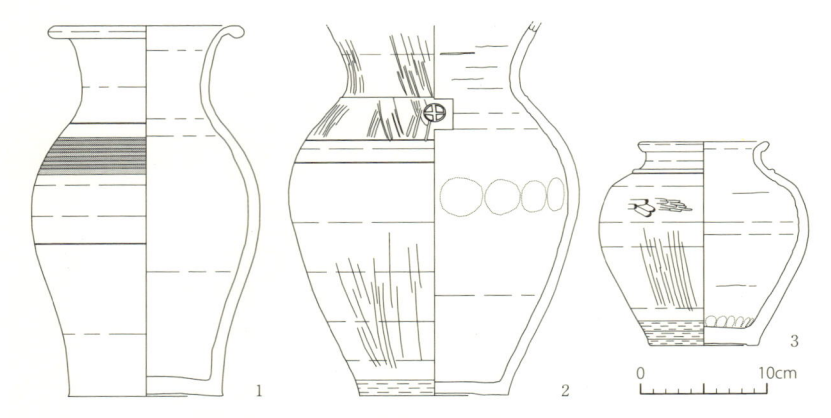

第34図　マイスコエ城址井戸跡出土陶質土器（壺・瓶類）

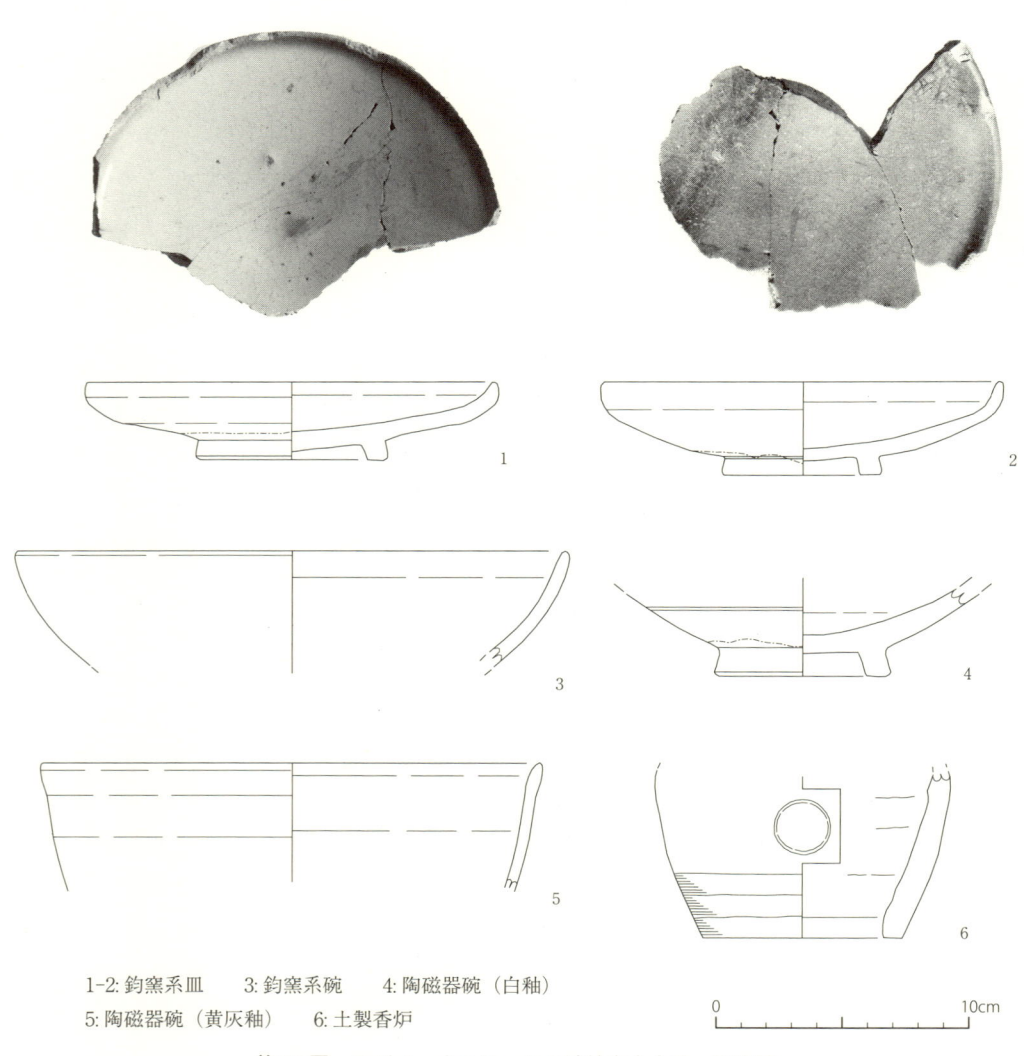

1-2: 鈞窯系皿　　3: 鈞窯系碗　　4: 陶磁器碗（白釉）
5: 陶磁器碗（黄灰釉）　6: 土製香炉

第35図　ユジノ・ウスリースク城址出土土器・陶瓷器

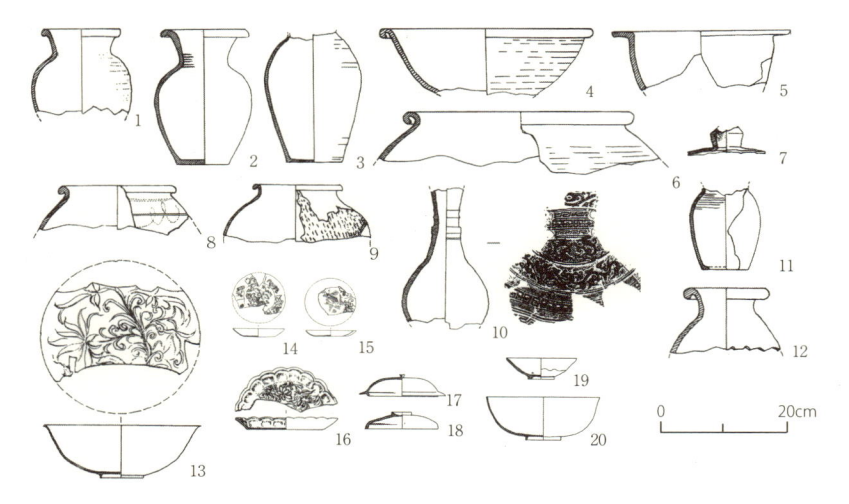

第4章　金・東夏代女真の食器様式と地域性

1-3,11,12 長頸瓶(瓶類)　4,5 盆　6,8,9 壺・甕類　7 器蓋　10 玉壺春瓶　13,19,20 白瓷碗
14-16 白瓷皿・盤　17,18 器蓋　(1-12 陶質土器　13-15,17,18 定窯　16 磁州窯系)

第36図　攬頭窩堡遺跡出土瓷器

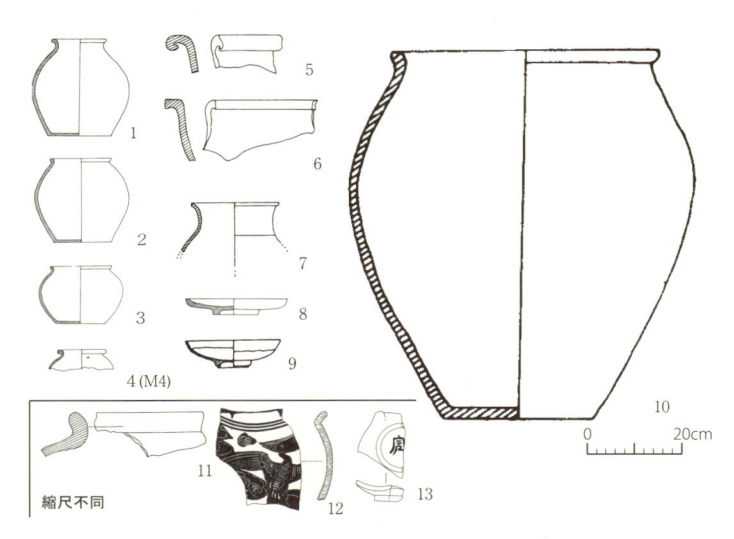

1-4: 短頸壺　5,6: 盆　7: 瓶類　8,9: 皿　11,12: 壺類　13: 碗類

第37図　長春市郊南陽堡金代村落跡出土遺物

瓷碗・皿，河北省で生産された南方系の黒釉瓷器埦(天目)，翠藍釉(孔雀藍)印花瓷器瓶等が出土した(第36図)。陶質土器は壺(瓶)・盆・甕が基本器種である。陶瓷器は白瓷が多く，定窯・倣定窯が主体をなす。遺跡内からは白瓷の水注も出土している。沿海地方でわずかに見られるような野焼き土器は確認されていない。

長春市郊南陽堡金代村落遺跡

　吉林省長春市郊外にある村落遺跡である（吉林省文物考古研究所1998）。遺跡からは金代瓦や瓷器片の散布が確認される。炕付建物跡4棟，土坑6基が検出された。出土土器・陶瓷器は，陶質土器短頸壺・盆，壺・甕類，底面に篆書で「完」と記された仿定窯白瓷碗，鈞窯青瓷皿，白瓷鉢，黒釉陶器甕などが出土している（第37図）。特徴的なのは，黒褐色や緑色の釉薬を施した大型の甕類が出土している点である。

　　　　　　　　　　　　　＊　＊　＊

　攬頭窩堡遺跡は吉長地区の金代遺跡の性格や実態を理解する上で指標となる遺跡である。このほか，吉林省農安金代窖蔵（吉林省博物館他1988）（第38図・第39図・第8表），農安草房王遺跡（吉林省文物考古研究所・農安県他2009），梨樹県八棵樹金代遺跡（吉林省文物考古研究所・四平市文管他2009），徳恵市后城子城址（吉林省文物考古研究所・長春市文物管理委員会1993），徳恵市迎新遺跡（吉林省文物考古研究所・徳恵市文物管理所2009）などがある。器種構成は，陶質土器短頸壺・甕・盆・甑，定窯・仿定窯白瓷碗・皿である。草房王遺跡では陶質土器双耳壺，玉縁口縁白瓷碗・醤釉陶器壺類，迎新遺跡では双耳壺・長頸瓶破片，醤釉陶器双耳壺・黄釉折肩短頸壺，八棵樹金代遺跡では板状把手を持つ陶質土器が出土している。

　金属製煮炊具は，武器・農具などへ再利用されたためか，城址・集落からはほとんど認められ

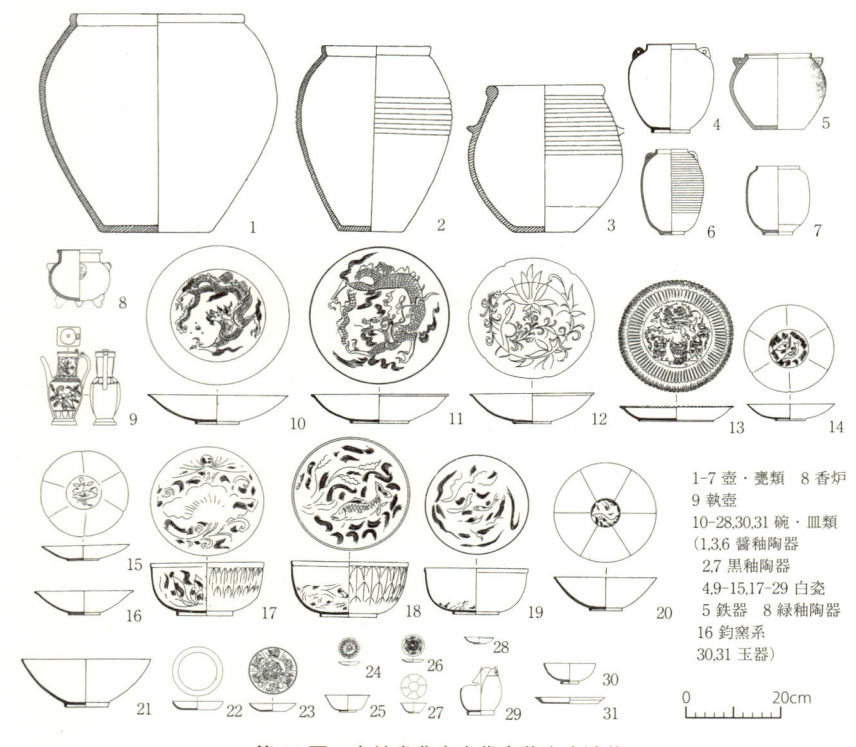

第38図　吉林省農安金代窖蔵出土遺物

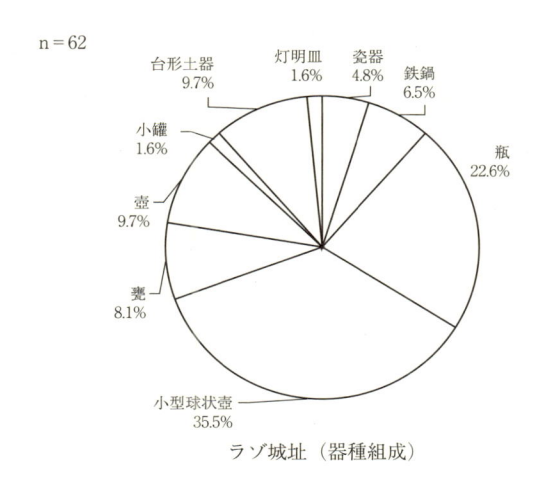

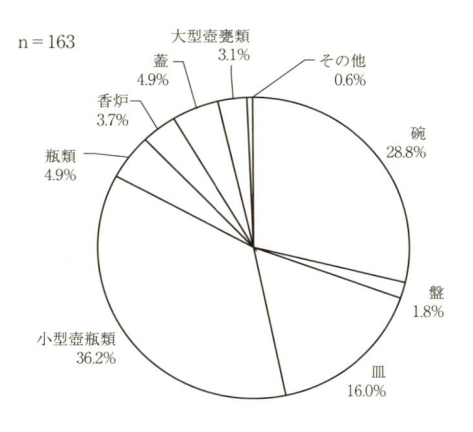

第 4 章　金・東夏代女真の食器様式と地域性　107

ラゾ城址（器種組成） n=62
- 台形土器 9.7%
- 灯明皿 1.6%
- 瓷器 4.8%
- 鉄鍋 6.5%
- 瓶 22.6%
- 小罐 1.6%
- 壺 9.7%
- 甕 8.1%
- 小型球状壺 35.5%

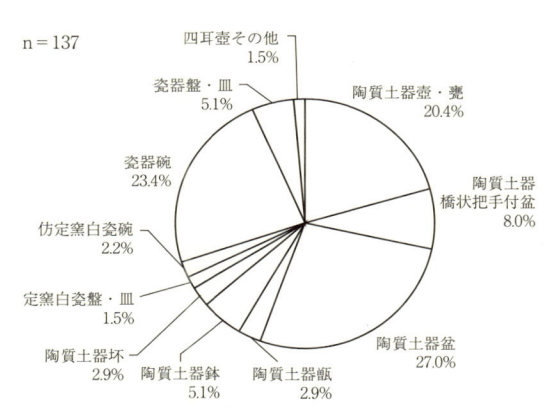

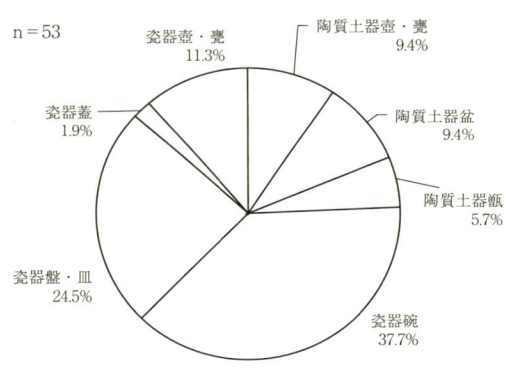

シャイガ城址（陶瓷器組成） n=163
- 大型壺甕類 3.1%
- 蓋 4.9%
- その他 0.6%
- 香炉 3.7%
- 碗 28.8%
- 瓶類 4.9%
- 盤 1.8%
- 皿 16.0%
- 小型壺瓶類 36.2%

遼寧岫岩鎮遼金遺跡（器種組成） n=137
- 四耳壺その他 1.5%
- 瓷器盤・皿 5.1%
- 瓷器碗 23.4%
- 仿定窯白瓷碗 2.2%
- 定窯白瓷盤・皿 1.5%
- 陶質土器坏 2.9%
- 陶質土器鉢 5.1%
- 陶質土器瓶 2.9%
- 陶質土器盆 27.0%
- 陶質土器橋状把手付盆 8.0%
- 陶質土器壺・甕 20.4%

遼寧撫順千金郷唐力村金代遺跡（器種組成） n=53
- 瓷器壺・甕 11.3%
- 陶質土器壺・甕 9.4%
- 瓷器蓋 1.9%
- 陶質土器盆 9.4%
- 陶質土器瓶 5.7%
- 瓷器碗 37.7%
- 瓷器盤・皿 24.5%

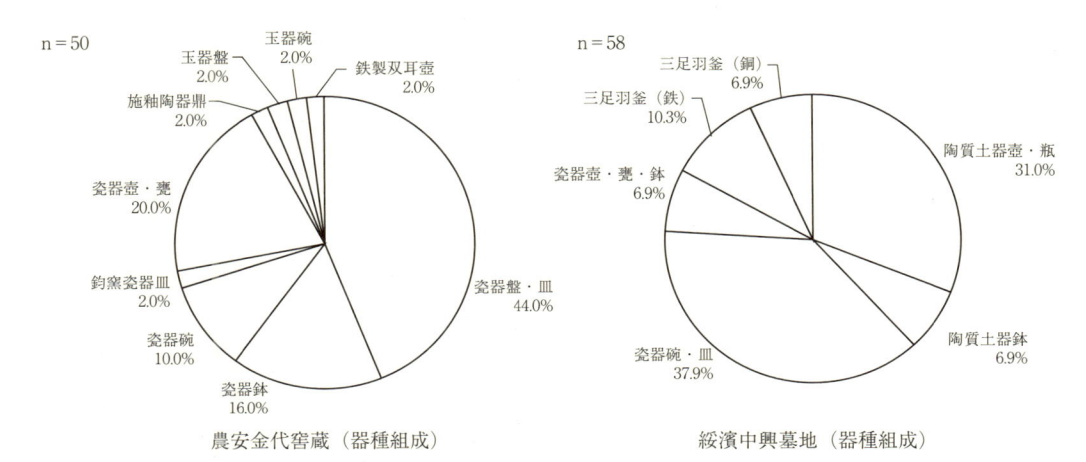

農安金代窖蔵（器種組成） n=50
- 玉器盤 2.0%
- 玉器碗 2.0%
- 施釉陶器鼎 2.0%
- 鉄製双耳壺 2.0%
- 瓷器壺・甕 20.0%
- 鈞窯瓷器皿 2.0%
- 瓷器碗 10.0%
- 瓷器鉢 16.0%
- 瓷器盤・皿 44.0%

綏濱中興墓地（器種組成） n=58
- 三足羽釜（銅） 6.9%
- 三足羽釜（鉄） 10.3%
- 瓷器壺・甕・鉢 6.9%
- 陶質土器壺・瓶 31.0%
- 陶質土器鉢 6.9%
- 瓷器碗・皿 37.9%

第 39 図　金代遺跡出土食器組成

第8表　金・東夏代遺跡出土食器組成

ラゾ城址（食器組成）

種類・器種		数量	比率	備考
瓷器		3	4.8%	
鉄鍋		4	6.5%	
陶質土器・黒色土器	瓶	14	22.6%	
	小型球状壺	22	35.5%	
	甕	5	8.1%	
	壺	6	9.7%	
	小罐	1	1.6%	
	台形土器	6	9.7%	
	灯明皿	1	1.6%	
合計		62	―	

文献：Леньков．Артемьева 2003

シャイガ城址（陶瓷器組成）

種類	器種	数量	比率	備考
陶瓷器	碗	47	28.8%	
	盤	3	1.8%	
	皿	26	16.0%	
	小型壺瓶類	59	36.2%	
	瓶類	8	4.9%	
	香炉	6	3.7%	
	蓋	8	4.9%	
	大型壺甕類	5	3.1%	
	その他	1	0.6%	
合計		163	100.0%	

文献：Гельман 1999

遼寧岫岩鎮遼金遺跡（食器組成）

種類	器種	数量（個体）	比率	備考
陶質土器	壺・甕	28	20.4%	
	橋状把手付盆	11	8.0%	
	盆	37	27.0%	
	瓶	4	2.9%	
	鉢	7	5.1%	
	坏	4	2.9%	灯明皿か
定窯白瓷	盤・皿	2	1.5%	
倣定窯白瓷	碗	3	2.2%	
瓷器	碗	32	23.4%	乳白瓷、灰白瓷。在地産か。
	盤・皿	7	5.1%	乳白瓷、灰白瓷。在地産か。
その他	四耳壺	2	1.5%	白釉
合計		137	100%	

文献：鞍山市岫岩満族博物館 2004

遼寧撫順千金郷唐力村金代遺跡（復元資料のみ）

種類	器種	数量（個体）	比率	備考
陶質土器	壺・甕	5	9.4%	
	盆	5	9.4%	
	瓶	3	5.7%	
瓷器	碗	20	37.7%	
	盤・皿	13	24.5%	
	蓋	1	1.9%	白，黄色
	壺・甕	6	11.3%	乳白瓷、灰白瓷。在地産か。
合計		53	100%	

文献：王・温 2000

農安金代窖蔵（器種組成）

種類	器種	数量（個体）	比率	備考
陶瓷器	瓷器盤・皿	22	44.0%	白釉
	瓷器鉢	8	16.0%	白釉
	瓷器碗	5	10.0%	白釉
	鈞窯瓷器皿	1	2.0%	
	瓷器壺・甕	10	20.0%	白釉(3)，黒釉(7)
	施釉陶器鼎	1	2.0%	緑釉
玉器	玉器盤	1	2.0%	
	玉器碗	1	2.0%	
鉄器	鉄製双耳壺	1	2.0%	
合計		50	100%	

文献：吉林省博物館・農安県文管所 1988

中興墓地（食器組成）

種類	器種	数量	比率	備考
陶質土器	陶質土器壺・瓶	18	31.0%	
	陶質土器鉢	4	6.9%	
陶瓷器	瓷器碗・皿	22	37.9%	
	瓷器壺・甕・鉢	4	6.9%	
金属製煮炊具	三足羽釜（鉄）	6	10.3%	
	三足羽釜（銅）	4	6.9%	
合計		58	100.0%	

文献：黒龍江省文物考古工作隊 1977

ない。金属製煮炊具は窖蔵からの出土が顕著である。このほか，草房王遺跡や迎新遺跡で粉挽き用の石臼（碾き臼）が出土している。

(5) 牡丹江流域
敖東城遺跡

牡丹江上流域の吉林省敦化市に所在する平地城である（吉林大学辺疆考古研究中心・吉林省文物考古研究所 2006）。平面長方形を呈し，内城・外城に区分できる。外城は周長 1200 m（長軸 400 m×短軸 200 m），内城は正方形で周長 320 m を測る。発掘調査は内城北西部で実施され，コの字状の炕付建物跡 3 棟，土坑 7 基，溝 1 条が検出された。炕付建物跡にはカマドが設置されている。

食器構成は陶質土器が主体を占め，酸化質の土器や黒色を呈した瓦質土器，瓷器，鉄鍋である（第 40 図）。瓷器は破片のみが出土している。炕付建物跡 F1 の器種構成は，短頸壺・双耳壺・盆・甑などのほか，定窯産の双魚文白瓷碗・草花文白瓷皿・蓮弁文白瓷盃，六耳鉄鍋からなる。このほか，骨角製の匙がある。出土土器は，ロシア沿海地方の金・東夏代山城出土土器とほぼ同形態である。

半地下式の炕付建物跡 F2 に伴うと推定される長方形状の土坑 H3（貯蔵穴）からは，陶質土器短頸壺・板状把手付盆・深鉢などが出土している。総じて，貯蔵具・調理具が目立つ。H3 出土陶質土器は，F1 と比較すると，口縁部が逆 S 字状を呈して頸部直下に段を持つ浅鉢や靺鞨罐の系譜を引くと考えられるロクロ製の深鉢形土器が出土するなど，やや古手の様相を示す。H3 出土の浅鉢と類似するものが遼寧省岫岩鎮遼金遺跡（鞍山市岫岩満族博物館 2004）でも出土しており，12 世紀前葉から中葉に比定されると考えられる。

本遺跡が所在する敦化は渤海の「旧国」が置かれた場所と推定され，従来から敖東城はその拠点的城郭と考えられてきた。しかし，2002 年・2003 年に吉林大学辺疆考古研究中心・吉林省文物考古研究所が実施した発掘調査において，炕付建物跡 F1 が検出され，そこから正隆元宝（1157 年初鋳），定窯白瓷器碗・盤などの破片が出土したことから，12 世紀中・後葉以降に年代付けられている。

永勝遺跡

牡丹江上流域の吉林省敦化市に所在する（吉林大学辺疆考古研究中心・吉林省文物考古研究所 2007）。従来から大型建物跡の存在や瓦・磚の散布が認められる点が指摘されてきた。前述の敖東城遺跡と同様に，渤海「旧国」の拠点的な場所と考えられてきた遺跡である。2002 年に吉林大学辺疆考古研究中心・吉林省文物考古研究所が発掘調査を実施し，第 2 層において基壇を伴う炕付礎石建物跡（F1）と炕付建物跡（F2）が検出され，獣面瓦や平瓦の出土からこの建物跡は瓦葺であったと推定される。また F1 には貯蔵穴である H4 が伴う。遺跡の性格については，報告者によって仏教関連施設と推定されている。

器種構成は陶質土器を主体とし，瓷器，鉄製耳鍋からなる。陶質土器は短頸壺・甕・盆・器蓋

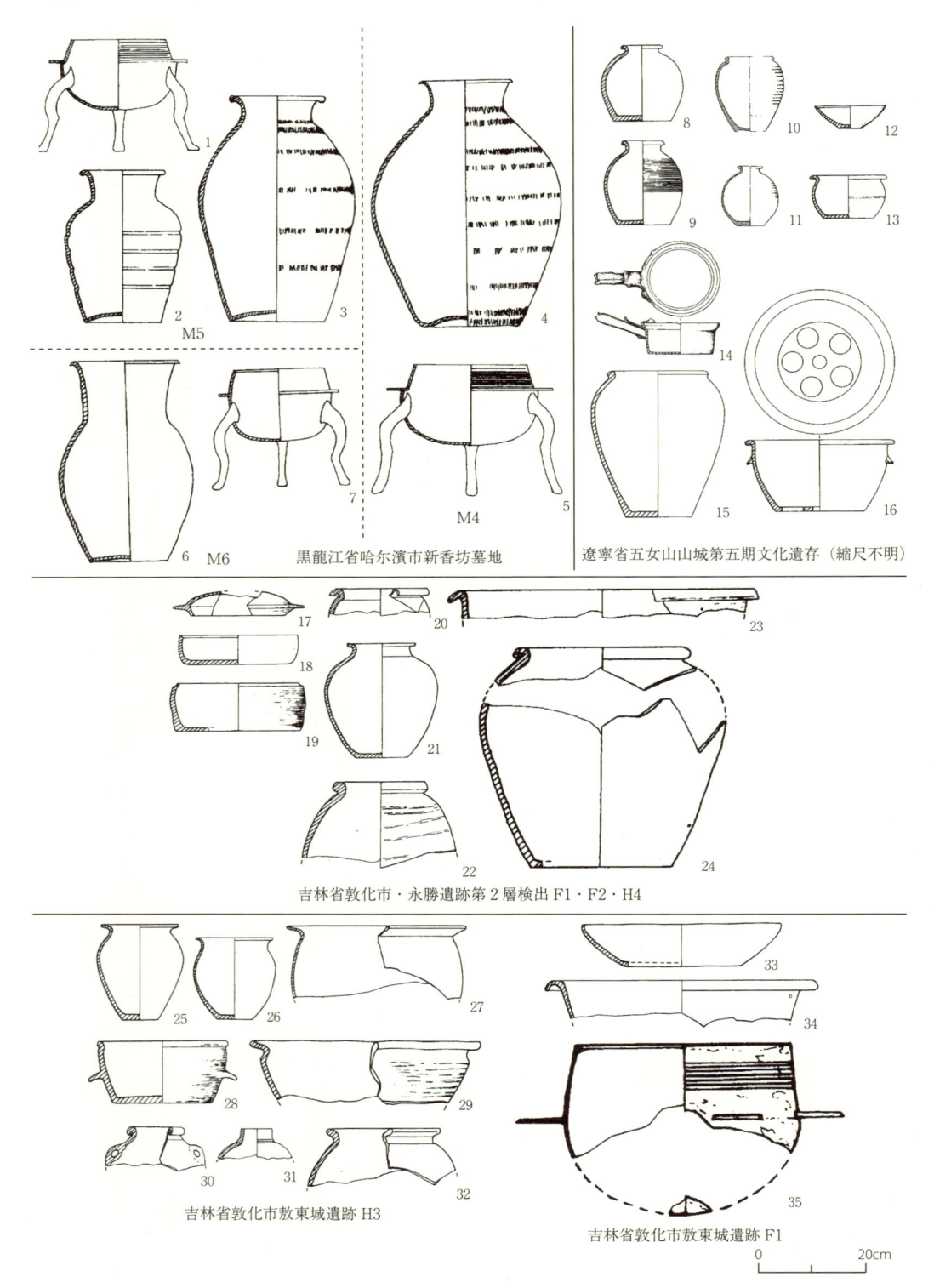

黒龍江省哈尔濱市新香坊墓地　　　遼寧省五女山山城第五期文化遺存（縮尺不明）

吉林省敦化市・永勝遺跡第2層検出 F1・F2・H4

吉林省敦化市敖東城遺跡 H3　　　吉林省敦化市敖東城遺跡 F1

0　　20cm

第40図　遼東地域・牡丹江上流域の金・東夏代遺跡出土土器・陶瓷器

などであり，壺・甕類の比率が高い（第40図）。永勝遺跡第2層出土壺・甕類は，ロシア沿海地方の金・東夏代山城出土土器とほぼ同形態である。また，瓷器は白瓷が多く，青瓷は少ない。白瓷は定窯・倣定窯であり，ほかに黒釉陶器や耀州窯系青瓷などの破片が出土した。

年代については，H4で大定通宝（1175年初鋳）が出土していることから，12世紀後葉には機能していたと想定される。

＊　＊　＊

上記の2遺跡は，牡丹江流域の12世紀後葉～13世紀前半の指標となる。当該地域の金代遺跡の調査事例は少ないが，食器構成は陶質土器貯蔵具・調理具を主体とし，瓷器碗・皿，六耳鉄鍋からなる。現在のところ，上記の2遺跡からは，吉長地区やロシア沿海地方で見られるような礫き臼や搗き臼は報告されていない。

(6) 遼寧・遼東地区

長興遺跡

本遺跡は遼寧岫岩県の大洋河右岸に所在する（遼寧省文物考古研究所ほか1999）。遺構は建物跡3棟，鉄生産関連遺構，礎石建物跡，土坑などが検出された。また，平瓦・滴水瓦・軒丸瓦（獣面瓦）などの存在から瓦葺き建物が存在した可能性が高い。年代は遼代中期～金代とされる。

出土土器・陶瓷器は，陶質土器双耳壺・短頸壺・甕類・橋状把手付土器・盆・瓶・坏，倣定窯白瓷碗・皿，白釉瓷器碗・皿，青瓷碗などがある。貯蔵具は短頸壺，調理具は盆・瓶，食膳具は瓷器碗・皿がセットをなす。

遼寧撫順千金郷唐力村金代遺跡

遼寧省撫順市に所在する（王維臣・温秀栄2000）。L字状に炕がめぐる建物跡が検出された。この遺跡では，瓷器203件（6割），陶質土器132件（4割）が出土し，瓷器の割合が高い。瓷器は白瓷を中心に，黒釉・醤釉陶器が見られる。磁州窯系の製品が多く，倣定窯白瓷は少ない。器種は碗・皿を主体とし，食器組成全体の6割程度を占める（第39図・第8表）。一方，陶質土器は短頸壺・双耳壺・盆・鉢・橋状把手付土器（瓶）・鶏腿壺などからなる。壺・盆が主体を占める。他に銅製匙が出土している。年代は金代晩期とされている。

五女山城

遼寧省本渓市桓仁県に所在する山城である（李新全2008）。五女山山城は高句麗前期の山城（高句麗建国期の都城・紇升骨城に比定する見解もある）として著名であるが，金代に援用されていることが確認されている。第五期文化遺存検出の建物跡は長方形を呈した半地下式のものであり，L字状に暖房施設である炕が巡る。出土遺物は，陶質土器・瓷器などの食器類をはじめ，刀，鏃，矛などの鉄製品や銅鏡，北宋・南宋・金代の銭貨などがある。また「都統所印」官印が出土している。

第五期文化遺存の食器組成は，陶質土器7割，瓷器2割，金属製煮炊具1割となる（第40図）。陶質土器は壺・甕・瓶・盆・甑を主体とし，碗・皿も若干見られる。瓷器は白瓷碗・皿・鉢・壺・甕がある。金属製煮炊具は鍋・釜を主体とし，三足器・碗・皿などがある。

　年代については，「大定通寶」の出土から金代に比定されるものの，上限・下限については判然としない。ただ，出土遺物の形態的・技術的特徴は，ロシア沿海地方の金代晩期・東夏代に比定される山城出土土器群とほぼ同様であることから，五女山山城第五期文化遺存出土土器群もおおむね同時期と想定される。

＊　＊　＊

　このほか，岫岩鎮遼金遺跡（しゅうがんちんりょうきんいせき）では，陶質土器が7割弱を占め，瓷器が3割程度を占める（第39図・第40図・第8表）。金属製煮炊具については不明である。陶質土器は壺・甕類が3割，橋状把手付盆・盆類が5割であり，ほかに甑・鉢・坏が伴う。橋状把手付盆は高句麗・渤海以来の伝統を引いている器種と理解される。ただし，この遺跡では遼代の資料も含まれており，金代のものと区別することは難しい。

　遼寧・遼東地区の特徴として，陶質土器が壺・甕・盆・甑を基本器種とし，瓷器は碗・皿主体となることを指摘できる。城址・集落ともに陶質土器7割，瓷器2〜3割程度になるのが一般的であり，唐力村金代遺跡のように瓷器が陶質土器の組成を上回る遺跡も存在する。この地域では，唐代から墓葬への陶瓷器を副葬するなど，松花江流域やロシア沿海地方に比べると早い段階から陶瓷器が使用されてきた地域である。貯蔵具・調理具は陶質土器，煮炊具は金属器，食膳具は瓷器という器種の使いわけが一般化しているものと考えられる。

(7) 松花江下流域・アムール河中流域

中興墓地

　中国黒龍江省綏濱県に所在する中興墓地では，12基の墓葬が発掘調査され，M3・M4・M5（第1組墓葬）とM6・M7・M8（第2組墓葬）がそれぞれ同一封土内で検出された（黒龍江省文物考古工作隊1977，黒龍江省文物考古工作隊1977，胡・田1991）。墓地全体での器種組成を見ると，陶質土器瓶・壺類が4割弱，陶瓷器碗・皿が4割弱，三足羽釜が2割弱を占める（第39図・第8表）。陶瓷器は定窯・仿定窯白瓷が7割弱を占め，ほかに耀州窯青瓷・磁州窯系陶瓷器がある。墓葬への副葬品として瓷器や金属製煮炊具が用いられる点は注目される。

　年代については，第1組墓葬が金代早期，M8で大定通宝（1178年初鋳）が共伴した第2組墓葬が金代中期とされる（劉・楊・郝・李1991）。また，M9〜M12では瓜稜壺が出土するが瓷器は共伴していないため，瓜稜壺をほとんど含まない第1組墓葬よりも年代的に前出すると考えられる。年代については，M9で紹聖元宝（1094年初鋳），M11で大観通宝（1107年初鋳）が共伴していることから12世紀初頭を遡らない。

　以上をまとめると，概ねM9〜M12が12世紀前葉，第1組墓葬が12世紀中葉，第2組墓葬が12世紀後葉頃の年代が想定される。

第4章　金・東夏代女真の食器様式と地域性　113

＊＊＊

　当該地域の土器は，パクロフカ文化（アムール女真文化，綏濱三号類型）の系譜上にあり，12世紀以降に瓷器や金属製煮炊具が加わる。瓷器は定窯白瓷や耀州窯青瓷をはじめとする碗・皿類が流入する。現在のところ，墓葬出土資料が多く，城址出土資料はわずかしか公表されていない。当該時期の城址としては，中興城址（黒龍江省文物考古工作隊1977，黒龍江省文物考古工作隊1977，胡・田1991）や奥里米城址（黒龍江省文物考古工作隊1977b，黒龍江省文物考古工作隊1977b）などが知られるが，食器組成の詳細については不明瞭な点が多い。

第3節　金・東夏代の食器をめぐる諸問題

　前節では，各遺跡の食器構成・組成について検討を加えた。その結果，遺跡・地域によって差は見られるものの，金・東夏代の食器は，おおむね陶質土器・陶瓷器・金属製煮炊具から構成されることが明らかになった。ここでは，金・東夏代の食器様式を考えるうえで論点となる，①陶瓷器の流入年代と受容層，②陶質土器と瓦質土器の相互関係，③食物加工・調理具の地域性について検討を加える。

(1) 陶瓷器の流入年代と受容層

　12世紀中葉以降，平地城・山城において定窯系白瓷が広域的に流通し，その量も前代に比べると急激に増加する。遼寧・遼東では遼代から一定量の陶瓷器が見られるものの，沿海地方では金代以降にその量が増加する。金代に陶瓷器の需要量が増大する背景には，先行研究で指摘されているように，金が北宋を滅ぼしたことによって，旧北宋領域内部に多数存在した陶瓷器窯が金領域内に取り込まれたことが要因の一つであろう（彭善国2000・2003・2006・2007，劉涛2004）。ここでは，ロシア沿海地方の陶瓷器の流入年代や受容層について述べる。

　ロシア沿海地方の金・東夏代遺跡出土陶瓷器の年代について，E.I. ゲルマン氏は，その大部分が1215年前後に蒲鮮万奴軍による沿海地方への進出に伴って流入したと指摘する（ゲルマン2007）。残念ながら，ロシア沿海地方では紀年銘が記された瓷器が出土していないため，瓷器が搬入された正確な時期を認定するのは困難であるが，沿海地方やアムール河中流域の平地城でも定窯を中心とした瓷器が一定量出土する。彭善国氏によると，沿海地方出土の陶瓷器は12世紀30年代以降のものであるという（彭2007）。彭氏の見解を参照するならば，ロシア沿海地方の陶瓷器の流入もまた13世紀前葉に限定するよりもむしろ，金の大定年間頃，すなわち12世紀第3・第4四半期から定量的に搬入されたと考えたほうが妥当と思われる。

　また，ロシア沿海地方の金・東夏代城郭出土の施釉陶瓷器は，碗・皿等の食膳具が多く，食器組成全体の1～2％を占めるに過ぎない（Гельман 1999: 30）。その産地は，定窯・倣定窯・鈞窯（系）・景徳鎮・磁州窯系・耀州窯などの製品が流入するが，定窯・倣定窯が48.8％を占め，鈞窯（系）は6.5％，磁州窯（系）・耀州窯（系）はそれぞれ1％弱に過ぎない（ゲルマン2007：

345-346)。定窯・倣定窯白瓷碗・皿や産地不明の黒釉・茶褐釉小壺・双耳壺が主体を占め，鈞窯系・耀州窯青瓷が少ない状況はこの時期の特徴である。また，高麗青瓷はきわめて少なく，ユジノ・ウスリースク城址で象嵌青瓷碗片が出土したに過ぎない（ゲルマン 2007：346-347）。

　消費遺跡出土の陶瓷器は，基本的に碗・皿・盤に限定され，それに黒釉・醬釉・白釉等の小壺・双耳壺が加わる構成である。香炉や水注等は，松花江中・上流域や遼寧地区の金代墓葬（磚室墓）でしばしば見られるが，日常生活用食器の組成に加わることは稀である。特に吉林省・遼寧省の墓地・城郭遺跡では，陶瓷器は一定量出土し，沿海地方やアムール河中流域との質的・量的な差が明確である点は，陶瓷器流通の地域性を理解する上で留意すべき点であろう。

　瓷器の流通には地域差のみならず，城郭規模による差異もある。12世紀後葉頃になると，大規模城郭と小中規模城郭の間に陶瓷器の質的・量的差異が見られること，つまり大規模城郭では小中規模城郭に比べると出土量が多いことを確認できる。さらには城郭内部における陶瓷器の出土地点は方形区画や内城，寺院等の政治的・宗教的な中心となる施設で顕著であることも挙げられる。これらは，陶瓷器と建物機能や受容階層に相関関係があること，城郭間の居住形態に質的な差異が存在したことを示唆する。

　金・東夏滅亡後，沿海地方はモンゴル（元）の支配下に置かれる。13世紀代には金代の大型平地城が援用されるようである。この時期，哈尔濱市郊元代瓷器窖蔵に代表されるように，白瓷に代わって鈞窯の天藍釉，天青釉の瓷器が主体となる（第41図）。また高麗青瓷も遼寧省を中心に，吉林省・沿海地方にも僅かに分布するが，基本的には元代以降に流入する。

　内蒙古に所在する元代の平地城として知られる集寧路城址では，窖蔵から多数の陶瓷器が出土している。陶瓷器は，磁州窯系，定窯系，鈞窯系，龍泉窯系，耀州窯系などがある。また，近年，吉林省敦化市双勝村でも元代窖蔵が発見された（吉林大学辺疆考古研究中心・敦化市文物管理所 2008）。窖蔵からは，施釉陶瓷器を中心とし，銅器（高足杯・盆），鉄器（鍋・壺・熨斗），陶器（罐），銅銭（元豊通宝1枚）などが出土した。陶瓷器は，白瓷（鉢，碗，盤，小皿，瓶），青白瓷（高足杯，盤），青瓷（碗，盤），三彩（盤），黒釉・醬釉瓷器（碗，罐，小皿）鈞窯系瓷器（碗）などがある。年代は，おおむね14世紀代と推定されている。また，ユジノ・ウスリースク城址では，鈞窯系青瓷を中心とした陶瓷器が出土し，その年代は元代以降の可能性が高い。

　このように13・14世紀を境として，白瓷が減少し，青瓷が増加する点は，陶瓷器生産地の動向を反映しており，日本列島や朝鮮半島を含む東アジア全域で見られる現象と考えられる。

(2) 陶質土器と瓦質土器

　金・東夏代の陶質土器は，壺類・甕類・瓶類などの貯蔵具（運搬具）と盆・甑といった調理具・煮炊具が中心である。また瓦質土器は，陶質土器と同様に，壺類・甕類・瓶類・盆・甑といった日常生活食器に限られる。この時期には，金属製煮炊具（鍋・釜）が浸透し，金属製鍋・釜と土製盆・甑は補完関係にある。また，陶質土器・瓦質土器ともに食膳具がきわめて少ない点は当該地域の特徴である。一部の階層では陶瓷器碗・皿類が使用されるものの，木器が一般的な食

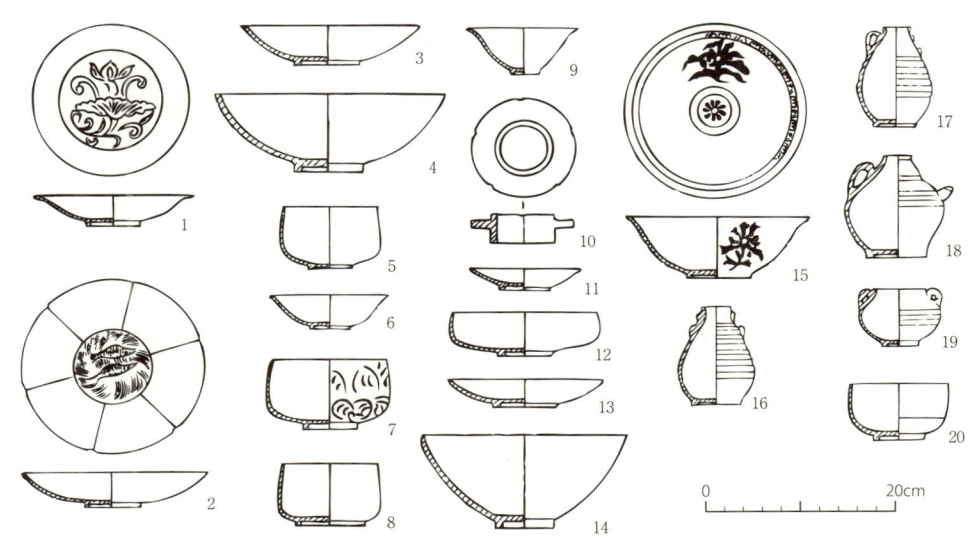

第4章　金・東夏代女真の食器様式と地域性

1-2: 定窯　3-6: 倣定窯　7: 耀州窯　8-9: 臨汝窯　10-14: 鈞窯　15: 高麗青瓷　16: 磁州窯系　17-20: 不明

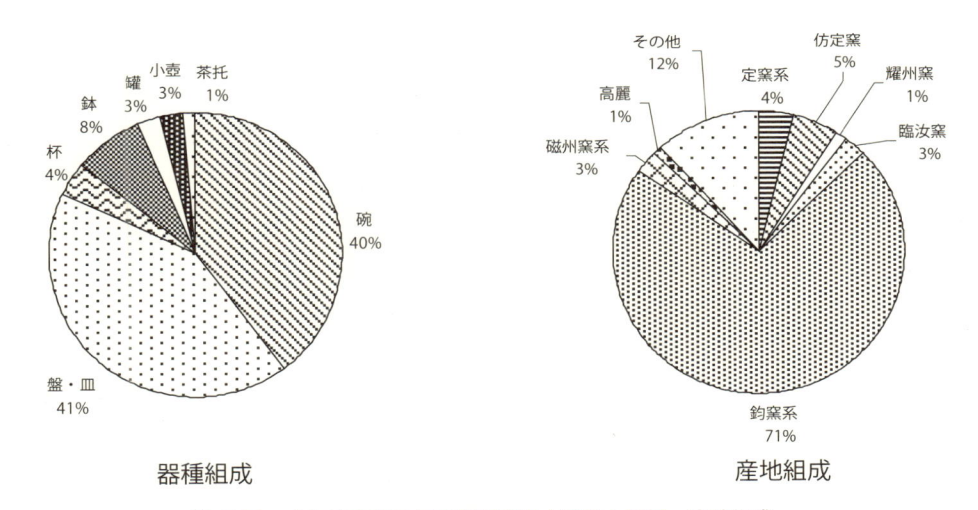

器種組成　　　　　産地組成

第41図　哈尓濱市郊元代瓷器窖蔵出土遺物と器種・産地組成

膳具であったのだろう。

　ノヴォネジナエ城址で見られるように, 陶質土器は城郭間において量的な差がある点も留意しておく必要がある。金・東夏代には, 陶質土器主体の地域と陶質土器・瓦質土器の両者からなる地域が存在するようである。とくに, 瓦質土器が使用される地域は, ロシア沿海地方や牡丹江流域などを中心とした地域に限定され, 第二松花江以西の地域では陶質土器からなる。金・東夏代になると瓦質土器は土器内外面が黒色を呈し, 燻し焼きされた土器である。渤海後半代の都城・地方城郭で見られる内外面に炭素を吸着させて黒色化した黒色土器とはやや異なる。

　ロシア沿海地方から出土する瓦質土器は, 成形・装飾においてロクロ回転を利用したヘラミガ

キ調整やナデ調整が行われるなど,基本的に陶質土器と共通する。しかし,瓦質土器の器壁は陶質土器よりも厚く,軟質気味であるという特徴を持つ。焼成方法に関しても,瓦質土器は800～1000℃程度の比較的低温で焼成され,燻し焼成することで内外面を黒色化する。焼成の最終段階で還元化を行う陶質土器の生産技術とは異なる。現在のところ,瓦質土器の生産地は発見されていないが,瓦質土器は胎土の均質性や形態の規格化などから判断すると,工人集団によってある程度専業的に生産活動が行われていた可能性もある。焼成方法の違いは,土器窯の構造的の違いを反映している可能性があり,その技術的な系統関係の解明が課題となる。

瓦質土器に代表されるように,当該地域では,11世紀後葉から12世紀前葉頃に成形・焼成技術をはじめとする土器生産技術史上の大きな変容が生じたと想定される。この変容は,陶質土器・瓦質土器の口縁部形態が端面方形状ではなく巻き口縁となるものが大半を占めること,また底部切り離しに静止糸切り技法ではなくロクロ回転糸切り技法が普及して土器生産の効率化が図られることなどに顕著にあらわれている。

ところで,同時期の日本列島では,「瓦質土器」や「瓦器」と呼ばれる土器がある。瓦器(瓦質土器)は,焼成温度が800～900度くらいまで上げ短時間焼成し,薪とともに松の枝や葉等を窯に入れ,焚口と煙出しを塞ぎ還元雰囲気のなかで燻し焼きした軟質の焼き物である。吸水率はやや高い(菅原1989：169)。瓦質土器は,短時間で焼成されるため,燃料である薪の量を抑えられ,陶質土器に比べると安価に生産できるというメリットがある。焼成する窯に関しても,平地に構築した閉塞可能な構造窯であり,小規模かつ比較的簡易なもので焼成できることも特徴である。現在,日本列島で確認されている瓦質土器の生産窯は小規模なカマボコ状を呈した窯である。日本列島において「瓦質土器」が出現するのは須恵器生産衰退後,すなわち黒色土器がほとんど生産されなくなった11世紀前半とされる(菅原1989：169)。

ロシア沿海地方で12世紀代に使用される瓦質土器は,環日本海沿岸域で同様の展開が存在した可能性を示唆する。金・東夏代遺跡から出土する瓦質土器も,窯構築や燃料調達等のコストが低く,安価な製品として生産された可能性がある。たとえば,ノヴォネジナエ城址において一調査区の組成比を見た場合,瓦質土器が主体で,陶質土器が1割程度であることは,瓦質土器が比較的普及しやすい製品であったことを示す。とくに基本的な器種構成や成形技法において陶質土器と瓦質土器は差異が見られないことから,両者は相互補完関係にあったと考えられる。

また,瓦質土器は,瓦・土製品も含めると,金・東夏代のみならず15世紀まで見られる器種である。A.P. アルテミエフ氏の調査したアムール河口部に位置するヌルガン永寧寺遺跡では,瓦質の土器・土製品が出土している(Артемьев 2005)。現在のところ,瓦質土器の下限は不明であるものの,その分布域についてはロシア沿海地方からアムール河下流域まで広く普及したものと想定される。

(3) 食物加工・調理具の地域差

前述したように,吉長地区の草房王遺跡や迎新遺跡で粉挽き用の石臼(碾き臼)が出土してい

る。碾き臼は回転運動によって粉を挽く道具である。ロシア沿海地方では，建物内において上下運動によって穀物を搗いたり，摺るための石臼（搗き臼，籾摺り臼）が顕著に認められる。シャイガ城址では，土間部分の中央や入口付近に石臼を埋め込み，梃子の原理を利用して脱穀や穀物を搗く，いわゆる「唐臼（踏み臼）」が検出されている（Артемьева 1998a，小畑 2008）。このような道具の違いは，製粉や脱穀という食物加工方法の差異を反映するとともに，食生活にも一定の地域差が存在した可能性を示唆する。『三朝北盟會編』巻三によれば，金代女真社会では，「粥」のほか，粉食品が普及し，饅頭・湯餅・焼餅・煎餅などが食べられた。

　現在までに吉長地区ではキビ，小麦などの雑穀類が確認されている。一方，ロシア沿海地方では裸性オオムギ，皮性オオムギ，パンコムギ，短粒コムギ，キビ，アズキ，ソバ，エンドウマメ，エゴマなどが確認されている（小畑（編）2005・2006・2008, 小畑 2008, Сергушева Е.А. 2005）。

　とくに碾き臼の場合，穀物の製粉のみならず，宋・遼・金代以降に盛行する喫茶と関連して，碾茶（てん茶）を粉にするための道具として普及した可能性もある。つまり，吉長地区では陶瓷器碗・皿・水注・壺類と碾き臼が茶道具としてセットで使用されていたと考えることもできる。もしこの見解が妥当であるならば，この地区では喫茶がある程度定着していたと評価できる。ただし，喫茶が一般庶民層にまで普及していたのかは検討の余地がある。

　また，食物加工と関連して留意すべき点は，金・東夏代遺跡において擂鉢の出土は認められないことである。擂鉢は元代以降も見られない。日本列島では，大宰府関連遺跡や博多遺跡群に代表される北部九州を中心として，12世紀中葉・後葉に内面に擂目の持たない中国産の鉢，12世紀後葉から13世紀前葉にかけて中国産の擂鉢が使用され（荻野 2000），13世紀以降に備前・珠洲などの国産陶器の擂鉢が登場し，一般庶民層まで普及する。女真社会において，製粉化する碾き臼・搗き臼が普及する一方で，食材を磨り潰してペースト状にするための擂鉢が定着しない点は，食物加工方法および食生活の違いを反映するのだろう。

第4節　金・東夏代の食器様式の地域性とその意義

　前節までの検討を踏まえ，ここでは，第1期（12世紀前葉まで），第2期（12世紀中葉・後葉），第3期（12世紀末葉〜13世紀前半）に時期区分し，金・東夏代の食器様式の地域性の変遷について述べたい。

(1) 第1段階（12世紀前葉まで）

　10世紀前・中葉に上京龍泉府やクラスキノ城址などで契丹系土器が流入する。10世紀後半以降は，旧渤海領域内において渤海代からの技術的伝統を持つ壺・甕類を中心とした器種組成を維持する。そして，11世紀代に入ると，ロシア沿海地方やアムール河中流域，図們江流域では格子目状叩きが施された靺鞨罐・陶質土器が見られ，それが伴わない松花江中・上流域や遼河流域との地域差が生じ始める。

松花江中・上流域や第二松花江，遼陽・瀋陽周辺では，12世紀前葉頃まで契丹の文化的影響が残る。黒龍江省哈尓濱市新香坊墓地M4・M5は，遼代末期に年代付けられ，上げ底で胴部に篦点文を帯状に数条施した短頸長胴瓶と三足羽釜が共伴する（黒龍江省博物館 2007）。それに後出すると推定される新香坊墓地M6では，平底で胴部が無文の長頸瓶に三足羽釜が共伴する。器種構成上の変化はそれほど認められないが，12世紀前葉頃から胴部無文のものが多くなるという傾向がある。

同様の傾向は，遼河以東の遼陽・瀋陽周辺でも見られる。遼寧岫岩鎮遼金遺跡では，大甕（口径50cm以上）・中甕（口径30～40cm代）・壺・双耳壺・盆・橋状把手付盆のような日常生活用食器のみから構成される（鞍山市岫岩満族博物館 2004）。形態の変化は多少見られるが，器種構成は遼代の伝統を引いたものである。その後に五女山城第五期文化遺存出土土器群が続く。

一方，牡丹江流域や沿海地方の金建国前後の食器様相は判然としない。牡丹江流域では12世紀中葉以降から考古学的様相が明らかとなる。これらの地域では，12世紀前葉までは，壺・甕・盆を基本器種とした専業的な土器生産は行われず，女真の伝統的食器様式が維持されていたと推測される。すなわち，『三朝北盟会編』の記述を参照するならば，木器（盤・皿等）の使用が一般的であった可能性が高い。

(2) 第2段階（12世紀中葉～後葉）

12世紀中葉以降，金領域内の全域において陶質土器壺・甕・鉢類を中心に，定窯白瓷・倣定窯，磁州窯系瓷器などの陶瓷器と金属製の鍋・釜などが加わる食器様式が成立する。この時期は，金領域内で食器様式の斉一化が図られる時期である。ただし，前代と同様に土器食膳具が欠如している点は注目される。

また墓葬では金属器（鉄器）の副葬が急増する。特に上京会寧府周辺の金代貴族墓では金・銀器の副葬も顕著となる[7]。城郭・集落で使用された陶質土器は，その器種構成から見ると貯蔵具（壺・甕），盆が主体となる。また，大甕（罐）に代表される運搬用大型貯蔵具は黒釉陶器のみならず，陶質土器でも代用される。このような貯蔵具は大・中規模河川流域の城郭遺跡で出土する。また，この時期以降に普及する金属製（銅製・鉄製）煮炊具は鍋と羽釜があり，三足羽釜が優勢となる北部地域，六耳鍋が優勢となる南部地域という南北の地域差を見出すことができる（第2章参照）。その境界は概ね金上京会寧府が置かれた松花江中流域である。こうした12世紀中葉に見られる陶質土器・陶瓷器・金属製煮炊具から構成される食器様式の確立は，地方城郭の建設やそれに伴う生産・流通システムの整備と連動するものであったと推測される。

また鴨緑江流域・遼東地域では，陶瓷器が定量使用されており，食膳具として定着していた印象を受ける。この地域では，唐代から墓葬において陶瓷器副葬が見られ，アムール河流域や沿海地方より早くから陶瓷器が普及していた可能性は高い。また当該地域では，橋状把手付の甑が一定量みられる点，攬頭窩堡遺跡やマイスコエ城址で見られるような長頸瓶が欠落している点が注目される。今後の調査に委ねる点も少なくないが，食膳具木器使用地域と陶瓷器使用地域に二分

されるようである。おおむね前者は松花江下流域や沿海地方，後者は吉長地区や遼東・遼寧地区に当てはまる。

(3) 第3段階（12世紀末葉〜13世紀前半代）

陶質土器は，城郭・寺院・集落など普遍的に見られる容器である。壺・瓶・甕・盆・甑を基本器種とし，それぞれ法量の分化が認められる。土器食膳具が極めて少ない点は当該地域の特徴である。陶質土器は，食器組成全体の3〜4割程度を占める。陶質土器の器種組成を見ると，壺・瓶・甕などの貯蔵具が3〜4割，盆・甑などの調理具が5割程度を占める。小皿も見られるが，灯明皿として使用されている。また，ロシア沿海地方やアムール河中流域では，長頸瓶が一定量（2〜3割程度）みられる。

北東アジア地域では，長頸瓶は9世紀頃に登場し，10世紀以降に広く普及する。瓶類が金・東夏代にも一定量維持されている点は注目してもよいであろう。また，技術的観点から見ると，第二松花江流域のものは器表面に回転ヘラミガキを用いるという点でロシア沿海地方と共通する。

攬頭窩堡遺跡に代表されるように，第二松花江流域から内蒙古の金代遺跡から出土した陶質土器は，器種構成が盆（大・中・小），甕（大），壺（小・中），瓶（長頸，長胴の花瓶），無頸小壺，皿（灯明皿）等からなる。クラスノヤロフスコエ城址で出土するような無頸小壺は少ない。また，口縁部は「巻き口縁」であり，盆や甕などの器表面に回転ヘラミガキを用いている。また，契丹土器に特徴的な胴部に刻み目装飾を持ったものが見られ，その伝統は当該地域の金代の陶質土器に引き続くと推定される。この刻み目装飾は，ローラー状の工具を用いたスタンプ文ではなく，ヘラ状工具によって刻み目を押し当てた装飾と考えられる。

また，陶質土器と関連するものとして瓦質土器の登場が挙げられる。瓦質土器は，高温焼成された還元硬質の陶質土器とは異なる。瓦質土器の器種構成は盆・壺・甕といった日常容器に限られる。成形・装飾技法は，ロクロ回転を利用したヘラミガキやナデ調整が行われるなど，基本的に陶質土器と共通する。生産関連遺跡がほとんど調査されていないため，その実態を理解することは難しいが，城内あるいは近接する位置に瓦質土器の生産地が形成され，一城郭への製品供給を目的とした生産活動が行われていたと推測される。一方，陶質土器は独立した場所に生産地が形成され河川流域を一つの単位として流通していた可能性がある。瓦質土器は沿海地方の日本海沿岸域では顕著であるが，クラスノヤロフスコエ城址周辺では陶質土器が主体を占める。また第二松花江よりも西側では出土せず，陶質土器が主体である。つまり，土器の使用にも地域差が認められ，陶質土器主体の地域と陶質土器・瓦質土器が補完性を持つ地域が存在するようである。

陶瓷器は12世紀第3四半期以降に普及する。白瓷碗・皿，黒釉陶器小壺が見られ，碗・皿などの小型器種が多い。定窯・仿定窯白瓷を中心として，黒釉・褐釉陶器や鈞窯系の青瓷が認められる。青瓷は少ない。陶瓷器は，城郭・集落・墓葬において顕著に認められる。遼寧・遼東地域では集落遺跡でも食膳具の割合が多く，陶瓷器が普遍的に使用されていたことが看取される。北方地域では，金代以降になると，アムール河流域でも陶瓷器副葬が行われる。またロシア沿海地

方では陶瓷器食膳具が認められるが，地域差も見られることから，木器・漆器が一般的な食膳具であったことを示唆する。

　また陶瓷器貯蔵具に関しては，一般的に陶瓷器貯蔵具の割合は2割程度であるのに対し，ロシア沿海地方ではシャイガ城址のように小壺の割合が高い。攬頭窩堡遺跡では，コの字状に炕が巡る大型の瓦葺き礎石建物跡F6が検出された（吉林省攬頭窩堡遺跡考古隊2003）。そこから陶質土器盆，甕，短頸壺，長頸壺，瓶，玉壺春瓶，定窯白瓷碗・皿，在地産白瓷碗・皿，黒釉瓷器塊，翠藍釉（孔雀藍）印花瓷器瓶などが出土した。年代は金代晩期と推定されている。中国東北地方の施釉陶瓷器は，ロシア沿海地方のシャイガ城址やアナニエフカ城址で見られるような黒釉・褐釉陶器小壺・双耳小壺は少なく，小壺よりやや大きい中型のものが比較的多い。

　金属製煮炊具は，吉林省内の金代遺跡では破片は認められるが，住居において完形で出土することは稀である。その理由としては，窖蔵に用いるもの以外は再利用されたためと推定される。第2章で検討したように，金属製煮炊具は三足羽釜と羽釜があり，器種に地域差が存在する。沿海地方では六耳鍋はほとんど出土しない。

　小　括

　以上，本章では金・東夏代の食器様式とその地域性について概観した。金建国後の12世紀前葉から中葉を画期として，陶質土器貯蔵具（壺・甕・瓶）・調理具（盆），陶瓷器および木器食膳具，金属製煮炊具からなる新たな食器様式が成立する。

　この時期の食器様式は，①土器食膳具の欠如，②擂鉢の欠如と盆の使用，③金属製煮炊具・陶瓷器碗・皿の普及，④陶瓷器模倣土器の出現が特徴である（拙稿2009d）。①は『三朝北盟会編』巻3に見られる木器食膳具の存在を示唆する。その一方で，同時期の平泉や京都等で顕著な「かわらけ」は存在せず，僅かに出土する土器皿は灯明具として使用されたものが多い。また，袋物と呼ばれる陶瓷器壺・瓶類は少ないものの，小型の褐釉・黒釉陶器小壺・双耳小壺などが比較的多い点も特徴として挙げられる。また金・東夏代の食器様式は，東アジアの生産・流通システムの変容や喫茶・飲食文化の流入，中原地域の葬制・墓制の浸透などを背景として成立したものである。このような食器様式は，組成において若干の地域性を持ちながらも，大半の金代の城址・集落において共通したものであったと推定される。

　同時期，日本列島で成立する「中世的食器様式」は，日本製陶器・中国製陶瓷器からなる貯蔵具（壺・甕・瓶類），日本製陶器からなる調理具（擂鉢（こね鉢），擂粉木），鉄製鍋・釜と土製鍋・釜，石鍋からなる煮炊具，土器・瓦器，日本産陶器，中国産陶瓷器，木器・漆器からなる食膳具で構成され，地域差も存在する。このような多様な器種から構成される食器様式は，広域・中域・狭域の生産・流通システムが重層的に絡み合い，その背景に器種分業体制の整備がある。

　今後は，食器様式の変遷や地域差・遺跡差について検討を深め，生産・流通・消費の実態をより詳細に明らかにする必要がある。特に，消費のあり方については，墓葬の壁画も参考となるだろう。それとともに，器種分業の実態を理解する上で重要な陶質土器と瓦質土器の系譜関係や共

存関係の解明，金領域内における陶瓷器流入の地域偏差・消費状況とその要因なども課題として挙げられる。特に瓦質土器は，ロシア沿海地方の金・東夏代の食器様式を特徴付ける土器として注目され，日本列島でもほぼ同時期に見られることから比較史的検討も必要である。

註
1) 女真王族・貴族層も木器を利用していたことは，宋の馬擴の著した『茅齋自叙』を引いて『三朝北盟會編』巻4に「たまたま阿骨打諸酋を聚めて共食す。すなわち炕上に矮臺子を用い，あるいは木盤を以って相接し，人ごとに稗飯一碗を置き，其の上に匙を加う。（中略）別に木楪を以って猪・羊・鶏・鹿・兎・狼・麂・麞・狐・狸・牛・驢・犬・馬・鵝・雁・魚・鴨・蝦蟆等肉を盛り，（後略）」と記されていることからもうかがえる（鳥山1935，鳥居1948）。
2) 残念ながら，ロシア沿海地方の金・東夏代城郭の発掘調査では，一括遺物を認識しようとする姿勢や層位・出土位置を把握しようとする姿勢が希薄なため，指標資料にできる良好な土器群は少ない。筆者は，ここ数年来，ロシア沿海地方の金・東夏代城郭の発掘調査に参加する機会を得ている。山城出土遺物の層位関係については，地表（第1層）面から約20〜30cm掘り下げると文化層（第2層）があり，そこから金・東夏代の遺物がまとまって出土することを確認している。ただし，ロシアの発掘調査では機械的に10cmずつ掘り下げ，遺物を取り上げるという方法が用いられ，遺物の一括性を捉えにくい。そのため，地形や遺構の掘り込み面が考慮されていない場合が多く，資料の取り扱いには注意する必要がある。そのため同一層かつ比較的一括性が高いと認識できる資料群も用いて器種構成と年代的位置を把握する。
3) 近年，中国東北地方の発掘調査の進展によって，従来渤海に比定されてきた敖東城や永勝遺跡，さらには「遼金時代」と括られてきた平地城の多くが検出遺構や出土遺物から金代に比定されることが明確になり，中世遺跡の上限・下限年代を含めた存続年代を再検討する必要性が生じている。
4) I.S. ジュシホフスカヤ氏は，10〜11世紀や金・東夏代の製陶技術では燻し技法がより普及し，それ以前の渤海代には還元炎技法が特徴的であった点を指摘している（Жущиховская 2005）。陶質土器と瓦質土器（内外黒色処理土器）という2つのタイプの土器の出現・普及過程や共存関係，さらには系譜関係等解決すべき問題も多い。現状では，ロシアにおいて陶質土器と瓦質土器を区別して報告している例はほとんどなく，報文から両者を区別することは困難である。また中国側でも胎土を分類基準とした名称を用いるため，焼成方法の違いによって生じる陶質土器と瓦質土器を区別することは難しい。筆者が吉林省内の金代遺跡出土の土器を観察したところでは，第二松花江以西の地域では瓦質土器は存在せず，灰色・灰褐色を呈した陶質土器が使用されているようである。
5) 両氏の出土遺物の事実記載の項目を参照して，共伴関係を把握するように努めた。しかしながら，トゥピーキナ氏の著書に掲載されている土器観察表（Тупикина 1996: 90-113）と出土土器図版（Тупикина 1996: 80-87）の対応関係が明記されていないため，ゲルマン氏が報告する陶瓷器とどのようなタイプの陶質土器が共伴するのか判然としないといった問題点もある。
6) 城址北部で行われた2008年調査では黒釉陶器の小片が出土したとされる（調査担当者のマキエフスキー氏のご教示による）が，きわめて量は少ない。
7) 金銀器が出土した金代墓葬として，双城村金代墓葬や完顔希尹家族墓葬等が挙げられる（閻景全1990，陳相偉1990，島田貞彦1938，劉暁東・楊志軍・郝思徳・李陳奇1991）。

第5章　渤海の地方城郭の形成と展開

はじめに

　『新唐書』列伝144渤海伝には，渤海領域内には五京・十五府・六十二州が設けられていたことが記されている。この記述は，渤海が「海東の盛国」と称された9世紀頃の地方行政制度の実態を示すものとして注目されてきた。また，渤海の地方社会については，『類聚国史』巻193の延暦15年（796）4月戊子条に見える渤海沿革記事を中心として，日本史学・東洋史学研究者によって議論されてきた（鈴木1985・1998・1999b，石井1998・2001）。しかしながら，渤海の領域支配の実態については不明瞭な点が少なくない。

　そこで本章では，渤海の平地城（平原城・土城）と山城を取り上げ，渤海の地方城郭の形成・展開過程について検討を加える。平地城は河岸段丘上や台地上などの平坦地に形成される。一方，山城は丘陵地や独立丘・山地などに形成される。いずれも城壁で囲郭されている。平地城・山城といった地方城郭の検討は，渤海の領域支配の実態を理解する上で手がかりとなる。

　ここでは，発掘調査が比較的大規模になされ，一定程度資料が公表されているロシア沿海地方の平地城・山城を事例とし[1]，その空間利用や存続年代について検討を加え，渤海の地方城郭の成立・展開過程や特質，渤海の地方行政制度や地方統治の実態について考察したい。

第1節　渤海の地方城郭遺跡の調査・研究の現状と課題

(1) 渤海の城郭遺跡の調査・研究略史

　渤海の城郭遺跡の本格的な調査は，1933年・1934年に東亜考古学会によって行われた東京城（上京龍泉府）の発掘調査を嚆矢とする（東亜考古学会1939）。第二次世界大戦後は，中国社会科学院考古学研究所・黒龍江省文物考古研究所，吉林省文物考古研究所，ソ連（ロシア）科学アカデミー極東支部歴史学・考古学・民族学研究所等によって，継続的に発掘調査が行われている。近年では，ロシア沿海地方を中心として，渤海の平地城・山城の発掘調査が進められている。

　田村晃一氏を隊長とするクラスキノ土城発掘調査団や韓国・東北亜歴史財団（旧高句麗研究財団）はロシア科学アカデミー極東支部歴史学・考古学・民族学研究所と共同で，ロシア沿海地方南部に所在するクラスキノ城址で継続的に発掘調査を実施している（田村晃一（編）1999・2001・2002，クラスキノ土城発掘調査団2003・2004・2005a・2005b・2006・2008，ボルディン・ゲルマン2005，高句麗研究財団他（編）2006，東北亜歴史財団他（編）2007・2008・2010）。そのほか，E.I.ゲルマン氏はゴルバトカ城址（ボルディン・ゲルマン2005），韓国国立文化財研究所はコクシャロフカ1城址で発掘調査を実施している。特に，クラスキノ城址やゴルバトカ城址の発掘調査では，層位的に

遺構確認が行われ，渤海の地方城郭形成・展開過程を理解する上で重要な成果をおさめた（東北亜歴史財団ほか 2007・2008・2010, ゲルマン 2010）。

一方，中国では，黒龍江省寧安市に所在する上京龍泉府（中国社会科学院考古研究所 1997, 黒龍江省文物考古研究所他（編）2009b），中京顕徳府に比定する説が有力視される吉林省和龍市の西古城址（吉林省文物考古研究所ほか 2007），東京龍原府に比定される八連城址（吉林大学辺疆考古中心他 2008, 吉林省文物考古研究所ほか 2009）で発掘調査が行われ，渤海五京の実態や皇城・宮城の平面構造，設計方法，建設過程などの研究が進展しつつある（宋・曲 2008, 宋・王 2008, 宋 2009, 井上 2005a・2005b・2005c ほか）。また最近では，渤海の複都制（五京制）の評価をめぐって，唐・新羅・日本を含む東アジア規模で比較研究がなされている（劉暁東 2006, 宋・曲 2008, 宋・王 2008, 井上 2005a・2005b・2005c, 小嶋（編）2009, 妹尾（編）2009 ほか）。

こうした渤海五京の調査・研究に比べると，地方の平地城（平原城）や山城については，未だ十分であるとは言いがたい（朱・朱 2002, 小嶋 2008・2009a, 魏存成 2008 ほか）。また，都城・地方城郭周辺に展開したと推定される集落（村落）遺跡は，牡丹江下流域の海林市に所在する河口遺跡，振興遺跡（黒龍江省文物考古研究所他（編）2001），渡口遺跡（黒龍江省文物考古研究所（編）1997b），細鱗河遺跡（黒龍江省文物考古研究所ほか 1997a），木蘭集東遺跡（黒龍江省文物考古研究所 1996），綏芬河流域のチェルニャチノ2遺跡（ロシア連邦極東工科大学ほか 2008・2009）などで調査されているものの，城郭と集落が近接している地域での発掘調査事例が少ないため，両者の相互関係や景観復元は容易ではない。

従来の城郭研究では，都城・地方城郭の発展過程や平地城・山城という形態差の意義について議論されてきた。魏存成氏は，「渤海城址的発現与分期」のなかで渤海の平地城・山城の変遷と機能について論じた（魏存成 1982）。魏氏は敖東城，城山子山城，石湖古城，黒石古城，通溝嶺山城，馬圏子古城等を渤海早期，上京城（東京城），八連城，西古城，大城子古城を渤海中晩期の城址と捉え，両時期の城郭分布・規模・機能の違いについて考察した。渤海早期の城郭の特徴として，牡丹江上流域に集中すること，規模が小型であること，山城と平地城が相互に結合して存在することが指摘され，山城・平地城の相互結合は高句麗の伝統を継承したものと捉えた。それに対し，上京龍泉府へ遷都された渤海中・晩期になると，城郭の分布域が拡大すること，城郭規模が大型化すること，牡丹江流域に小型の衛星城が配置されること，上京城等は規格性が高く，隋唐長安城を模倣することが指摘され，当該時期に中原文化の影響が強くなると捉えた。魏氏の指摘は，調査事例が少ないなかで，山城と平地城の相互関係や小型の衛星城の配置等から地方支配体制の実態を理解しようとした点は注目される。しかし，最近の発掘調査によって，魏氏が取り上げた城郭（たとえば，敖東城が挙げられる）のなかには金代に属するものがあることも明確になった。また城山子山城も確実に渤海代に使用されていたと断定できるほどの遺物が得られていない。さらに，魏氏が渤海中晩期の城址として挙げられているものは渤海五京に相当するものであり，それ以外の平地城・山城の構造については必ずしも明確になっているわけではない。そのため，城郭の構造や存続年代，地方統治のあり方については再検討する必要がある。

1980年代後半になると，高橋学而氏が中国東北地方の渤海の山城について検討を加えた（高橋1989a）。高橋氏は，渤海の山城の囲郭形態が台地の周縁に城壁を廻らして，単郭の城郭を構成するタイプと山稜の尾根沿いに城壁を設けて谷を包み込むタイプ（包谷式山城）の2類型に区分できることを指摘した。また1990年代に入ると，王禹浪・王宏北両氏によって，渤海代とされる都城・城址遺跡290ヶ所余りが集成され，城郭遺跡の分布・立地，形態・規模，構造，機能の概要が把握できるようになった（王・王1994）。しかしながら，このなかには渤海と断定するには根拠が希薄な城郭も含まれ，個々の遺跡の存続年代の検討が課題とされた。また，鄭永振氏が吉林延辺地域の渤海代と推定される城址遺跡70ヶ所を集成し，城郭構造について検討した（鄭永振1999）。

2000年以降は，趙永軍・朱国忱・魏存成諸氏らが中国東北地方の渤海城郭，A.L.イブリエフ氏がロシア沿海地方の渤海城郭を紹介し，その分布・立地の特徴や概要について考察している（趙2000，朱・朱2002，魏存成2008，アレクサンダー・L・イブリエフ2005）。魏存成氏は自著『渤海考古』において，対外交通史の観点から営州道・朝貢道・日本道・新羅道・契丹道・黒水靺鞨道などの交通路に注目し，城郭・集落遺跡の相互関係について論じている（魏存成2008：133-190）。

また，小嶋芳孝氏は，ロシア・中国・北朝鮮に存在する約800ヶ所の渤海遺跡を対象とし，その分布が図們江と牡丹江の両水系に約80％が集中し，前者が渤海王権の発祥地であり，後者は大欽茂政権が北方へ領域を拡大するために築いたフロンティアであったと指摘した（小嶋2008）。また，図們江水系では，中京が置かれた8世紀中葉の遺跡のみならず，上京に遷都した後の8世紀後半から9世紀代の遺跡も多数存在しているという（小嶋2008）。特に，小嶋氏は，渤海領域内の地方城郭形成の時期が地域毎に異なる点，渤海の領域がアムール河・松花江下流域付近ではなく綏芬河付近と捉えた点など，今後の論点を提起したものとして注目される（小嶋2009a）。

(2) 研究上の論点・問題点

これまでの渤海の地方城郭研究を振り返ると，王禹浪氏や趙永軍氏，小嶋芳孝氏らによって渤海遺跡の分布や立地が明確にされた点は評価できるが，課題も多い。

第一に，城郭の平面プランや空間利用・設計計画，個々の遺跡の存続年代については判然としない。前述したように，近年の発掘調査によって，従来まで渤海代と認識されてきた敖東城や永勝遺跡は金代であることが判明した。また渤海城郭の代表例として取り上げられてきた蘇密城（吉林省樺甸市）や大城子古城（黒龍江省東寧市），斐優城・温特赫部城（吉林省琿春市）などでは，渤海代のみならず，その後の遼・金代にも援用されたことが知られている。そのため，城内の遺構変遷について検討を加え，城郭形成から廃絶に至るまでの過程の実態を明らかにすることが不可欠である。

第二の問題として，渤海の地方城郭形成や地方行政（府州制）の整備を考える上で，上京・東京・中京・西京・南京といった五京と地方に置かれた平地城・山城がどのような関係を持っていたのか，つまり政治・行政・宗教拠点と推定される平地城と渤海五京との相互関係の解明が必要

である。酒寄雅志氏は，東京龍原府管轄下の塩州州治に比定されるクラスキノ城址の築造時期について，渤海と日本との外交関係が政治的関係から交易を中心としたものへと変化した時期と対応することを指摘する（酒寄1998）。一方で，第2代大武芸（在位718-737年）や第3代大欽茂（在位738-793年）によって推し進められた8世紀前・中葉頃の渤海の領域拡大，第10代大仁秀（在位818?-830年）による9世紀前葉の北部靺鞨諸部征討に伴う領域拡大など，渤海領域の拡大と統治機構としての地方城郭の整備がかかわる可能性を指摘する。渤海の地方支配の実態を理解する上で，都城・平地城間の相互関係の把握は重要な問題の一つである。

　第三として，平地城と山城の機能の問題が挙げられる。前述したように，平地城の周辺に山城が形成され，高句麗と同様に平地城と山城が相互に結合関係にあった点が指摘されている（魏存成1982）。そのためには，城内の空間利用やその変遷，地方城郭と周辺の集落（村落）遺跡や生産関連遺跡との相互関係について検討し，形態差の意味を明らかにする必要がある。

　現在に至るまで，平地城・山城の発掘調査がほとんど実施されていないため，その研究は都城や墓葬研究に比べると立ち遅れている。また，平地城や山城の面積が10万㎡以上に及ぶものも多く，全面発掘することは不可能である。そのため，クラスキノ城址やコクシャロフカ1城址で実施されている地下物理探査は，城内の空間利用を理解する上で有効な方法の一つと言える。

第2節　渤海の地方城郭の分布・立地・規模

(1) 城郭遺跡の分布・立地（第22図：64頁参照）

　渤海遺跡の数については判然としないが，王禹浪氏らによる集成によると，中国・ロシア・北朝鮮の都城・城郭遺跡は約290ヶ所であるという（王・王1994）。しかし，出土遺物の様相が不明瞭であり，渤海代に属さないものも少なからず含まれている。最近，小嶋芳孝氏は中国・ロシア領を中心に渤海遺跡の集成を試みている。その集計によると，中国では平地城86ヶ所，山城40ヶ所が報告されている（小嶋2008）。これにロシア沿海地方の城郭遺跡を追加すると，少なくとも平地城100ヶ所，山城50ヶ所は存在したと推定される。

　渤海代には，立地の違いから平地城と山城という2形態の城郭が存在する。前者は，河川流域の谷平野や河岸段丘上に形成される。一方，後者は丘陵地や河川に岬状に突き出る丘陵先端部，独立丘に形成される。その分布を見ると，おおむね大・中規模河川ごとに区分できる。すなわち，

①牡丹江中・上流域：吉林省敦化市，黒龍江省牡丹江市鏡泊湖付近の寧安盆地
②吉林省延辺地区の布尓哈通河流域
③吉林省琿春市付近の図們江（豆満江）・琿春河流域
④綏芬河流域・ウスリー河流域：黒龍江省東寧市，ロシア沿海地方ウスリースク市周辺
⑤ロシア沿海地方日本海沿岸域
⑥北朝鮮咸鏡北道北青郡地区

である。①には上京龍泉府（東京城），②には中京顕徳府（西古城），③には東京龍原府（八連城），

⑥には南京南海府と推定する説もある青海土城が所在する。特に，①・③・④で渤海の城郭遺跡が数多く分布する。ただし，ロシア沿海地方で渤海遺跡がひろがる地域は，ウスリースク平野やイリスタヤ河，アルセニエフ河上流域のように沿海地方南部に限られる。近年，⑤のロシア沿海地方の日本海沿岸北部でも小規模な平地城が存在する点が報告されている（Дьякова 2009）。

また城郭の立地については，基本的に河川を押さえる位置に築かれる。また，『新唐書』渤海伝に記載される営州道・朝貢道・日本道・新羅道・契丹道といった五道と呼ばれる陸上交通路の沿線上にも築かれる。特に，ゴルバトカ城址のように，平地城が河川に隣接するところに立地する点は，平地城は水陸の結節点であり，陸路のみならず水路を掌握することもまた地方統治の重要な政策の一つであったことを示唆する。また，クラスキノ城址のように，ラグーンが発達したところに城郭を築くことで，港湾機能を持たせたものも存在する。クラスキノ城址以外にも沿海地方北部の日本海沿岸域に所在する平面方形プランを呈した平地城の多くは，河口部の日本海に近接した段丘面に立地している（Дьякова 2009）。日本海に面して存在する平地城の多くは，日本海沿岸の海上交通を安定化させるために，食料や資源の調達，地域間の交易，そのほか人・モノ・情報の交流の場としても機能したと推測される。一方，山城は靺鞨文化以来の伝統を引く，岬状に突き出た丘陵上や独立丘に築かれたものが多い。

(2) 渤海代の地方城郭の類型化

渤海代の城郭遺跡の立地・平面形態については，王禹浪氏やヂャーコヴァ氏によって分類がなされている（王・王 1994，Дьякова 2009）。ここでは城郭の立地と城壁の囲繞型式によって大分類を行い，さらに城門や城壁等の城郭構造も踏まえて細分する。

〈平地城〉
　Ⅰ類：城壁が方形状（正方形・長方形・略方形）に巡るもの。
　Ⅱ類：城壁が不整形状（多角形・不整形）に巡るもの。
　　a類：甕城（おうじょう）・馬面（ばめん）・濠（堀）が伴うもの。
　　b類：甕城・馬面は伴わず，濠（堀）と切り通し式の門からなるもの。
　　　1類：城壁外面に石を積み上げて築いた石築城壁（石塁）。
　　　2類：土築城壁（土塁）。
〈山城〉
　Ⅰ類：谷を包み込むように城壁が巡る包谷式（ほうこく）山城。
　Ⅱ類：稜線に沿って城壁が囲繞する鉢巻式（はちまき）山城。
　Ⅲ類：独立丘。
　Ⅳ類：河川に面し，岬状に突き出た丘陵地に立地する山城。

平地城Ⅰ類は河岸段丘上の平坦面に立地するものが多い。河川の流れに沿うために厳密な方形プランにならないものもある。平地城Ⅱ類は複数の河川に挟まれた平坦地，複数の河川の合流点付近の平坦地に立地する。このタイプは自然地形に制限されるため，直線的な城壁を築くことは

できず，河川の流路や地形を考慮して城壁が築かれる。II類は，その立地から考えると，I類に比べると河川・海上交通といった経済的側面も重視して建設されたことが推測される。また，II類にはロシア沿海地方のクラスキノ城址やゴルバトカ城址が該当する。クラスキノ城址南側はエクスペディツィア湾に面していることからも海上交通路を重視した立地と言える。一方，ゴルバトカ城址では，城址西部から南部にかけてイリスタヤ河が蛇行し，河川の流れに平行するように城壁が築かれていることから，河川交通を意識した立地と評価できる。

また城郭構造に関して，甕城・馬面・石塁を伴うa1類はクラスキノ城址で確認されるが，甕城や馬面を伴わないb類が一般的である。ただし，クラスキノ城址の場合，甕城は城壁本体の構築からそれほど時間差をおかずに構築されたこと，馬面は10世紀前葉に構築されたことが指摘されている（小嶋2009a）。そのため，a類とされる平地城であっても，城壁・濠（堀）・甕城・馬面等の構築時期を確定していく作業が不可欠となる。

一方，山城に関しては，I類はアウロフカ城址，III類はノヴォゴロディエフカ城址，IV類はシニェリニコヴォI山城が該当する。III・IV類が渤海以前からみられる靺鞨の伝統的な形態であり，行政機関というよりも集落（高地性集落）という性格が強い。また，渤海代の山城の場合は，基本的に甕城・馬面を伴うものはない。

(3) 渤海代の地方城郭の規模

渤海五京を含む平地城の規模は，特大型・大型・中型・小型に分けられる。渤海の首都である上京龍泉府が特大型，中京（西古城）・東京（八連城）・西京・南京といった四京や一部の府・州城が大型，その他の府・州・県城が中・小型に属する（朱・朱2002：75）。城郭規模に関しては，趙永軍氏と小嶋芳孝氏が論じている（趙永軍2000，小嶋2008・2009a）。

趙氏は，周長2000m以上，面積30万㎡以上が「府」城，周長1000～2000m，面積10～30万㎡以上が「州」城，周長1000m以上，面積10万㎡以下が「県」城あるいは「県」以下の城址と指摘している（趙永軍2000：p.39）。また小嶋氏は，周長規模を基準として，A類（周長500m未満），B類（周長500～1000m未満），C類（周長1000～2000m未満），D類（周長2000～3000m未満），E類（周長3000m以上）に分類している（小嶋2008，2009a）。

基本的には，王都である特大型の上京龍泉府を頂点としながら，陪都となる中京や東京，その下に府・州・県城が位置づけられ，階層構造をなす。ロシア沿海地方では，面積30万㎡を超えるような大型の平地城は確認されていない。当然，城郭規模は城内の役所，そのほかの施設の多寡，また政務を司り城内に居住する官人層や城郭を警護する軍人等の人口に左右される。

また，周長500m未満の平地城は河川流域や湖岸，峡谷等に軍事的・防御的機能を持った堡砦・要塞と認定されるもの多く，中・小型城郭とは性格が異なると予想される（朱・朱2002：75）。ただし，沿海地方日本海沿岸域における周長500m未満の平地城は，港湾機能を備えたことを想定させる立地をとり，行政機能のみならず交易拠点としての機能も備えた可能性が高い。

(4) 渤海平地城の諸施設

　政治・行政的機能を持ったと推定される渤海代の平地城は，その立地や平面形だけではなく，城内に置かれた施設や空間利用に関しても，ある程度の規則性があると推定される。以下，これまでの調査例を踏まえ，想定される諸施設について述べる。

【政庁・官衙】平地城内部の中心的施設。クラスキノ城址では，城址北側中央部に礎石建物跡が集中する状況が地下物理探査で確認されている。規模や構成建物・配置については不明。

【倉庫】詳細は不明。

【寺院】城址内に寺院を設ける場合がある。クラスキノ城址では城内北西部において，仏教寺院と推定される遺構が確認されている。瓦葺き礎石建物である。寺院地区は石塁・柵によって区画されている。内部には金堂と推定される礎石建物跡や塔跡のほか，礎石建物跡・生産関連施設も確認される。寺院と推定される場所からは，仏像等の仏教系遺物が出土することが多い。

【手工業生産関連施設】クラスキノ城址では城址北西部の寺院地区から瓦窯跡が検出された。寺院に附属する工房と考えられる。このほか，鍛冶・鋳造などの金属生産関連の工房跡が存在する場合もある。

【市・迎賓施設】城内に存在が想定されるが，詳細は不明。

【水利施設，井戸】上京龍泉府宮城地区，西古城，クラスキノ城址寺院地区，ゴルバトカ城址等で井戸跡の検出事例が報告されている。石製の井戸であることが特徴的である。

【道路跡・街区】門跡の位置等から南北中軸街路を中心とし，それに直交する街路がある。道路幅（尺度）については不明。クラスキノ城址では，物理探査から碁盤目状に区画されていたことを確認できるが，詳細な地割については判然としない。2009年にクラスキノ城址で南門からのびる中軸街路が発掘調査された（ゲルマン2009）。

【城門】東・西・南に存在。門からのびる道路がある。

【城外空間利用】クラスキノ城址の城外には墓域が展開する。城外市街地の様相は不明である。クラスキノ城址では，衛星写真から城外に条里状の地割を確認できるが，年代については不明。

　このように，城内施設については不明瞭な点も多いが，城内北部中央部に政務を司る中心的な建物が配置され，城内には行政・軍事に関わる諸施設，官人居住区，倉庫群等が設けられた。クラスキノ城址のように，城内に仏教寺院が附属するものもある。また城内あるいはその近傍には，手工業生産遺跡（土器生産・製鉄等），官人居住区を含む城外街区，墓域，湊（河湊・港）等も存在した。すなわち，平地城は，政治・行政・経済・宗教などのさまざまな機能を持つ機関が有機的に集合・複合した空間として捉えられる。

第3節　クラスキノ城址の空間利用と存続年代

　ここでは，ロシア沿海地方において最も発掘調査が進んでいるクラスキノ城址を取り上げ，その成立・展開過程について検討する。

（1）クラスキノ城址の調査状況

　クラスキノ城址は，ロシア沿海地方ハサン地区に所在し，ポシェット湾に続くエクスペディツィア湾に面する段丘上に立地する。本城址は渤海五京の一つである東京龍原府に比定される八連城の南東約45kmに位置する。先行研究によって，『新唐書』渤海伝に記されている東京龍原府管轄下の塩州の州治に比定されている（Шавкунов 1968）。またその立地から，渤海・日本間の外交ルートにあたる「日本道」の起点と推定されている（田村（編）2001ほか）。

　城址の平面プランは，台形に近い不整形状を呈する（第42図）。面積は約12.6万㎡を測る。現状の地形を見ると，南門付近で最も標高が低く，北に向かうにつれて緩やかに高くなっている。城址には，東西で約350ｍ，南北で約360ｍ，周長約1380ｍの城壁（石塁）が巡る。城壁は，城外で高さ約2.5ｍ，城内で高さ1～1.5ｍ，基底部幅10～12ｍを測る。また，城址の南・西・東側城壁の中央部に城門が存在し，平面「L」字状を呈した甕城構造となる。東城壁東門の南側には馬面と呼ばれる城外側に突き出た方形状の防御施設が伴う。現在のところ，クラスキノ城址を除くと，ロシア沿海地方において馬面を伴う渤海代の平地城は確認されていない。そのため，クラスキノ城址の馬面の年代・評価に関しては議論があるが，おおむね10世紀前葉頃に構築されたと推定されている（クラスキノ土城発掘調査団 2003・2004，小嶋 2009a）。

　発掘調査は，城址北西部の寺院地区およびその周辺，城址東門とその付近，城郭の中心的な施設が存在したと推定される城址北側中央部，中軸街路が存在したと推定される城址南部，城外に展開する墓域などで実施されている（クラスキノ土城発掘調査団 2003・2004・2005a・2005b・2006・2008，田村晃一他 1999・2001・2002，ボルディン・ゲルマン 2005，高句麗研究財団ほか 2006，東北亜歴史財団他 2007・2008・2010）。特に城址北西部は，仏教寺院が存在したとされる区画域（便宜的に「寺院地区」と呼ぶ）とその区画の南側に住居・建物群が展開する地区（便宜的に「寺院南側隣接地区」と呼ぶ）に分けられる。調査面積は城址面積の数％程度である。最近では，地下物理探査を用いた空間利用の把握，フローテーション法の導入，動物骨・魚介類の同定作業など，周辺諸科学分野と連携した総合的な学術調査が進められ，城内の空間利用の実態も明らかになりつつある（東北亜歴史財団他 2007・2008）。以下，これまでの調査を踏まえ，クラスキノ城址の空間利用と存続年代[2]に関する見通しを述べる。

（2）クラスキノ城址の成立・展開

　城址北西部寺院地区の変遷については，従来，層位的関係から上層・中層・下層の3段階で理解されてきたが，寺院南側隣接地区（第34調査区・第40調査区）の発掘調査によって5枚の文化層（遺構面）が確認され，城内の変遷を5時期に区分できることが判明してきた。ここでは，第5文化層をクラスキノ第Ⅰ期，第1文化層をクラスキノ第Ⅴ期として5時期に区分し，各段階の遺構・遺物の様相について概観する（第43図）。

【第Ⅰ期】

　クラスキノ城址の成立期にあたる。第5文化層に帰属する遺構群が該当する。寺院地区の様相

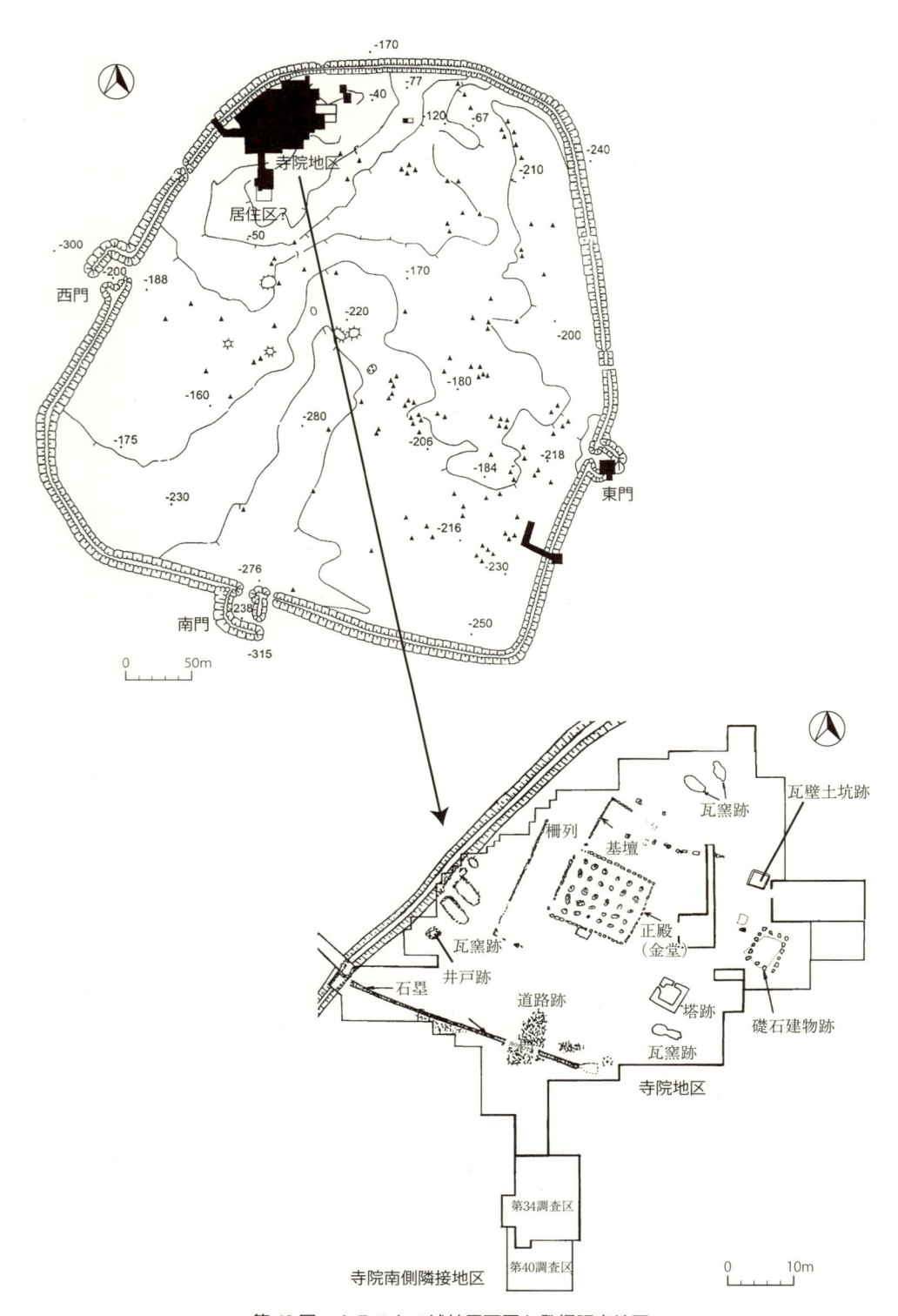

第42図　クラスキノ城址平面図と発掘調査地区

第 5 章　渤海の地方城郭の形成と展開　131

第Ⅰ期（成立期）

第Ⅱ期（寺院整備期）

第Ⅲ期（寺院再編期）

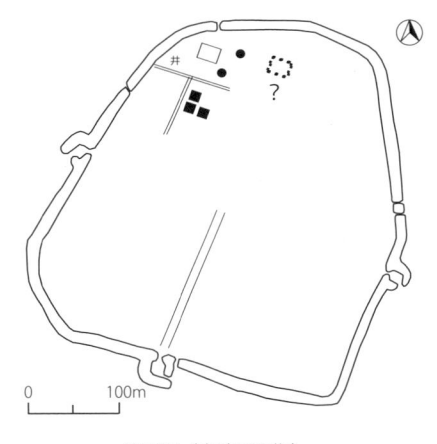

第Ⅳ期（寺院展開期）

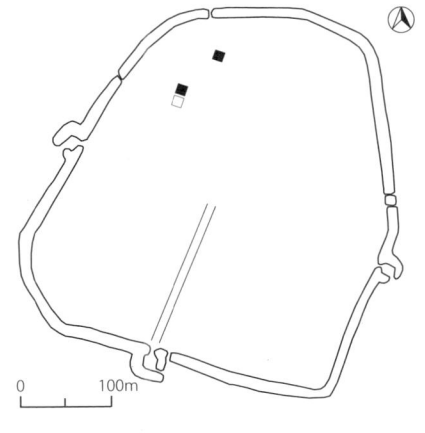

第Ⅴ期

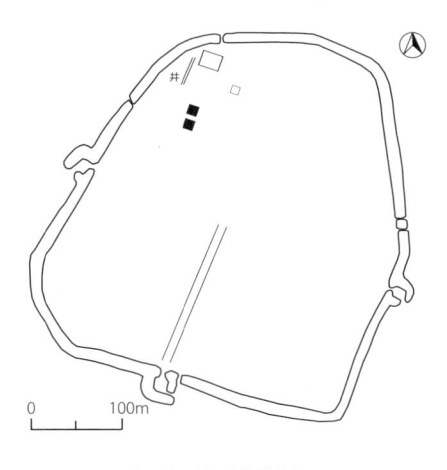

■　建物跡（竪穴建物，平地建物）
□　礎石建物跡
―　道路
＝　柵列，石列

第 43 図　クラスキノ城址の成立・展開過程の諸段階

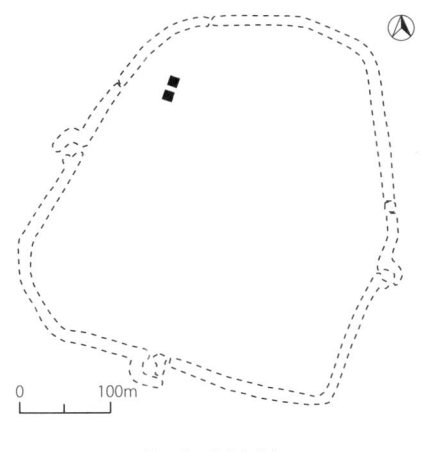

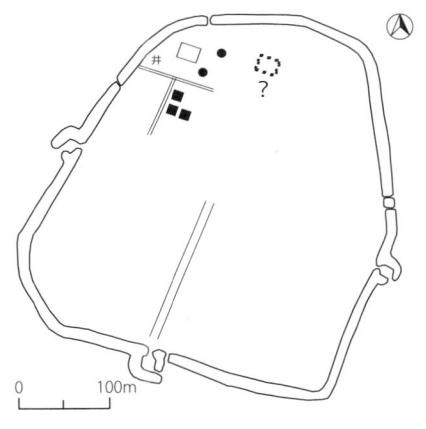

は不明瞭であるが，寺院南側隣接地区の第34調査区において第6号住居跡・第12号住居跡，貯蔵穴・土坑などが確認されている。この時期は，炉を伴う竪穴住居が使用され，平地式住居跡は未確認である。住居跡の主軸は北東—南西方向をとり，面積15㎡程度を測る。第12号住居跡からは炭化物や土器，海洋性の貝殻のほか，金属生産を行っていたことを示唆する銑鉄と推定される金属片が検出された（ゲルマン2009）。また注目される資料として，第6号住居跡から胴部中央部に孔のあいた土器が出土している（東北亜歴史財団ほか2008：328頁）。この土器は，孔に送風管を装着することによって鍛冶炉として使用したものと推定される。以上のことから，第Ⅰ期の寺院南側隣接地区では，鍛冶・鋳造などの金属生産が行われていた可能性が高い。

【第Ⅱ期】

クラスキノ城址の整備期である。第4文化層が該当する。従来，寺院地区で「下層」とされてきた遺構群が該当する。この頃から寺院地区の遺構の様相がはっきりしてくるが，第Ⅱ期の寺院地区の面積は第Ⅲ期よりも小規模であった可能性がある。建物は主軸方向を北東—南西方向にもつ。これまでに寺院地区北部において基壇建物跡，東部の第33a調査区において礎石建物跡（5間×3間）が検出されている。また基壇建物跡の西側では，区画遺構と推定される石列が検出された。しかし，南側・東側・北側の区画は不明瞭である。また，各種遺構の検出面を考慮すると，寺院西側に位置する井戸もこの頃までには構築されていたものと推測される。

北部で検出された基壇跡は，寺院地区のほぼ中央部に位置する。その上層において正殿が展開することを考慮すると，この時期の基壇跡も正殿であったと推定される。第Ⅲ期に展開する正殿のように基壇を囲郭するような施設は確認されていない。この頃には瓦葺きの建物が造営されたと推定される。

また礎石建物跡の規模は，南壁4.60 m，西壁5.80 m，北壁4.90 m，東壁5.80 mで，面積28.5㎡を測ると報告されている（高句麗研究財団ほか2006，東北亜歴史財団他2007）。礎石の心々間距離は，南壁4.3 m（14.6尺），西壁5.6 m（19尺），北壁4.4 m（15尺），東壁5.4 m（18.5尺）となる（第44図-1）。この建物は，おおむね桁行20尺（復元値5.868 m（0.2934 m×20尺）），梁行15尺（復元値4.401 m（0.2934 m×15尺））で建設されたと想定される。

寺院南側隣接地区では，第5号住居跡・第13号住居跡・貯蔵穴などが検出されている。第5号住居跡の主軸は北東—南西方向をとり，その規模は6.0×4.8 mで面積28.8㎡を測る。第Ⅰ期の住居よりも大型化した点が看取される。この頃から木柱の補強材として柱穴に粘土を用いられるらしい（ゲルマン2009）。また，第13号住居跡の周囲で検出された土坑からは，建築材料として未使用の粘土が保管されていたとされる（ゲルマン2009）。

【第Ⅲ期】

クラスキノ城址の再編期である。第3文化層が該当する。従来，寺院地区で「中層」とされてきた遺構群が該当する。この頃に寺院地区で建て替えが行われ，大規模化するようである。寺院地区では，中央部に基壇を持つ5間×4間の礎石建物跡，その北東部には四壁に平瓦を積み上げて構築した方形状の土坑（瓦壁土坑），瓦窯跡12基，井戸跡1基が検出されている。これまでの

第5章　渤海の地方城郭の形成と展開　133

第33a調査区礎石建物跡

1尺=29.34cm

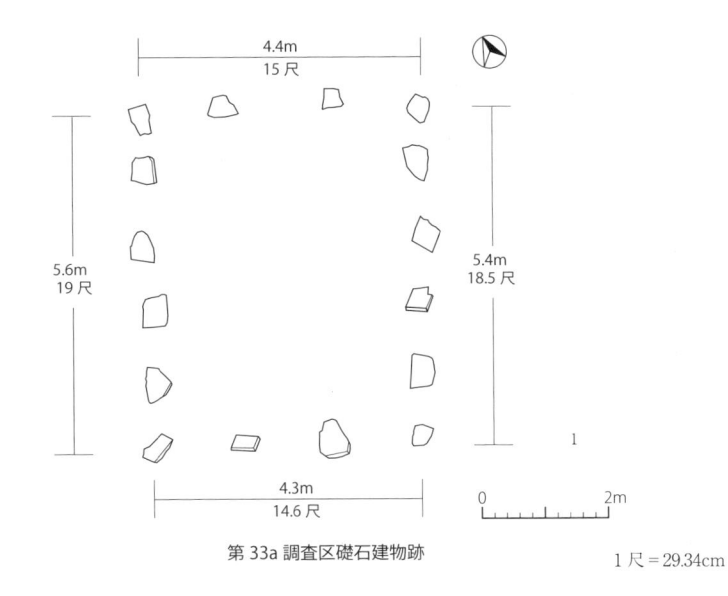

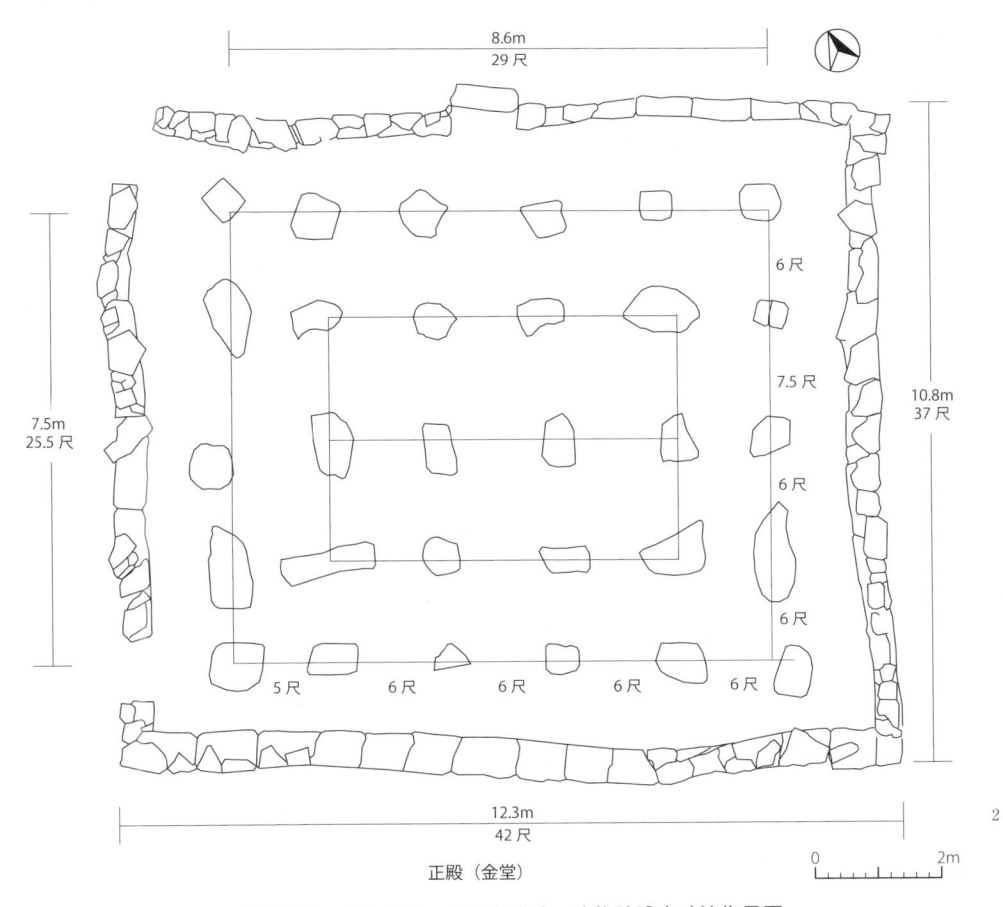

正殿（金堂）

第44図　クラスキノ城址寺院地区建物跡設定寸法復元図

調査によって，青銅製の仏像類，施錠具（鍵・錠前），円面硯・風字硯などの文房具，仏器と推定される三足器をはじめ，ミニチュア土器，渤海三彩や陶瓷器類などが出土している。寺院建設にあたっては，一定の計画性・規格性のもとで行われており，この点については建物尺度からも確認できる[3]。

　寺院地区中央部に正殿と推定される基壇を伴う礎石建物跡（5間×4間）を設ける。第Ⅱ期の推定正殿跡より南側に造営される。この基壇は，長軸11.8 m，短軸10.4 m，高さが1 mを測る（ボルディン 2001）。基壇は2層の板状の石材を用いて構築され，基壇南側の中央部には階段状の遺構が確認された。基壇四壁は切石・磚を使用して化粧している。基壇上には5間×4間の礎石建物が検出された（第44図-2）。この建物は，1尺＝29.34cmとすると，桁行30尺，梁行25尺，面積約750平方尺となる。柱間は，桁行はそれぞれ6尺，梁行は北から6尺，7尺，6尺，6尺となる。中央部には3間×2間の内陣を設ける。台座跡は検出されていないようだが，その中央部に本尊を安置したと推定される。この遺構からは，鴟尾や青銅製の小型の仏像，仏像の断片，鋳鉄の容器や銅器，三足器など，仏教関連遺物が出土した。

　正殿の北東部に位置する瓦壁土坑は，床面において北壁2.3 m×東壁2.3 mのほぼ正方形を呈し，深さ1.2 mを測る（ボルディン・ゲルマン 2005）。この施設はおおよそ8尺（2.3472 m（一尺＝0.2934 m×8尺））四方で設定されたと想定される。

　第Ⅲ期は本格的な寺院が整備される時期である。建物尺度から見ると，クラスキノ城址の寺院建設が一定の設計方針のもとで行われていたことがわかる。現在のところ，正殿（金堂）と推定される建物跡が中央部に位置するという点を除けば，明確な伽藍配置を推定することは困難であるが，いくつかの特徴を見出すことができる。それを列記すると，①城内北西部に柵塀で区画された寺院空間を設ける，②城内の他の建物と同様に，寺院建物の主軸を北東—南西方向にそろえる，③寺院入口（南門）・仏寺正殿が一直線上に並ぶように配置する，④正殿は高さ1 m程度の基壇の上に建設され，鴟尾や瓦等で屋根が飾られた礎石建物である（施釉瓦は用いていない），⑤正殿の南東部に塔を設ける，⑥正殿の周囲には寺院に付属する建物や井戸を配置する，⑦寺院敷地内に寺院に用いる瓦を生産する工房を設置し，建物建設・修繕等にあたる，などが挙げられる。

　一方，寺院南側隣接地区では，第4号・第10号・第11号・第14号・第15号住居跡や土坑・貯蔵穴などが検出されている。平地式でカマドや炕を伴う住居跡が展開する。主軸方向は北東—南西方向をとる。住居の面積はおおむね20㎡前後を測る。

　この頃には，城内において東門から西門へ至る街路とそれに直交する南門から北東方向に伸びる中軸街路を中心とし，それらによって区切られた空間に主軸を北東—南西方向にもった官衙施設・寺院・住居が計画的に配置されていたと想定される。最近行われた地下レーダー探査の結果，城址内部が碁盤目状に区画されていたことも明らかになっている。

　また城址の周囲には，渤海・女真の墳墓群が展開し，現在でもマウンド状の高まりを確認できる（Болдин, Ивлиев 1995）。城外西南部では，図們江・牡丹江流域でも見られる渤海代に典型的

第 5 章 渤海の地方城郭の形成と展開　135

な，両袖式の石室墓が発掘調査されている（ニキーチン・臼杵ほか 2004）。

【第Ⅳ期】

クラスキノ城址の展開期であり，第 2 文化層が該当する。寺院地区では基本的に第Ⅲ期の遺構群が継続する。また寺院の南側を区画する石塁が明瞭になり，その中央に門（南門）が位置する。

寺院南側隣接地区では，第 3 号・第 9 号住居跡や土坑・ゴミ捨て場などが展開する。住居跡は平地式でカマドや炕を伴うものである。第 9 号住居跡では，Γ字状にめぐる炕が検出されている。主軸方向は第Ⅲ期と同様に，北東―南西方向をとる。三彩や定窯白瓷などの施釉陶瓷器が伴う。

【第Ⅴ期】

クラスキノ城址の末期段階の遺構群が該当する。従来，寺院地区で「上層」とされてきた遺構群が該当する。寺院地区では井戸跡や瓦壁土坑などが廃絶され，整地された後に，平地式の建物群が展開する。この時期には，クラスキノ城址が平地城として機能していたのかどうかは不明瞭である。

第 34 調査区では，コの字状に炕がめぐる平地式の第 1 号住居跡が確認された。また，この住居跡の東辺に沿って，排水・区画の機能を果たしたと考えられる道路跡・溝跡が検出されている。住居の出入口付近には水甕と思われる容量約 90ℓ を超える大甕が数個体埋設されていた。住居内からは，陶質土器の壺・甕・盤類の他，鉄製銙帯金具や刀子・鉄鏃等が出土している。報告者である E.I. ゲルマン氏は，この住居跡は渤海滅亡後の遼代併行期に属すると想定している（高句麗研究財団ほか 2006）。また第 1 号住居跡南側の第 40 調査区では，上層（第 1 文化層）から礎石建物跡の一部が検出された（東北亜歴史財団ほか 2010）。Γ字状に石壁が巡ることが確認され，石壁は調査区外にひろがるものと予想される。

クラスキノ城址の周辺では，女真期に属する 12 世紀代の墳墓群が存在する。また，10 世紀後半から 11 世紀代にかけてシホテ・アリン山脈南東部で「ニコラエフカ文化」が展開する（第 9 章参照）。この文化を特徴付ける格子目状叩き土器はクラスキノ城址では出土していない。また，クラスキノ城址城内からは金代に比定される遺物は出土していない。以上のことから，クラスキノ第Ⅴ期の第 1 号住居跡を考慮すると，本城址は 10 世紀中葉頃に廃絶を迎えたと推定される。

(3) クラスキノ城址の成立時期

クラスキノ城址の成立時期を考える上で注目されるのは，第 34 調査区・第 40 調査区の成果である。調査担当者であるゲルマン氏は，定窯・邢窯等の陶瓷器の出土状況から第 40 調査区第 4 文化層の上層（第 3 文化層の建物構築面，クラスキノ第Ⅲ期）の年代は 8 世紀末から 9 世紀初頭を遡らないと推定している（ゲルマン 2009）。しかし，その下層にあたる第 5 文化層（クラスキノ第Ⅰ期）の年代については言及していない。

第Ⅰ期に帰属するのは第 34 調査区第 6 号住居跡である（東北亜歴史財団ほか 2005～2008）。クラスキノ第Ⅰ期は第 6 号住居跡を含め竪穴住居が展開し，平地建物は確認されていない。第 6 号住居跡では，靺鞨罐 A4・B4，陶質土器鉢Ⅰ，盆Ⅰ，無頸壺Ⅱ，短頸壺Ⅰ・Ⅱ，甕類，甑，橋状把

手付土器，半円形の板状把手を持つ土器などが出土している。主体は鉢・短頸壺であるが，靺鞨罐がより上層よりもやや目立つ印象を受ける。しかしながら，靺鞨罐の比率は器種組成全体から見ると，1割以下と少ない。壺類の器表面には沈線文，ジグザグ文，螺旋文を施すものなどがある。陶質土器は，技術的側面から見ると，少なからず高句麗の伝統を引いているものと推定される。靺鞨罐は，石場溝墓地などと類似し，8世紀前半頃の特徴を持つ。この住居跡出土炭化材の放射性炭素[14]C 年代測定では，585-770 cal AD 及び 650-770 cal AD の年代範囲が示され，木材の伐採年代が7世紀後半から8世紀中葉の可能性が示唆される（東北亜歴史財団他 2008）。

次に問題となるのは，第6号住居跡の存続時期に，城壁によって囲郭された平地城として機能していたのか，それとも城壁を伴わない平地遺跡であったのかである。この点を理解する上で重要なのは，田村晃一氏を団長とする日露共同調査隊によって実施された東門付近の発掘調査である。この調査によって，東門およびその周辺の城壁の構築方法が明確にされた（クラスキノ土城発掘調査団 2003・2004・2005a・2005b・2006・2008 ほか）。要点を整理すると以下のようになる。

①東側城壁で確認された馬面は，城壁本体と同様に珪藻質泥岩が積み上げられて構築されるが，その基底面は城壁本体のそれよりも高い位置にあることから，馬面は城壁本体より後に取り付けられた（田村ほか 2003）。

②遺物は馬面が埋没した段階で形成された川原石からなる礫石群と砂質土層・粘質土層・腐食有機質層が互層をなした洪水層の間から出土しており，礫石群直下出土の壺形土器は井戸跡出土土器群よりも新しく，馬面は渤海末期には存在していた可能性が高い。

③城壁本体と東門南壁では，それぞれ使用した石材と石積み方法が異なり，後者が前者よりも後に構築され，少なくとも本体城壁の基底部が埋まる以前に構築された。

④甕城は城壁本体よりも後出するが，年代を推定できるような遺物が出土していないため構築時期については不明（田村 2005）。

これまでの東門付近の調査では，発掘調査地点の悪条件などによって，構築時期を確定することができていない。また小嶋芳孝氏は，東門付近の城壁・甕城・馬面の形成過程について，城壁本体の構築から時間差を置かずに東壁の甕城が構築されたこと，10世紀前葉に城壁本体に約20m間隔で馬面を構築したこと，また10世紀末から11世紀にかけて城壁全体を土塁で覆い，上面にこぶし大の石を敷き詰めたことを指摘している（小嶋 2009a：424）。

また，2009年夏季に実施された第40調査区の発掘調査では，第Ⅰ期の第12号住居跡から多量の銑鉄片などが出土し，鉄生産に関わる施設が存在した可能性を示唆する（ゲルマン 2009）。仮にこの施設が寺院や平地城の建設に関わる工房であると理解すれば，8世紀前半代に寺院建設活動が行われていた可能性があり，第Ⅰ期をクラスキノ城址成立期であるとともに，寺院整備直前段階と評価できる。ただし，現在のところ，第Ⅰ期に城壁を伴っていたかは不明である。

（4）クラスキノ城址からみた中央と地方の相互関係

クラスキノ城址の特徴として，渤海五京やその周辺の城郭遺跡でみられるような遺物（宮衙的

遺物）が出土する点と城内に仏教寺院が設けられている点が挙げられる。ここでは，クラスキノ城址で確認されている遺物・遺構から，渤海の中央・地方間関係について述べてみたい。

【官衙的遺物】

都城や地方城郭で出土する特徴的な遺物として，陶硯・錠前・陶質土器盤類・銙帯金具が挙げられる。

官人・僧侶層の文房具として用いられた陶硯は，円面硯と風字硯に区別できる。クラスキノ城址寺院地区では，円面硯と風字硯[4]が出土している。渤海領域内では，上京龍泉府で円面硯，北大墓地で風字硯が確認されている（中国社会科学院考古研究所1997），（延辺朝鮮族自治州博物館・和龍県文化館1982）。また，上京龍泉府では，台形状を呈した坏が硯として用いられているが，クラスキノ城址ではこのような硯は確認されていない。

錠前・鍵が存在する点も注目される。錠前は庫蔵・櫃（箱）などに取り付けられるカギであり，牡金具と牝金具からなる。物資貯蔵のための倉庫管理，城門や各種施設，物品収納の櫃（箱）の開閉などとかかわる。クラスキノ城址では瓦壁土坑から錠前（牝金具）と鍵が出土している。錠前は上京龍泉府や大城子古城など都城・平地城のほか，龍湖墓群からも出土している。錠前や鍵は靺鞨の集落遺跡では確認されないことから，渤海以降に都城・城郭遺跡で普及する道具の一つと考えられる。

陶質土器盤類は，第Ⅲ期以降に寺院地区・寺院南側隣接地区で顕著になる（第4章参照）。盤類は，高台付き坏・皿とともに貴族・官人・僧侶層とかかわりの深い供膳具と推定される。陶質土器浅盤は，古代日本の須恵器盤類（無台盤，高脚盤など）に相当するのだろう。また，近年の調査では，脚を持つ器種もわずかに出土しているようであり，今後の論点になるだろう。

銙帯金具は官人・首領層の身分秩序を反映するものとして挙げられる（伊藤1988・1997）。クラスキノ城址では，銅製・鉄製の銙帯金具が確認されている。クラスキノ城址周辺で確認された石室墓では，完帯の銙帯金具が出土している（ニキーチン・臼杵ほか2004）。

【仏教寺院と仏教関連遺物】

クラスキノ城址の特徴の一つとして，仏教寺院の存在が挙げられる。小嶋芳孝氏の検討によって，渤海の寺院跡を含む宗教施設は図們江流域の琿春盆地や和龍盆地，汪清盆地，牡丹江流域の上京内部，綏芬河流域に集中していることが指摘されている（小嶋2003）。クラスキノ城址の寺院跡は城内に存在するタイプである。第Ⅱ期に寺院が形成され，第Ⅲ期に発展する。

クラスキノ城址第Ⅲ期の寺院地区で見られる正殿は，主軸は南北方向にならないが，上京龍泉府に存在する第1号寺院跡や第9号寺院跡（中国社会科学院考古研究所1997）の礎石の配置状況や建築方法と共通する。

上京龍泉府では，城内7ヶ所，城外2ヶ所の計9ヶ所の寺院跡が確認されている。第1号寺院跡は皇城の南約500mに位置し，西側に朱雀大路を望む。寺院跡は東西両側に脇殿（鐘楼・経蔵）を伴い，平面が凸字状を呈する（第46図-1）。正殿の基壇規模は，東西23.68m，南北20mを測り，平面長方形を呈する。また北側中央部に1ヶ所，南側に2ヶ所の階段が付く。基壇には5間

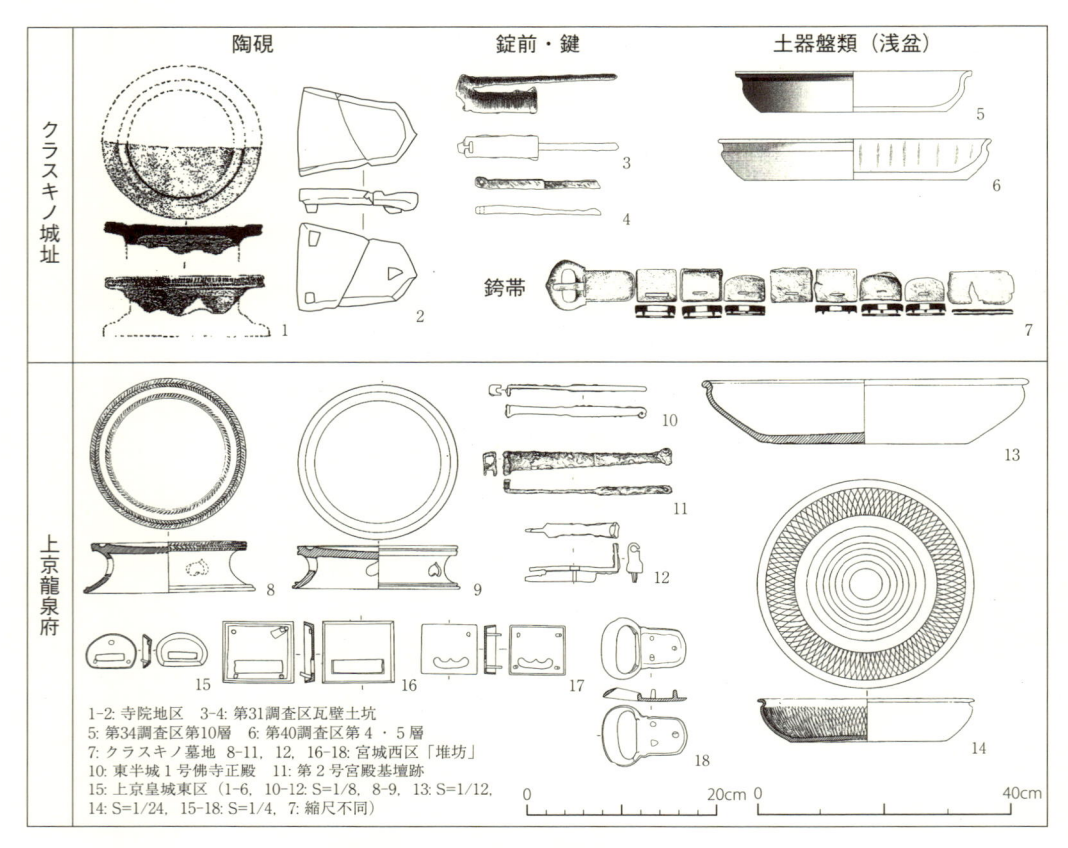

第 45 図　クラスキノ城址出土の官衙系遺物

×4間の建物跡が検出された。柱間は約3.6m（12尺）である。中央部には3間×2間の内陣があり，本尊・脇侍が安置された9ヶ所の台座跡が検出された。一方，第9号寺院跡は城外北西部に位置する（第46図-2）。基壇は東西16.6m，南北13.2mの長方形を呈する。基壇の四壁は長方形切石で化粧されている。基壇南北中央部にそれぞれ階段を持つ。基壇外周にも礎石を持つ点が特徴的である。また基壇上には5間×4間の建物跡が検出された。柱間は桁行きが7.5尺・10尺・10尺・10尺・7.5尺，梁行きが8尺・10尺・10尺・8尺と想定される。中央部には3間×2間の内陣がある。

　クラスキノ城址北西部寺院地区の正殿は，脇殿の欠如や基壇外周礎石の欠如など，上京龍泉府の正殿とは違いが見られるものの，礎石の配置状況は同様といえる。そして，主殿の面積を比較すると，クラスキノ城址の仏寺正殿は上京第1号寺院主殿（面積2880平方尺）の約4分の1，第9号寺院主殿（面積約1620平方尺）の約2分の1を測る。つまり，クラスキノ城址の仏寺正殿は上京龍泉府のそれを縮小したものである。この点は，地方の仏教寺院の建設の際に中央の寺院建築の様式が少なからず採用されていたことを示唆する。また，中央と地方の寺院の規模において階層差が存在した可能性も示唆する。クラスキノ城址の寺院跡は平地城内部に存在することを考慮

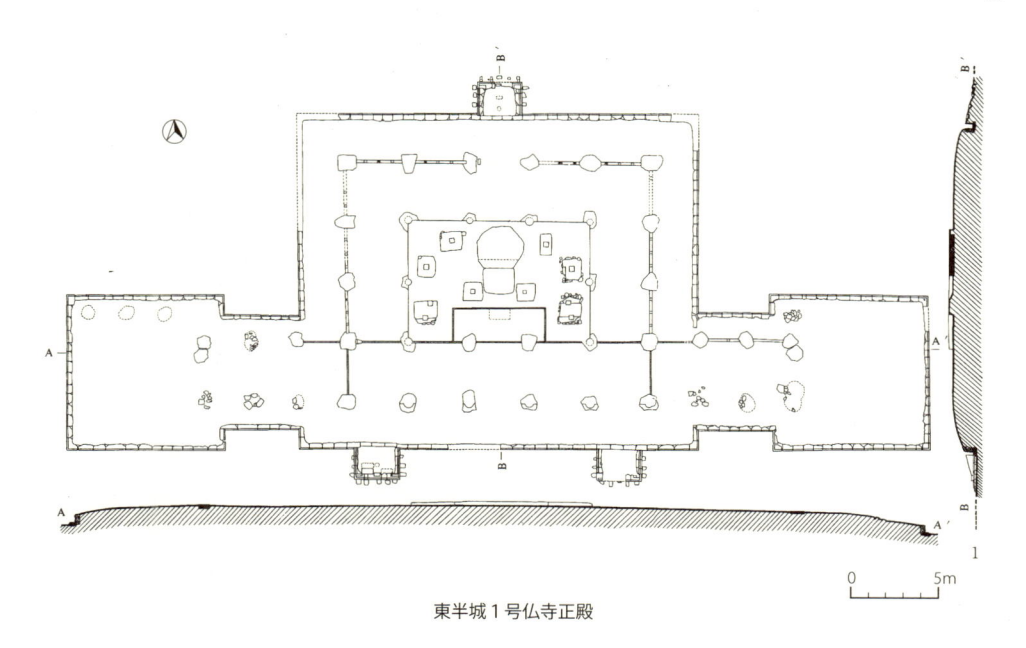

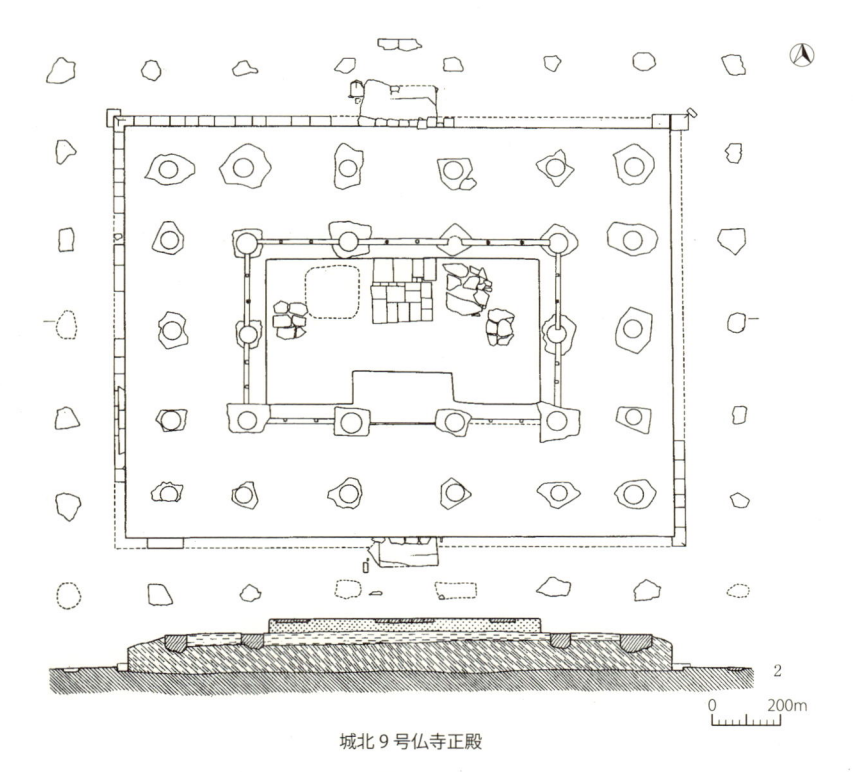

第 5 章　渤海の地方城郭の形成と展開　139

東半城 1 号仏寺正殿

城北 9 号仏寺正殿

第 46 図　上京龍泉府寺院正殿平面図

140

上京龍泉府第2号宮殿跡

コルサコフ墓地

ボリソフカ寺院

大城子古城

クラスキノ城址寺院地区

アブリコソフスキー寺院

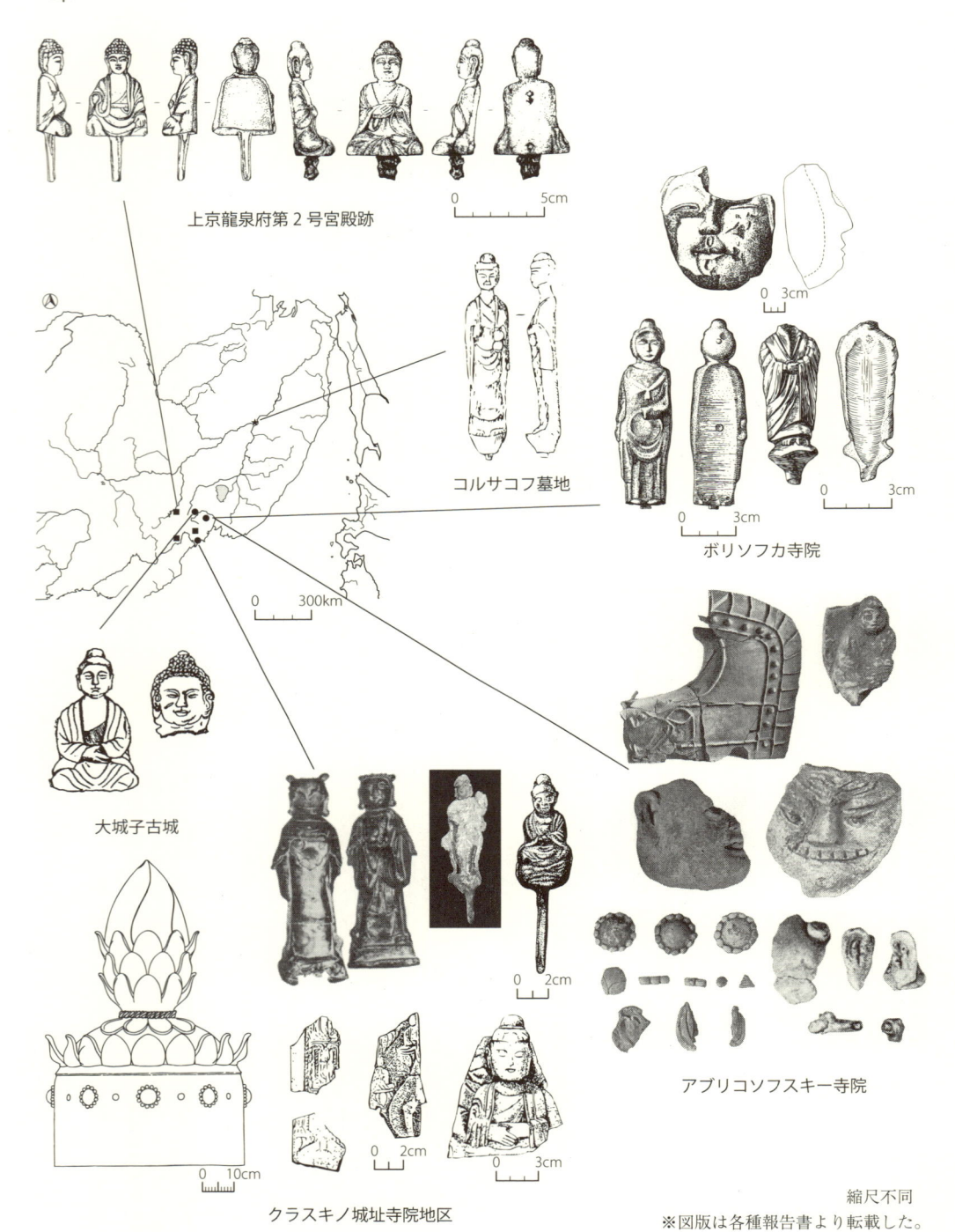

縮尺不同
※図版は各種報告書より転載した。

第47図　クラスキノ城址および周辺地域の仏教関連遺物

すると，地方官衙に付属するような官寺のような性格を持っていた可能性が高い。

　また，クラスキノ城址では仏像や磚仏などの仏教関連遺物が出土している（第47図）。仏教関連遺物は，大量の磚仏が確認された上京龍泉府をはじめ，大城子古城，アブリコソフスキー寺院，ボリソフカ寺院などで確認されている。また，アムール河中流域のパクロフカ文化（アムール女真文化）の墓地として知られるコルサコフ墓地でも出土している。

第4節　ロシア沿海地方の平地城・山城の空間利用と存続年代

　現在のところ，ロシア沿海地方では，クラスキノ城址を除くと，ゴルバトカ城址，ニコラエフカⅠ・Ⅱ城址，マリヤノフカ城址，コクシャロフカ１城址などの平地城，シニェリニコヴォⅠ城址，アウロフカ城址，ノヴォゴロディエフカ城址などの山城，コンスタンチノフカ１遺跡などの平地集落，ラコフカ10遺跡やミハイロフカ４遺跡などの高地性集落，アブリコソフスキー寺院やコピト寺院，ボリソフカ寺院，コルサコフカ寺院などの寺院，コルサコフ１遺跡土器窯や瓦窯などで調査されている（第48図・第49図）。マリヤノフカ城址では渤海層と女真層が確認され，現在残っている城壁は女真期に構築されたと推定されている。最近では，渤海領域の周縁部と推定される日本海沿岸地域でも渤海と並行する時期の平地城が報告されている（Дьякова 2009）。以下，ロシア沿海地方を事例とし，平地城・山城の空間利用・年代について述べる。

(1) 綏芬河・アルセニエフ河水系の平地城・山城
ゴルバトカ城址

　ゴルバトカ城址は，ロシア沿海地方南部のイリスタヤ河右岸の微高地に立地する平地城である（ボルディン・ゲルマン 2005）。イリスタヤ河はハンカ湖に注ぐ河川である。その上流域にはニコラエフカⅠ・Ⅱ城址やオトラドノエ城址（山城）が存在する。城址の平面プランは，台形に近い不整形を呈し，面積約10万㎡を測る（第48図）。このようなプランになった要因としては，北側・西側土塁に並行してイリスタヤ河が流れているため，その流れに沿うように建設した点が考えられる。「河湊」のような物資の集散機能も果たしていた可能性もある。

　城郭の周囲には周長は1200ｍ程を測る土塁が巡る。土塁は，城内で2.0～2.3ｍ，城外で4.0～4.3ｍを測る。基底部幅10～16ｍ，上端幅2.5ｍであり，土塁表面は礫で補強されている。門は４箇所あり，西・北側土塁の中央部，東側土塁の北側，南東角に位置する。いずれも切通し式のもので，クラスキノ城址に存在するような甕城等の付属施設は認められない。北門と南東門，西門と東門をそれぞれ結んだ十字の道路によって城内の建設が行われたと推定される。東門城外では，基壇跡（28ｍ×18ｍ）が検出され，その上で礎石建物跡（６間×３（+α）間）が確認されている。西門と東門を結ぶ推定道路跡に平行して基壇が位置する。

　発掘調査は，1997年・2000年・2003年・2004年に城内南東部と東門城外で行われた。城内調査では，住居跡８棟，石築の井戸跡１基，土坑等が検出された。層位的関係から，第８号住居跡

142

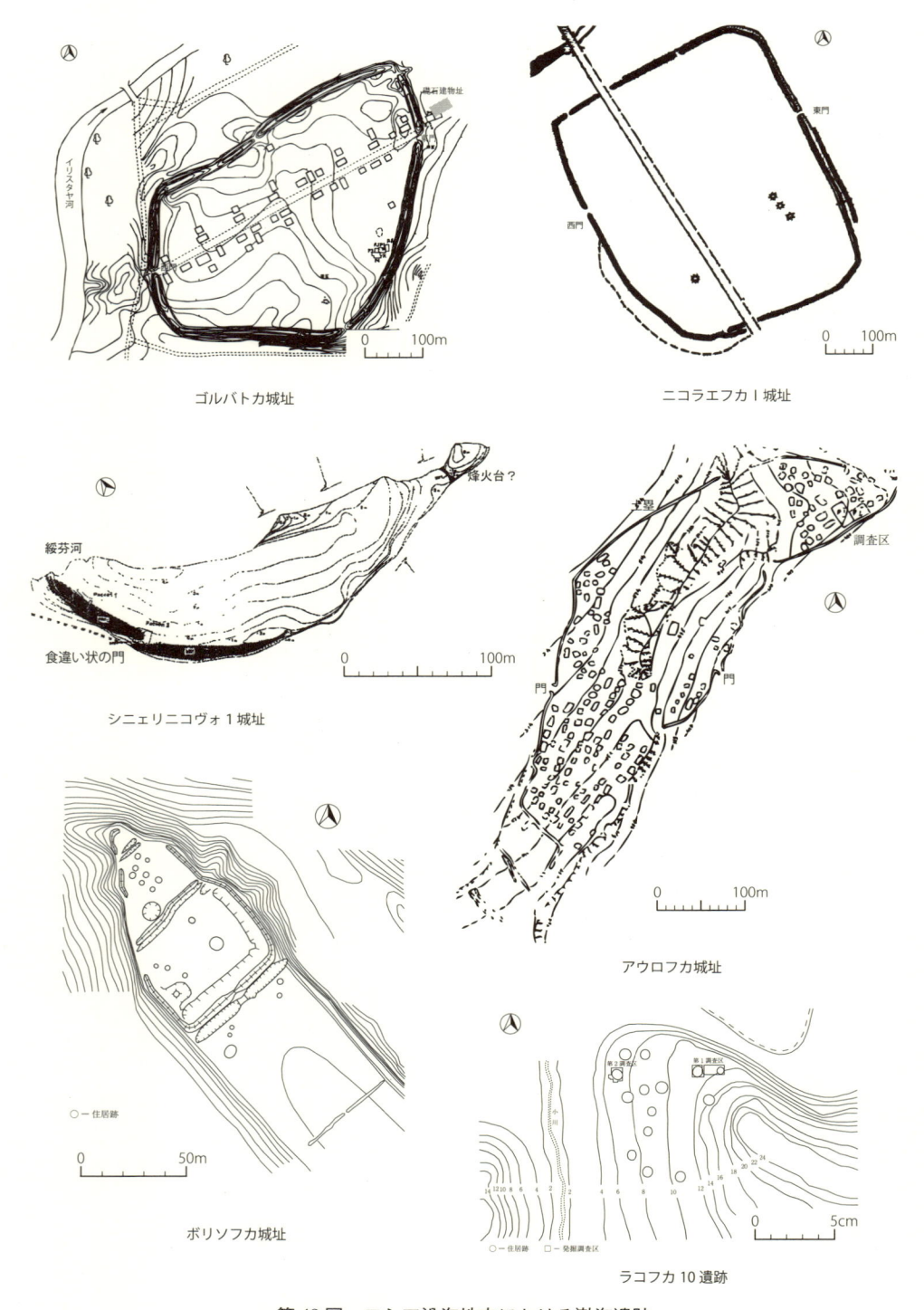

第 48 図　ロシア沿海地方における渤海遺跡

第 5 章　渤海の地方城郭の形成と展開

（下層）→第 4 号住居跡（炕付住居跡）→井戸跡と変遷することが明らかになっている。第 4 号住居跡は，主軸を北西—南東方向に持ち，「コ」の字状に炕を巡らした建物跡である。また，上層で検出された井戸跡は，クラスキノ城址北西部で検出されたものと形態・規模が類似したものであり，高句麗の伝統を持つものと推定されている（ボルディン・ゲルマン 2005）。発掘調査によって，叩きのある靺鞨罐，ロクロ製の深鉢形土器，陶質土器（壺・蓋・瓶），鉄製鍵，動物骨・海洋性の魚骨等が出土した。靺鞨罐は非常に少なく，上層において瓜稜線を持つ壺類や高台付きの埦・皿類も出土している。また下層の第 8 号住居跡では，炉跡から深鉢形土器，覆土から陶質土器甕・鉢（スタンプ文を持つ陶質土器片を含む），鉄製品（鉄鏃），土製品（小玉類），玉製品が出土した。クラスキノ第Ⅲ期以降の遺物やマリヤノフカ城址のそれと共通するものが多い。井戸跡からは陶質土器片，鉄製品，熨斗，石臼等が出土した。また城内から小型坩堝が多数出土しており，青銅製品の金属加工[5]が行なわれていた可能性が指摘されている（イブリエフ 2005，小嶋 2009a）。また，内陸の平地城であるにもかかわらず，海洋性の魚骨や貝類が出土しており，海岸部の地域との交流の一端を示すものとして注目される。

　本城址で注意すべき点は，城内において瓦が出土していないことである。また，寺院跡と推定される遺構も未確認である。このことは，本城址は州・県級レベルの拠点的城郭であっても，渤海中心部で盛んだった仏教が浸透していなかった可能性を示唆する。本城址の存続年代は，出土遺物・遺構からクラスキノ第Ⅲ期以降，おおむね 9・10 世紀代と推定される。周辺のニコラエフカⅠ・Ⅱ城址もほぼ同様の年代幅におさまるものと推定される。

シニェリニコヴォⅠ城址

　シニェリニコヴォⅠ城址は，綏芬河中流域右岸に位置する山城である（Болдин 2002，田村（編）1997・1998）。城址は，比高差約 100 m の台地から舌状に伸びた尾根の先端部に立地する。城址の周囲の河岸段丘には，チェルニャチノ 5 墓地やチェルニャチノ 2 遺跡など，靺鞨から渤海にかけての集落・墓地遺跡が点在する（ロシア連邦極東工科大学ほか（編）2005〜2009）。

　城郭は，東西約 326 m，南北 82 m の歪んだ楕円形状を呈する（第 48 図）。城内は，緩やかな傾斜地となっている。面積は約 1.3 万㎡を測る。城址西北から南部にかけて高さ約 1.5〜2.0 m の城壁が築かれている。南西部に「食違い」状の門が位置する。城壁の断ち割り調査によって，靺鞨期に築造された低い土塁の上に，渤海期の城壁が築かれたことが明らかにされている。その構造は，城壁外側を長方形状の角礫で覆い，その裏込めとして少量の礫を含む土を用いて構築している。城壁上部では柱穴状のピットが確認され，城壁に併行するように柵列が巡っていたと推定されている。また，裏込め土層の下，すなわち靺鞨期とされる土塁の直上からは，焼土・灰層が検出されており，8 世紀後半に靺鞨との間の武力衝突によって生じた火災の痕跡と推定されている（田村（編）1997・1998）。

　城内の発掘調査（第 1 調査区〜第 3 調査区）によって，靺鞨罐 A，ロクロ製深鉢形土器，陶質土器片（櫛状連弧文のある陶質土器片，ロクロ調整痕のある陶質土器など），鉄鏃，刀子，砥石などが出土している（田村（編）1998）。年代は，おおむね 7 世紀から 8 世紀中・後葉頃と推定される。

現在のところ，大規模な発掘調査は行われていないため，具体的な内部空間構造や周辺集落との関係は不明だが，戦時や自然災害等の危険に備えて造営された城郭周辺に点在する集落のための一時的な避難所と理解されている（拙稿 2007a）。

アウロフカ城址

アウロフカ城址は，アヌチノ地区のアルセニエフ河上流域のムラヴェイキ河左岸に位置する山城である（Шавкунов, Гельман 2002）。城址は，高さ約 3 m の石塁で囲まれ，門は 3 ヶ所存在する（第 48 図）。城内には，主軸を一定方向に持つ建物跡 100 棟以上が尾根に沿って並んでいる。

城内北東部の発掘調査では，L字状の炕を有する平地式住居跡（面積 16〜36㎡）が検出されている。出土遺物は，ロクロ製深鉢形土器や陶質土器大甕・壺類・甑，鉄製品等，渤海代の特徴を持つものが多い。年代は，おおむねクラスキノ第Ⅳ期・第Ⅴ期以降と推定される。調査担当者は，北宋銭の出土から渤海滅亡後の 10 世紀末から 11 世紀代の遼代併行期に年代付けている（Шавкунов, Гельман 2002）。

(2) ロシア沿海地方日本海沿岸域の平地城（第 49 図）

ブルシロフスコエ城址

本城址は，オリガ地区のブルシロフカ河左岸に所在する平地城である（Дьякова 2009）。日本海からは 12km 内陸に位置する。城址平面は 1 辺 170 m の方形を呈し，面積約 2.81〜2.89 万㎡を測る。城壁の外側に堀が巡る。主軸方向は北西—南東となる。土塁は高さ 1〜1.7 m，堀は幅 5〜7 m，深さ 0.5 m を測る。年代は，城郭構造や出土遺物から 7〜10 世紀の渤海代と推定されている。ゼルカリナヤ河流域の渤海代とされる城址と相互関係が存在した可能性がが推定されている（Дьякова 2009）。

クラスナエ・オゼロ城址

本城址は，ジギトフカ河左岸に立地する平地城である（Дьякова 2009）。城址は東日本海から西に約 2km に位置する。靺鞨・渤海の文化層が確認されている。平面方形状を呈し，土塁と堀が巡る。城門は南側土塁中央部に位置する。長軸方向は南東—北西方向である。規模は 65 m × 55 m，面積約 0.36 万㎡を測る。城壁は高さ 1〜2 m，基底部の幅が 6〜7 m である。城址南側土塁で層位確認が行われ，版築状に互層をなして堆積していることが明らかになった。城内では部分的に発掘調査が行われたが，明確な建物遺構は確認されていない。ここでは，手製およびロクロ製の靺鞨罐の破片が出土している。総じて，口縁下に刻み目を施した突帯を持つ靺鞨罐が多く，口縁下に無文突帯を持つ靺鞨罐がそれに次ぐ。陶質土器の報告はない。年代については，渤海代に建設されたと推定されているが，資料はアムール女真文化（パクロフカ文化）に近いようである（Дьякова 2009: 92）。

サドヴィ・クリュチ城址

城址はゼルカリナヤ河左岸に立地する平地城である（Дьякова 2009）。城址平面形は方形を呈し，石塁が巡る。主軸方向は北東—南西となり，規模は 1 辺 100 m 四方で面積約 1 万㎡を測る。北東

第5章　渤海の地方城郭の形成と展開

エストンカ城址

ブルシロフスコエ城址

ウスチ・イリマ城址

サドヴィ・クリュチ城址

クラスナエ・オゼロ城址

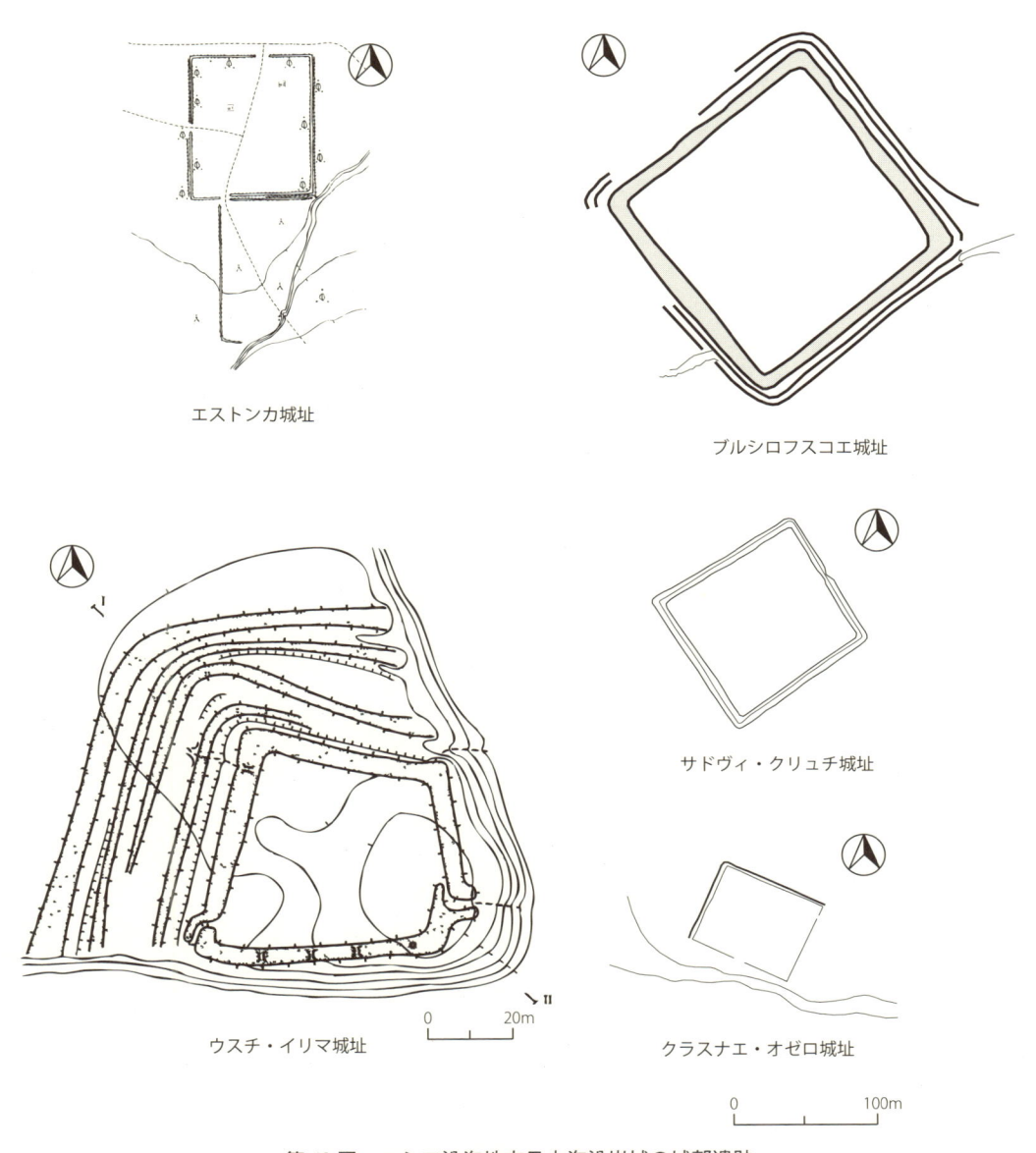

第49図　ロシア沿海地方日本海沿岸域の城郭遺跡

側の城壁中央部に城門がある。城壁は1m以下である。年代は，出土遺物から渤海代と推定されている。

エストンカ城址

　ダーリネゴルスク地区に所在し，ルドナヤ河右岸に位置する平地城である（Дьякова 2009）。城址平面形が方形を呈する。規模は長軸100m，短軸85mであり，面積0.85㎢を測る。主軸方向は南北となる。城壁は石材を用いて構築されている。東側城壁では，外側で高さ2～2.5m，内側で高さ1.2m以下となる。外部に対する防御機能の強化や視覚効果を意図した可能性が考えら

れる。南側城壁の西側には城門が位置する。南側城壁から南に向かって土塁がのび，防御機能を有したものと推定されている。また城内からは石築の井戸跡が確認されている。文化層が確認され，靺鞨罐やロクロ製の深鉢形土器等，渤海代の特徴を持つ遺物が出土したという。

(3) ロシア沿海地方の渤海代の平地城・山城の特徴

以上，ロシア沿海地方の平地城と山城について検討を加えた。以下，特徴をまとめておきたい。

【平地城】

①現在までに確認されている平地城は，河川流域に立地するものが多い。

②平面プランは方形・長方形を意識しながらも，歪んだ不整形になるものが多い。また主軸方向も南北をとらないものが多い。平地城の平面形は，土地の起伏や河川の流路などによって城郭プランが左右される。この点は，地方城郭の建設にあたっては，渤海五京のように，主軸方向が南北で，城壁の囲郭形態は厳密な方形プランを採用する必要性はなかったことを示唆する。

③規模は，中国領内の平地城に比べると比較的小規模なものが多い（第50図）。クラスキノ城址は13万㎡，ゴルバトカ城址は11万㎡を測る。特に日本海沿岸部では，面積1万㎡未満のものから5万㎡のものがあるが，1万㎡未満になる小型のものが多い。

④平地城の構造に関しては，馬面・甕城の欠如が一般的であるが，クラスキノ城址では両者が存在する。また城壁構造に関しても，クラスキノ城址のように高句麗に顕著な石積み構築のものがある。すなわち，城郭構造において高句麗の伝統・影響が色濃く残る地域とそうではない地域が存在する。A.L. イブリエフ氏は，渤海の平地城は高句麗と唐の都市建設の伝統を結合させたものと理解している（イブリエフ2005）。

⑤城内は，南門からのびる中軸道路とそれに直行する東西道路によって区画され，主軸を一定方向にそろえた建物群によって構成される。施設構成には地域差が見られるが，基本的には地方行政を担う官衙関連施設や住居跡，手工業生産工房が設置される。クラスキノ城址のように宗教施設を伴うものもある。しかしながら，沿海地方の場合，寺院はクラスキノ城址や綏芬河中流域に分布し，それ以北の地域では寺院は確認されていない。瓦の分布も同様である。

⑥平地城の成立年代は，クラスキノ城址が8世紀前半代に遡及する可能性があるほかは，沿海地方南部の平地城は9世紀以降と推定される。日本海沿岸部の平地城の存続年代については不明瞭である。

⑦平地城は，政治・行政・経済・宗教の拠点であった。平地城は陸上交通と河川交通を意識して建設が行われているが，分布は金代以降に比べると散漫であり，拠点的城郭の設置による点的な地域支配が一般的であったと想定される。

【山城】

①山城は河川流域に立地するが，独立丘陵あるいは岬状に突き出た台地・丘陵先端部に立地す

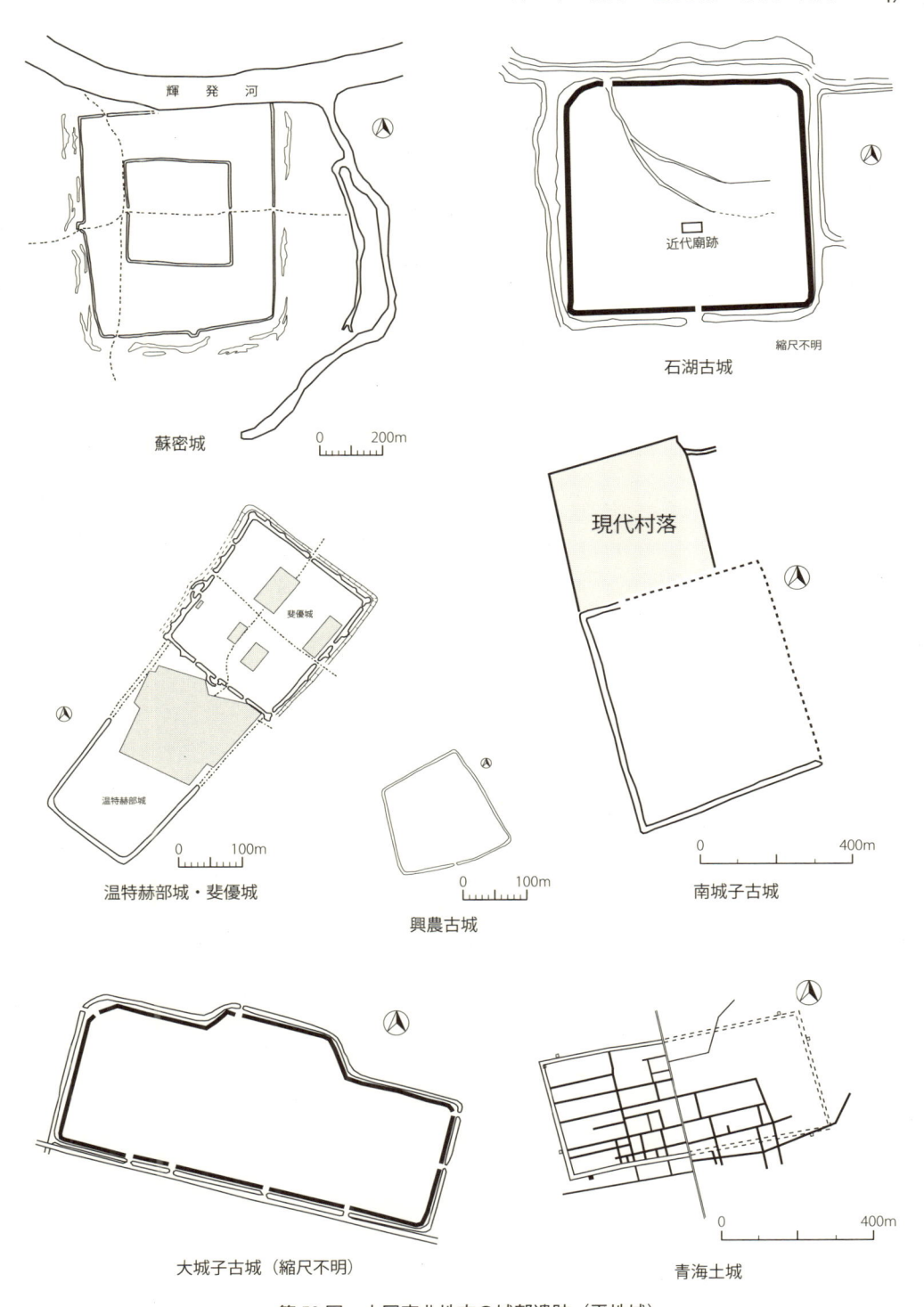

第 5 章 渤海の地方城郭の形成と展開

輝発河

近代廟跡
縮尺不明
石湖古城

蘇密城　0 200m

斐優城
温特赫部城

温特赫部城・斐優城　0 100m

興農古城　0 100m

現代村落

南城子古城　0 400m

大城子古城（縮尺不明）

青海土城　0 400m

第 50 図　中国東北地方の城郭遺跡（平地城）

るものに分けられる。後者は河川交通の監視機能を有する見晴台のような役割も果たした可能性がある。
② 山城には，礎石建物や区画施設などは存在しない。瓦の出土も認められない。
③ 山城周囲の低位段丘面には同時期とされる集落遺跡が点在している。山城が河川流域の高台に立地していることを踏まえると，先学によって指摘されているように，そこに居住する人々の避難所としての機能も有していたと想定される。
④ 山城は渤海以前の文化層を持つ複合遺跡である場合が多いため，基本的には渤海以前の集団(靺鞨)の伝統を引くと推定される。また，綏芬河流域や日本海沿岸域では，城壁構造に見られるように高句麗など周辺諸地域の技術的影響を受けて造営された山城も存在するようである。O.V. ヂャーコヴァ氏は日本海沿岸域の城郭建設に高句麗人の関与を推測している（Дьякова 2009）。
⑤ 8世紀代まではシニェリニコヴォ1城址のように，靺鞨以来の伝統を引く小規模な山城が点在するが，10世紀以降になるとアウロフカ城址のような比較的大型の山城も登場し，多数の住居跡の存在から集住が行われていたと推定される。

第5節　渤海の地方城郭の形成と展開

(1) 渤海の地方城郭の形成と展開

　渤海の王都の変遷については，建国当初は「旧国」がその中心とされ，従来から中国吉林省敦化周辺に比定されてきた。しかしながら，最近の発掘調査によって，これまで「旧国」に関わる遺跡として認識されてきた敖東城遺跡や永勝遺跡が金代以降に年代付けられることが明確になってきた（吉林大学辺疆考古研究中心ほか 2006・2007）。また，天宝中（742～756年）には「顕州」が王都とされる。「顕州」の位置は，西古城に比定する説（宋 2009a・2009b）とその南に位置する河南屯古城に比定する説（秋山 1986，小嶋 2009a）がある。そして，第三代王大欽茂（在位 738～793年）によって天宝末（755年）に上京龍泉府に遷都される。その後，貞元年間（786～804年）に上京の東南に位置する東京龍原府へ一時遷都されるが，大欽茂死去後に大華璵が即位して794年前後に再び上京龍泉府に遷都される（第51図・第52図）。

　小嶋芳孝氏は，平地城の造営は8世紀中葉前後に図們江流域で始まり，その後に牡丹江流域で行われた点を指摘している（小嶋 2009a）。図們江河口部に位置するクラスキノ城址は，8世紀前半代に整備された。クラスキノ城址では，この時期には竪穴住居を主体とした住居群が展開し，また金属生産を行ったと推定される遺構も存在する。この段階には平地住居が存在しない。そして8世紀中・後葉に寺院（下層）が整備される。この段階の寺院の伽藍配置は不明瞭であるが，基壇を伴う建物が建設されたようである。また城壁構造において高句麗の要素も見られ，当該地域は比較的高句麗の伝統が渤海以降も遺存した地域と推定される。このことは，図們江流域では靺鞨罐の出土が不明瞭である点や形成期から陶質土器が日常容器としてある程度普及していた点

からも想定できるだろう。

　一方，牡丹江中・下流域や綏芬河流域，ウスリー河流域などでは平地城は形成されず，伝統的な集落（平地集落，高地性集落）と山城が展開する。8世紀後半頃には綏芬河中流域で寺院が造営されるようである。綏芬河流域のアブリコソフスキー寺院などの仏教寺院建設には，クラスキノ城址で用いる瓦生産に携わった工人などが関与していた可能性もある（第53図）。

　牡丹江中流域では，河岸段丘上に新興遺跡・河口遺跡が立地する。7世紀代から継続する靺鞨の集落遺跡であり，方形の竪穴住居や土坑から構成され，住居規模の点から小型（30㎡前後）のものと大型（50㎡前後）のものに大別される。この遺跡では，靺鞨罐のほか，土錘・石錘や骨角器（釣針など），石製刀子（石包丁），石斧，鉄犂などの存在する点から漁撈・農耕を生業の基盤とした集落であったと推定される。また，綏芬河流域では河川流域の平坦地・微高地上のほかに，岬状に突き出た台地・丘陵の先端部や独立丘に集落が形成される。分布状況を見ると，遺跡間距離はそれほど離れず，視認可能な位置に立地する。また，集落構造については，靺鞨の集落は，低い土塁や堀で区切られ，10数棟の住居群からなる。竪穴住居は大型・中型・小型に分化するようである。

　一方，第二松花江流域では8世紀代の墓地遺跡が確認されているが，集落・城址については不明瞭である。また日本海沿岸域でも伝統的な集落が展開していたと推測される。

　平地城の分布域が拡大するのは9世紀以降と推定される。ゴルバトカ城址やニコラエフカⅠ・Ⅱ城址，マリヤノフカ城址など北方でも平地城の建設が行われる。上京龍泉府への再遷都に伴い，諸制度が整備されるようである。イリスタヤ河やウスリー河流域では渤海中央部の要素を選択的に受容したようである。ただし，当該地域ではクラスキノ城址で見られるように，城内生活を変化させるような中央系文化の影響は見られない。また，北方地域では寺院も存在しないなど，渤海の中心領域とは性格が異なる。つまり，渤海の周縁地域では，靺鞨集落を維持するかたちで緩やかな地域支配が行われたと推測される。

(2) 渤海代の平地城・山城・集落の関係

　従来から見られる平地城と山城がセットで機能したという理解（魏存成1982）については，上京龍泉府から東京龍原府，ポシェット湾に至る「日本道」をはじめとする主要幹線道路沿線では，平地城・山城・二十四塊石遺跡などが有機的に結合していた可能性はある。しかしながら，ロシア沿海地方では，平地城の分布が南部地域に限られ，平地城に山城が隣接する例は必ずしも多くない。また沿海地方の山城は牡丹江流域や図們江流域とは異なり，小規模なものが多く，山城周辺に展開していた平野部の集落遺跡との関係で理解すべきと考えられる。『類聚国史』巻193延暦15年（796）4月戊子条の渤海沿革記事には，

　　「渤海国者，高麗之故地也。天命開別天皇七年，高麗王高氏為‗唐所‗レ滅也。後以‗天之真宗豊祖父天皇‗年‗，大祚栄始建‗渤海国‗。和銅六年，受‗唐冊立‗。其国延袤‗千里。無‗州県館駅‗，処々有‗村里‗。皆靺鞨部落。其百姓者靺鞨多，土人少。皆以‗土人‗為‗村長‗。大村曰‗

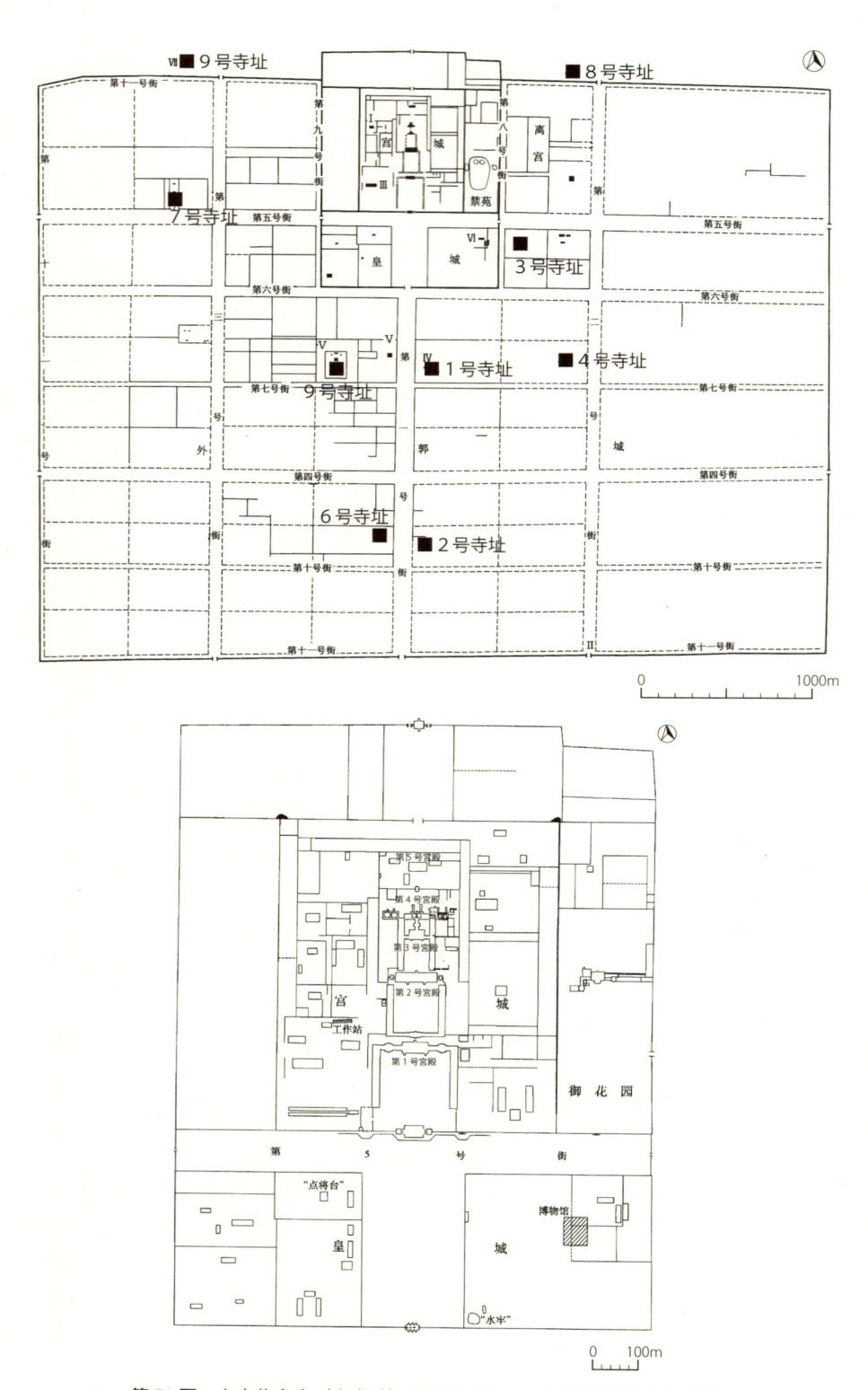

第51図 上京龍泉府（東京城）平面図（上）と宮殿地区平面図（下）

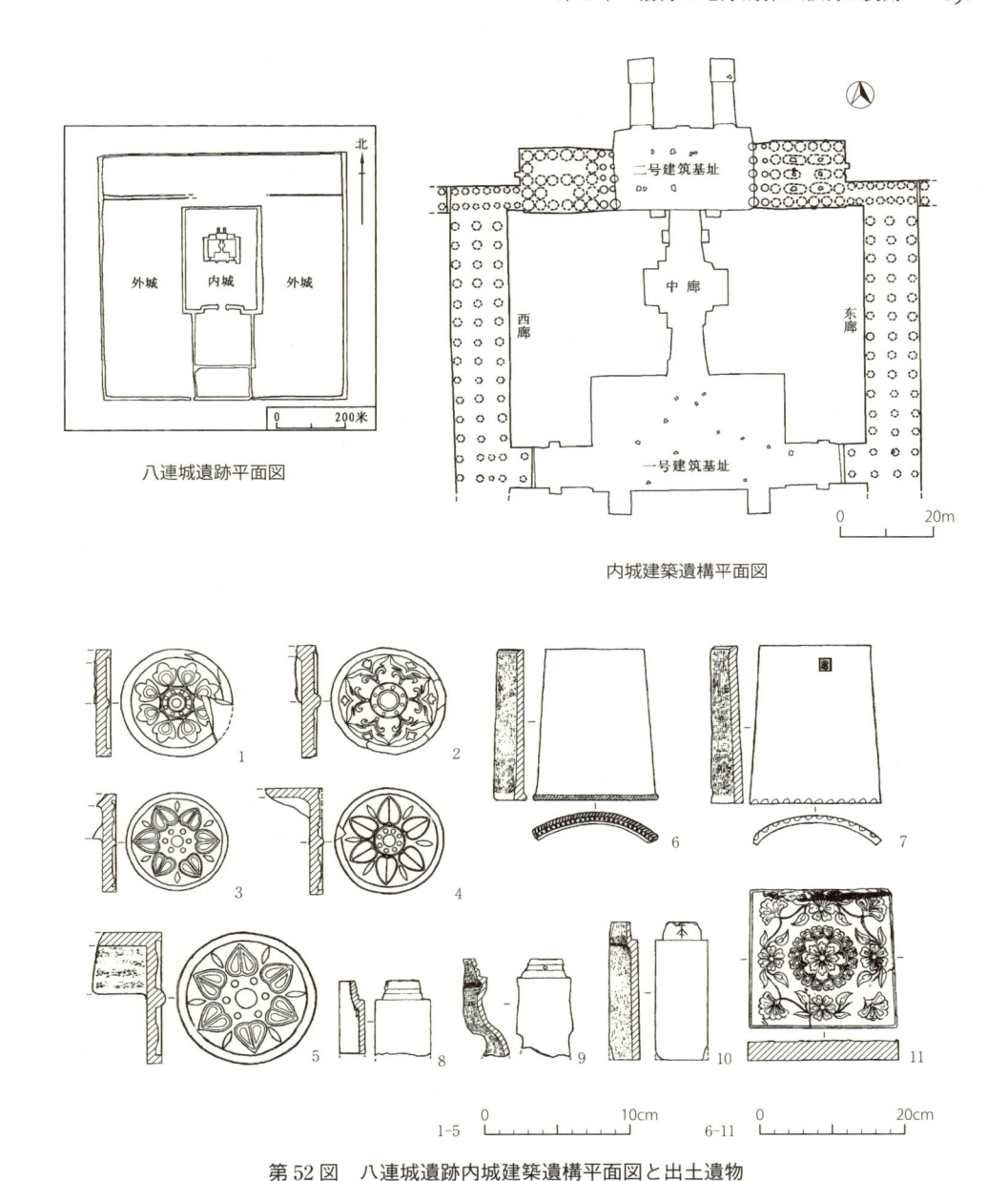

第 52 図　八連城遺跡内城建築遺構平面図と出土遺物

都督_、次曰_刺史_。其下百姓皆曰_首領_。土地極寒、不_宜_水田_。俗頗知_書。自_高氏_以来、朝貢不_絶。」

と記されている。ここで言う「村里」とは、河川流域に存在した集落遺跡を指している可能性がある。たとえ「村長」が「土人」、つまり高句麗人であったとしても、集落遺跡では高句麗系の文物が出土することは無く、靺鞨罐主体であることから靺鞨の生活様式が維持されていたことがわかる。

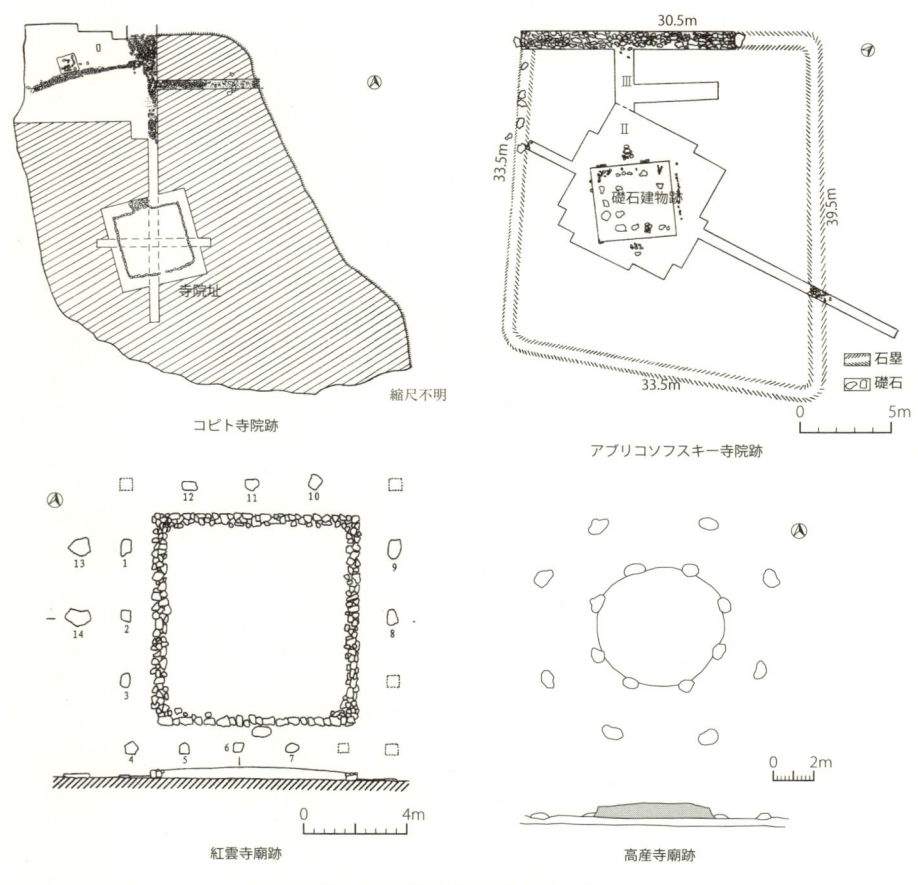

第 53 図　渤海領域内の寺院跡

　また，綏芬河中流域に存在するコンスタンチノフカ 1 遺跡のように，城壁を伴わないにもかかわらず瓦が出土する平地集落も存在する。このような遺跡には瓦葺き礎石建物跡が存在した可能性がある。小嶋芳孝氏によれば，瓦が出土する平地遺跡は図們江流域で多く，瓦が出土しない平地遺跡は牡丹江流域で多いことが指摘されており，瓦が出土する平地遺跡のなかには渤海の支配にかかわる施設が置かれていたと推定されている（小嶋 2009a）。このような平地遺跡は，1 万㎡を超える比較的規模が大きいものが多く，上記史料の「村里」のうち，「大村」に相当するのだろう。しかし，靺鞨集落の典型とも言える丘陵先端部に立地する高地性集落が「村里」に該当するのかは検討を要する。今後，集落遺跡の調査が進展すれば，城址・集落間関係の具体像が明らかになるだろう。

　小　括

　本章では，渤海の地方城郭の形成・展開過程について，空間利用と存続年代の観点から検討を加えてきた。推論を重ねた部分も少なくないが，検討の結果，東京龍原府管轄下のクラスキノ城

址は8世紀前半頃に城郭整備が行なわれ，10世紀中葉に至るまで使用されていた点，本城址を除く沿海地方南部の平地城の多くが9世紀以降に整備された点が明らかになってきた。このことは，渤海の地方城郭の設置過程に時期差が存在することを示唆する。現在確認できる平地城の分布域は，ウスリー河中・上流域のマリヤノフカ城址やコクシャロフカ1城址を北限とする。その南側のイリスタヤ河流域は，クラスキノ城址と比べると官衙的施設・遺物，寺院・瓦などが確認できないものの，渤海中心部の要素を選択的に受容している状況が看取される。また，近年明らかになってきた沿海地方日本海沿岸地域の平地城は，略方形の小規模なものが多いが，渤海の文化要素はさらに希薄である。靺鞨罐主体である点を考慮すると，従前からの靺鞨集団による伝統的な生活が維持され，渤海王権の支配も緩やかなものであったと推測される。ただし，この地域の平地城は「河湊」や「交易港」としての機能を持っていた可能性もあり，渤海と日本列島との交流経路や実態を理解する上で，今後論点になる地域であると考えている。

　ロシア沿海地方では，平地城の調査がクラスキノ城址に限定され，それと対比できる遺跡が極めて少ない。2007年から韓国隊によって実施されているコクシャロフカ1城址は，本城址と比較できる数少ない調査事例になるだろう。また，平地城と共存していたと推定される高地性集落の実態が不明瞭である。このためには，遺跡データベースの作成による遺跡の分布・立地状況の把握や個別遺跡の存続年代の確定という地道な基礎的作業が不可欠である。それによって，これまでの文献史学によって議論されてきた渤海の地域支配や「首領」制の実像をより鮮明に描き出せるだろう。また，文献史料に残る州県治所と遺跡との対応関係についても，今後の課題である。

註
1) ロシア沿海地方のうち，東京管下の塩州治所と推定されているクラスキノ城址のある沿海地方南端部は渤海中央部，綏芬河流域等の沿海地方南部の内陸地方は渤海の地方でも中心的な地域，沿海地方北部や日本海沿岸北部は渤海の辺境域・境界領域・境界外と推定される地域である。そのため，当該地域を対象とすることは，渤海の地方統治の地域性の一端を理解する上でも有効と考えられる。
2) 筆者は，平地城は城壁で囲郭された時期をもって成立と理解する。ただし，城壁の断ち割り調査が行われている事例は少ないため，城壁構築時期を確定することは難しい。平地城の場合，靺鞨期あるいはそれ以前からの伝統的集落の上に城壁を築いているものもある。遺跡出土遺物の年代が城郭成立時期となるわけではない点を確認しておきたい。
3) 渤海の尺度について最も早く言及したのは，村田次郎氏である（村田1951）。村田氏は，東京城の第1宮殿址・第4宮殿址等の柱間寸法について検討し，渤海の造営尺が高麗尺（唐尺×1.2倍の長さ）ではなく唐尺系統であった点を指摘した。近年では，井上和人氏が渤海の尺度は1尺＝29.34cmであったと想定している（井上2005a・2005b）。
4) 風字硯は上京龍泉府などの渤海都城遺跡では確認されていない。
5) 関連する資料として，青銅製の装身具の鋳型がニコラエフカⅠ・Ⅱ城址等でも出土している。このことは，渤海代には地方各地の平地城内部において鋳造等の金属生産が行われていたことを示唆する。

第6章　金・東夏代の地方城郭の出現と展開

はじめに

　1115年，生女真の完顔阿骨打は女真部族を統合して金を建国した。金は，上京路・東京路など政治・行政・経済・軍事上の拠点として数多くの城郭を築いた。また，1215年に蒲鮮万奴が金から独立して建国した東夏（大真・東真）〔1215-1233年〕においても山城が利用された。

　近年，ロシア沿海地方を中心として城郭遺跡の測量・発掘調査が進み，城郭の分布・立地，城郭内部の空間利用について明らかになりつつある。また，文書行政と関わる官印，度量衡と関わる青銅製分銅をはじめとして，紀年銘や製作機関名が書かれた，いわゆる「出土文字資料」が出土し，金・東夏代の軍事・行政システムや城郭経営の具体像を明らかにする手がかりも得られつつある。

　本章では，中国東北地方・ロシア極東地域で確認されている金・東夏代の城郭遺跡の分布・立地，平面形態・城郭内部の空間利用について検討を加え，その存続年代や機能，地域統治の実態について考えてみたい。

第1節　金・東夏代の地方城郭の調査・研究略史と問題点

　金・東夏代城郭については，ロシア人のN.G. アルテミエヴァ氏（Артемьева 1998・2005 他），A.L. イブリエフ氏（イブリエフ 2007），O.V. ヂャーコヴァ（Дьякова 2009），中国人の林秀貞氏（林 1986），李健才氏（李 1996），柳嵐氏（柳 1999），申佐軍氏（申 2006），日本人では高橋学而氏（高橋 1984），臼杵勲氏（臼杵 2006a・2006b・2008・2009a，臼杵・木山（編）2008），木山克彦・布施和洋氏（木山・布施 2005・2006），筆者（拙稿 2007a・2007b）等によって遺跡の構造について整理されている。最近では，臼杵勲氏らが全地球測位システム（GPS: Global Positioning System）・レーザー距離計・電子コンパス等の測量機器やソ連製10万分の1地形図・衛星写真等を用いて金・東夏代（女真）城郭の測量図を作成するとともに，地理情報システム（GIS: Geographic Information System）を用いた空間分析も試みており，城郭間関係の実態把握が可能になりつつある（布施 2007，臼杵・木山（編）2008）[1]。

　また，文献史学の立場から井黒忍氏が金・東夏代の官印・青銅製分銅を集成し，女真集団の存在形態について論じている（井黒 2006a・2006b・2008・2009）。また，日本列島と大陸の城郭について比較考古学的な視点から検討をしたものもある（小嶋 2002a，前川 2003）。

　これまでの研究によって，城郭分布や立地，空間利用の実態について明らかになってきた。しかしながら，平地城と山城の成立年代や形態差の意味，城郭築造技術の系譜，城郭周辺の集落

（村落）・城郭間関係，地方城郭出現の背景とその意義については不明瞭である。また，北東アジア地域の地方城郭の都市史的な位置づけの検討も必要であろう。

第2節　金・東夏代の地方城郭の分布・立地と規模

(1) 分布・立地

金・東夏代の城郭遺跡は，渤海代と同様に，その立地から「平地城（平原城：Долинный городище）」と「山城（平山城を含む：Горный городище）」に大別できる。前者は，大中規模河川に近接した河岸段丘上や台地上等の平地に形成される城郭であり，方形状・不整方形状に城壁で囲郭される。一方，後者は河川合流地点や河川に突出する丘陵や段丘上，さらには独立丘に形成される城郭であり，谷を包み込むように城壁で囲繞する包谷式と稜線に沿って囲繞する鉢巻式に分けられる。特に包谷式山城については，城郭北側において標高が高く，南側に向かうにつれて低くなり，南側低位面に主要城門を設けるものが多い。このことは，城郭立地の防御的機能のみならず，城内の日当たり条件を考慮して立地の選択がなされたことが推測される。このように南低北高になる城郭は，クラスノヤロフスコエ城址やノヴォネジナエ城址，ラゾ城址等があり，ノヴォゴロディエフカ城址のように南高北低になるものもある。

金・東夏代の城郭遺跡の分布を見ると，大中規模河川流域やその支流に一定の間隔をもって分布している。中国東北地方では平地城が主体を占めるのに対し，ロシア沿海地方では平地城のみならず，山城が多数存在する。特に平地城は綏芬河中流域や日本海側のパルチザンスク地区をはじめとした沿海地方南部の大・中規模河川流域に見られる。また山城は，沿海地方北部や日本海沿岸部，中国吉林省図們江（豆満江）流域に分布する。東夏の南京に比定する説もある城子山山城の周囲にも衛星城と呼ばれる多くの小・中規模の山城が建設される（陳1992, pp.35-38）。こうした城郭形態の差異は，地形的制約のみならず，軍事制度や流通網，社会的背景等ともかかわるのだろう。特に，前述した渤海とは異なり，ロシア沿海地方の日本海沿岸部にも比較的大規模な山城が分布するのが特徴的である。日本海沿岸部の城郭遺跡は，河口部あるいは河口から十数km内陸に位置する場所に立地する。

(2) 城郭の形態分類

金・東夏代の平地城と山城の分類については，ロシア沿海地方の城郭を対象とした高橋学而氏のものがある（高橋1984）。高橋氏は，城郭立地から「平原占地」と「山上占地」の2つのタイプに分け，さらに城壁の囲郭型式をもとに方形平原城・多角形平原城・不整形平原城・整形山城・不整形山城の5形態に分類した。しかしながら，高橋氏も指摘するように，整形山城が基本的に存在していないことを考慮すると，山城については小嶋芳孝氏が提示した，城壁をめぐらした尾根筋がU字型に囲む谷間に建物群を配置する「包谷式」山城と山頂の周囲に堀と城壁を巡らす「鉢巻式」山城という城郭の立地する地形を基準とした分類方法（小嶋2007a）が理解しやす

い。こうした城郭の立地と城壁の囲繞型式とともに，当該地域の金・東夏代以降に顕著に見られるようになる馬面・角楼・甕城の有無を考慮し，下記のように分類する（拙稿 2007b・2008c）（第54図〜第56図）。
〈平地城〉
　Ⅰ類：城壁が方形状（正方形・長方形）に巡るもの。
　Ⅱ類：城壁がほぼ方形状（略方形）にめぐるもの。
　Ⅲ類：城壁が不整形（多角形・楕円形）状に巡るもの。
　　a類：馬面・角楼・甕城・濠（堀）が伴う。小方城が隣接するものもある。
　　b類：角楼・甕城・濠（堀）が伴う。
　　c類：馬面・角楼は伴わず，門は切り通し式のもの。
〈山城〉
　Ⅰ類：谷を包み込むように城壁が巡る包谷式山城。
　Ⅱ類：稜線に沿って城壁が囲繞する鉢巻式山城。
　Ⅲ類：独立丘。

　平地城は，ユジノ・ウスリースク城址やチュグエフカ城址，ステクリャヌーハ城址のように平面方形プランを基本としながらも，ニコラエフカ城址のように不整形のものも存在する。中国東北地方では，吉林省前郭爾羅斯蒙古自治県の塔虎城や吉林省洮南市の城四家子古城がⅠ類に該当し，黒龍江省綏濱県の中興城址や奥里米城址，黒龍江省寧安市の東営城子古城・西営城子古城はⅡ類，蒲峪路治所に比定されている黒龍江省克東県の克東古城等がⅢ類に該当する。平面形態を見ると，吉林省や内蒙古では遼代平地城を再利用した城郭はⅠ類が多いのに対して，黒龍江省の牡丹江流域や松花江下流域，アムール河中・上流域，ロシア沿海地方ではⅡ類やⅢ類が多い。これは，金領域周縁部に向かうにつれて方形原理が厳密さを欠くことを示唆する。

　また馬面・角楼・甕城が伴うa類はユジノ・ウスリースク城址やチュグエフカ城址，ニコラエフカ城址，マイスコエ城址，b類はステクリャヌーハ城址，c類はスモリニンスコエ城址やザパド・ウスリースク城址，ジギドフスコエ城址が該当する。F.F.ブッセによる平面図（Буссе 1888）を参考にすると，ユジノ・ウスリースク城址に小方城が隣接していた可能性がある。このような例は中国黒龍江省綏濱県の中興城址でも見られ，3つの小方城が隣接して存在する（黒龍江省文物考古工作隊 1977a）。

　以上を踏まえると，基本的には面積30万㎡を超えるような大規模平地城では馬面・角楼・甕城・濠（堀）が伴うa類が多く，1万㎡程度の小規模平地城では馬面・角楼が伴わないc類になるという傾向がある。中規模平地城は角楼・甕城を伴うb類やさらに馬面を伴うa類がある。ただし，前述したザパド・ウスリースク城址のように，大規模城郭であってもc類に該当するものがある。

　一方，山城は谷を包み込む包谷式の山城Ⅰ類が多く，現在のところ鉢巻式の山城Ⅱ類と確実に言えるものはない。山城Ⅰ類は，シャイガ城址やラゾ城址，アナニエフカ城址，シイバイゴウ城

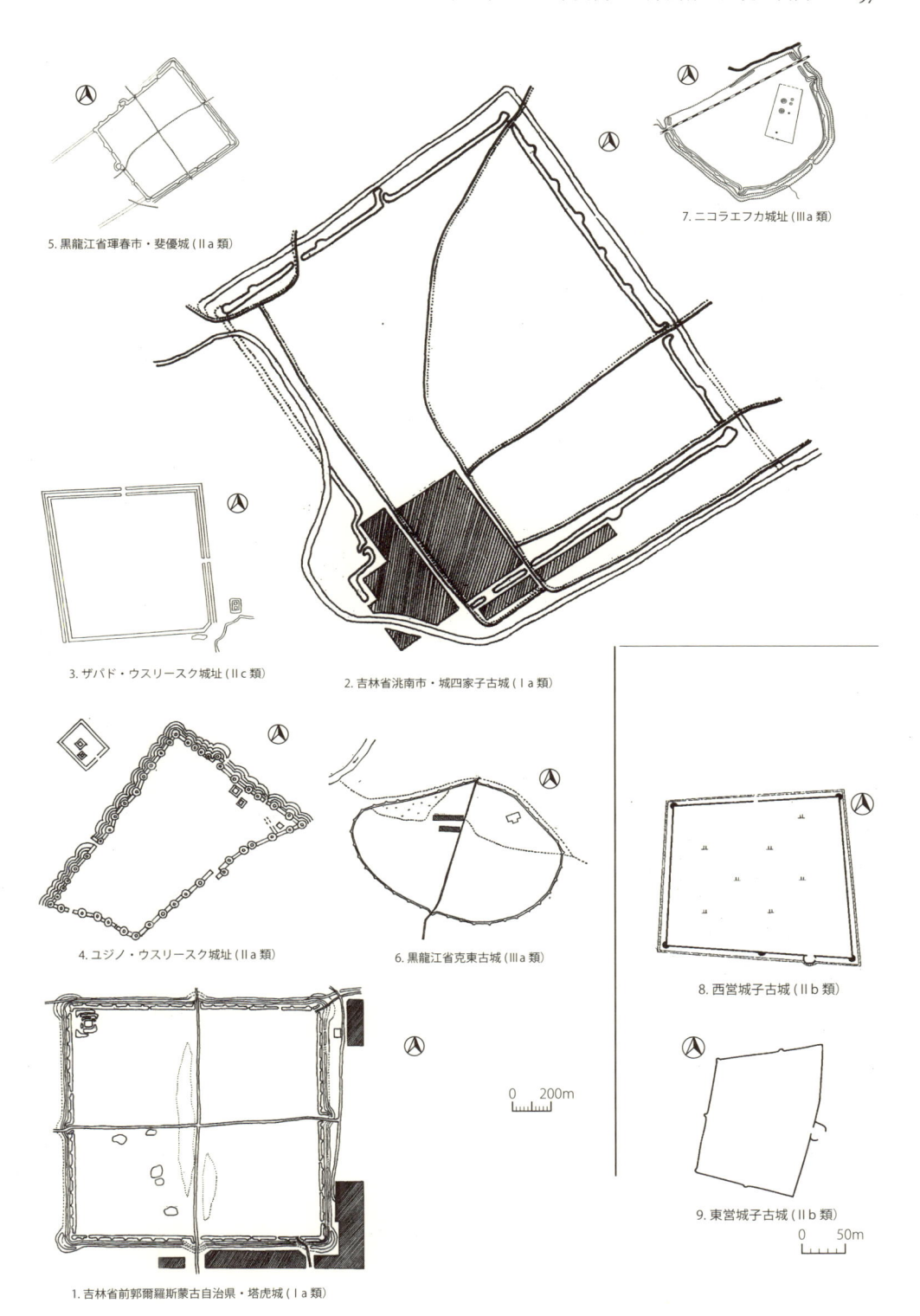

第6章　金・東夏代の地方城郭の出現と展開　157

5. 黒龍江省琿春市・斐優城（Ⅱa類）

7. ニコラエフカ城址（Ⅲa類）

3. ザバド・ウスリースク城址（Ⅱc類）

2. 吉林省洮南市・城四家子古城（Ⅰa類）

4. ユジノ・ウスリースク城址（Ⅱa類）

6. 黒龍江省克東古城（Ⅲa類）

8. 西営城子古城（Ⅱb類）

0　200m

1. 吉林省前郭爾羅斯蒙古自治県・塔虎城（Ⅰa類）

9. 東営城子古城（Ⅱb類）

0　50m

第54図　金・東夏代における平地城の類型化

址，スモリャニンスコエ城址等が挙げられる。山城Ⅰ類の場合，城郭の平面プランは，自然地形に左右されるため不整形となるが，尾根筋がU字形に囲む場所という共通性があることを踏まえるならば，そのような場所を意図的に選択し，城郭建設を行ったのだろう。

　また，山城のなかには高句麗や渤海のそれを金代に援用あるいは改修して利用するものもある。山城もまた馬面と甕城を持つものが多いが，クラスノヤロフスコエ城址では馬面が伴わないのが特徴的である。しかしながら，クラスノヤロフスコエ城址でも城壁が平坦面や緩傾斜地に面する場合，2～3条の土塁や堀を設けて防御強化が図られる点を考慮すると，ほとんどの山城において防御・防衛機能の強化を意識した城郭建設が行われた可能性は十分に考えられる。またノヴォネジナエ城址やラゾ城址のように，主要門（甕城）と城郭内の中央門の間に空閑地（日本城郭史でいうところの「馬出し」風の空間）が存在する城郭もあり，城郭の軍事性を看取できる。

　また城壁構造については，金代以降に粘土と砂を互層に積み重ねた版築工法が一般的に採用される。版築土塁は渤海の西古城でみられるが，一般化するのは遼代以降である。このほか，土を盛るだけのものや土と石を混ぜ合わせて構築するもの，さらにはスモリャニンスコエ城址やスカリストエ城址等のように城壁が石積み構造になるものも存在する。城壁構築部材の違いは，城郭が立地する自然的条件に左右されたものと考えられるが，築造技術の系譜の違いや地域性・時期差も考慮した上で構築技術の違いの意味を考えなければならない。

(3) 金・東夏代城郭（山城）の規模

　次に，金・東夏代城郭（山城）の規模について考えてみたい（第54図・第55図）。城郭規模によって，おおむね巨大（100万㎡以上）・大型（30～50万㎡程度）・中型（10～25万㎡程度）・小型（10万㎡以下）のものに分けられる。巨大山城は，クラスノヤロフスコエ城址，大規模山城はシャイガ城址，中規模山城はエカチェリーナ城址やラゾ城址，アナニエフカ城址，小規模山城はクナレイカ城址等が該当する。その分布は，大きく綏芬河流域，パルチザンスク河流域，日本海沿岸地域に地域区分できる。河川流域ごとに大・中・小規模城郭がそれぞれ分布し，水系の掌握が城郭設置の基準になったことが推測される（臼杵・木山（編）2008ほか）。図們江流域でも同様の傾向がうかがえる。

　また，ロシア沿海地方のウスリースク市とパルチザンスク地区では，大規模・巨大山城のみならず，ニコラエフカ城址やユジノ・ウスリースク城址等の30万㎡を超える大規模平地城も存在し，それぞれ綏芬河流域，パルチザンスク河流域の政治・行政・経済上の中心として機能したと推定される。また城郭の規模・分布の相関を見ると，沿海地方のシホテ・アリン山脈東部の日本海沿岸地域では小規模なものが多く，綏芬河流域やパルチザンスク河流域では大・中規模なものが多い。これは，臼杵勲氏の指摘するように人口分布とも対応するものであろう（臼杵2008・2009）。

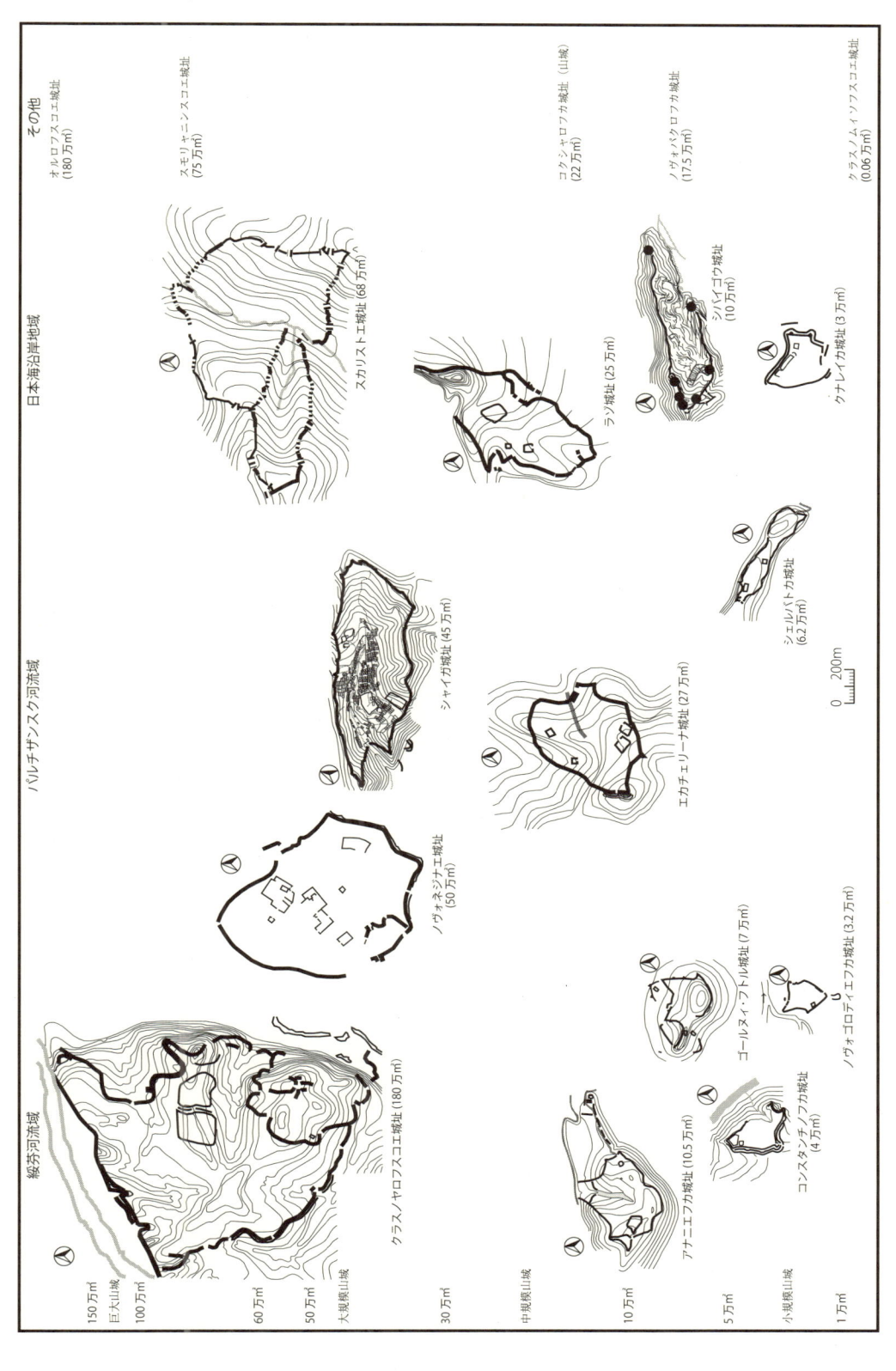

第6章　金・東夏代の地方城郭の出現と展開　159

第55図　ロシア沿海地方における金・東夏代城郭（山城）の規模比較

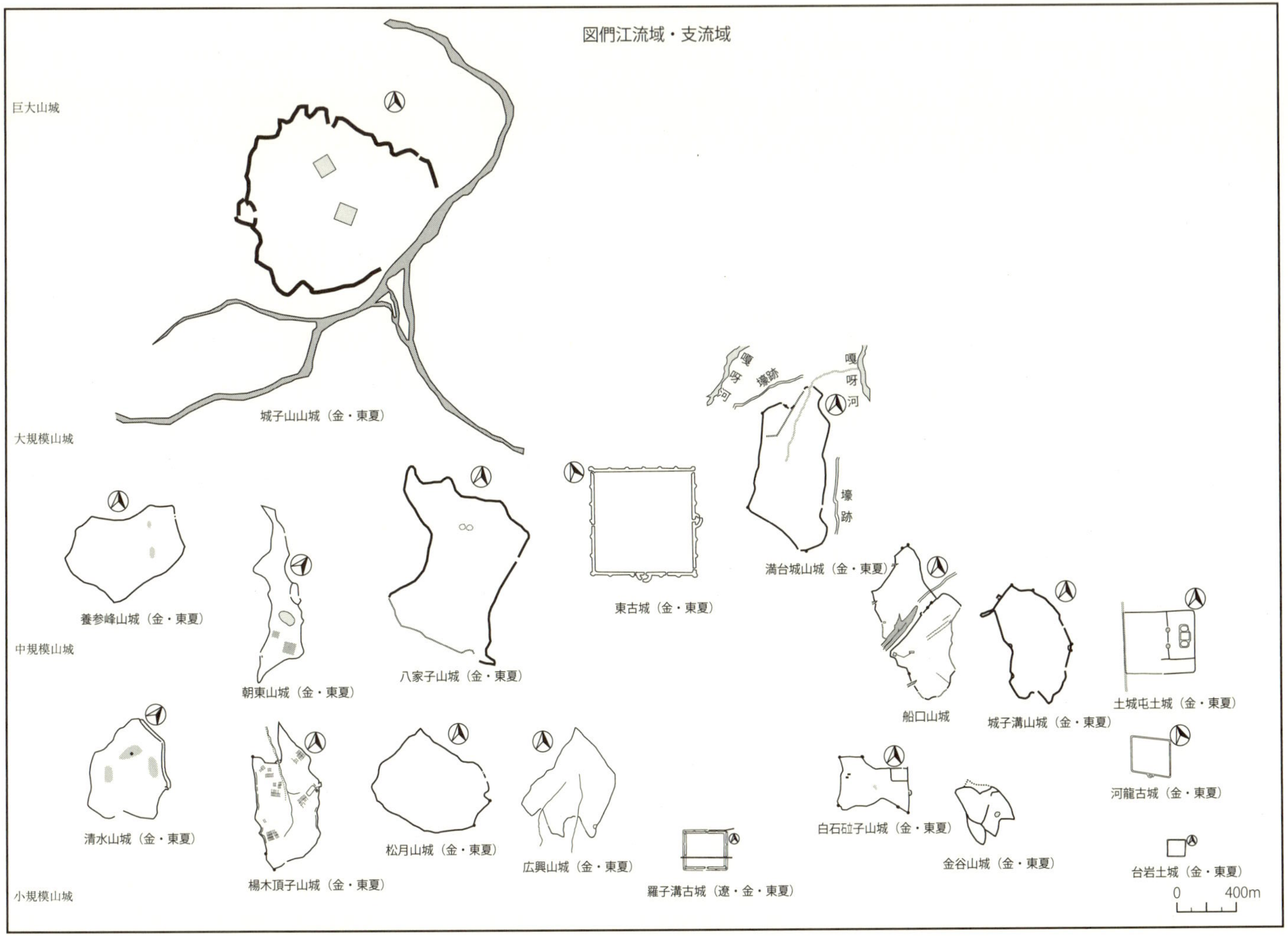

160

第 56 図 中国東北地方における金・東夏代城郭（平地城・山城）の規模比較

第3節　金・東夏代の地方城郭の空間利用

(1) 城内の空間利用

　城内は，炕付建物跡から構成される居住区域や比較的大型の瓦葺き建物を伴う官衙区域，倉庫区域，さらには鍛冶炉や製鉄炉を伴う手工業生産工房区域等が計画的に配置される。金・東夏代城郭内部の空間利用は，後述するように，一定の共通性が見られることが特徴的である。ここでは，平地城・山城に建設された主要施設の概要について述べる。

【内城・外城[2]】内城と外城が明確に分けられる城郭は少ないが，クラスノヤロフスコエ城址が代表的である（Артемьева 2001a・2005）。内城は政治的空間とされ，礎石建物や倉庫等が存在する。官印，青銅製分銅が出土することが多い。一方，外城では，暖房施設の炕を持つ住居跡が建ち並ぶ。出土遺物が甕・鉢類等の日常食器が主体を占めることから，官人・軍人等の居住区と想定される。

【小方城】ユジノ・ウスリースク城址や中興城址のように，大規模城郭に隣接して100m四方程度の小規模な方形区画（小方城）を設けるものも存在する（Артемьева 1998・2005 他）。

【内郭（方形区画）】城内の相対的に高い平坦面，あるいは門から一番離れた平坦面に約100m四方の方形区画を造り，内部に礎石建物が存在する。ノヴォネジナエ城址では，複数の方形囲郭施設が存在する。多くの場合，方形区画に隣接する場所にテラス状に造成された平場が形成され，倉庫群が展開する。

【テラス状造成地】包谷式の山城では，テラス状に造成した平場が存在する。テラスは，斜面を有効に活用するために採られた方法であり，比較的日当たりがよい方向に面する場合が多い。テラスには礎石建物や炕付建物等が構築され，城郭毎に違いが見られるものの，居住空間や倉庫群が展開していたものと推測される。

【堡塁（小型方形囲郭施設）[3]】主要な城門付近や内郭（方形区画）付近に約20〜25m四方の平面方形の囲郭施設を設ける。堡塁は，高さ1〜2m程度の土塁で囲郭され，土塁の一辺の中央部に入口を設ける。一般的に，堡塁内部には3棟の炕付き建物がコの字状に配置されることが多い（Артемьева 1998・2005）。通常，一城郭につき1つの堡塁を持つが，ノヴォネジナエ城址では2つの堡塁が存在する（Артемьева, Ивлиев 2005）。

【中軸街路】平地城では直線道路を設ける。山城でも主要門から内郭（宮殿）方向へ向かって道路が延びるが，地形的制約もあり，必ずしも直線の中軸街路になるわけではない。

【井戸】井戸は生活用水を得るうえで重要なものではあるが，これまでの検出例は多くはない。クラスノヤロフスコエ城址の内城中央門付近と宮殿内部，コンスタンチノフカ城址・ステクリャヌーハ城址の城門内側付近で石積み井戸が検出されている（Артемьева 2005）。これらの井戸は，入口附近や主要施設に隣接するものが多く，共同井戸のような性格であったのだろう。

【手工業生産関連施設】窯業生産施設や鉄生産施設等がある。平地城の場合，瓦生産施設は瓦を

必要とする施設の隣接地に構築される場合がある。シャイガ城址の鉄生産関連施設（Артемьева 1998・2005）やラゾ城址の土器生産施設（Леньков, Артемьева 2003）は，沢付近や城内の端部等城内中心施設や居住区からやや外れた場所に立地する。ラゾ城址のように，手工業生産施設が土塁で方形状に囲郭される場合もある。

【城外空間】城郭外部にも市街地が拡がっていた可能性もあるが，現時点では不明である。臼杵勲氏の指摘するように，チュグエフカ城址外部に見られる条里的区画の存在は，城郭外部に市街地が展開していた可能性を示唆しており（臼杵 2008），今後発掘調査を実施して時期を確定する必要がある。また墓地がどこに形成されたのかという問題もある。ロシア沿海地方では，金・東夏代に該当する墓地遺跡の調査は十分に行われていないが，中国領域内の中興古城に隣接する中興墓地や奥里米古城に隣接する奥里米墓地のように，城郭周辺に女真貴族層や平民層を埋葬した集団墓地が形成された例がある。おそらくロシア沿海地方の金・東夏代城郭の周辺にも集団墓地が形成されていたのであろう。さらに城郭周辺に存在する城壁で囲郭されていない集落や寺院跡については，調査がほとんど行われていないため判然としない。

(2) 事例検討

ここでは金・東夏代の主要な城郭遺跡を取り上げ，近年の発掘調査成果を踏まえた上で空間利用について概観する。

1. ロシア沿海地方

平地城は，ウスリースク市のユジノ・ウスリースク城址，ザパド・ウスリースク城址[4]，パルチザンスク地区のニコラエフカ城址，チュグエフカ城址，ハンカ湖岸のマイスコエ城址等が発掘調査されている。しかしながら，これらの平地城は，すでに破壊されているものが多く，内部空間利用は不明である。そのため，19世紀後半から20世紀前半にF.F. ブッセ氏やA.Z. フェドロフ氏らによって遺された簡易測量図のみが城郭構造を知る手がかりとなっている。

ニコラエフカ城址

本城址は，パルチザンスク地区のパルチザンスク河支流のヴォドパドナ河左岸に立地する（Артемьева 1998・2005）（第54図）。城郭は，不整方形状を呈した平地城であり，面積は約30万㎡を測る。城郭の周囲には土塁と堀が巡るが，城郭北部は河川によって土塁が破壊されている。土塁は，礫岩と砂を混合させて構築され，高さ10m，基底部幅25mを測る。土塁には，馬面が12基存在する。土塁の外側に巡る堀は，幅20〜25m，深さ3〜4mを測る。門は，南角と東側土塁の中央やや北側に「L」字城を呈した門跡がある。城郭東部には主軸を北東―南西方向に持つ面積約4万㎡の長方形プランの内城が確認されている。南側中央部に三つの柱間を持つ三孔門の痕跡が確認されている。ここでは，鳥形土製品等が出土している。内城からは，50m×50mの基壇跡が確認され，その周辺にも小規模な基壇が確認されている。基壇跡からは塼が敷かれた瓦葺きの建物跡が想定されている。これまでの調査によって，クロウノフカ文化，ポリツェ・オリガ文化，ニコラエフカ文化（第9章参照），金・東夏の文化層が確認されている。また2007年

第6章　金・東夏代の地方城郭の出現と展開　163

調査では，城内から金代と推定される瓦窯跡が2基検出されている。数少ない生産地遺跡であり，パルチサンスク河上流に位置するセルゲイフカ瓦窯との関連性が今後の課題となる。

クラスノヤロフスコエ城址

　本城址は，ウスリースク市に所在する山城である（Артемьева 1998a・2005ほか）。綏芬河右岸の丘陵上に立地し，面積180万㎡，城壁周長は約7kmを測る。東夏の上京開元府に比定する見解もある（Артемьева 2005）。城内は，「外城」・「内城」・「内郭」によって構成される（第57図）。

　外城は，東側の門から外城中央部にかけて緩やかに傾斜しており，発掘調査の結果，「コ」の字状の炕を有した面積30～50㎡の建物が21棟確認されている（Артемьева 2005）。平瓦の存在から瓦葺きの建物跡が存在していたと考えられる。特に，第1号建物跡では，陶質土器壺形・罐形とともに，天泰七年（1221）十二月の刻字を持つ「耶懶猛安之印」，近接する第4調査区では，大同七年（1230）三月日と記された青銅製の円盤形分銅が出土している。外城南東部の傾斜面から出土する遺物は，土器・陶器（貯蔵具・煮炊具・食膳具），鉄製品（鉄鏃，刀子，帯金具，小札），土錘等生活に関わるものが多く，官人等の居住区と推定される。また，外城北東部には，内郭（方形区画）が存在した可能性が指摘されているが，現在，この場所は集落となっており，詳細は不明である。多角形プランを呈する面積1～1.2万㎡の規模を有し，高さ0.5～0.7mの土塁で囲郭されていたようである（Артемьева 2005）。

　城址南東部に位置する内城では，北・北東・西・南に門がある。南側の中央門から内城北東部にかけて傾斜し，街路が延びていたと想定される。内城中央門の外側には，井戸が存在する。基本的には内城の最も高い平坦面に方形状の内郭を設け，政務機関とし，その北側には倉庫群（居住区も含むか），南西側には倉庫群等が展開する。堡塁は西門付近にあり，高さ1～2mの版築土塁で方形状（20m×30m）に囲まれ，内部では炕を有する建物跡が2棟確認された。ここでは陶質土器壺・甕類が出土している。また堡塁の東側には，テラス状の平場や行政地区（第14・23・25調査区）が存在する。行政地区では，礎石を有する瓦葺き建物2棟（10間×5間，9間×3間）と鉄生産関連施設が確認された（Артемьева 2001б）。特に，ここでは青銅製の円盤形分銅が14個，銅鏡10枚出土している（Артемьева, Ивлиев 1996）。テラス状平場では，行政施設に付属する倉庫と考えられる建物跡が確認され，陶質土器小型球状壺が多量に出土している（Артемьева 2001б）。この倉庫跡は，総柱構造であり，各柱の下には根石と考えられる拳大の角礫が敷き詰められている。

　内城の北西部には，平坦面が広がっている。また内城中央部には土塁で方形状に区画された内郭が存在し，礎石建物跡が検出された。その北側でも礎石建物跡が検出され，三鈷杵が出土した。さらにそこから内城北門に向かってテラス状の平場が広がっている。最近の調査によって，内城で手工業生産工房が確認されている。

164

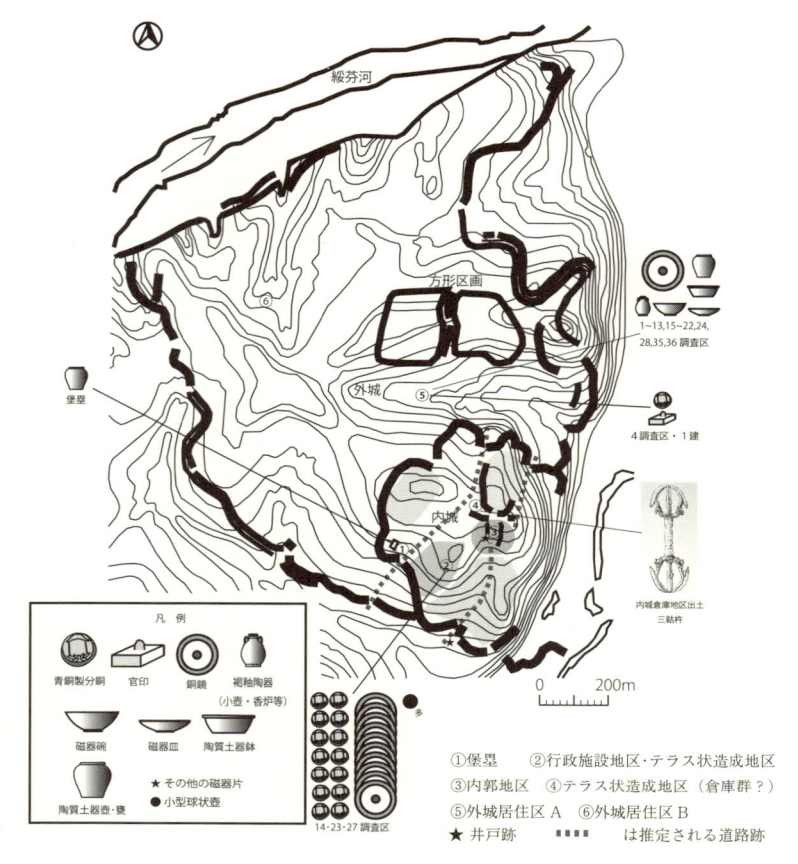

第 57 図　クラスノヤロフスコエ城址における文字資料および陶磁器の出土状況

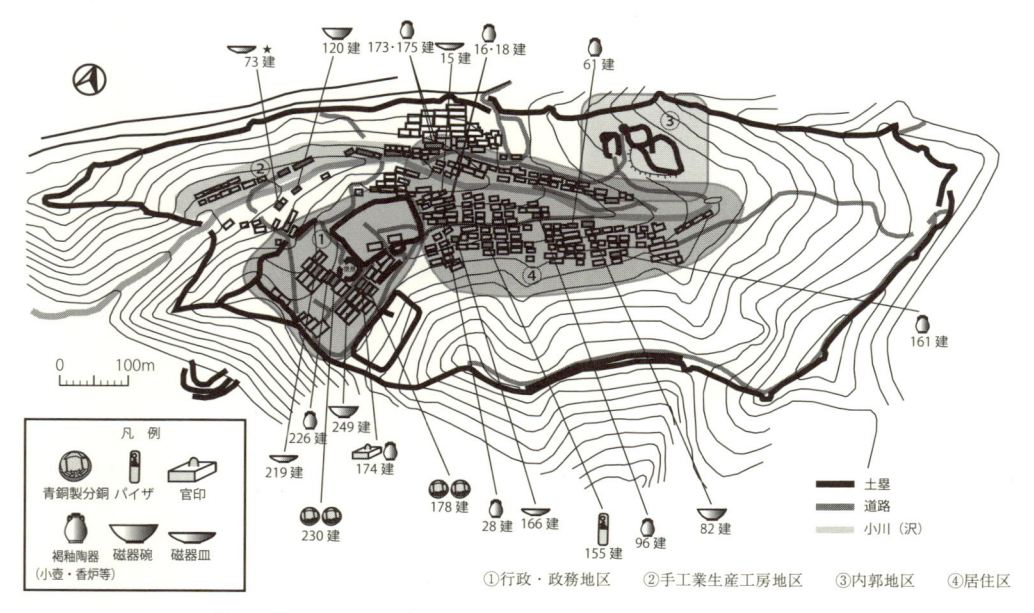

第 58 図　シャイガ城址における文字資料及び陶磁器の出土状況

シャイガ城址

　シャイガ城址は，パルチザンスク河左岸に立地する包谷式山城である（Артемьева 1998・2005）。城址内部の面積は約 45 万㎡であり，尾根に沿って高さ 0.5～4.0 m の土塁が巡る。北側と東側土塁に馬面が顕著に見られ，北側土塁中央部に甕城を持つ。城郭内部は，北西部の手工業生産工房地区，南西部の行政・政務地区，中央部から東部の居住地区，北東部の内郭地区に大きく分けることができる（第 58 図）。

　まず城址北東部には 2 つの方形区画が存在する。一つは，30 m×20 m の方形プランで主軸を東西方向に有するものである。その北西部には櫓が設置されていたと考えられる角楼がある。その隣には，60 m×70 m の方形プランを呈し，東と北側に入口を持つ内城がある（Артемьева 1998・2005）。この地区では礎石建物が検出されているが，遺物の詳細については不明である。また，城址南西部にも 50 m×100 m，80×120 m の規模を持つ方形区画が存在する。高さ 0.5～1.0 m の土塁が巡っており，内部はテラス状に造成され，瓦葺建物や倉庫群が存在する。その一角には堡塁が存在し，高さ 2 m の土塁で方形状（26 m×26 m）に囲まれている（Артемьева 1998）。北西中央部に入口を持ち，内部からは 3 軒の炕を有する建物跡が確認されている。この区域に所在する第 174 号建物跡から「治中之印」が出土している（Артемьева 1998・2005）。このほか，230 号住居跡・178 号住居跡から青銅製分銅が出土している（Артемьева, Ивлиев 2001）等，堡塁周辺は政務を執り行った地区と推定される。またこの地区は，城郭中央部のテラス上に建設された居住区の建物群から出土する遺物とは構成が異なり，陶瓷器の碗皿類，褐釉小壺が比較的多く出土する（Гельман 1999）。おそらく軍事・行政等に携わる役人の邸宅も展開していたと推測される。また居住区では，400 棟程度の住居跡が存在すると推定され，これまでに 285 棟余りが調査されている（Артемьева 2005）。20～50㎡程度の炕付建物跡と倉庫をセットとした建物が多く，住居内から石臼が検出されるものも多い。この居住区のうち，155 号住居跡からは銀牌（パイザ）が出土している（高橋 1993）。この他，城郭北西部のテラス上では金属生産工房が構築され，その周囲には工人の住居が展開する。

ノヴォネジナエ城址

　ノヴォネジナ城址は，ロシア沿海地方東南部，シコトフスキー地区ノヴォネジナ村に所在し，スホドル河左岸に立地する山城である（Артемьева, Ивлиев 2005）（第 59 図）。ノヴォネジナ城址周辺には，北西約 16km にスモリャニンスコエ城址，北西約 17km には方形の平地城であるステクリャヌーハ城址，東部約 55km にニコラエフカ城址，北東約 63km にシャイガ城址といった金・東夏代の城郭遺跡が点在する。

　本城址は包谷式の山城であり，谷が城内北東部から南西部に向かって傾斜している。城郭規模は周長 3200 m，面積 50 万㎡を測る。土塁は岩崖となっている東側を除くと，北側は高さ 1～2 m，幅 3 m ほどの土塁が続くが，西側は急峻な崖に面しており土塁は発達していない。一方，城郭南側においては二重土塁が築かれ，内側の土塁は高さ 6～8 m ほどあり，一定の間隔を置いて馬面を築いている。南側土塁が築かれている場所は，北・東・西とは異なって急峻な絶壁ではな

第59図　ノヴォネジナエ城址衛星写真：1970年3月12日撮影
Novonezhino walled town: Corona satellite photo over taken on March 12, 1970.
Photo available from U.S. Geological Survey, EROS Data Center, Sioux Falls, SD, USA.

く，緩やかな傾斜面が続いている。そのため，二重土塁を築くことで防御機能を高めることを意図したものと推測される。城門は西と東の2箇所あり，西側の城門が主要門であり，L字状を呈した甕城となっている。

城郭内部には，礎石建物跡と多数の住居跡からなる方形を基調とした土塁で囲まれた内郭が4ヶ所，すなわち中央門内側の北西部1ヶ所，城内北部に2ヶ所，城内南東部に1ヶ所存在し，高さ0.5～1m程度の土塁で囲郭されている。また堡塁が2ヶ所確認され，城内中央部の谷附近と城内北部の方形区画に隣接した場所に存在する。このほか，城内北部にテラス状の平場が構築されており，倉庫群が展開した可能性が高い。

本城址では，2007年度から発掘調査が本格的に始まっており，十分な資料蓄積はない。そのようななかで特筆すべきものとして官印と銅鏡がある（Шавкунов 2003, Артемьева, Ивлиев 2005）。官印は，城郭東側土塁から西側に続く谷からほど近い高位平坦面で盗掘された，「貞祐二年六月礼部省」の紀年銘を持つ「同知鎮安軍節度使事印」である。貞祐2年は1214年であり，蒲鮮万奴が東夏を建国する前年にあたる。一方銅鏡は，表採資料であり，「王質観棋故事鏡」と「四雲亀背蓮球紋鏡」がそれぞれ1枚ずつある。前者は，金代銅鏡であり，女真文字が8文字刻まれている。類例として，中国吉林省楡樹封堆金代遺跡（張 1990）や南シベリアのシュシェンスク（Шушенск）村でも出土している。後者は，劉淑娟氏による遼代銅鏡の編年観（劉 1997）に従うと，遼代中期に相当するものであり，同様のものが遼寧省朝陽市姑営子1号遼墓でも出土している（劉 1997）。この四雲亀背蓮球紋鏡は伝世品の可能性も否定できないが，官印や王質観棋故事鏡の出土は城郭が金代末期・東夏代に使用されていたことを示す考古資料として注目される。空間利用詳細は今後の調査に委ねたいが，官印が出土した地点は内郭が点在する地区に隣接することから，城郭北東部は行政・軍事的機能を有した施設が展開する地区であったと推定される。

　その他の城郭遺跡

ロシア沿海地方の金・東夏代の平地城は，ユジノ・ウスリースク城址やザパド・ウスリースク城址のように破壊され，様相が不明なものが多い。平面プランは，基本的に方形を呈し，「L

字状の門を城壁中央部に有する。土塁の断ち割り調査によって，版築構造であることが明らかにされている。また，チュグエフカ城址のように馬面・甕城を有するものもある。基本的には遼代の系統を引くものであろう。その他，金代城郭の特徴として，城址内部の主要門付近に「堡塁」を築く場合がある。また，ユジノ・ウスリースク城址やザパド・ウスリースク城址では，隣接する場所に小規模な方形状の区画施設（小方城）も設ける（Артемьева 2005）。こうした堡塁や小方城は，後述する東夏代を存続時期とする山城でも見られる。

また山城に関しては，大規模城郭と同様，中規模城郭に相当するラゾ城址やアナニエフカ城址，シイバイゴウ城址においても，城郭内部の空間利用に共通する部分が多い（第60図）。アナニエフカ城址では標高の最も高い南西部に内郭を設け，その周辺には居住区や鍛冶工房，政務地区等が存在する（Хорев 2002，Артемьева 2005）。またラゾ城址では，城郭北部の内郭を中心とし，その周辺に政務地区，居住区が展開し，南西部には土器生産工房が所在する（Леньков，Артемьева 2003，拙稿2008）。2号建物跡と9号建物跡からは銅権（分銅）がそれぞれ1点出土している。一方，小規模城郭に該当するクナレイカ城址では，城郭北部に堡塁・内郭を有し，城内南西部にはテラス状造成された平場が存在する（Дьякова，Сидоренко 2002）。小規模城郭の場合，堡塁・内郭

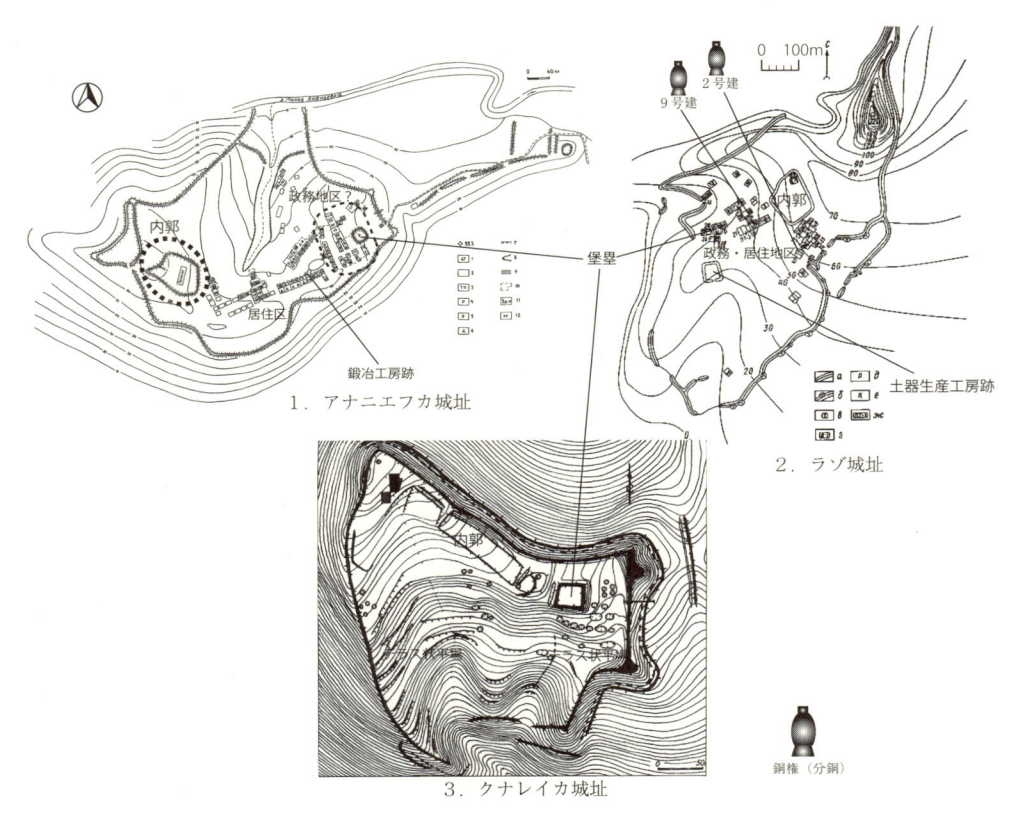

第60図　ロシア沿海地方における小・中規模山城

等の最低限の施設は集約されているが、城郭はきわめて急峻な場所に立地して二重土塁や馬面等防御的機能が発達し、大・中規模山城とはやや様相が異なる。クナレイカ城址では馬面上から戦で用いたと考えられる投石がまとまって確認されている。

2. 嫩江流域（第61図）

嫩江水系には、金代蒲与路治所に比定される周長2850mの克東古城を筆頭に、周長1200mを超える伊拉哈古城や廟台子古城、周長400〜500m程度となる繁栄古城、門魯河古城、小石砬子城址、興安城址がある。伊拉哈古城や廟台子古城は猛安城、周長400〜500m程度の城址は謀克城あるいは辺堡城と推定される（郝・張1991）。

克東古城（中国黒龍江省克東県）

本城址は嫩江支流の烏裕爾河左岸の低位段丘面に立地する平地城である（黒龍江省文物考古研究所1987）。城内から「蒲与路印」銘を持つ官印が出土し、金代蒲与路の治所に比定されている。

城址平面形は楕円形状を呈し、東西1100m、南北700mであり、周長2850mを測る（第60図）。高さ8〜13mの土塁、幅10m余りの堀がめぐる。城壁には60〜70m間隔で馬面が付けられ、40ヶ所確認されている。城門は南北中央部に各1ヶ所あり、半円形の甕城構造となる。城内の空間構造については、東部が官衙地区、西部が商業・手工業生産地区と推定されている。

発掘調査は城門と城内北東部で行われ、後者からは官衙遺構と推定される建物跡が検出された。凸状を呈する基壇状の高まりが確認され、南側に露台（月台）、北側に正殿を設けている。露台は長軸9m、短軸7mを測り、東・西・南三面は磚を用いている。正殿は8間×5間の大型の礎石建物であり、面積約210㎡を測る。露台と同様に、東・西・南三面は磚を用いて化粧されている。露台南側中央部と東西両側に階段を設け、正殿南西部に入口と推定される門を設ける。また正殿北西隅に長方形を呈した小型建物跡が検出された。正殿の東側からは炕を伴う建物跡が検出され、報告者によって官吏の住居跡と推定されている。調査区からは、陶質土器瓶類のほか、銙帯金具、馬具、鉄鏃、刀子、小札、錠前、車轄、銅鏡などが出土した。

3. アムール河水系〜松花江下流域（第61図）

この地域は、金代上京路・故里改路・蒲与路に相当する。アムール川右岸には、周長1000mを超える何地営子城址（山城）、周長700〜800m程度の新興城址（山城）、石砬子城址、周長500m未満の四方城址がある（郝・張1991）。また松花江下流域では、周長3224mの奥里米城址、周長1460mの中興城址などの平地城のほか、老龍坑遺跡、北口遺跡、陳大遺跡、大架子遺跡、双泉遺跡、吉里東遺跡などの集落遺跡が知られる（鄒2006）。アムール河左岸のロシア領では、ウチョスナエ城址やノヴォペトロフカ城址、ジャリ城址などがある（第61図）。

奥里米城址（中国黒龍江省綏濱県）

本城址は松花江下流域左岸に位置する略方形を呈した平地城である（黒龍江省文物考古研究所1977b、鄒2006）。西北1kmの地点に墓群がある。城壁は北側と東西両壁の一部が遺存し、南城壁は河川によって破壊されている。北側の城壁は保存状態がよく、全長912mを測る。城壁は高さ3〜4mを測り、22ヶ所の馬面が確認できる。その間隔は約40mである。保存状態がよい北側・

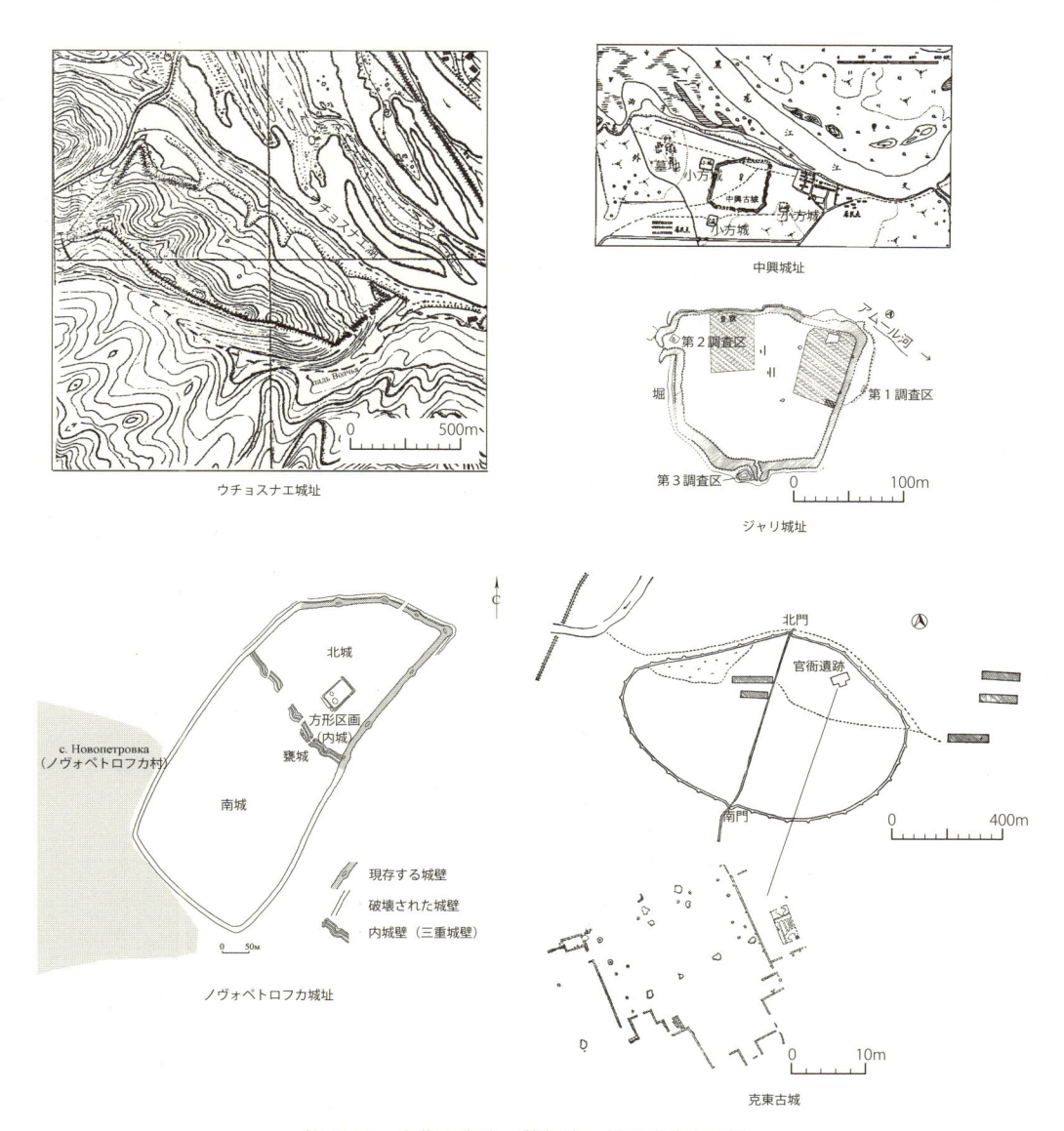

第61図　金代上京路，蒲与路，胡里改路の城郭

東側城壁から，周長は3224mを測ると推定されている（鄒2006）。東側城壁に甕城が伴う。
　城内には基壇状の高まりが規則的に配列する。城内では瓦片や陶質土器・瓷器片のほか，近接する墓葬でも陶質土器・瓷器のほか鉄製品・青銅製品，金製・玉製装飾品などが出土している。

中興城址（中国黒龍江省綏濱県）

　アムール河と松花江の合流点付近に位置する平地城である（第61図）。城址北西に中興墓地が存在するほか，周辺には瓦が伴う新興遺跡が存在する（黒龍江省文物考古研究所1977a，鄒2006）。
　城址は隅丸略方形を呈し，南北372m，東西374mで周長1460mを測る。城壁は直線的でな

く，歪みを持つ。城門は南北城壁に各1ヶ所あり，甕城を伴う。城壁は高さ2.4〜3mを測り，城壁の外側には堀を持つ。また城壁には馬面がある。また城外西北・西南・東南の3箇所には周長200mの小方城が存在する。城内の施設については不明瞭である。城内では発掘調査が行われていないが，陶質土器，瓦片，銅印，銅鏡などが表採されている。城外の中興墓地では，陶質土器・陶瓷器・三足羽釜のほか，銅印，青銅製鞍飾，金列鞦，鍍金銀飾具，金・銀・玉製品などが出土している。奥里米城址とともにアムール川中流域の中心的な平地城であったと考えられる。

　ジャリ城址（ロシア・ハバロフスク州）
　トロイツコエ村郊外に位置する。城址は岬状に突き出た丘陵部先端に立地する（第61図）。城址北側をアムール河が流れている。城址北側は岸壁，東側は谷に面している。城址は不正方形を呈する。城壁は高さ1〜2mであり，規模は北城壁約200m，西城壁110m，南城壁170m，東城壁110m，周長約590mを測る。城壁外側には堀が巡る。門は西城壁北側，南城壁中央部に位置する。甕城構造である。

　城址西門内側（第2調査区），城址南門，城外東側城壁付近の3ヶ所で発掘調査が行なわれている。発掘調査によって，パクロフカ文化の陶質土器，羽釜片，青銅製透かし彫り帯金具，鉄鏃，陶硯，坩堝，紡錘車などが出土している。

4．サハリン島

　サハリン島では，アレクサンドロフスク城址，白主土城，馬群潭土城，小能登呂土城などが知られている。しかしながら，その多くがすでに破壊されており，城郭構造や構築時期，機能について不明瞭な点が多い。詳細が判明しているのは，白主土城である。

　白主土城は，サハリン島南端のクリリオン岬から北西約2kmに位置する。城址は西側に日本海を臨む標高20〜25mの低位段丘面に立地する（前川ほか2002・2003・2004，山口・前川2007，山口・井出2008）。城址は平面が歪んだ台形を呈し，南西以外の三辺は土塁と堀で囲郭されている（第62図）。城壁は南・北土塁の中央部に位置する。その規模は，南・北土塁の長さはそれぞれ104m，115mであり，面積1.2万㎡を測る。城外北部において五角形あるいは六角形を呈すると推定される竪穴住居跡が2棟検出された。

　2002年度から2004年度に富山大学・中央大学・サハリン州立大学によって南側土塁・堀の断ち割り調査および城内のトレンチ調査が実施された。土塁・堀の調査では，版築によって構築されていることが明らかになった。土塁構築の差異に約20cm単位の土留めを用いたと推測されている。土塁は第3層を基盤層として構築されており，土塁・堀の構築後，逆台形状の堀の埋没が進んだ段階で黒色の第2層が堆積していることが判明した。また城内の発掘調査によって，明確な遺構は確認されていないが，第3層上面においてパクロフカ文化期の陶質土器片が数点出土した。日本列島産の遺物は出土していない。年代の詳細については不明瞭だが，金代あるいは元代に構築されたと想定されている（山口・井出2008）。

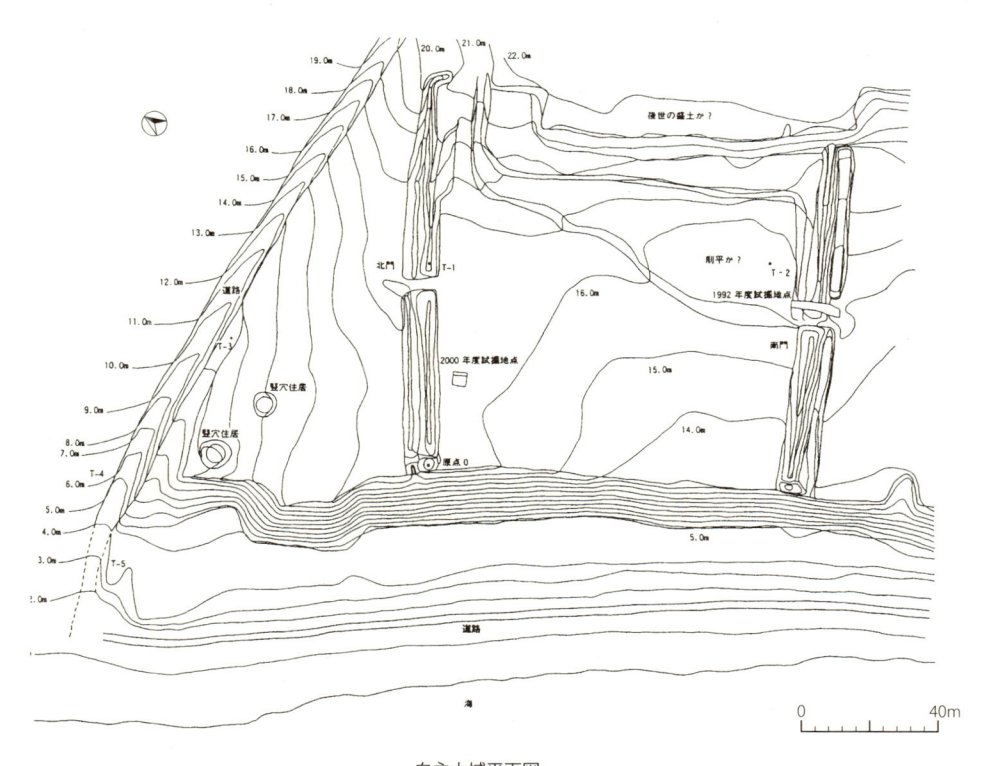

第6章　金・東夏代の地方城郭の出現と展開　171

白主土城平面図
（測量：前川要，ニキータ・ナオヤ・ツカダ，山口欧志　製図：岡田　幸）

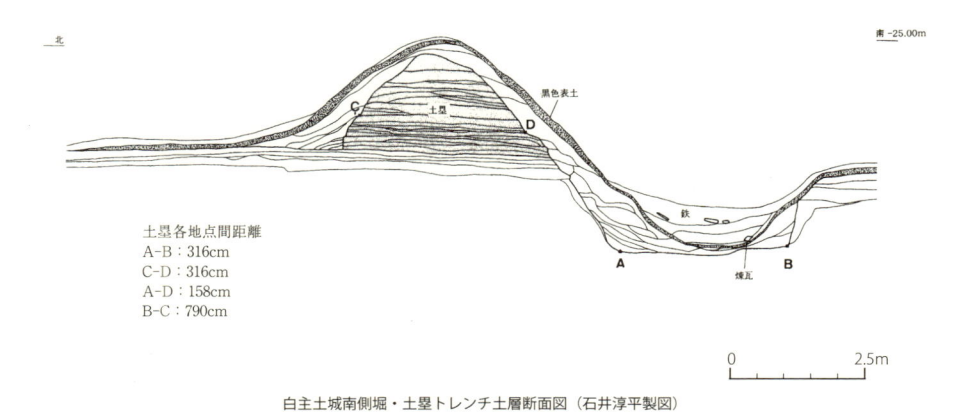

白主土城南側堀・土塁トレンチ土層断面図（石井淳平製図）

第62図　サハリン白主土城平面図，南側堀・土塁トレンチ土層断面図

第4節　金・東夏代の地方城郭の出現・展開の諸段階

(1) 金代平地城の成立と領域支配

『大金国志』巻10熙宗紀には，「女真之初，尚無‗城郭‗，星散而居，国主晟嘗浴‗干河‗，牧干野，屋舎車馬，衣服，飲食之類，與レ下無レ異。」と記され，12世紀初頭までは女真社会では城壁で囲郭された城郭が存在せず，散村状態であったことがわかる。そして，12世紀前半代に散村集落の中心部に政治・行政・軍事の拠点として平地城を建設し，一定地域の集落の再編が行われた（拙稿2007a）。城郭の分布密度には地域差が見られ，人口密度を考慮して計画的かつ戦略的に平地城が築かれた（木山・布施2006，臼杵2006）。

中国黒龍江省からロシア沿海地方にかけての地域は，上京路に属し，下級路として蒲与路・胡里改路・恤品路などが設置された。先行研究によって，蒲与路治所は黒龍江省克東県克東古城，胡里改路治所は黒龍江省伊蘭県牡丹江右岸，恤品路治所はロシア沿海地方のウスリースク市のユジノ・ウスリースク城址に比定されている。

金代の平地城は，規模による階層構造が認められる。州級路治所は数十万㎡，県級は6万㎡程度，屯田戍守の軍事城塞が3万㎡以下となる（申2006）。特に，路治所や州県城クラスの大・中規模城郭では，高さ5～10mにも及ぶ城壁を築いて外敵の侵入を防ぎ，さらに馬面や角楼等を築いて攻撃に備えた軍事的機能も併せ持つ。こうした状況は，城内から出土する鉄鏃・鉄矛をはじめとする鉄製武器のほか，吉林省徳恵県后城子古城で出土した銅弩机（吉林省文物考古研究所・長春市文物管理委員会办公室1993）のような出土遺物からも理解できる。

また平地城は，このような軍事的機能のほかに，経済的中心地としても機能した。金代の平地城の多くが大中規模河川に隣接して建設され，平地城のなかには城壁が河川の流れに沿って築かれるものや，平面プランが厳密な方形にならないものも見られる。このことは，平地城が陸上交通路のみならず，河川や海などの水上交通路を意識し，物資の運搬や流通の利便性を備えたことを示唆する。

(2) 山城の出現・展開と東夏の領域支配

12世紀後葉頃からロシア沿海地方や朝鮮半島北東部，中国東北地方の南東部（牡丹江流域や図們江流域等）において，平地城に加えて，軍事的・防御機能を備えた山城が数多く建設される。クラスノヤロフスコエ城址のように，金代に使用されていた山城は，土塁の嵩上げや多重堀の構築等によって防御強化を図る。また，この時期の山城の多くは，城郭分布・立地・構造などにおいて共通性を持ち，一定の理念のもとで立地選択が行われ，計画的に城郭建設がなされたと推定される（拙稿2007a）。それらの特徴を列記すると，以下のようになる。

①山城は河川流域に立地し，谷を包み囲む地形を選択している。多くの場合，南側の低地部に門を有し，城内頂上部から城内を見渡すことができる。山城の近接する場所に平地城が存在

第 6 章　金・東夏代の地方城郭の出現と展開　173

する場合もある。
② 城郭には馬面・角楼・甕城を伴うものが多い。城壁は高さ 4～5 m であり，6 m を超えるものも少なくない。馬面や角楼を付属する城郭は，城壁外側に一重・数重の堀（濠）を設ける。
③ 城内は計画的に区切られ，建物が配置される。傾向として，遺跡内部の相対的に高い位置，あるいは門から一番離れた奥の部分に約 100 m 四方の方形区画を造る。また門や方形区画付近に約 20 m 四方の堡塁を設ける。堡塁は，1～1.5 m 程度の土塁で囲郭され，土塁の一辺の中央部に入り口を設ける。堡塁内部には入口と対称となる位置に 1 棟，入り口側の左右にそれぞれ 1 棟，計 3 棟の建物が配置される。また斜面を削ってテラス状に造成するなど，山間部を有効活用できるような方法が採られている。テラスの方向は日照を意識している。
④ 門付近や水辺のある沢付近に手工業生産関連工房を設ける。これまでに検出されているのは鉄生産関連の工房である。ラゾ城址のように方形区画内に工房を形成する場合もあるが，基本的に居住区となる建物群からやや離れた地点に形成される傾向があり，居住空間と工房空間が分離されている。
⑤ 大規模城郭の主要門の外側平坦面に土塁状の高まりを持つものがある。このようなものは，アナニエフカ城址やラゾ城址，エカチェリーナ城址のような小中規模山城でも見られる。
⑥ 収税物・食糧を保管する倉庫（穀倉・貯蔵庫・備蓄倉庫等）は，戦乱下でも被害の受けにくい場所を選択して建設される。たとえば，ノヴォネジナエ城址では，河川に面した絶壁の内側にテラス状の平場を設けて倉庫群が展開する。倉庫群は低い土塁（布掘り状の柵のようなものか）によって囲郭されており，倉庫区域への入場が制限されていたことを示唆する。またクラスノヤロフスコエ城址では，内城西側の斜面をテラス状に造成して倉庫群を形成する。
　クラスノヤロフスコエ城址やシャイガ城址など 35 万㎡を超えるような大規模・巨大山城では，生産関連施設や方形区画などさまざまな施設が計画的に配置され，都市性が高いものになっているのに対し，中小規山城では必ずしもこのような施設が備わっているとは限らない。1～5 万㎡程度の小規模山城では防御機能が発達した軍事的側面が強いものが多い。
　1215 年に建国された東夏国では，上京・北京・南京の三京を設置して政治・経済・軍事上の拠点とし，路・府・州の行政区域に分け，治所として城郭を設置した。大規模山城を核とした水系をきわめて意識した城郭建設を行うことで地域支配や流通構造を再編成するとともに，行政・経済・軍事を城郭内に集約させるシステムを構築した。平地城の周辺には山城が計画的に配置されている。臼杵勲氏が指摘するように，女真故地に置かれた金代の猛安・謀克をそのまま府州制度に取り込んで階層化し，それぞれの拠点に山城を築いた可能性もある（臼杵 2008）。こうした山城は，13 世紀初頭のモンゴルとの軍事的緊張関係を一つの背景として出現するが（拙稿 2007a），出土遺物を考慮すると，一部の山城は 12 世紀中葉・後葉頃から機能しているようである。

(3) 金・東夏代城郭の意義

　金代の平地城は，遼代城郭の建設伝統の流れを引いた方形状を基調とした城郭と理解できるが，

特徴的なのは山城の出現である。当該地域では，青銅器時代以降，丘陵地に土塁や堀を伴う高地性集落が形成される（ニキーチン・クリュエフ 2002）。しかしながら，金・東夏代のそれとは異なり，基本的に城郭内部に囲郭形態を持つ区画は存在せず，住居跡から構成される集落である。また，城郭規模も小規模なものが多い。

　前川要氏は，ロシア沿海地方の金・東夏代の山城について，郭の分離が顕著に見られないことから求心性が低いが，方形区画（前川氏は「首長の方形館」と理解している）の存在からある程度の求心性は存在したと想定した（前川 2004）。確かに前川氏の言うような「方形館」は当該地域の渤海代の平地城には見られない。たとえば，クラスキノ城址寺院地区のように柵列等で城郭内部の空間を区分するという行為は見られるものの，独立した方形区画は城内では確認されていない。この点からも当該地域の城郭史上，金代末期の山城の出現は大きな画期の一つであったと捉えられる。また前川氏は，山城内部の空間利用について，シャイガ城址等は手工業者の凝集や人口等から都市性が高くなった状態であるものの，直線道路と方形区画中心の都市計画が不明瞭であり，「都市的集落」と理解している（前川 2004）。また臼杵勲氏は，「城下町系都市」という用語を用い，ロシア沿海地方の金代の平地城は土塁で囲まれた城郭の外側に条里を伴う市街地が拡がり都市的性格を持つのに対し，金・東夏代の山城は求心性と内部の都市性が希薄であるとする（臼杵 2008）。前川・臼杵両氏の見解はいずれも，平地城に関しては都市的様相を認めるが，山城に関しては求心性と都市性が希薄である点を強調する等，集落と理解する傾向が強い。筆者は，クラスノヤロフスコエ城址やシャイガ城址のような中・大規模山城に関しては，政務機関や倉庫群，工房，住居等を城内に建設し，相当数の人々を集住させ，職住一体化を図り，政治・経済・軍事の拠点として機能したという点で都市性が高いものと理解する。当然，城内は自然地形に左右されるため，直線道路は存在しない。ただし，城郭内部の空間利用や建物の主軸方向等から考えると，ある程度の計画性は認めてもよい。特にクラスノヤロフスコエ城址は，東夏の上京開元府かどうかは別として，首都的機能を十分に備えたものである。一方，小規模山城については，大規模山城ほど諸機能が発達しておらず，都市というより軍事的施設を伴う城塞という側面が強い。

小　括

　以上，本章では金・東夏代にかけての平地城と山城の分布・立地，空間構造，存続年代，機能等について検討を加えてきた。本章で明らかになった点についてまとめておきたい。
1) 城郭遺跡は，基本的に河川流域上に分布・立地する。渤海の平地城は散在的で点的支配を中心としたのに対し，金・東夏代に面的支配を目指したものへと分布状況が変遷することが確認できる。これは，各王権の地域戦略を示唆するものであり，遺物の出土状況を踏まえた詳細な分析が必要である。
2) 城内には，炕付建物跡から構成される居住区域，瓦葺き建物を伴う官衙区域，倉庫区域，鍛冶炉や製鉄炉を伴う手工業生産工房区域などが計画的に配置され，城内の空間利用におい

て共通性が見られる。

　本章で対象としたのは，比較的調査が進んでいるロシア沿海地方の大規模城郭遺跡である。ロシア沿海地方では，大規模城郭遺跡の調査研究が進んでいるものの，小中規模城郭遺跡の具体的様相に関しては不明な点が多いのが現状である。内部空間構造も未公表なものがあり，臼杵勲氏らによって勢力的に進められているような測量図作成による資料化を図る必要性がある（臼杵2005・2006・2008）。それによって，大規模城郭遺跡と小中規模城郭遺跡との相互関係を明らかにすることが可能となるだろう。これまでの研究状況を振り返ると，遺跡・遺構情報のみに焦点が向けられ，城郭遺跡出土の遺物については十分に検討されてこなかった。今後は，中国・ロシアの研究者との共同作業によって資料化を図るとともに，山城・平地城・集落などの遺跡間の相互関係，城郭遺跡内部の地区・遺構間の出土遺物の相互関係，城郭の構造方法の系譜などについて検討し，地域構造を復元する必要がある。

註
1) 同時に，臼杵勲氏はシャイガ城址や自身が測量したノヴォパクロフカ2城址等のコンピュータ・グラフィックス（CG）の作成を試みている。
2) ここで用いる「内城」はロシア語の「внутренний город」，外城は「внешний город」の訳語である。しかしながら，внутренний городという用語は，クラスノヤロフスコエ城址南東部の城壁で囲郭された35万㎡の空間と，シャイガ城址北東部に存在する方形状に区画された1200㎡空間の両方を指す用語として使用されている。当然，両空間が同様の機能を有していたとは考えにくく，ここでは前者を「内城」，後者を「内郭（方形の場合は「方形区画」）」という用語で区別しておきたい。
3)「堡塁」はロシア語の「редут」の訳語である。前述した方形状に区画される「внутренний город」（内城）とは異なり，20～30m四方に土塁で囲郭された小規模な区画施設を指す用語として使用される。Редутという用語から，この施設は軍事的な性格の強い施設として理解しているようである。
4) ザパド・ウスリースク城址は，滴水瓦の年代観から金代末期に存在したことが指摘されている（イブリエフ2007）。ザパド・ウスリースク城址に馬面や甕城が伴わない理由について，イブリエフ氏は調査を担当したYu.G.ニキーチン氏が「簡便な築城技術が用いられた理由は，常時居住する都市ではなく，一時的な軍事拠点として城郭が建設された」と捉えていることを紹介している（イブリエフ2007：p.59）。
5) Yu.G.ニキーチン氏のご教示によると，ロシア沿海地方に存在する山城のなかには，城壁を途中まで構築するが，城郭を使用せず，城内には文化層を持たないものがあるという。また綏芬河下流域に位置するアナニエフカ城址でも，文化層が3面確認され，最も下層の文化層の住居跡が小規模なものであるのに対し，それを壊してより大規模な住居跡を構築している。こうした2点の状況から，ニキーチン氏は，東夏建国時に遼東方面から少数の城郭建設にあたる工人をはじめとする人々が沿海地方に入り，各地に城郭を築き，その後に各城郭に人々を配置したと理解しているようである。この見解は，金末・東夏建国時の人口移動を考える上で興味深いものであり，今後各城郭における遺構変遷と年代を明確にした上で吟味すべき問題であろう。

第7章　墓葬からみた渤海の地域社会

はじめに

　渤海の文化動態や地域社会の実態を考える上で，現在までに確認されている墓葬[1]は重要な資料である。中国・ロシアでは城址遺跡や集落遺跡の発掘調査はわずかであるのに対し，墓地遺跡の調査事例は多い。中国領内における渤海代の墓葬は，魏存成氏の集計に基づくと，920基以上に及ぶ（魏2008）。これにロシア極東地域で調査された墓葬を加えれば，少なくとも数千基になるだろう。近年，ロシア沿海地方のチェルニャチノ5墓地，ロシア・アムール州のトロイツコエ墓地，中国黒龍江省寧安市の虹鱒漁場墓地，吉林省和龍市龍海墓群，吉林省敦化市の六頂山墳墓群等の調査報告書が相次いで刊行され，靺鞨・渤海の墓葬の地域性について議論ができつつある。

　一般的に，埋葬や葬送儀礼といった行為は，人間の文化的行動のなかでも保守的な性質を持つものと理解される。当該地域では，土壙墓が伝統的な墓葬として継続するが，渤海建国前後に石壙墓や石棺墓，石室墓などの多様な墓葬が登場する。特に石室墓は渤海を特徴づけるものとして評価されてきた。筆者は，こうした多様な墓葬の地方での受容過程，人の死から埋葬・儀礼，その後の追善供養等に至るまでの墓制・葬制の経過，墓域の空間利用のあり方を明らかにすることによって，渤海の地域社会の実態に迫ることができると考える。

　そこで本稿では，渤海代の墓地遺跡の分布・立地や空間利用，墓葬構造，副葬品（随葬品）とその出土状況，渤海の墓地・墓域の空間利用について検討し，渤海墓葬の特質，さらには墓葬からみえる渤海の地域社会の一端について述べる。

第1節　渤海墓の調査・研究の現状と問題点

　渤海墓への関心は1920年代後半から顕著になる。1932年に東亜考古学会は，かつてロシア人が発掘調査した寧安三陵屯1号墓を再調査している（東亜考古学会1939）。第二次世界大戦後，中国では大規模開発等に伴って相次いで渤海墓の発掘調査が行われた。1949年・1957年・1959年・1963年・1964年に，従来から渤海の「旧国」と推定されている吉林省敦化市に所在する敦化・六頂山墳墓群が調査された。1949年には同墓群で渤海三代文王大欽茂（在位737～793年）の二女である貞恵公主の墓葬が発見された。また1963年・1964年には中国社会科学院考古学研究所によって六頂山墳墓群が調査された（中国社会科学院考古研究所1997）。六頂山以外でも，牡丹江・図們江（豆満江）・第二松花江・綏芬河流域において，相次いで渤海墓が発掘調査された。これまで寧安大朱屯墓地・林口頭道河子墓地（1960年），海林山咀子墓地（1966年・1967年），河南屯古墓（1971年），和龍北大墓地（1973年），遼寧大城子墓地（1977年），撫松県前甸子墓地（1977），

楊屯大海猛遺跡（1979～1981年），和龍龍海墓群（1980年・1981年），楡樹老河深遺跡（1980年・1981年），和龍龍頭山墓群（1982年），海林北站墓地・二道河子墓地（1983年），樺林石場溝墓地（1982年・1984年），永吉査里巴墓地（1985年・1987年・1988年），涼水果園墓地（1989年・1990年），虹鱒漁場墓地（1984年・1992～1995年），海林羊草溝墓地（1996年）等で調査されている。特に，1980年には和龍龍頭山墓群で大欽茂の第四女である貞孝公主の墓葬（792年没）が発掘された。前述の貞恵公主墓（780年）と同様に実年代が推定できる数少ない墓葬の一つである。一方，ソ連（ロシア）領内でもナイフェリド墓地，トロイツコエ墓地，コルサコフ墓地などで「靺鞨」の集団墓地の調査がされた。

1990年代後半以降，ロシア沿海地方の綏芬河中流域のチェルニャチノ5墓地で発掘調査が行われ，渤海墓の地域性や石室墓の波及過程を理解する上で重要な資料を提供した（Никитин, Гельман 2002, ロシア連邦極東工科大学・韓国伝統文化学校2005・2006・2007）。このほか，ロシア沿海地方日本海沿岸域においてマナスティルカ3墓地，グラゾフカ1墓地，クラスキノ墓地，沿海地方北部ではロッシーナ4墓地等で発掘調査され，靺鞨・渤海の墓葬の地域性についても論じることが可能となった。

最近では，先に挙げた龍頭山墓群において，大欽茂の孝懿皇后墓葬（M12）と第九代簡王大明忠（在位817～818年）の順穆皇后墓葬（M3）が発掘調査され，同墓群が王族墓・貴族墓である可能性が高まった（吉林省文物考古研究所・延辺朝鮮族自治州他2009）。また六頂山墳墓群でも16基の墓葬（その内，7基は過去の調査資料の再整理）が発掘調査された（吉林省文物考古研究所・敦化市文物管理所2009）。

こうした資料蓄積に伴って，1970年代後半から朱栄憲（朱1979），孫仁秀（孫1979），孫秉根（孫1984），李殿福（李1991），鄭永振（鄭1984・2003・2005, 鄭・嚴2000），魏存成（魏1990・1998・2008：pp.191-290），譚英傑等（譚ほか1991），劉暁東（劉1996・2006：133-170），金太順（金1997），李蜀蕾（李2005），朱国忱・朱威（朱・朱2002），王禹浪（王・魏2008：pp.299-321），三上次男（三上1990：pp.119-139），東潮（東2000），臼杵勲（臼杵2004b・2009a）の諸氏によって渤海の墓葬構造の型式分類が試みられ，変遷案が提示されてきた。

渤海の墓葬構造の型式分類・変遷については，各研究者によって若干の相違が見られるものの，墓葬の構築材の違いや玄門（墓門）・甬道・羨道の有無等によって土壙墓・石壙墓・石槨墓（石棺墓）・石室墓・磚室墓の5種類に大別するのが一般的である。なかでも，石を用いて墓室を築いた石室墓が渤海建国以降に普及し，当該地域の墓葬の特徴づけるものという点が共通認識である。

これまでの「渤海」墓研究は，①墓葬の階層性について論じた研究，②築造技術の系統関係について論じた研究，③出土人骨等を考慮して埋葬様式について論じた研究，④これらの検討を踏まえて渤海の社会構造や領域について論じた研究に分けられる。特に②・③に関しては，中国や韓国・北朝鮮において渤海の建国集団や社会集団の民族的な系譜・系統の問題，すなわち靺鞨・高句麗・中原（唐）からの「影響」や「関係」を見出すことに重点が置かれた。

まず，渤海墓葬の階層性については，朱栄憲によって墓葬規模がもっとも階層差を反映してい

る点が指摘され，「大型石室封土墳」，「中型石室封土墳」，「小型石室封土墳」の3つに類型化された。また，それぞれ墓室の大きさによって石材の加工程度や墓室内壁の装飾，天井や羨道の処理方法が異なることが指摘された（朱1979）。その後，魏存成氏らによって墓葬の階層構造論が深められた（魏2008：pp.191-290）。魏存成氏は墓葬の所在地や立地，墓地・墓域内における墓葬の立地，玄室の規模や構築方法，墓葬内部の装飾，副葬品の種類や数に階層差が反映される点を指摘した（魏2008：pp.191-290）。東潮氏は「大型石室封墳」が渤海五京の存在する地域で見られ，その北方では石槨墓が発達し，両者は階層差とともに靺鞨・高句麗故地で発達した墓制であると指摘した（東2000）。

次に墓葬の築造技術の系統関係については，鄭永振・魏存成・三上次男等の諸氏によって検討されている。三上次男氏は，三陵屯1号墓（三霊屯）の平面プランと構築方法が高句麗時代後期の横穴式石室に酷似する点，六頂山墳墓群の貞恵公主墓に代表される渤海前期の四隅持ち送り式天井を持つ横穴式石室墓は高句麗時代の墳墓が原形であることから，渤海の貴族墓葬が高句麗の系譜にある点を指摘した（三上1990）。また鄭永振氏は，渤海の建国が「高句麗遺民と高句麗の統治を受けていた白山靺鞨，粟末靺鞨人によって成し遂げられた」（鄭2003：p.7）という立場に立ち，渤海・高句麗・靺鞨の墓葬を比較検討し，三者の間に密接な相互影響関係があったことを指摘している（鄭2003）。最近では，魏存成氏は渤海の貴族墓葬は中原（唐）の影響を受けている点を強調する（魏1990・1998・2008）。また東潮氏は「方形基底石室封土墓」が高句麗積石塚との系譜関係にある点を指摘した（東2000）。先行研究によって，おおむね石室墓は高句麗の墓制の影響を受けている点，磚室墓は唐の墓制の影響を受けている点が共通理解となっている。しかしながら，渤海墓制を特徴づける石室墓の地方への波及過程については，必ずしも明らかになっているわけではない。

また，渤海の埋葬様式については，被葬者の数によって単葬と夫婦合葬，多人葬等に分かれ，それぞれ一次葬・二次葬に区別できる点が指摘されている（朱1979，鄭2003ほか）。朱栄憲氏は，石室墓の葬法が①二ないしそれ以上の遺骸を一つの墓室に順次伸展葬したもので，夫婦あるいは家族を一つの墓に埋葬したもの，②三対以上の遺骸を一つの墓室にじゅんじゅんに埋葬するが，そのなかで若干は他所に一度埋葬したものを再度移したもの，③火葬によるものの3種類に分けられるとした。①は一次葬，②は二次葬と呼ばれる。一次葬は大型・中型・小型の「石室封土墳」，二次葬と火葬は中型・小型の「石室封土墳」で用いられ，①の方法がもっとも多く用いられ，墓葬規模・構造と葬法との関わりについて指摘された（朱1979）。特に，渤海の石室墓が家族墓である点を指摘した点は注目される。

最後に，墓葬から社会論・領域論について論じたものとして，臼杵勲氏や東潮氏のものがある。東潮氏は墓葬構造・銙帯・開元通宝等から高句麗と渤海の領域について言及し，渤海領域の西界が鴨緑江から琿江流域と指摘した（東2000）。臼杵勲氏は，墓葬の地域性について言及した（臼杵2004，2009a）。それによると，ロシア沿海地方には城址などの地方行政機関が存在するものの，渤海風の石室墓がない地域であり，この地域では伝統的な土壙墓が継続していた点を指摘してい

る。このような現象を踏まえ、臼杵氏は「州の長官クラスの官僚は中心地から派遣されていたものの、その埋葬は本貫地で行われたと解釈すべきであろう」（臼杵 2004：235）と評価している。渤海の中央と地方との関係を理解する上で重要な指摘である。

以上のように、これまでの渤海墓研究を概観すると、墓葬構造の変遷や各型式の墓葬の系譜については明らかになってきた。しかしながら、墓葬構造の多様性やその要因、各地域における墓制の地域差、造墓技術の波及過程やその年代などについては不明瞭な点もある。

第2節　墓地遺跡の分布・立地

渤海の墓葬は、第二松花江流域、牡丹江流域や図們江（豆満江）流域、綏芬河流域、ロシア沿海地方、日本海沿岸域、朝鮮半島北東部、アムール河中流域・松花江下流域に拡がる。特に、渤海五京や府・州間を結ぶ幹線道路や唐・新羅・日本へ向かう交通路（東 2000：pp.3-4）、地方城郭・集落周辺の丘陵地や台地に立地する。特に、都城周辺には王族・貴族・官僚等の墓域が形成される。代表的なものとして、「旧国」が置かれたとされる敦化周辺には六頂山墳墓群、上京龍泉府（東京城）北側には三陵屯墓地、その北西には大朱屯墓地、中京顕徳府（西古城）周辺には龍頭山墓群（龍海墓区、龍湖墓区、石国墓区）や北大墓地、河南屯(かなんとんぼち)墓地がある。

一方、地方の首長層や一般平民の集団墓地は、牡丹江流域や図們江流域を中心に多く見られる。牡丹江流域には虹鱒漁場墓地、頭道河子墓地、海林北站墓地、海林山咀子墓地、二道河子郷中学墓葬、樺林石場溝墓地、三道河子墓群、寧安渤海鎮東蓮村墓葬、海林羊草溝墓地等がある。図們江流域には撫松前甸子墓地、和龍明岩村墓群、龍井市龍泉村墓群、龍岩村墓群、富民村墓群、英城村墓群等がある。このほか、第二松花江流域には楊屯大海猛遺跡、査里巴墓地、老河深墓地、吉林帽儿山墓葬、通化江南村滑雪場墓葬等の集団墓地、綏芬河流域には東寧大城子墓地やチェルニャチノ5墓地がある。渤海の周縁部と推定されるロシア沿海地方北部や日本海沿岸部にはロッシーナ4墓地、グラゾフカ1墓地、マナスティルカ3墓地などの集団墓地がある。

墓地と城址・集落との位置関係については、クラスキノ城址に近接してクラスキノ墓地が立地し、チェルニャチノ5墓地では初期鉄器時代のクロウノフカ文化から続く集落遺跡であるチェルニャチノ2遺跡の後背地に墓域が形成される。

第3節　墓葬構造の分類・変遷

靺鞨・渤海の墓葬は、人為的に造られたマウンド状の高まりを持った墳丘墓が一般的である。中国では、埋土で埋葬施設を全面的に覆って封じていることから「封土墓」と呼ばれている。墳丘基底面には石が積まれる場合があり、平面が楕円形・円形・方形を呈する。埋葬施設は、基本的には地面を掘削して墓壙・墓室を設ける「地下式」と地上に石・磚を積み重ねて墓室を設ける「地上式」・「半地下式」に大別される。さらに、前者には墓門を設けない「竪穴式」と緩やかに

180

土築墓系

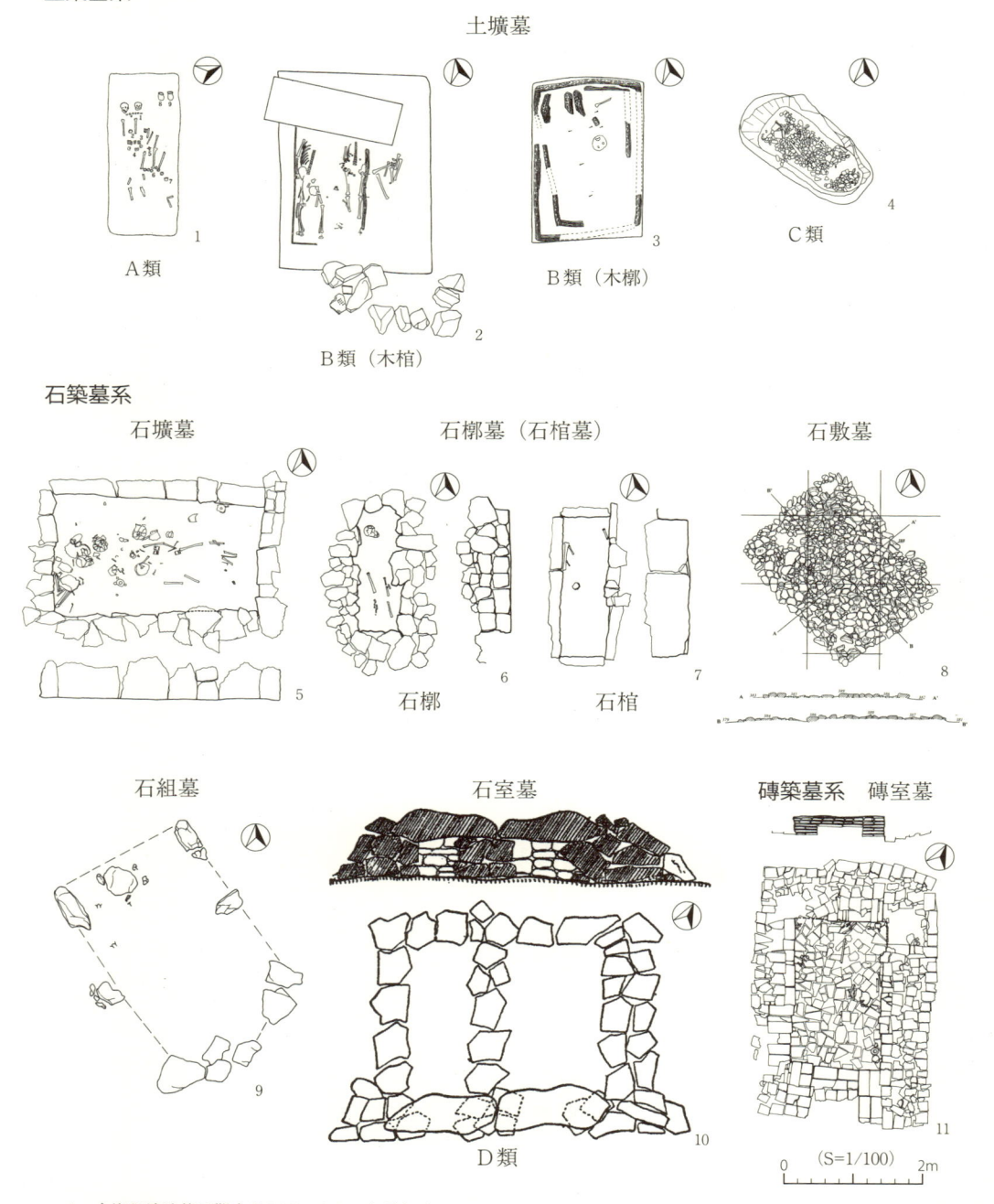

土壙墓

A類

B類（木棺）

B類（木槨）

C類

石築墓系

石壙墓

石槨墓（石棺墓）

石槨　石棺

石敷墓

石組墓

石室墓

D類

磚築墓系　磚室墓

(S=1/100)　0　2m

1：大海猛遺跡第三期文化 M43　2-3：六頂山（2:M210, 3：M214）　5-7,11：虹鱒漁場墓地（5：M2205, 6：M2118, 7：M2122, 11：M2205）　4,8,9：チェルニャチノ5墓地（3：M169, 8：M160, 9：M51）　10：大朱屯墓地

第63図　靺鞨・渤海墓葬（土築墓・石築墓・磚築墓）

傾斜した墓道や墓門を設ける「横穴式」，後者には墓門を伴う「横口式」がある。

　先行研究によって，墓葬の構築部在や構築方法等によってさまざまな分類案が提示されているが，研究者間で異なる名称が用いられ，混乱が見られる。ここでは，墓葬の構築部材（土築・石築・磚築）を上位とし，次に埋葬施設の構築方法，墓門・甬道・墓道の有無・接続方法を基準とし，下記のように分類する（第 63 図・第 64 図）。

〈土築墓系〉

　土壙墓（竪穴土壙墓）：地下式（竪穴式）。平面プランは長方形・方形を呈する。

　　A 類：葬具を伴わない。

　　B 類：木槨あるいは木棺を伴うもの。

　　C 類：墓壙底面に石礫を敷いたもの。

〈石築墓系〉

　石壙墓：地下式で石礫を四壁に積み上げて構築したもの。土石混交。長方形を呈する。

　石槨墓（石棺墓）：四壁を石材（石礫・板石）で囲郭したもの。長方形を呈する。

　石組墓：隙間を空けて石を 4〜6 つ配列するもの。

　石敷墓：礫を敷いたもの。構築部材は確認されない。

　石室墓：墓門を持つ。墓道・甬道が伴うものもある。

　　A 類：墓道・甬道が確認できないもの。平面長方形を呈する。

　　B 類：鏃形。墓道・甬道が中央にあるもの。いわゆる「両袖式石室」に相当。墓檀を伴うものもある。

　　C 類：刀形。墓道・甬道が一方に偏っているもの。いわゆる「片袖式石室」に相当。

　　D 類：双室墓。

〈磚築墓系〉

　磚室墓（磚石合建墓）：墓室を持つ。磚のみで構築されるもの，磚と石で構築されるものがある。

　磚塔墓（塔基墓）：墓室の上に塔を持つもの。

　分布について述べると，土壙墓 A 類は三江平原・第二松花江流域，土壙墓 B 類は第二松花江流域，牡丹江上流域にある。封頂石を伴う土壙墓 C 類は綏芬河流域で見られる。

　石壙墓は第二松花江流域と図們江流域に比較的多い。石槨墓は二道河子 M3 など，牡丹江中流域で見られる。隙間を空けて石を配列した石組墓は，チェルニャチノ 5 墓地 M48・M49・M51 で見られる。石敷墓はチェルニャチノ 5 墓地 M159・M160 が挙げられる。

　石室墓は，墓室平面が方形あるいは長方形を呈した単室墓が主体を占め，双室墓はきわめて少ない。石室墓は墓道・甬道の有無や接続方法によって，墓道・甬道を伴わない無袖式（A 類），両袖式（B 類），片袖式（C 類）に区別できる。B 類は，墓室入口中央に甬道が接続する中央羨道のもの（B1 類），甬道が中央からどちらか一方に偏っているが左右の袖が存在するもの（B2 類）に区別できる。C 類は，甬道がどちらか一方に偏っていて袖が左右どちらかにしかないもの，いわゆる「刀形」と呼ばれるものである。B2 類は平面形の上では「凸形」・「両袖」であるが，「刀

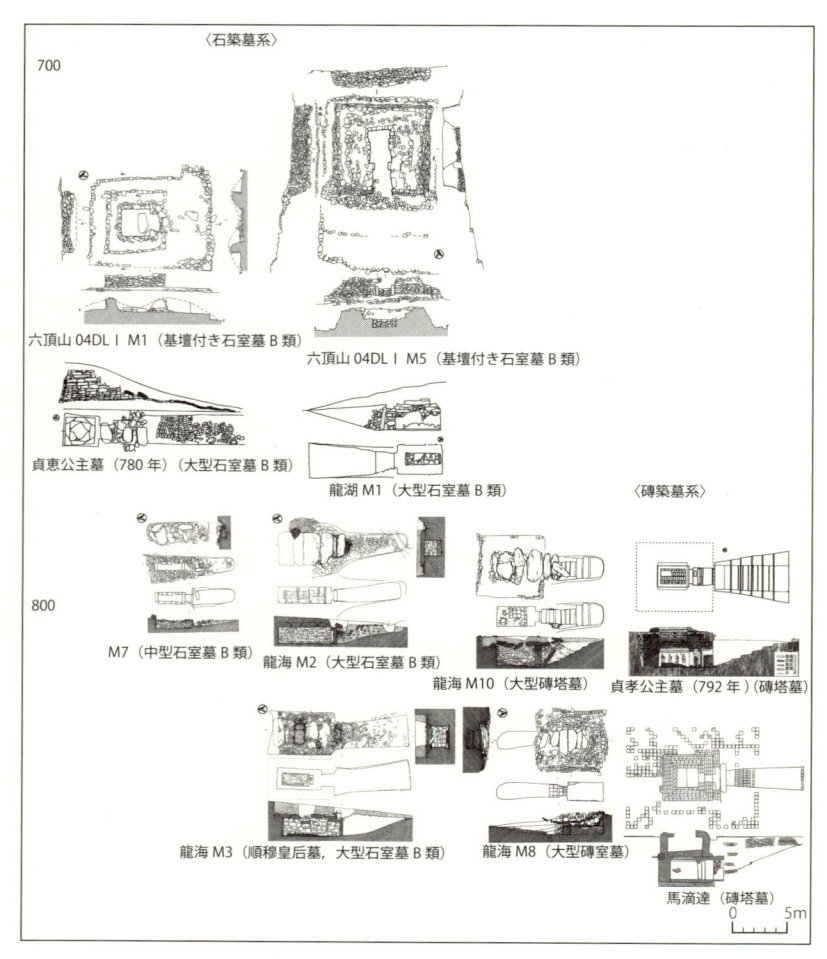

第 64 図　渤海墓葬の分類・変遷（大型・中型石室墓・磚室墓）

形」として報告されている例もあり，区別して理解したほうがよい。

　型式分布については，墓道を伴わない無袖式の石室墓 A 類は図們江流域と牡丹江中・下流域で見られる。頭道河子 M1 が代表的である。両袖式の石室墓 B 類は牡丹江流域・図們江流域，綏芬河流域で見られる。六頂山 M215，虹鱒漁場 M2124 などが代表的である。片袖式の石室墓 C 類は牡丹江上・中流域・図們江流域で見られる。六頂山 M105 や虹鱒漁場 M2028 が代表的である。特に石室墓 C 類は石室墓 B 類が見られる綏芬河流域，クラスキノ城址が所在する図們江下流域では発達せず，きわめて狭い範囲内で使用された型式と推定される。また石室墓 C 類は，後述するように副葬品少なく，薄葬がより進行していた状況を窺える。

　大型磚室墓は図們江流域，小型磚室墓は牡丹江中流域で見られる。前者は龍海墓群，後者は虹鱒漁場 M2267 が代表的である。

　墓葬の変遷については，土壙墓 A 類→石壙墓→石棺墓（石槨墓）→石室墓 A 類へ推移するもの，石壙墓→石室墓 B 類・石室墓 C 類→磚室墓へ推移するものがあることが指摘されている

（李蜀蕾 2005）。現在のところ，年代が確定できるのは，六頂山墳墓群の貞恵公主墓（780 年），龍海墓群の貞孝公主墓（792 年），8 世紀後葉から 9 世紀前葉頃と推定される大欽茂の孝懿皇后墓葬（M12）と第九代簡王大明忠の順穆皇后墓葬（M3）である。各型式の年代観については，土壙墓・石壙墓において口縁部に刻み目をもつ靺鞨罐 A と無文突帯の靺鞨罐 B が出土しており，土壙墓は 7 世紀代から 8 世紀代まで，石壙墓は 8 世紀前半までと推定される。石室墓では靺鞨罐 B が主体であるが，稀に靺鞨罐 A が伴うこともある。年代についてはおおむね 8 世紀以降に盛行する型式と推定される。磚室墓は出土遺物が少ないため不明瞭な点も多いが，実年代がわかる磚室墓である龍海墓群の貞孝公主墓（792 年）の段階，すなわち 8 世紀後葉には登場したと推定される。

　渤海の墓制は，先行研究で指摘されているように，高句麗・靺鞨・沃沮・夫余などの影響を受けながら，独自の墓制を成立させた（鄭 2003，魏 2008 他）。特に石室墓は，渤海を特徴付ける墓制として，8 世紀以降に普及していく型式である。当然，横穴式の石室墓と竪穴式の土壙墓では，下部構造のみならず上部構造，さらには葬法も異なっていた可能性がある。以下では，各型式における副葬品とその出土位置について検討する。

第 4 節　副葬品・装身具の構成・出土状況

（1）副葬品・装身具の構成

　墓葬から出土する遺物は，容器（靺鞨罐・陶質土器・漆器・三彩・陶瓷器・銅器・鉄鍋等），生業具（紡錘車・土錘・石錘），工具（刀子・砥石），武器（鏃・矛・小札・大刀等），馬具，装身具（玉璧，耳環，玉類，釧，腰帯具，鈴・鐸，玉璧，杖状鉄製品・骨角器，飾り金具等），銅鏡，その他（不明鉄製品等）に大別できる。ただし，陶瓷器・銅碗・漆器・鍍金銅製品・銀製品が伴う墓葬は少ない。全体的な傾向として，1 つの墓葬に伴う副葬品・装身具の数量は少ないため，渤海の墓制は薄葬であったのだろう（魏 2008）。

（2）墓葬における容器組成・出土状況とその変化

　渤海墓葬へ副葬行為は薄葬であるが，被葬者に供献あるいは副葬されたと推定される容器は比較的多くの墓葬から出土する。墓葬出土容器は，野焼き土器（靺鞨罐，蓋・塊・壺・甕等），陶質土器（壺・甕・瓶類等），黒色土器，三彩・緑釉・白瓷等の施釉陶瓷器（碗・皿・枕・香炉），金属製容器（鍋・碗），漆器（椀・皿）等がある。特に普遍的に見られるのは靺鞨罐と陶質土器・黒色土器の貯蔵具（壺・甕類）である。

　陶質土器の副葬状況を見ると，第二松花江流域で 7 世紀末から 8 世紀前半代に陶質土器短頸壺・橋状把手付土器，8 世紀中・後葉頃から牡丹江中流域で陶質土器甕・短頸壺・長頸壺が伴い，時期がくだると無頸壺（盂）も加わるようになる。特に陶質土器は，口縁部に刻み目を持つ靺鞨罐 A とは共伴しない。以下では，土壙墓・石棺墓・石壙墓・石室墓・磚室墓から出土した容器

の出土位置や器種構成について検討を加え，葬法の地域的差異や時間的変化について検討する[2]。

【土壙墓】

土壙墓では遺物を伴わないものも多い。出土容器は靺鞨罐が見られる。副葬位置は頭部周辺あるいは脚部付近が多い。

【石棺墓・石壙墓】

石壙墓や石棺墓でも容器の出土は多くない。虹鱒漁場 M2063 では墓壙北西隅から短頸壺，M2161 では北西隅から靺鞨罐 B・短頸壺・蓋，M2138 では長軸側壁付近から無頸壺，M2205 では西側・北側壁から靺鞨罐 B・短頸瓶が出土している。容器は，墓室の短軸側で頭部が向けられる方向に置かれる場合が多い。

【石室墓】

石室墓 A 類では，容器を含む副葬品・装身具の出土例がきわめて少ない。虹鱒漁場 M2307 の奥壁隅から橋状把手付短頸壺が出土している。開口部付近・奥壁隅から出土することが多い。石室墓 D 類（双室墓）も同様に開口部付近から出土する。

石室墓 B 類では，比較的多様な副葬品が見られる。六頂山 M205 の袖部付近から靺鞨罐・短頸瓶，M207 では細口瓶が出土している。牡丹江中流域の虹鱒漁場墓地の第 1 墓区 M2239 と M2241 から銅鏡が出土した。前者は墓室開口部付近，後者は墓道において出土した。また虹鱒漁場 M2249 では奥壁隅から靺鞨罐 2 点と青銅製耳環・瑪瑙小玉類が出土した。このほか，墓葬構造・出土遺物から虹鱒漁場墓地で最も階層の高い者の墓葬と推定される M2001 では，奥壁付近から靺鞨罐 1 点・短頸壺 1 点・細口瓶 2 点が出土している。この墓葬からは成人男性 2 体・成人女性 2 体を含む人骨 6 体とイヌ（*Canis familiaris*）の肢骨が検出され，二次葬と考えられている。人骨 3 体が奥壁東側から検出され，土器は奥壁中央部から西側壁付近で出土した。虹鱒漁場 M2004 では開口部側の墓室隅から靺鞨罐 1 点・橋状把手付土器 1 点，虹鱒漁場 M2007 では奥壁から靺鞨罐 4 点と短頸壺 1 点，開口部側の袖付近から靺鞨罐 1 点が出土している。M2007 では成人男性 2 体・成人女性 1 体の人骨が検出され，人骨と容器の出土状況から奥壁の土器類は男女，開口部の袖部出土の靺鞨罐は男性に伴うものである。虹鱒漁場 M2014 では奥壁隅と開口部側の袖付近，虹鱒漁場 M2017・M2024・M2034・M2034 でも奥壁隅から靺鞨罐や短頸壺・細口瓶，虹鱒漁場 M2129 では墓室開口部の袖部から甕 1 点が出土している。

このように石室墓 B 類における容器類の出土位置の傾向をみると，靺鞨罐は墓室奥壁側の北西隅か墓室南西隅，陶質土器瓶類は墓室奥壁側の北西隅，陶質土器短頸壺は北東隅，甕類は開口部の袖付近から出土する。特に，奥壁北東部から出土する容器類の器種構成を見ると，煮炊具である靺鞨罐と貯蔵具である短頸壺がセットになることが多い。

一方，墓室外側の墓道付近から容器が出土することは少ないが，虹鱒漁場 M2280 では墓門の閉塞石付近から靺鞨罐 1 点が出土している。閉塞石付近の靺鞨罐は，墓室奥壁隅から出土した靺鞨罐よりも型式的に古相と考えられる口縁部に刻み目突帯を持つものである。

片袖式の石室墓 C 類では，虹鱒漁場 M2026 の開口部の袖付近から靺鞨罐 2 点・短頸壺 2 点，

虹鱒漁場 M2028 でも同様に短頸瓶が出土している。左袖式の六頂山 M201 では閉塞石付近の墓道から碗 1 点が出土している。傾向としては，墓室の奥壁隅や開口部の袖付近から容器が出土する場合が多い。

【磚室墓】

両袖式の磚室墓である虹鱒漁場 M2005 からは開口部袖部から靺鞨罐 B・短頸壺・蓋が出土している。容器の出土位置は，石室墓 B 類と同様である。また，大型の磚室墓については，盗掘を受けている場合が多く，詳細については不明瞭である。

＊ ＊ ＊

以上のように，容器は墓室内から出土することが多い。埋土や墳丘構築土から容器が出土することもあるが，墓道などの墓室外から出土することは稀である。当該地域において，容器類が墓室奥壁（短軸側）隅や頭部付近に配置される点は，靺鞨文化期以前からの伝統的墓制である土壙墓とも共通する。同仁一期文化を代表する黒龍江省蘿北団結墓地では，土壙墓 M8 北東隅に土台（供献台）を設けて靺鞨罐 4 点が置かれた状態で出土した。また M8 と同様に，M1 では土壙側壁中央付近に供献台を設け，その上から靺鞨罐 2 点，床面から靺鞨罐 2 点が出土した。土壙内からは 2 体の人骨が検出され，2 つの頭蓋骨が向かい合うように埋葬されていた。墓室一角に供献台を設ける例は M1・M3 を含む 5 例が確認されている。この他，時期・地域が異なるが，鮮卑墓葬である内蒙古呼倫貝尔市海拉区の団結墓地 M1 でも土壙墓短軸側の頭部付近に供献台が設けられ，土器罐が配置されていた。拓跋鮮卑の墓葬とされる内蒙古満洲里市扎賚諾尔 1986M3002 号墓（BC1 世紀末〜1 世紀末）や商都県東大井 M1・M6（2 世紀初〜2 世紀後半），慕容鮮卑の墓葬とされる内蒙古興盟科右中旗の北瑪尼吐 M2（2 世紀初〜2 世紀後半）等でも容器が墓室奥壁（短軸側）隅や頭部付近から出土している（孫 2007）。墓室奥壁（短軸側）隅や頭部付近に副葬・供献容器を配置するという葬法は比較的古くから，広い地域で見られるものである。そのため，渤海建国以後に石室墓や石壙墓・磚室墓等の新技術による墓葬が登場しても，副葬・供献容器類の配置方法は従前からの伝統を引いたものであったと推測される。

一方，竪穴式の土壙墓とは異なり，横穴式の石室墓や磚室墓は追葬が可能である。構造上の違いは，少なからず葬送儀礼にも変化をもたらしたと考えられる。石室墓の登場によって，伝統的に行われてきた頭部付近への容器副葬・供献方法に加え，墓室開口部の両袖・片袖付近に容器を配置するものも見られる。墓室開口部付近への容器副葬・供献行為は，渤海滅亡後の遼代（契丹）墓，第 8 章で扱う河北省徐水西黒山墓地のような金・元代の円形磚室墓や石室墓でも見られる（南水北調中銭干銭工程建設管理局ほか 2007）。石室墓の登場によって，容器の副葬・供献行為が墓室奥壁付近主体から，墓室開口部の両袖・片袖付近へ配置するものと緩やかに変容し，それに伴って墓前祭祀や追善供養等の葬制も変わっていったと予想される。

第5節　墓地・墓域の形成過程と空間利用

次に，ロシア・中国領内の墓葬資料をもとに，墓地・墓域の空間利用について考えてみたい。

査里巴墓地（中国吉林省吉林市永吉県）

第二松花江右岸の台地上に立地する（第65図）。1985年に竪穴土壙墓1基，石壙墓1基，1987～1988年に竪穴土壙墓42基，石壙墓2基，石室墓1基が調査された（尹1990，吉林省文物考古研究所1995）。1985年調査では，土壙墓85M1において仰臥伸展葬された男女の人骨が検出された。二次葬とされる。また石壙墓85M2でも同様に仰臥伸展葬された男女と子どもの人骨が確認された（尹1990）。遺物については，M1とM2で違いが見られ，M1からは鞨鞨罐A類と方形透彫帯金具・雲頭形銅銙帯・腕輪・玉類，M2からは鞨鞨罐B類と陶質土器短頸壺・瓶・鉄鏃・鉄矛・鉄刀等が出土した。鉄矛や鉄鏃・馬具等は男性に伴う。容器は頭部が置かれる墓室東部の隅に置かれる場合が多い。時間的関係については，墓葬構造・出土遺物からM1がM2に先行すると考えられる。M1の方形透彫帯金具は8世紀前半代と推定される（臼杵2000・2004b）。

また，1987・1988年調査の土壙墓には，蓋板や床板は伴わず，木材・板材で構築した木槨が見られる。墓葬は南北に列をなして並んでいる。墓葬の主軸は，南北方向になるM42を除けば，東西方向が主体を占める。M42は長軸が南北方向をとり，平面凸形で南側中央に墓門を持つ石室墓である。墓室内から2体の人骨が検出された。1体は不明であるが，もう1体は仰臥伸展葬された成人女性の人骨が検出され，頭を北西に向けて埋葬されていた。石室墓が導入されても頭位方向が土壙墓と同じ点は注目される。

墓室の床面規模は，土壙墓より石壙墓・石室墓のほうが大きい。出土遺物は，鞨鞨罐・陶質土器・円形透彫帯金具・方形透彫帯金具・銙帯（雲頭形銙帯・巡方・丸鞆）・銅釧・鉄鏃・鉄矛・刀子・馬鐙・玉璧・玉類・砥石等がある。またM27では開元通宝，M10では雲頭形鍍金銅銙帯7点，M19で雲頭形鍍金銅銙帯が6点出土している。成人女性の墓葬であるM31からは青銅製透彫帯金具が出土している。石壙墓ではM1から陶質土器盂・銅製簪・骨製簪が出土したのみで，M33・M42では何も確認されていない。土壙墓群が墓域中心部，石壙墓・石室墓は墓域周縁部にあり，時期がくだるにつれて墓域の中心域から周辺域へ拡大していくものと想定される。大海猛遺跡や老河深墓地でも査里巴墓地と同様に，基本的な墓葬構造や副葬品において顕著な差が見られない。

六頂山墳墓群（中国吉林省敦化市）

渤海の「旧国」に比定される牡丹江上流域の吉林省敦化市に位置する（中国社会科学院考古研究所1997，吉林省文物考古研究所・敦化市文物管理所2009）。墓域は，六頂山の谷に挟まれた丘陵斜面に位置し，北西部斜面の第一墓区と南部斜面の第二墓区からなる（第66図）。

第 7 章　墓葬からみた渤海の地域社会　187

土壙墓（靺鞨罐 A）
土壙墓（靺鞨罐 B）
石壙墓

査里巴墓地 1987・1988 年調査区

南区（I 区）

I a 区　　I b 区

北区（II 区）

羊草溝墓地

土取断崖
車道

北大墓地

発掘墓葬
破壊された墓葬
（縮尺不明）

石場溝墓地

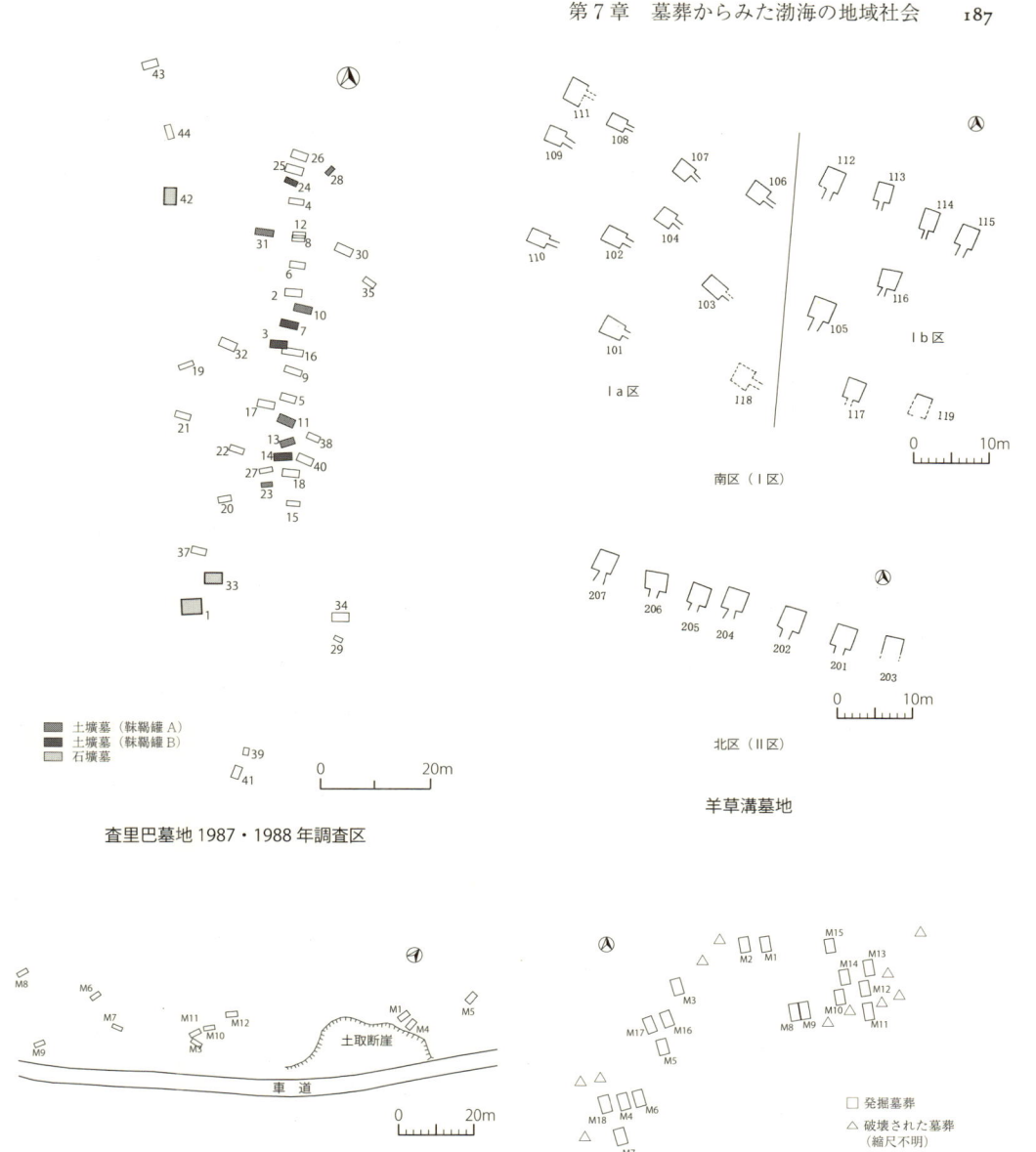

第 65 図　渤海墓葬配置図

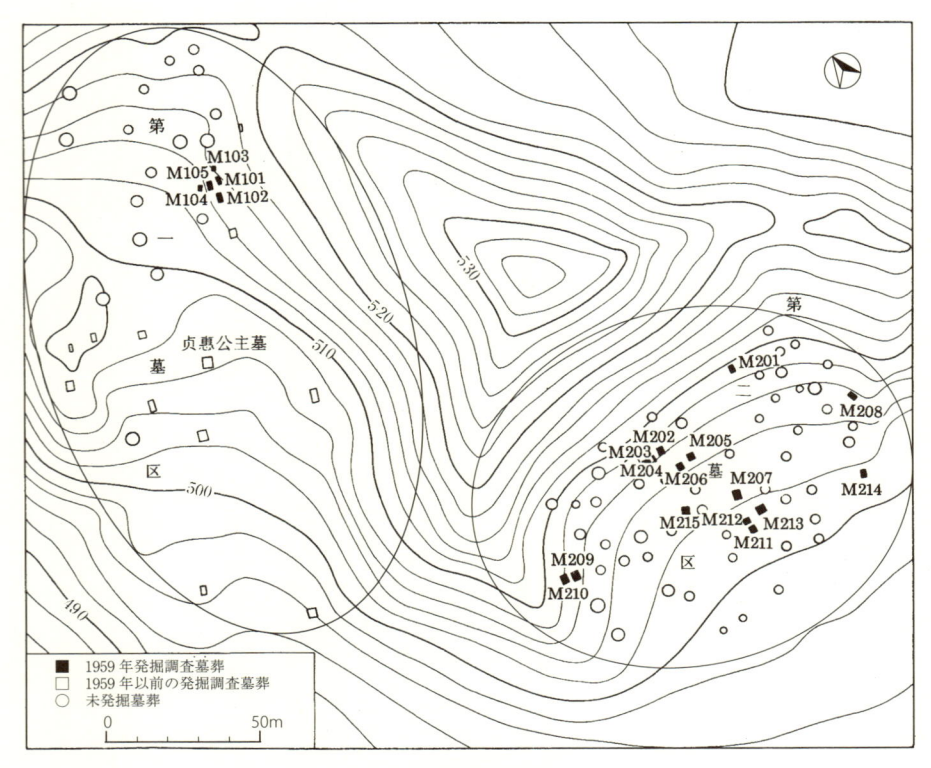

六頂山墳墓群平面図

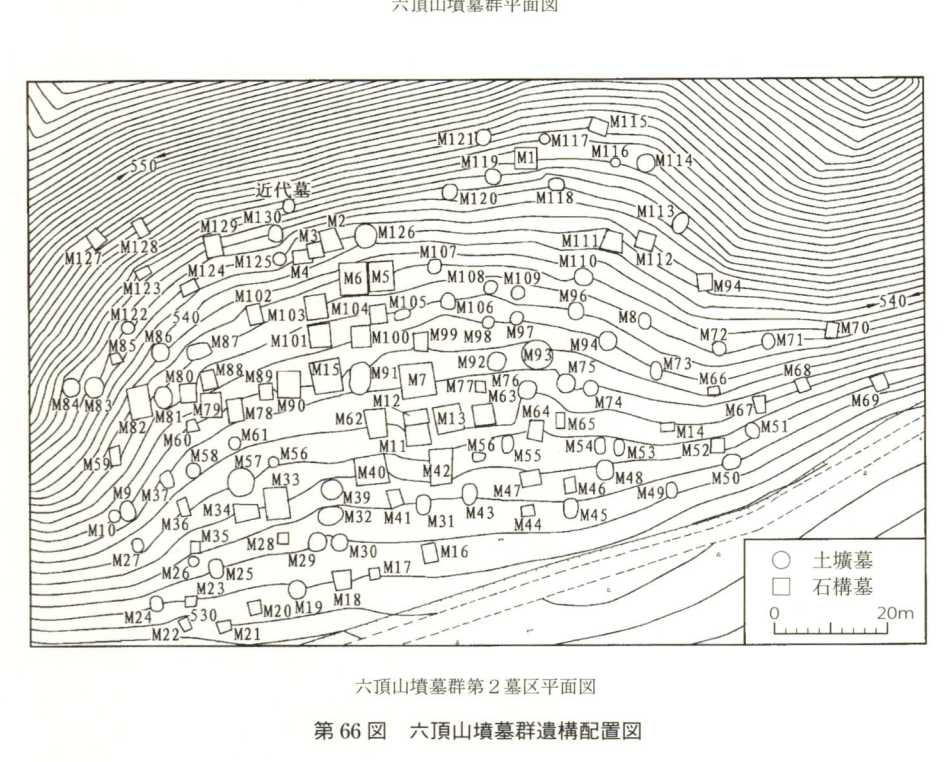

六頂山墳墓群第2墓区平面図

第 66 図　六頂山墳墓群遺構配置図

第一墓区では30基余りの墓葬が確認されている。第一墓区北部では石室墓A類・C類が検出されている。墓室面積は，A類は面積1㎡未満，C類は面積3.8～5㎡程度を測る。また，第一墓区南部では，渤海三代文王大欽茂（在位737～793年）の二女である貞恵公主墓が発見された。貞恵公主墓は，直径22m，高さ1.5mの円形状封土を持ち，四隅三角持ち送り式天井を持つ石室墓である。南側に2mの羨道と10m余りの磚敷きの墓道が伴う。高句麗時代の系譜を引くと推定される（三上1990）。この墓の東側には，直径22mの封土を伴うM6がある。墓室は長軸4.55m，短軸1.69mの石室墓である。ここでは彩色漆喰片や石獅子破片が出土している。この墓を貞恵公主墓碑に見える「珍陵」，すなわち渤海第二代武王大武芸の陵墓に比定する説もある（魏2009）。

　また2004年に第一墓区南部において2基の石室墓（04DLⅠM1，04DLⅠM5）が再調査された（第64図）。04DLⅠM1は，平面長方形の基壇を伴う石室墓B類である。基壇は長軸12.4m，短軸9.5m，現高0.2～0.5mを測り，主軸方向は北東―南西である。石室は基壇北寄りに切石を用いて構築され，幅1.5～1.8mの石壁によって囲郭される。石室は約3m四方の方形を呈し，南側中央部に墓門を持つ。この遺構からは丸瓦，磚，大型の香炉，鉄鏃，銀環などが出土した。瓦当は中心部に乳状突起を持ち，その周りに十字花文を持つもの，中心部の乳状突起の周りに乳丁によって花紋を表現した乳丁文瓦当がある。また，第一墓区南端に位置する04DLⅠM5は，04DLⅠM1と同様に平面長方形の基壇を伴う石室墓B類である。基壇の規模は長軸9.5m，短軸9.3mを測り，主軸は北東―南西方向である。石室は基壇北寄りに位置し，石室は長軸2.8m，短軸1.7mの長方形を呈する。墓内およびその周囲から大量の瓦が検出され，大十字文瓦当・乳丁文瓦当が出土している。このほか，橋状把手付三彩長頸壺，銅製装身具（腰帯具，腕輪など），8世紀後半代と推定される青銅製方形透かし彫り帯金具などが出土した。第一墓区南部は，大型石室墓や基壇を伴う石室墓が展開するなど，土壙墓と石壙墓が密集する第二墓区とは明らかに様相が異なる。第一墓区南部は，8世紀後半代の王族や上級貴族の墓域と推定される。

　一方，第二墓区では土壙墓・石壙墓・石室墓・木槨墓が検出されている。130基余りの墓が確認され，第一墓区より密集する。第二墓区は第一墓区とともに，下級貴族層や平民層の墓域と推定される。

龍海墓群（中国吉林省和龍市）
　龍海墓群は西古城の東南に所在する王室墓である。吉林省和龍市龍海村を南北約7.5kmに伸びる龍頭山には，北から龍湖墓区，龍海墓区，石国墓区の3つの墓区がある。龍海墓群はその中部に所在する，3つの墓群でもっとも重要な地区とされる。龍海墓区は面積約4万㎡で，その東側の山麓下に海蘭河の支流の福洞河が南から北へ向かって流れている。墓群は北側・南側の小さな谷に挟まれ緩やかな傾斜面に立地している（第67図）。墓葬は西から東にむかって展開する。墓区では人工的なテラス状平場が形成され，数基単位で墓葬が配置されている。墓葬が集中するのはⅢ号・Ⅳ号・Ⅴ号・Ⅷ号台地であり，とくに重要なのがⅤ号台地である。

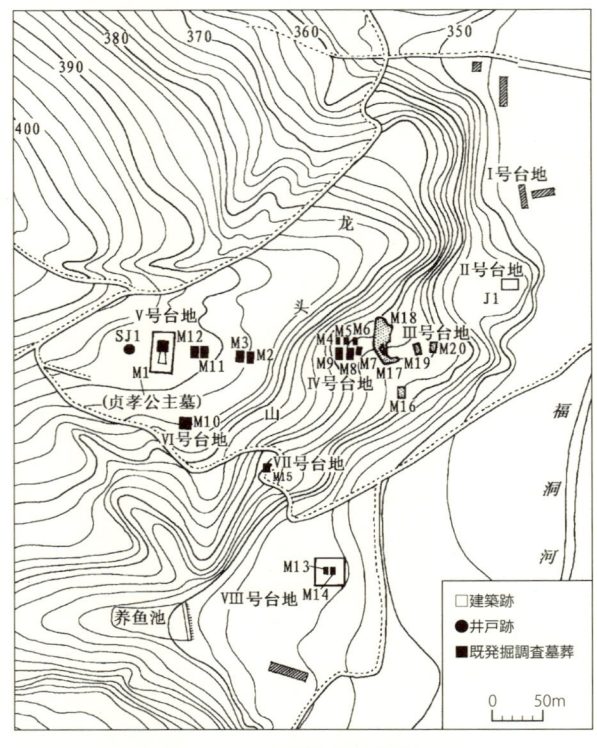

第 67 図　龍海墓群遺構配置図

Ⅴ号台地には M1（貞孝公主墓）・M3（第 9 代大明忠の順穆皇后墓）・M12（第 3 代大欽茂の孝懿皇后墓）をはじめとする 6 基の墓葬が展開する（第 64 図・第 67 図）。大型磚塔墓 1 基（M1），大型石室墓 4 基（M2・M3・M11・M12）である。M1 が台地中心部に位置し，その東側に M12 と M11，M2 と M3 がそれぞれ並列して形成される。M3 からは馬・獣を模った三彩製品が出土している。また M1 の南側に位置するⅥ号台地では大型磚塔墓 M10 が調査され，三彩俑が出土している。貞孝公主墓と同様に王室墓の一つであろう。墓葬の立地・規模・遺物から考えると，Ⅴ号台地・Ⅵ号台地の墓葬は墓区のなかでもっとも標高が高い場所に選地され，墓区のなかでもっとも階層が高い墓葬群と考えられる。Ⅴ号台地の年代については，M1 出土の墓誌から 780 年に比定される。また，「建興十二年七月十五日，遷安□陵，礼也」と記載された墓誌が出土した M3 は，建興 12 年（830）以降に改葬されたことを示す。したがって，Ⅴ号台地はおおむね 8 世紀末葉から 9 世紀前半頃に利用されたと推定される。

またⅤ号台地に次いで標高が高く，テラス状平場が形成されたⅣ号台地では 6 基，その一段低いⅢ号台地では 5 期の墓葬が確認されている。Ⅳ号台地では大型石室墓 1 基（M9），中型石室墓 4 基（M4～M7），大型磚室墓 1 基（M8）である。規模の大きな M9・M8 が並列し，それらの周りに中型石室墓が形成される。中型石室墓は，玄室規模において虹鱒漁場墓地等と同様だが，長さ 3 m 程度の羨道を持つ点で違いがある。やはり一般貴族墓葬とは構造が異なる。具体的様相が不明瞭な点もあるが，墓葬から見るとⅤ号台地の墓葬と大きな年代的隔たりがないと推測される。

墓区南側の最も標高の低い平坦地に位置するⅧ号台地では，磚室墓 M13・M14 が調査された。この 2 基の墓葬は礎石を持つ建物の中央部に築かれている。基壇およびその周囲からは平瓦・軒丸瓦が出土している。M14 からは金冠飾，玉製帯金具 1 組（鉈尾 1 点・巡方 6 点・丸鞆 11 点），鍍金製釵，銀鍍金銅鏡，鉄製盤が出土した。

本墓地の空間利用については，標高の高低と墓葬構造の違いが階層差を反映する。その変遷については，総じてⅤ号・Ⅵ号墓区からⅣ号墓区に向かって年代的に新しくなると推定される。

三陵屯墓地（中国黒龍江省寧安市）

三陵屯墓地は上京龍泉府の北西5km，牡丹江左岸の台地上に立地する。渤海の王陵墓と推定されている。1930年代に東亜考古学会の原田淑人・池内宏氏等が測量調査し，1960年代初めに中朝連合考古隊が再調査を実施している（東亜考古学会1938，朱栄憲1979，朱国忱・朱威2002，劉暁東2006）。これまで5基の墓葬が確認され，1号墓（三霊墳）の周囲には東西123m，南北121mの石塁が方形状に巡る。発掘調査されているのは1号墳と2号墳である。

1号墳は，墓道・前室甬道・墓室から構成される。主軸方向は南北である。墓室は南北約4m，東西約2m，高さ1.8〜2.4mとなり，その中央部には棺床がある。墓室の東西両壁は板石で構築され，壁面に漆喰が塗られている。甬道は墓室南壁中央に位置し，長さ約4mで扇形を呈する。また墓道は長さ3〜4m，幅1.6〜2.09mである。墓葬からは石獅子などが出土している。一方，2号墳は壁画を伴う大型石室墓である。1号墳と同様に，墓道・前室甬道・墓室から構成され，主軸方向は南北となる。墓室は長さ南北約4m，東西約3.3m，高さ2.45mである。墓室は板石で構築されている。人骨の出土状況から多人合葬と推定されている。また，甬道は墓室南壁中央に位置し，墓道は傾斜して階段を伴う。墓葬からは陶製の獣頭・獣足，陶質土器片，鉄鏃，文字瓦などが出土している。墓室天井部に花をモチーフとした装飾，墓室四壁と甬道両壁に人物画（女性・武士）が描かれている。2号墳は1号墳の陪葬墓と推定されている（魏2008）。

虹鱒漁場墓地（中国黒龍江省寧安市）

牡丹江中流域左岸の低位台地上に立地する墓地である（第68図）。墓地の東南約6kmには渤海の上京龍泉府，東約4kmには三陵屯墓地が位置する。墓地は，地形によって北側砂丘部（第1墓区）と南側砂丘（第2墓区）に区分されている。墓葬は第2墓区に集中する。1984年に「大型磚石合建墓」1基が発掘調査され，1992〜1995年にかけて323基の墓葬が発掘調査された（黒龍江省文物考古研究所2009）。いずれもマウンドを伴う封土墓である。墓葬は石室墓・石壙墓・石棺墓・磚室墓等に分けられる。土壙墓はない。石室墓が主体をなし，土壙墓は確認されていない。埋葬施設の規模は，第1墓区が第2墓区に比べると小さい。

墓葬の分布との関わりで見ると，靺鞨罐A類が伴う墓葬は，第1墓区の石室墓3基A類（M2219・M2230・M2231），石壙墓2基（M2247・M2249），石棺墓3基（M2227・M2233・M2238）である。第1墓区は第2墓区よりも年代的に先行する可能性が高い。虹鱒漁場墓地の墓葬変遷については，報告者によって3期で捉えられている（黒龍江省文物考古研究所2009）。以下，指標遺跡と出土土器の特徴について述べる（第69図）。

虹鱒漁場Ⅰ期（渤海早期）
指標遺構：M2280
土器：靺鞨罐主体（靺鞨罐A）。手製。低温焼成。器種は靺鞨罐A・長腹罐・鼓腹罐。

虹鱒漁場Ⅱ期（渤海中期）
指標遺構：M2001，M2020，M2040，M2045，M2123，M2138，M2149，M2165，M2166，

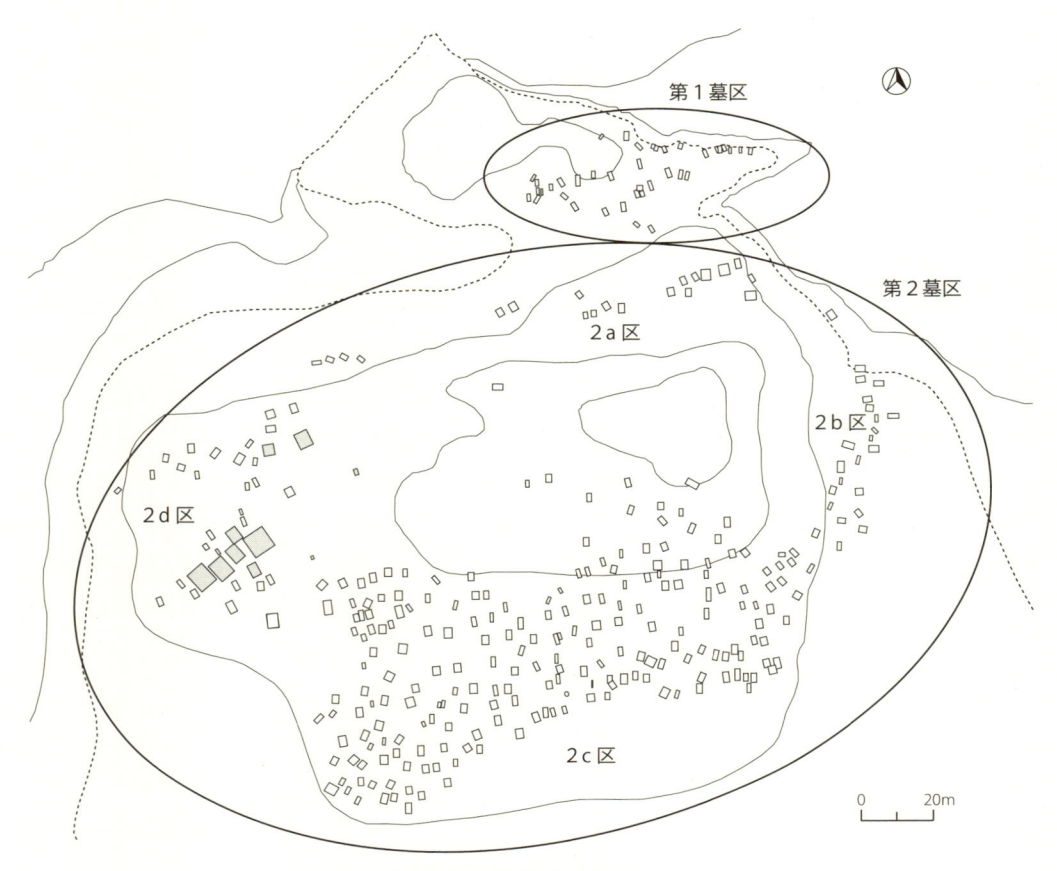

第 68 図　虹鱒漁場墓地遺構配置図

　　　　M2268, M2194, FT1, FT2 など
　　土器：靺鞨罐 B 主体。回転台での修正痕あり。器種は靺鞨罐 B・長腹罐・鼓腹罐・罐・甕・
　　　　長頸壺・短頸壺。

虹鱒漁場Ⅲ期（渤海中期）
　　指標遺構：M2005, 　M2022, 　M2024, 　M2026, 　M2034, 　M2052, 　M2053, 　M2064, 　M2085,
　　　　M2157, 　M2161, 　M2166, 　M2171, 　M2174, 　M2175, 　M2182, 　M2184, 　M2185,
　　　　M2194, 　M2200, 　M2205, 　M2254, 　M2258, 　M2260, 　M2261, 　M2264, 　M2279,
　　　　M2289, 　M2311, 　M2318 など
　　土器：陶質（灰陶）少数。手製で回転台での修正痕あり。器形は比較的規格性が高い。器種
　　　　は長腹罐・鼓腹罐・罐・甕・長頸壺・短頸壺・直口罐・盤状口縁壺。
　　出土遺物は，約半数の墓葬からは認められない。土器のみが出土する墓葬が多いものの，鉄製
腕輪，小札片，銅耳環・瑪瑙玉類，コイル状鉄製品が共伴する場合も見られる。
　　また出土人骨の性別と出土遺物の相関関係について述べると，M2249（人骨なし）および
M2233（男性人骨Bに伴うか）出土の小札片は男性，M2216（女性人骨Bに伴うか）および M2219

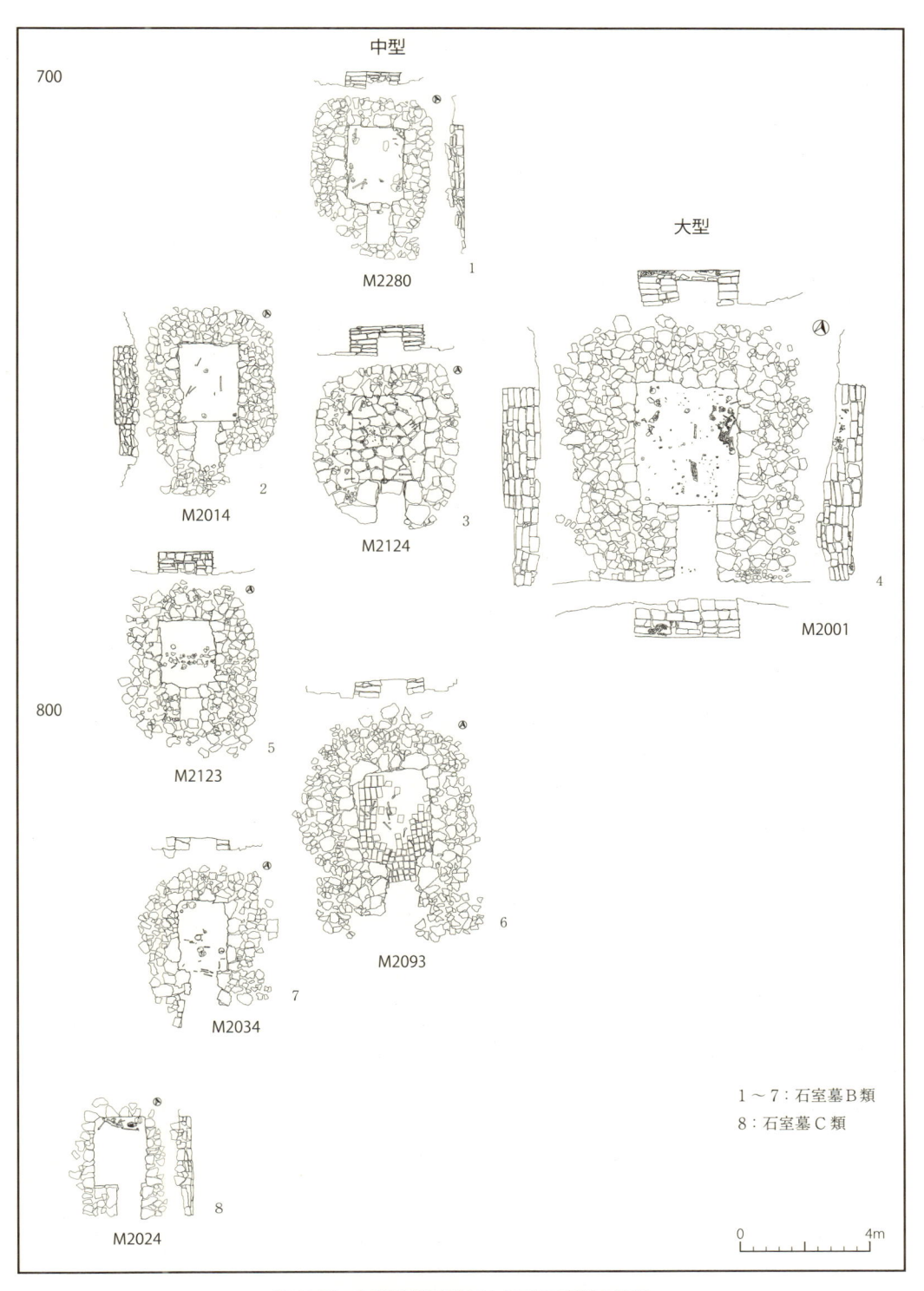

第7章　墓葬からみた渤海の地域社会

中型
M2280
大型
M2014
M2124
M2001
M2123
M2093
M2034
M2024

1〜7：石室墓B類
8：石室墓C類

0　　　4m

第69図　虹鱒漁場墓地における石室墓の変遷

（女性人骨Bに伴う）出土の鉄製腕輪は女性に伴っていると推定され，男女によって装身具・副葬品の差異がある点を指摘できる。また虹鱒漁場墓地では青銅製の方形帯金具，巡方，丸鞆，鉈尾等の銙帯金具が出土している。銙帯金具は男性に伴うものとされる（臼杵2004）。これらの銙帯金具は第1墓区では認められない。

検出された人骨については，男性・女性ともに成年・壮年・熟年層が大半を占め，僅かであるが児童（嬰児・幼児・小児）や老年層も見られる。埋葬様式は，被葬者数によって「単人葬」・「双人葬（二人葬）」と「多人葬」に分けられ，また葬法の違いによってそれぞれ「一次葬」と「二次葬」がある。一次葬の墓室は二次葬のそれよりも規模が小さい。一次葬は第1墓区でやや顕著に見られ，第2墓区では台地の低地縁辺部の墓葬で見られる。虹鱒漁場では二次葬が90％を占め，一次葬がこれに次ぎ，ごく少数の火葬があるという。この墓地で見られる双人（2人）・多人（3人以上）の二次葬は，家族を単位とした合葬墓と理解されている（黒龍江省文物考古研究所2009）。一次葬される者と二次葬された者の身分が異なり，前者は家族における主人，後者はそれに次ぐ者と推定される。

また動物の肢骨・臼歯も30遺構で検出されている。内訳を見ると，ウマ（*Equus sp.*）は27遺構30体（M2008・M2161・M2195でそれぞれ2体出土），ウシ（*Bos sp.*）は2遺構2体，イヌ（*Canis familiaris*）は1遺構1体，ブタ（*Sos*）は1遺構1体である。これらの動物骨は第1区・第2区ともに見られるが，ウシ・イヌ・ブタは第2区に限られる。また動物骨と人骨との相関関係を見ると，ウマを伴う墓葬からは成人男性の人骨が出土する場合が多く（M2120・M2123・M2145・M2161・M2200・M2213・M2230・M2231・M2252・M2254・M2280・M2309等），成人女性人骨のみと共伴したもの（M2008・M2308・M2204・M2248・M2308）もある。例外はあるものの，ウマが出土する遺構は成人男性と相関性が認められる点を指摘できる。ウマを用いた祭祀は靺鞨人の習俗として捉えられている。また墓葬構造との相関を見ると，動物骨は石室墓からの出土が圧倒的に多い。また，石棺墓（M2266・M2283）および石壙墓（M2009・M2161・M2237・M2248・M2249）からもウマが出土している。

チェルニャチノ5墓地（ロシア沿海地方）

ロシア沿海地方の綏芬河中流域にある集団墓地である（第70図〜第71図）。これまでに170基余りの墓葬が調査されている（ロシア連邦極東工科大学・韓国伝統文化大学校2005）。墓葬は，土壙墓，石壙墓，石組墓，石敷墓，石室墓がある。いずれも長軸が北西―南東方向をとる。Yu.G. ニキーチン・E.I. ゲルマン氏らは1997年調査資料に基づいて，7段階に区分して変遷を捉え，土壙墓が石壙墓・石室墓よりも古い点を指摘した（Никитин., Гельман. 2002）。その後，継続的な発掘調査によって資料蓄積が図られた。ここでは，本墓地の変遷を土器の変化をもとに，5時期に区分する。

第1段階は，葬具を持たない土壙墓A類が展開する段階である。M157・M158などを指標としている。副葬容器として口縁部下に刻み目を持つ靺鞨罐Aが用いられる。底部穿孔している

ものも多い。また同型式の土器は，土石混合の石壙墓 M79・M137・M143・M144，石敷墓 M159～M161 などでも見られ，併行するものと推定される。年代は 7 世紀代と想定したい。

第 2 段階は，木棺を伴う土壙墓 B 類が展開する段階である。M154 を指標とする。土石混合の石壙墓よりも新相である石築の石壙墓 M135・M64 などと併行するものと推定される。この段階も靺鞨罐 A が用いられる。また石敷墓（M153・M162・M164）もこの段階に存在する。この石敷墓出土土器は M135・M64 よりもやや新相である。

第 3 段階は，第 2 段階の墓葬型式を引き継ぐが，副葬容器として靺鞨罐 A に加え，口縁部下に刻み目を持たない靺鞨罐 B が増加しはじめる。土壙墓や石壙墓がこの段階にも使用されている。土壙墓 B 類の M57 が代表的である。M57 出土靺鞨罐と同型式のものが M105 で出土し，陶質土器短頸壺・青銅製透かし彫り帯金具と共伴している。帯金具の年代は，臼杵編年第Ⅲ期（8 世紀後半代）に比定されるものである（臼杵 2000，2004b）。

第 4 段階は，石敷きの土壙墓 C 類 M69 が加わる段階である。M57・M105 出土靺鞨罐よりも新相の靺鞨罐 B が共伴する場合が多い。

第 5 段階は，石室墓 B 類と石組墓が登場する時期である。土壙墓の様相が不明瞭となり，石室墓 M55・M71，石組墓 M48・M49 がみられる。靺鞨罐 B とともに，ロクロ製深鉢型土器や陶質土器が伴う。また陶質土器のみが出土する場合もある。石室墓 B 類の年代については，重複関係から石室墓 M71 から石室墓 M70 へ変遷することが明らかである。木炭の放射性炭素 ^{14}C 年代測定によって，M71 が AD720-980 ^{14}C BP，M46 は AD710-980 ^{14}C BP，M70 は AD390-680 ^{14}C BP の測定値が得られている。おおむね 8 世紀から 10 世紀に収まる。

以上のことから，7 世紀代から 8 世紀後半頃までは土壙墓が営まれており，8 世紀後葉以降に石室墓や石組墓といった新しいタイプの墓葬が登場する（第 72 図）。ただし，9 世紀以降に土壙墓が全く築造されなくなるのかは判然としない。

墓域の形成過程については，おおむね墓域北西側に整然と配置された土壙墓群が古く，次第に東側に拡大し，平地式敷石墓→石室墓の順に新しくなる。また墓葬分布や主軸方向の共通性に示されるように，造墓活動は一定の規範のもとで行われたと考えられる。土壙墓に比べると，石室墓は数が少ないが，石室墓は横穴式の追葬可能な形態であるため，追葬が容易ではない土壙墓よりも数が少なくなったと推測される。つまり，石室墓の導入によって，墓制が個人墓から家族墓へ変容した可能性を示唆する。

また，墓葬の分布を見ると，土壙墓は墓域内の周縁部に立地し，石室墓はそれよりも内側の中心部に存在する。土壙墓の分布状況に比べると，また石室墓は，M70・M71・M46 からなる一群，M13・M10 からなる一群，M123・M124 からなる一群のように，数基を一つのまとまりとし，それぞれ 10～15 m 程度の間隔を置いて分布する。これは石室墓を墓制として受容する段階に墓域空間の整理・再編が行われたことを反映するのだろう。この点については，第 2 調査区で土壙墓群を切るように石室墓が形成されている点からも裏付けられる。

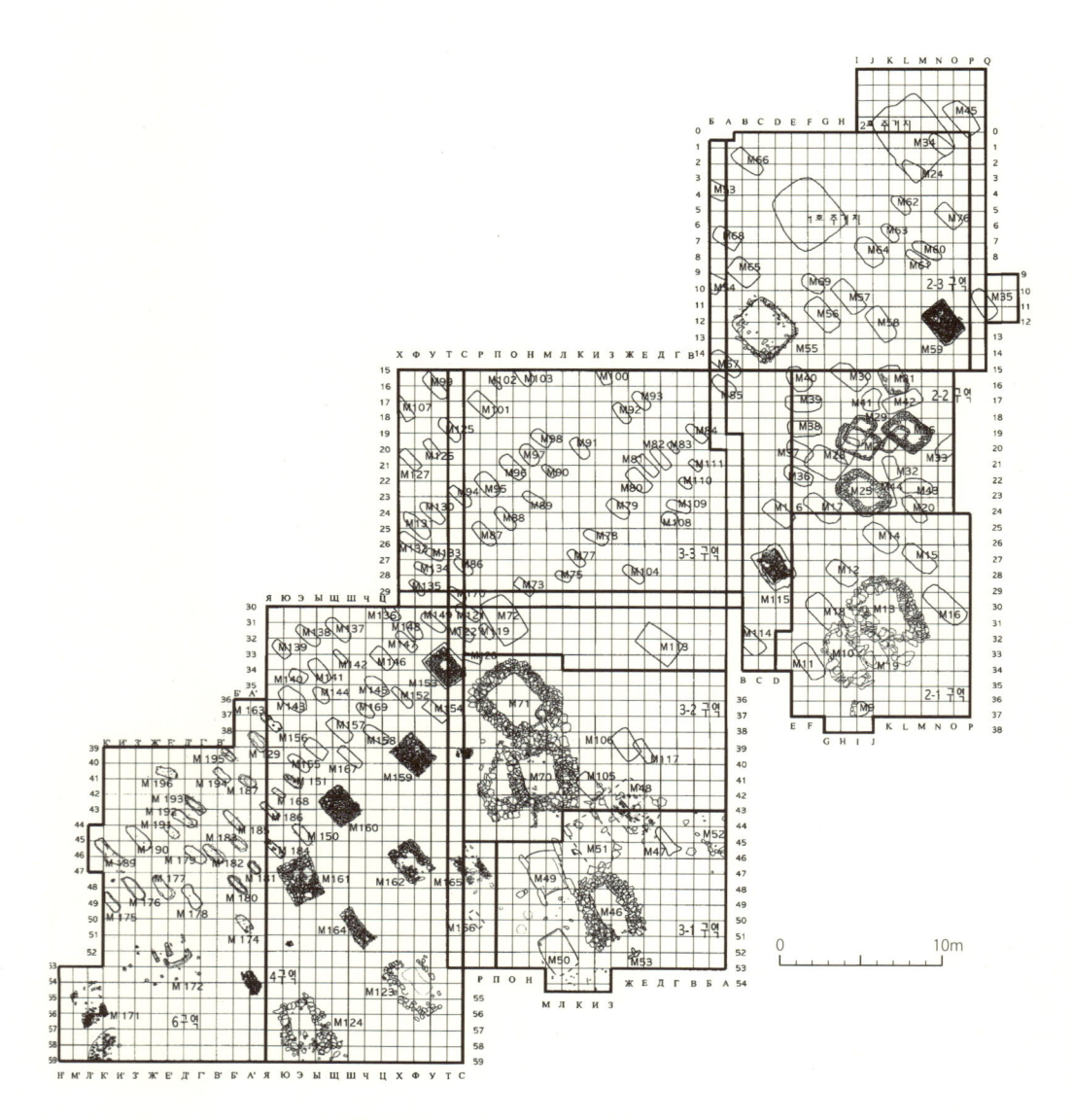

第70図　チェルニャチノ5墓地遺構配置図

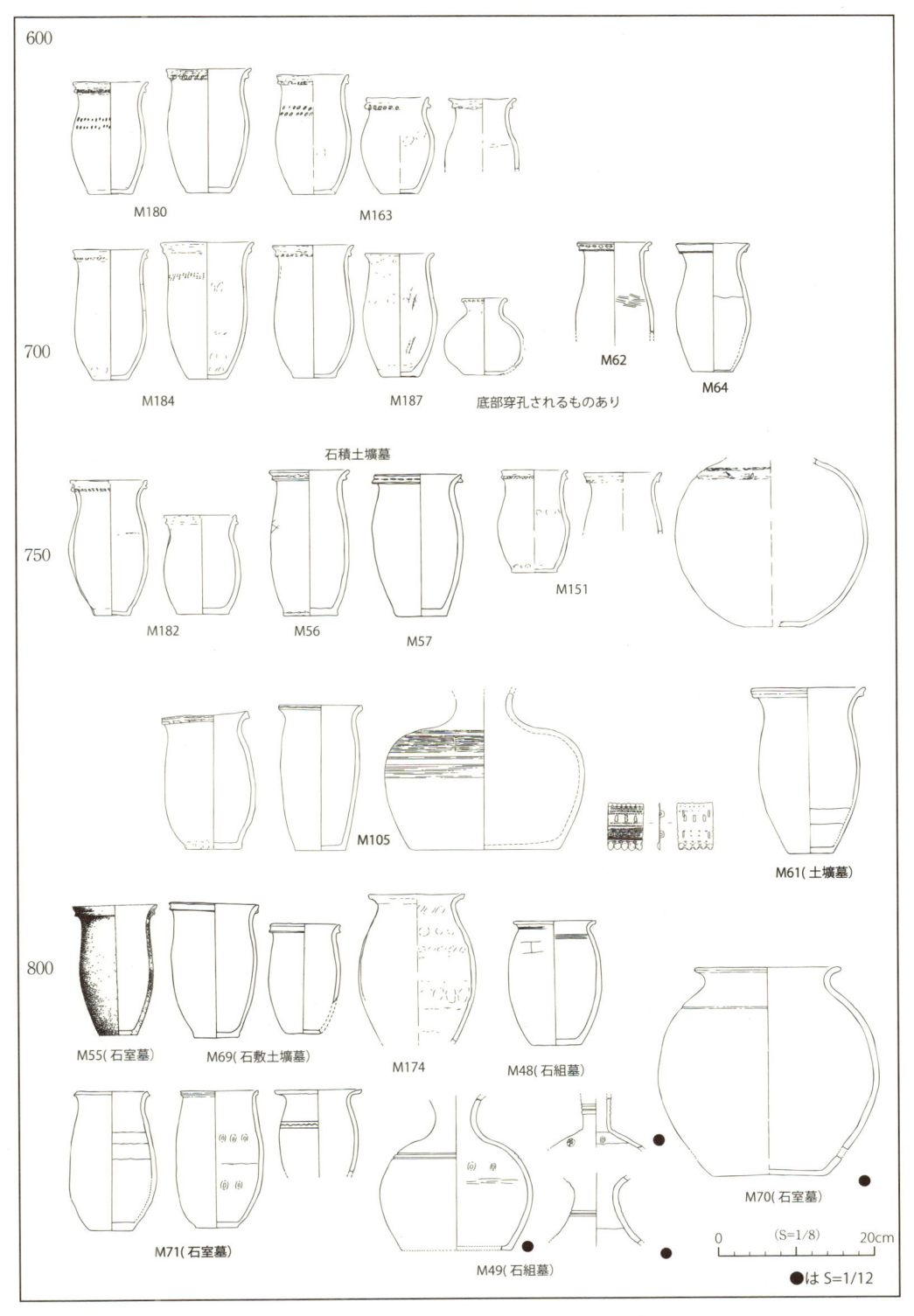

第 7 章　墓葬からみた渤海の地域社会　197

第 71 図　チャルニャチノ 5 墓地における土器変遷

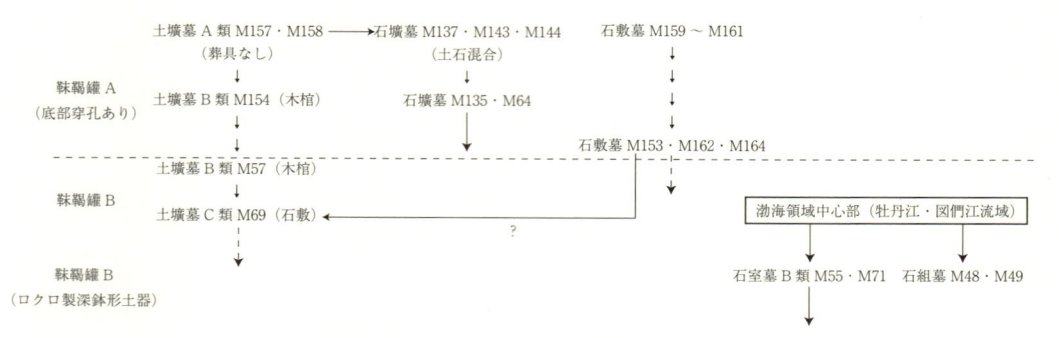

```
靺鞨罐A        土壙墓A類 M157・M158 ──→ 石壙墓 M137・M143・M144   石敷墓 M159～M161
(底部穿孔あり)   (葬具なし)              (土石混合)
                    ↓                      ↓                    ↓
              土壙墓B類 M154(木棺)      石壙墓 M135・M64
                    ↓                      ↓
- - - - - - - - - - - - - - - - - - - - - - - - - - - - - 石敷墓 M153・M162・M164 - - - - -
              土壙墓B類 M57(木棺)
靺鞨罐B              ↓                                    ┌─────────────────┐
              土壙墓C類 M69(石敷)                          │渤海領域中心部(牡丹江・図們江流域)│
                                    ?                    └─────────────────┘
                                                                ↓          ↓
靺鞨罐B                                               石室墓B類 M55・M71  石組墓 M48・M49
(ロクロ製深鉢形土器)
```

第72図　チェルニャチノ5墓地における墓葬構造の変遷模式図

渤海領域外の墓地―トロイツコエ墓地―

ロシア・アムール州トロイツコエ村に所在する集団墓地である（第73図〜第74図）。1967年にE.I. ヂェレヴャンコ氏を隊長とする極東考古学調査隊によって調査が行われ，最近では吉林大学辺疆考古研究所・韓国国立文化財研究所とロシア科学アカデミーシベリア支部考古学・民族学研究所によって共同調査が実施されている。

墓葬は土壙墓であり，放射状に分布するが，その形成過程については判然としない。2007年調査で検出された土壙墓は，平面が長軸200〜270cm，短軸200cm程度の長方形を呈し，主軸は南北方向である。頭位は南向き（M274，M284），北向き（M277〜M279，M273）がある。出土遺物は，靺鞨罐のほか，鉄製品（鉄矛，刀子，小札，留め金（バックル）など），石錘，銀製耳環，小玉・管玉類，骨角器，剥片がある。馬骨も検出されている。靺鞨罐は底部穿孔されたものが多い。このような土器はナイフェリド墓地やチェルニャチノ5墓地などでも見られる。また，鉄製武器はM277に見られるように，折って曲げられたものが多い。年代は，チェルニャチノ5墓地の3段階〜5段階に併行するものと推測される。

第6節　渤海墓葬の階層性と地域差

(1) 墓室規模と被葬者の階層との相関関係

前節までの検討で明らかなように，王室墓と一般貴族墓・平民墓では立地が異なる。王室墓は階層差を標高の高低によって可視的に示している。ここでは，集団墓地の空間利用を明らかにするため，墓室規模と墓葬構造の階層性との相関関係について検討する。墓葬の規模は，被葬者の年齢や体型（身体的要因），身分・階層（社会的要因），一次葬・二次葬といった埋葬習俗（思想・観念的要因）等に左右されると推定される。

まず，石室墓は規模によって小型・中型・大型に大別できる。

小型石室墓：墓室長軸が2m未満。短軸1.5m未満。面積3㎡未満。

中型石室墓：墓室長軸が2〜3.5m前後。短軸1〜2.5m前後。面積3〜7㎡。

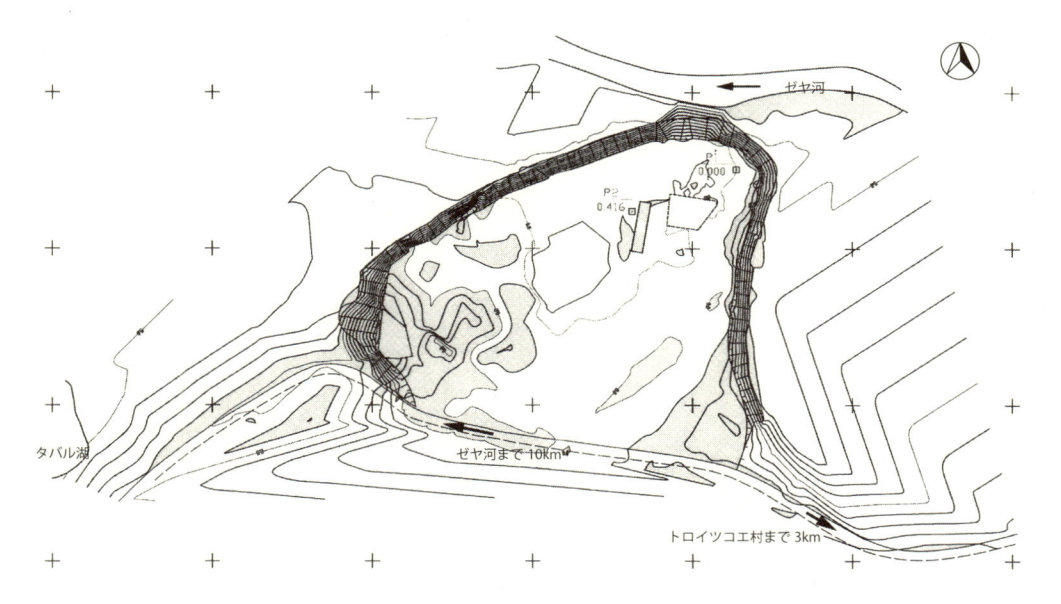

第７章　墓葬からみた渤海の地域社会

遺跡地形図

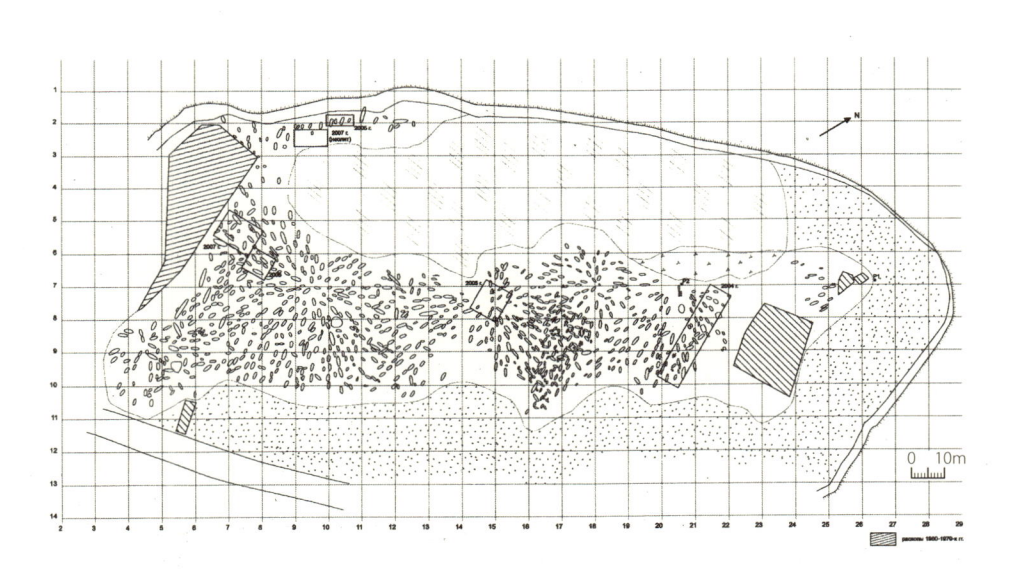

遺構配置図

第73図　トロイツコエ墓地地形図・遺構配置図

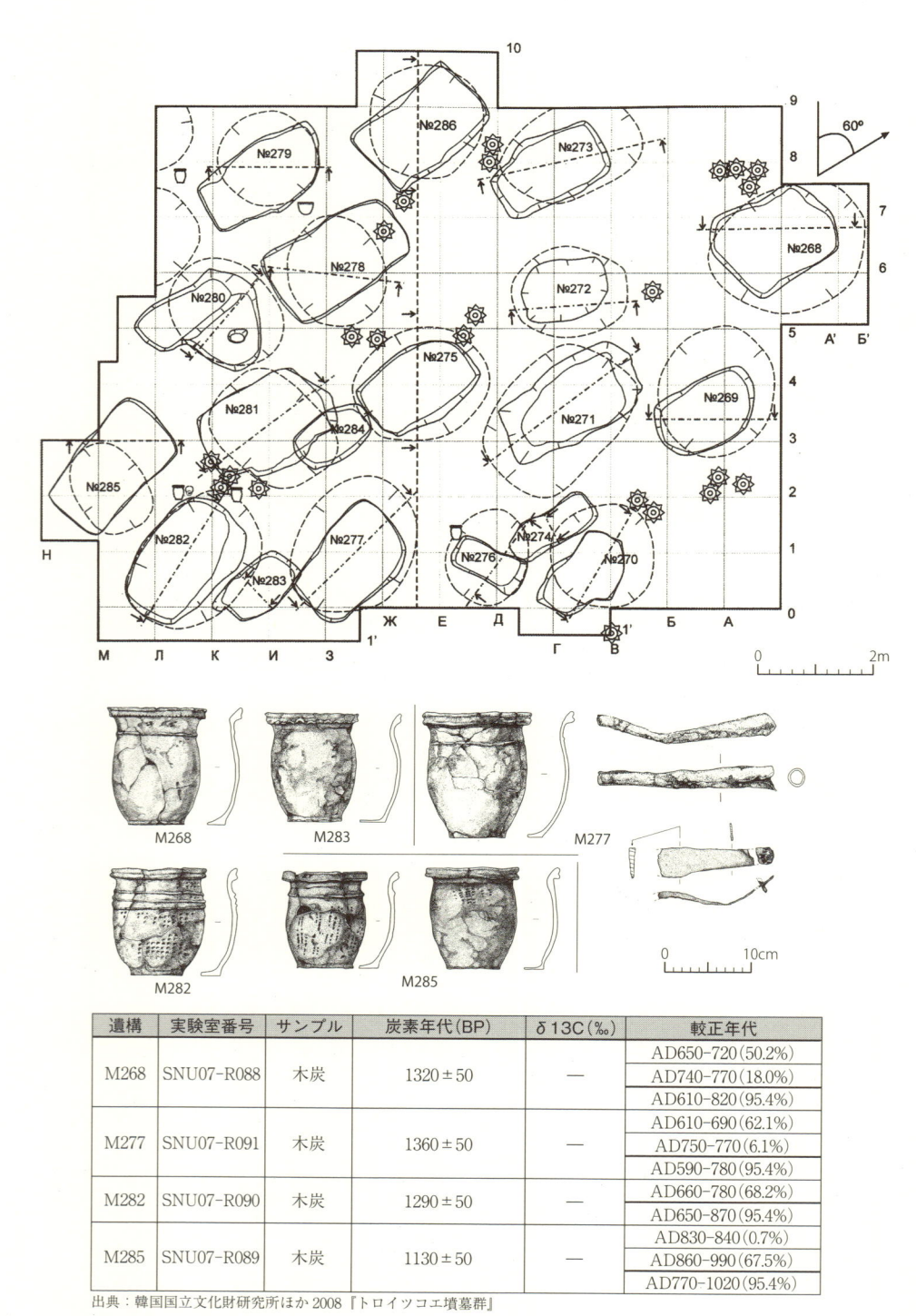

遺構	実験室番号	サンプル	炭素年代(BP)	δ13C(‰)	較正年代
M268	SNU07-R088	木炭	1320±50	—	AD650-720(50.2%)
					AD740-770(18.0%)
					AD610-820(95.4%)
M277	SNU07-R091	木炭	1360±50	—	AD610-690(62.1%)
					AD750-770(6.1%)
					AD590-780(95.4%)
M282	SNU07-R090	木炭	1290±50	—	AD660-780(68.2%)
					AD650-870(95.4%)
M285	SNU07-R089	木炭	1130±50	—	AD830-840(0.7%)
					AD860-990(67.5%)
					AD770-1020(95.4%)

出典：韓国国立文化財研究所ほか2008『トロイツコエ墳墓群』

第74図　トロイツコエ墓地出土土器と放射性炭素年代測定値

大型石室墓：墓室長軸が3m以上。面積7㎡以上。

大型石室墓は，上京龍泉府周辺の虹鱒漁場 M2001（13.6㎡）・M2320（9.1㎡），西古城周辺の龍海墓群 M2（10.08㎡）・M3（9.6㎡）が該当する。龍海墓群では，大欽茂の第四女である貞孝公主墓をはじめとする王室に関わる墓葬が存在し，M3 は墓誌の出土によって第九代簡王大明忠（在位817～818年）の順穆皇后の墓葬であることが判明している。

磚塔墓は，貞孝公主墓や龍海墓群 M10 のように，墓室面積が6㎡程度であり，長軸3m，短軸2m前後となる。面積は中型石室墓と同様であるが，石築と磚築という構築部材の違いが明確である。また副葬品に関しても，磚塔墓からは鍍金製品・金銀製品が出土する等，青銅製品・鉄製品が主体を占める中型石室墓とは差が大きい。つまり，墓室規模は同一構造の墓葬間の差を見出す上で有効であるが，渤海の墓葬構造全体を見た場合，必ずしも階層差を反映するとは限らない。また，虹鱒漁場墓地 M2001 から6体，M2320 から8体の人骨が検出されている点を考慮すると，墓室面積は墓葬に被葬される人数にある程度は左右される。しかしながら，追葬可能な石室墓の場合，虹鱒漁場 M2013（4.7㎡）や M2080（3.6㎡）のように，中型石室墓でも6体の人骨が検出されている事例もあることから，墓室面積と被葬者数には必ずしも相関性があるわけではない。つまり，墓室面積は，石室墓という墓葬構造において，その構築段階において差が存在していたことを反映するに過ぎない。また，小型と中型は副葬品において大きな差異は見出しがたい。一方，大型石室墓は，虹鱒漁場 M2001・M2320 のように鍍金製品が伴う場合もあり，小型・中型石室墓に比べて副葬品にも差がある。

また，王墓・皇后・公主クラスの墓葬には，長さ6m，幅2mを上回る規模の墓道（羨道）が伴う。龍海墓群の貞孝公主墓や M2・M3 のように，墓室長・羨道長を合わせた長さは10mを超える。ただし，公主クラスの墓葬の墓室面積は中型石室墓とほぼ同じであり，大型の王墓・皇后クラスの墓葬とは様相が異なる。

次に磚塔墓・石室墓以外の墓葬について概観する。まず，石棺墓は塊石や板石を用いて構築された墓葬である。規模は石室墓や石壙墓よりも小さく，長軸1.4～2.5m，短軸0.3～0.8m程度で床面積1.5㎡以下のものが多い。規模が小さいという点を除けば，構築技術において石室墓や石壙墓と共通する。また石棺墓から出土する遺物は少ない。鞦韆罐や短頸壺が僅かに伴うか，あるいは遺物が出土しない墓葬がほとんどである。

石壙墓は竪穴式の墓葬であり，四壁は塊石や板石を用いて構築されている。墓壙の四壁は塊石・板石を積み上げて構築され，墳丘基底面となる地表面には板石を敷かないものが多い。虹鱒漁場 M2134・M2288 では，石室墓と同様に墳丘基底面に楕円形状に板石を敷いている。虹鱒漁場 M2311・M2314・M2318 等で天井板石が検出されていることから，遺体埋葬後に板石で墓室を塞いだ後に墳丘を築いたのだろう。地下式で墓門を持たない石壙墓は，一度遺体を埋葬すると追葬するのが容易ではないという点で石室墓とは異なる。墓室面積は3㎡以下のものと3.5㎡以上のものに分かれる。ここでは，前者を小型石壙墓，後者を大型石壙墓と呼びたい。小型石壙墓は M2063（約2.0㎡）・M2131（約1.9㎡）・M2206（約1.5㎡），大型石壙墓は虹鱒漁場 M2161（約

4.5㎡)・M2205（約5.2㎡）を代表とする。M2205では成人女性2体・児童2体の人骨が検出され，靺鞨罐・盂・短頸壺・短頸瓶・方形透彫帯金具・青銅製　帯・鉄鏃・鉄矛・コイル状（螺旋状）青銅製品・玉璧等が出土した。

　磚室墓は，長方形磚を用いて構築された両袖式の墓葬である。虹鱒漁場M2005・M2267が代表例として挙げられるが，石室墓や石壙墓等に比べると検出例が少ない。墓室平面は長方形を呈し，床面積3㎡前後となる。また墳丘基底面にも長方形磚が敷かれ，M2005では長軸約4.3m，短軸約3m，M2267では長軸約4.4m，短軸約2.7mの長方形を呈している。墓室規模は中型石室墓や大型石壙墓と同様である。出土遺物も少なく，靺鞨罐や短頸壺，銙帯具等が僅かに出土しているに過ぎない。

(2) 墓葬の主軸方向とその意義

　墓葬の主軸方向は，大きく南―北，東―西，北東―南西，北西―南東の4つに分けられる（第8表）。

　第二松花江流域の大海猛墓地（吉林市博物館1987，吉林市文物工作隊ほか1991）や査里巴墓地（吉林省文物考古研究所1995）では，長軸は東西方向のものと北西―南東方向になるものが多い。

　アムール河中流域の団結墓地（黒龍江省文物考古研究所1989）では，検出された10基の竪穴土壙墓のうち，9基の長軸が北西―南東方向になり，1基のみが北東―南西方向であった。これと同様に，長軸を北西―南東方向にとるものは，ナイフェリド墓地がある。

　図們江流域の和龍市の龍海墓地（延辺博物館ほか1983）では南北方向，北大墓地（延辺博物館ほか1994）では，主軸を北東―南西方向，東西方向にとるものが多い。

　また，牡丹江上流域の六頂山墳墓群では，主軸が南北方向，北東―南西方向のものがある。第Ⅰ墓区では北東―南西方向，第Ⅱ墓区では南北方向になるものが主体を占める。牡丹江中流域の石場溝墓地では南北方向，北東―南西方向があり，後者が主体を占める。羊草溝墓地では北東―南西方向，北西―南東方向がある。虹鱒漁場墓地では南北方向，北東―南西方向のものが主体を占め，北東―南西方向，東西方向のものも少なからず存在する。より詳細に見ると，石棺墓は南北方向が多く，北西―南東方向，北東―南西方向が続く。石壙墓では北西―南東方向が半数以上を占める。石室墓は，B類は北西―南東方向，A類・C類は北西―南東方向と南北方向が主体を占める。頭道河子墓地や大朱屯墓地の石室墓では主軸を北西―南東方向にとる（呂遵禄1962）。

　綏芬河中流域のチェルニャチノ5墓地では，主軸方向は北西―南東方向になるものが多く，M29・M33・M42が北東―南西方向になる。渤海周縁部の日本海沿岸部に所在するマナスティルカ3墓地では，主軸を北西―南東方向にとる。

　以上のように，渤海の墓葬の主軸方向は北西―南東方向が多い。おおむね土壙墓は北西―南東方向，東西方向，石室墓は北西―南東方向，北東―南西方向，南北方向となる。傾向としては，孫乗根氏が指摘するように，東西方向から南北方向のものへ変容する点を確認することができる（孫乗根1994：208）。重要な点は，都城や平地城周辺では南北方向になるものが多い。特に王陵で

第9表　靺鞨・渤海墓葬の主軸方向

方向	査里巴墓地	六頂山墓群 (1997年・2009年報告)	龍海墓群 (1982年・2009年報告)	石場溝墓地	羊草溝墓地
北―南	1	16	8	4	0
東―西	15	0	0	0	0
北東―南西	8	10	0	14	15
北西―南東	23	0	0	0	11
不明	0	1	13	0	0
合計	47	27	21	18	26

方向	虹鱒漁場墓地	虹鱒漁場墓地 (石壙墓)	虹鱒漁場墓地 (石室墓A類：無袖式)	虹鱒漁場墓地 (石室墓B類：両袖式)	虹鱒漁場墓地 (石室墓C類：片袖式)
北―南	98	7	30	16	24
東―西	13	1	5	6	1
北東―南西	53	2	16	15	10
北西―南東	146	20	30	52	29
不明	13	0	0	0	0
合計	323	30	81	89	64

はその傾向が高い。王陵の建設にあたっては，六頂山墳墓群では北東―南西方向を主軸として造墓が行われるが，龍海墓群では南北主軸である。貞恵公主墓（780年）から貞孝公主墓（792年）の間，8世紀末葉頃に王族・貴族層における墓制の転換がはかられたと考えられる。この時期は，墓葬構造が高句麗系から中原系へ変化する時期として注目されてきた（鄭2003ほか）。しかし，王陵以外の墓葬の大半は，伝統的な北西―南東方向が維持されていた。つまり，墓葬構造といったハード面でみると各地域へ石室墓をはじめとする多様な墓制が受容されるものの，主軸方向といったソフト面を考慮すると，その建設にあたっては伝統性を維持していたいえる。

小　括

　本章では，渤海の墓地遺跡および出土資料を対象とし，墓地の空間利用や墓葬構造，副葬品について検討した。墓葬はあくまでも最終的な結果を示しているに過ぎないため，墓葬建設から埋葬・儀礼に至るまでの一連の葬送過程を復元するのは容易ではない。墓葬構造・規模と受容階層との相関について，劉暁東氏が石槨墓と小型石室墓は平民墓，中型石室墓は中・下級官吏と一般貴族の墓葬，大型石室墓や大型磚室墓は高級官吏および渤海王室貴族の墓葬と推定している（劉暁東2006）。

　また，本章では墓葬に関わる属性の受容レベルについて，ある程度見通しを得ることができた。それらを簡単に図式化すると，以下のようになる。

　　　　　王室墓　　　　　　　　　　　貴族墓葬　　　　　　　　　　平民墓葬
　　（中心地，南北主軸）　⇔　（中心地：北西―南東主軸・南北主軸主体）　⇔　（北西―南東主軸）
　　　　　　　　　　　　　　　　（地方：北西―南東主軸）

　主軸方向に関しては，王室墓では主軸方向が南北方向に変化する。また渤海都城が置かれる牡丹江流域・図們江流域では，伝統的な北西―南東方向の主軸を維持しながらも，南北方向のものが増加する。一方，綏芬河流域やアムール河流域では，北西―南東方向のものが継続する。中心地と地方，上層階層と下層階層で主軸方向が異なる点が特筆される。副葬品配置に関しては，伝統的な奥壁配置が主体をなし，石室墓の普及以後に墓門付近配置へ緩やかに移行する可能性が示唆された。埋葬施設の構造に関しては，牡丹江・図們江流域といった中心地域では土壙墓は基本的に見られず，石室墓主体である。一方，地方では伝統的な土壙墓が維持され，わずかに石室墓B類が加わる。綏芬河流域では，靺鞨以来の伝統を引いた土壙墓を使用しながらも，8世紀後葉から9世紀初め頃に石室墓が導入される。基本的な構造においては牡丹江流域の石室墓と同様である。ただし，受容されるのは石室墓B類で，A類・C類は地方には普及しないようである。また，クラスキノ城址の城外北西部では，8世紀後半以降の石室墓B類が確認されている（ニキーチン 2004, 2009）。墓葬の主軸が南北方向であり，北西―南東方向となるチェルニャチノ5墓地とは異なる。クラスキノ墓地では，墓葬内からは鉄製の銙帯金具が完帯で出土しており（ニキーチン・臼杵 2004），城址に隣接する点を考慮すると，被葬者は地方官人層であったと推定される。クラスキノ周辺は，墓葬の南北主軸から見ても，中央の墓制の影響が色濃かった地域といえる。

　渤海を特徴付ける石室墓は，その滅亡とともに不明瞭になる。渤海が契丹（遼）に組み込まれると，渤海人は遼東やモンゴル方面に強制移住させられたことが知られる。確かに土器や瓦，住居構造などで渤海と共通するものも見られるが，墓葬については判然としない。渤海滅亡後の墓制の実態解明は，渤海の墓制研究を進める上で重要な課題である。今後の調査に期待したい。

註
1) 本章で用いる用語について定義しておきたい。「墓地」とは，墓葬やそれに関連する遺構によって構成された遺跡を指す。「墓域」とは「死者が葬られる墓葬が営まれた一定の区域・範囲」を指す概念として用いる。また「墓葬」とは，「遺体・遺骨が埋葬された施設・場所」であり，端的に言えば埋葬施設や埋葬するための構築物を示す用語である。「墓葬構造」とは，「構築方法の違いによって生じる埋葬施設の総称を示す概念」であり，後述するように土壙墓や石壙墓，石棺墓，石室墓，磚室墓等に分けられる。
2) 渤海の墓葬は二次葬が多いため，初葬者の副葬品・装身具は次葬者の埋葬時に墓室隅に寄せられている場合や片付けられている場合が少なくない。そのため，墓葬出土遺物を分析する際には，墓室内における被葬者の埋葬順序を把握し，副葬品・装身具の帰属者やその時期を推定する作業が不可欠となる。

第8章　金代墓の分布・立地・構造と地域性

はじめに

　1115年，完顔阿骨打によって建国された金は，北方諸民族の一つである女真人を中心としながらも，契丹人や渤海人，漢人などの多様な民族から構成される国家であった。12世紀前葉には，按出虎水（現在の黒龍江省阿城市）の上京会寧府を政治・経済・文化上の中心とし，開封を陥落させて北宋を滅ぼした12世紀中葉以降は，完顔迪古乃（海陵王）によって遷都された燕京中都（現在の北京）が政治・経済・文化上の中心となる。こうした金の河北支配と首都機能の南遷に伴い，大量の女真人が南下した。それと同時に，従来華北に居住していた漢人もまた淮水以南に移住し，宋代両浙路（現在の浙江省・江蘇省）の人口急増が進んだ。

　本章では，墓葬資料を対象として，金代墓制の地域性について考察する。すなわち，金領域内に居住していた女真人・渤海人・契丹人・漢人などの諸民族の移動に伴う人口の流動化が葬制とどのように関わっていたのかを検討し，墓制から見える金領域内部の地域性や社会の実態に迫りたい。ここでは，特に中国東北地方（遼寧省・吉林省・黒龍江省）と内蒙古・華北地域，ロシア極東地域（沿海地方，アムール河流域）を対象とし，金代墓の分布・立地，墓葬構造，副葬品について検討を加え，金代墓の変遷と地域性について考察する。

第1節　金代墓の研究略史と分析視角

　金代墓の発見と考古学的調査は，20世紀前半に日本の満蒙政策の一環として開始された。1937年には，満州国民生部の委嘱によって園田一亀氏が金上京会寧府，完顔希尹墓地，完顔婁室墓地などの現地調査を行い，遺跡の現況と保護の必要性について，その報告書である『吉林・濱江両省に於ける金代の史蹟』に記している（園田1942）。1938年には，島田貞彦氏が「満洲吉林省石碑嶺發見金代遺物について」（島田1938）を発表し，旅順博物館に所蔵されている完顔婁室墓出土の遺物について紹介した。そこでは，金製釦，黄金製結紐状花形品，鍍金製耳環，石製胡桃形装飾品，鍍金製刀剣小尻，銅製鍍金製笄，石製刀子柄，銀製毛抜，砥石，骨製装飾品，蓮葉形骨製帯具，銀製網冠，白玉製石帯，白玉製獅子形緒〆，鍍金装飾品，鍍金両環付装飾品などが報告されている。完顔婁室墓については，後年1986年に劉紅宇氏が「長春近郊的金代完顔婁室墓」（劉紅宇1986）において墓域の概況について述べ，この時には既に盗掘を受けており，神道碑や墓誌などは失われ，また墓地に封土が無く，亀趺と一枚の石棺に用いたと推定される石板が見られるに過ぎないことを報告している。1940年代に入ると，原田淑人・駒井和愛・関野雄諸氏をはじめとする東亜考古学会のメンバーによって，遼陽玉皇廟における遼金古墓の調査が行わ

れた。

　中国領内で金代墓の発掘調査が本格的に行われるようになるのは，1970年代以降である。この時期，中国黒龍江省中興墓地（黒龍江省文物考古工作隊1977a），奥里米墓地（黒龍江省文物考古工作隊1977b），新香坊墓地（安路1984），吉林省完顔希尹家族墓地（陳1990，徐・庞1996）等で発掘調査が行われた。1980年代には長春市完顔婁室墓地（劉1990，長春氏文物管理委員会办公室1991），北京市海淀区南辛庄墓地（北京市海淀区文化文物局1988），山西聞喜寺底金墓（聞喜県博物館1988），1990年代以降になると，黒龍江省寧安市前蓮花村の金代竪穴土壙墓（張2004），2000年以降は黒龍江省佳木斯市黎明村の遼金墓群（佳木斯市博物館2004），遼寧省朝陽市の召都巴金代墓（朝陽市博物館・朝陽市龍城区博物館2005）等で発掘調査が行われ，金代墓に関する資料が蓄積されている。これまでに当該地域で知られている金代墓は1000基を越えると予想されるが，現在に至るまで未報告資料が多く，その詳細を知るのは容易ではない。

　一方，ロシア（ソ連）領域内でも1960年代以降に墓地遺跡の発掘調査が行われるようになる。V.E. メドヴェーヂェフ氏はアムール河中・下流域を中心に展開するアムール女真文化（パクロフカ文化）のコルサコフ墓地（Медведев 1982）やナデジンスコエ墓地（Медведев 1977）等の集団墓地を発掘調査し，同時期にYu.M. ワシーリェフ氏もまたアムール河中流域のルダンニ・ソプカ墓地やクラスノクロフスキー墓地等で発掘調査を実施した（Васильев 2006）。一方，ロシア沿海地方の金代女真の墓葬については，ウスリースク市の完顔忠の神道碑を除けば，詳細は不明瞭である。

　このように中国・ロシア（ソ連）両国における発掘調査の進展と資料蓄積に伴って，1980年後半以降になると，金代墓葬の編年・変遷と類型化に関する論考が相次いで発表された。1980年代までの金・元代の墓葬の発掘調査成果を総括した徐苹芳氏は，「金元墓葬的発掘」において金代墓葬の特質を初めて論じた（徐1984）。その後，劉暁東・李陳奇両氏等や李健在氏が金代墓の構造と変遷について体系的に論じ，金代女真墓の特質を明確にした（劉他1991・李1989）。また秦大樹氏は，「金墓概述」において，中国東北地方から河北地域に至る金領域内部の墓葬形式の編年と地域性について論じ，時期・地域によって金代墓の構造に差異が見られることを指摘した。特に，金代初期の墓葬が宋・遼のそれの伝統を継承したものであり，金中期以降に女真族の居住地域に中原地域の墓制が流入することを指摘した点は注目される（秦1988）。また近年，秦氏は，中原地区では漢人・契丹人の風格を持つ墓葬，金源内地地区では女真人の墓葬（貴族墓・平民墓・家族墓），中国東北地方と北京地区では土坑石椁墓というように，金代墓の地域差が民族の違いを示すものと指摘した（秦2004）。また庞志国氏は，「吉林省金代考古概述」（庞1989）において完顔家族墓地について紹介し，石函墓・石室石函墓・磚槨石函墓木匣墓・磚（石）室木棺墓の墓前に石彫刻像である石柱一対，石虎一対，石羊一対，文官像・武官像各1配置されるのは，金代貴族墓葬の特性の一つであり，石彫刻像を伴わない竪穴土壙墓との差異を指摘した。そして，石彫刻像は金代中期に比定され，中原地域の先進的な生産技術が北方地域に流入し，金の生産活動の勃興に対して大きな影響を与えた点を指摘した。

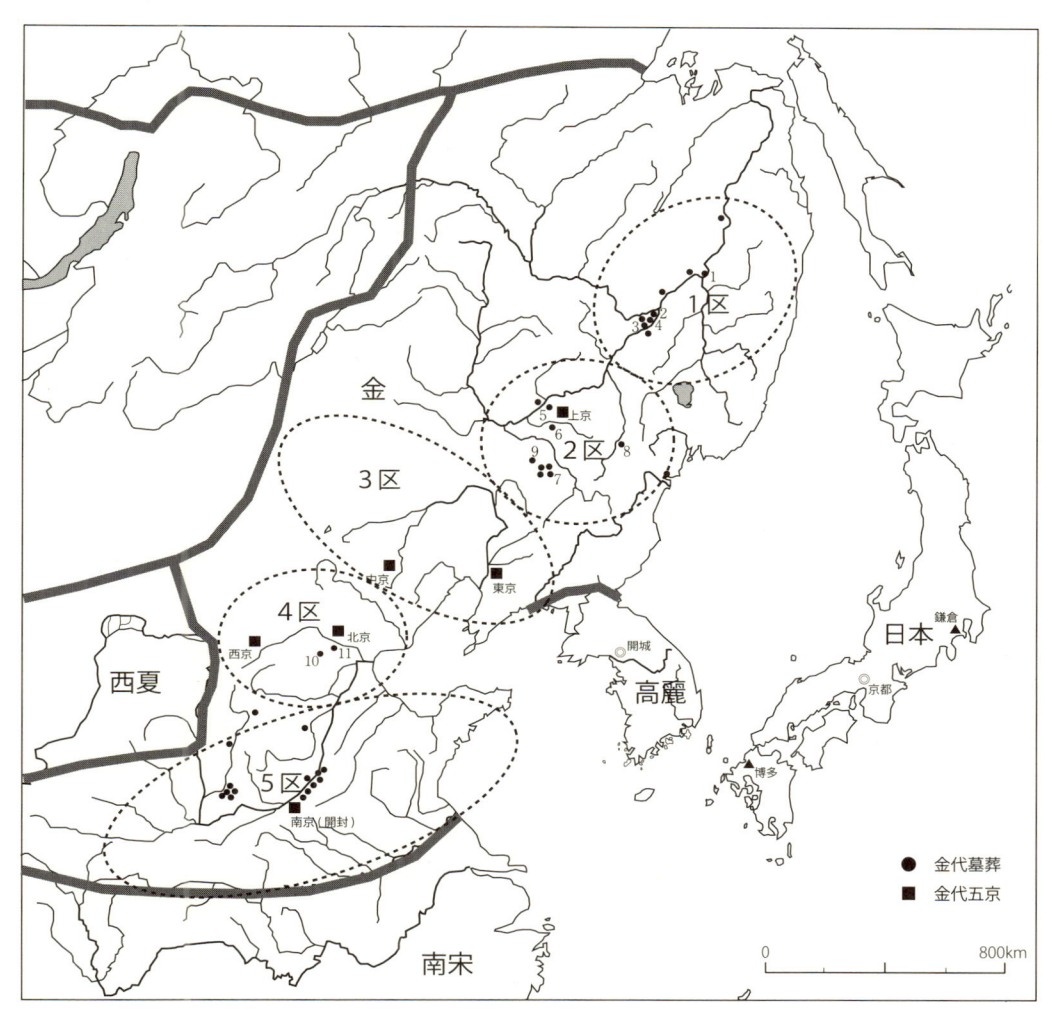

1 コルサコフ墓地　　2 綏濱三号墓地　　3 中興墓地　　4 奥里米墓地　　5 新香坊墓地　　6 完顔希尹墓地
7 完顔婁室墓地　　8 寧安市蓮花村墓地　　9 石人屯金墓　　10 徐水西黒山　　11 金代皇陵

第75図　金代墓の分布と地域区分（本章で言及するもののみ番号を記した）

　こうした金代墓の編年や地域性の研究とともに議論されてきた問題の一つに金代における火葬が挙げられる。この問題について最も早く検討を行ったのは景愛氏である。景氏は，遼金時代の火葬墓について体系的に検討し，契丹人と女真人における火葬は仏教の浸透と密接に関わることを指摘した。そして，こうした仏教の影響が火葬習俗のみならず，墓中の舎利函や蓮華磚・墓誌蓋の蓮華紋の使用などにもあらわれていると捉えた（景1982）。その後，庞志国氏もまた，「略論東北地区金代石函墓」において，女真人における仏教の浸透とそれに派生する火葬が密接に関わっていたと論じた（庞1984）。こうした火葬の出現を仏教の浸透と理解する従来の検討については，女真社会において仏教がどの程度浸透していたのかを地域ごとに検討し，実態を把握する必要があろう。たとえば，土壙墓において火葬習俗が見られるアムール河中流域では，どの程度仏

第10表 金代墓地名表

地区	No.	遺跡名	省・区	所在地	立地	形制	面積	性格	墓葬数	墓葬構造	石雕	墓誌	備考	文献
1区	1	中興墓群	黒龍江省	綏濱県	河岸段丘	—	—	集団墓	12基調査	竪穴土壙墓(木棺)	—	—	中興古城に近接	鮑・王 2001、黒龍江省文物考古工作隊 1977、胡秀傑・田華 1991、黒龍江省文物考古工作隊 1977
	2	奥里米墓群	黒龍江省	綏濱県	河岸段丘	—	—	集団墓	25基調査	竪穴土壙墓(木棺)、石	—	—	—	鮑・王 2001
	3	綏濱三号墓群	黒龍江省	綏濱県	河岸段丘	—	1500	集団墓	14基調査	竪穴土壙墓	—	—	—	吉林省文化庁編 1993
	4	綏濱永生墓群	黒龍江省	綏濱県	河岸段丘	—	—	集団墓	12基調査	竪穴土壙墓	—	—	—	吉林省文化庁編 1993
	5	老山調宝山二村墓葬	黒龍江省	大慶市	丘陵	—	—	集団墓	2基調査	竪穴土壙墓	—	—	—	大慶市文物管理站 1994
2区	6	石人溝古墓	吉林省	敦化市	—	—	—	個人墓	—	石函	—	—	1958年調査。	吉林省文化庁編 1993
	7	十八道溝墓葬	吉林省	敦化市	—	—	—	—	—	石棺、石函	—	—	破壊。	吉林省文化庁編 1993
	8	林勝墓群	吉林省	安図県	—	—	—	—	—	石棺 30	—	—	破壊。	吉林省文化庁編 1993
	9	馬架子墓群	吉林省	安図県	—	—	—	—	2基調査	石函	—	—	封土あり。	吉林省文化庁編 1993
	10	下屯墓群	吉林省	伊通満族自治県	—	—	—	—	—	—	—	—	水没。	吉林省文化庁編 1993
	11	東溝子墓群	吉林省	伊通満族自治県	—	—	10000	個人墓	—	—	—	—	1967年発見。	吉林省文化庁編 1993
	12	石人山墓群	吉林省	伊通満族自治県	—	—	—	—	—	—	—	—	木棺の痕跡有り、主軸南北	吉林省文化庁編 1993
	13	孫家屯墓葬群	吉林省	永吉県	河岸段丘	—	5000	集団墓	30基発見	甕棺100余	—	—	1974-1977年調査	吉林省文化庁編 1993
	14	磐石古溝墓地	吉林省	永吉県	—	—	—	—	—	甕棺多数	—	—	1983年発見。	吉林県文管所 1989
	15	永吉旧站金墓	吉林省	永吉県	—	—	—	—	—	石壙墓(石函)3	○	—	盗掘。	吉林省文化庁編 1993
	16	鄒家墓群	吉林省	延吉市	—	—	—	—	—	—	—	—	—	吉林省文化庁編 1993
	17	墓子溝墓葬	吉林省	公主嶺市	—	—	10000	—	—	石函	○	—	1981年調査	吉林省文化庁編 1993
	18	龍興洞墓群	吉林省	公主嶺市	—	—	3000	個人墓	1基	砆室墓1	—	—	封土あり	吉林省文化庁編 1993
	19	泰平溝金墓	吉林省	九台市	—	—	—	個人墓	1基	砆室墓1	—	—	盗掘、封土有り	吉林省文化庁編 1993
	20	紅旗村金墓	吉林省	九台市	—	—	—	個人墓	—	砆室墓	—	—	封土有り	吉林省文化庁編 1993
	21	石人溝遺跡	吉林省	九台市	—	—	—	個人墓	—	—	—	—	1981年発見	吉林省文化庁編 1993
	22	南向山墓群	吉林省	九台市	—	—	5000	集団墓	7基調査	竪穴土壙墓7	—	—	1976年発見。	吉林省文化庁編 1993
	23	東山岔河墓群	吉林省	楡樹市	低位段丘	—	3000	—	20	石棺	—	—	1979年調査	吉林省文化庁編 1993
	24	粗家溝墓群	吉林省	楡樹市	—	—	—	—	—	石壙墓	—	—	—	吉林省文化庁編 1993
	25	石羊屯墓葬	吉林省	四平市	—	—	—	—	2基調査	砆室墓2、甕棺	—	—	1984年調査。	吉林省文化庁編 1993
	26	黄家店墓群	吉林省	白城市	—	—	—	—	—	砆室墓4	—	—	1965年発見。	吉林省文化庁編 1993
	27	新興洞東墓群	吉林省	白城市	—	—	—	個人墓	1基調査	石函、甕棺	—	—	1987年発見。	吉林省文化庁編 1993
	28	圏河墓群	吉林省	図門市	—	—	1500	—	—	砆室墓1	—	—	1960年発見。	吉林省文化庁編 1993、吉林省璜図公路考古発掘隊 1987
	29	虫王廟北山墓葬	吉林省	双遼県	—	砆北朝南	20000	個人墓	—	砆室墓、石墓	○	—	1984年調査。	吉林省文化庁編 1993
	30	安辺堡墓群	吉林省	大安市	—	—	—	個人墓	—	砆室墓4	○	—	1979年発見。	吉林省文化庁編 1993
	31	前家窯墓群	吉林省	大安市	—	—	—	個人墓	—	砆室墓2	○	—	1969年発見。	吉林省文化庁編 1993
	32	薛家窯欄墓葬	吉林省	大安市	—	東高西低	150	個人墓	—	竪穴土壙墓2	—	—	—	吉林省文化庁編 1993
	33	新立墓葬	吉林省	長春市	—	—	—	個人墓	1基調査	石棺	—	—	—	吉林省文化庁編 1993
	34	水南倫墓群	吉林省	長春市	山間	—	—	個人墓	—	—	—	—	—	吉林省文化庁編 1993
	35	将軍嶺墓葬群	吉林省	長春市	—	—	—	個人墓	—	—	—	○	墓誌	吉林省文化庁編 1993、長春市文物管理委員会編公室 1989・1991
	36	前家窯墓群	吉林省	長春市	小山	—	—	個人墓	—	—	○	—	—	劉紅宇 1987
	37	龍王廟金墓	吉林省	長春市	—	—	—	—	—	—	—	—	封土あり	劉紅宇 1987
	38	薛家窯墓群	吉林省	長春市	—	—	—	—	—	—	—	—	—	劉紅宇 1987
	39	藩順屯墓群	吉林省	長春市	—	—	—	—	—	—	—	—	—	劉紅宇 1987、李明生
	40	完顔朝宝墓地	吉林省	長白朝鮮族自治県	山腹	—	—	個人墓	—	—	○	○	1980年調査。破壊著しい。	鮑・王 2001、長春市文物管理委員公室
	41	龍王廟金墓	吉林省	鎮賚県	—	—	—	個人墓	—	石函10余	—	—	1986年調査。破壊。	吉林省文化庁編 1993
	42	石虎溝墓葬	吉林省	洮安市	—	—	—	—	—	竪穴土壙墓1、砆室墓	—	—	破壊。	吉林省文化庁編 1993
	43	石羊石虎山金墓	吉林省	洮南市	—	—	900	個人墓	—	甕棺	—	—	—	吉林省文化庁編 1993
	44	浄月潭墓葬	吉林省	長春市	—	—	—	—	—	竪穴土壙墓	—	—	—	吉林省文化庁編 1993
	45	檀子溝墓葬	吉林省	長春市	—	—	—	—	—	—	—	—	—	吉林省文化庁編 1993
	46	珠山墓群	吉林省	長春市	—	—	—	—	—	—	—	—	—	吉林省文化庁編 1993
	47	阿斯棱昭墓葬	吉林省	長春市	—	—	—	—	—	—	—	—	—	吉林省文化庁編 1993
	48	何家粉房墓群	吉林省	長春市	—	—	—	—	—	—	—	—	—	吉林省文化庁編 1993

第8章　金代墓の分布・立地・構造と地域性

No.	墓群名	省	市県	立地	面積	単・集	基数	構造	○	備考	出典
49	王成燒堡墓群	吉林省	洮南市	—	—	—	—	竪穴土壙墓、磚室墓	—	—	吉林省文化庁編1993
50	八家子墓群	吉林省	洮南市	—	30000	—	—	磚室墓、甕棺	—	破壊。	吉林省文化庁編1993
51	富貴屯墓群	吉林省	洮南市	—	—	—	—	竪穴土壙墓	—	—	吉林省文化庁編1993
52	金山墓群	吉林省	洮南市	—	2000	—	—	磚室墓1	—	—	吉林省文化庁編1993
53	七棵樹墓群	吉林省	洮南市	—	—	—	—	磚室墓	—	—	吉林省文化庁編1993
54	七官営子墓群	吉林省	洮南市	—	—	—	—	磚室墓	—	1975年発見	吉林省文化庁編1993
55	保安墓群	吉林省	洮南市	—	2400	—	—	磚室墓	○	1983年調査。	吉林省文化庁編1993
56	朱家比子墓群	吉林省	徳恵県	—	—	—	—	—	○	破壊。	吉林省文化庁編1993
57	前二道溝墓群	吉林省	徳恵県	—	—	—	—	—	○	—	吉林省文化庁編1993
58	徐家店墓群	吉林省	徳恵県	—	—	個人墓	—	—	—	1980年調査	吉林省文化庁編1993
59	将軍嶺墓地	吉林省	長嶺県	—	1200	—	—	—	—	—	吉林省文化庁編1993
60	南城子墓地	吉林省	長嶺県	—	—	—	—	—	—	—	吉林省文化庁編1993
61	石虎山墓群	吉林省	長嶺県	—	—	—	—	—	—	1972年発見。	吉林省文化庁編1993
62	東南岡子墓群	吉林省	梨樹県	—	—	—	—	—	—	—	吉林省文化庁編1993
63	姜家溝墓群	吉林省	楡樹市	—	—	個人墓	4基	磚室墓4	—	—	安文栄
64	西長発屯墓群	吉林省	楡樹市	—	—	個人墓	9基調査	竪穴土壙墓(石棺)1、石函8	—	—	安文栄1988
65	前排子	吉林省	楡樹市	平原か	—	個人墓	1基発見	磚室墓(石棺)	○	—	秦大樹1988
66	石人屯金墓	吉林省	農安県	—	—	個人墓	—	磚室墓	—	—	劉紅宇1987
67	魏家屯墓群	吉林省	農安県	—	—	個人墓	4基調査	磚室墓3、石函1	—	—	安文栄
68	農安古城内墓群	吉林省	農安県	—	—	—	—	石函	○	—	吉林省文化庁編1993
69	南門外墓群	吉林省	農安県	—	—	—	—	磚室墓	—	封土有り	吉林省文化庁編1993
70	段家溝墓群	吉林省	農安県	—	—	—	—	磚室墓	—	封土有り	吉林省文化庁編1993
71	車金推墓群	吉林省	農安県	—	—	—	—	磚室墓	—	破壊	吉林省文化庁編1993
72	新開河墓群	吉林省	農安県	—	—	—	—	磚室墓、甕棺200余、石函10	—	—	吉林省文化庁編1993
73	達子営墓群	吉林省	農安県	—	2100	—	—	—	—	—	吉林省文化庁編1993
74	傅家屯墓群	吉林省	農安県	—	—	個人墓	—	磚石混合墓	—	破壊	吉林省文化庁編1993
75	程家比子墓群	吉林省	農安県	—	—	—	—	磚室墓1、石函	○	1964年発見。石人東北100m。に磚室墓	吉林省文化庁編1993
76	西好米宝墓群	吉林省	農安県	—	—	—	—	—	—	1985年発見	吉林省文化庁編1993
77	石人屯墓群	吉林省	農安県	—	—	個人墓	—	石函	—	—	吉林省文化庁編1993
78	西溝墓群	吉林省	農安県	—	7000	—	—	竪穴土壙墓	—	1983年発見。破壊	吉林省文化庁編1993
79	毛家店墓群	吉林省	農安県	—	—	—	—	磚室墓2	—	1984年発見。破壊	吉林省文化庁編1993
80	呉家屯墓群	吉林省	農安県	—	—	集団墓	—	竪穴土壙墓第3、石函	—	—	吉林省文化庁編1993
81	山根墓群	吉林省	農安県	—	—	—	—	石棺、磚室墓	—	1985年発見。	吉林省文化庁編1993
82	西長発屯墓群	吉林省	農安県	—	—	個人墓	—	竪穴土壙墓(石棺)	—	破壊。	吉林省文化庁編1993
83	魏家屯墓群	吉林省	農安県	—	—	集団墓	—	—	—	破壊。	吉林省文化庁編1993
84	吉林大金墓群(西山屯金墓)	吉林省	扶余県	—	—	—	—	—	—	破壊。	吉林省文化庁編1993
85	劉家比子墓群	吉林省	扶余県	—	400	集団墓	—	甕棺墓	—	1983年発見。封土有り	吉林省文化庁編1993
86	伊家店墓群	吉林省	扶余県	—	1500	集団墓	—	石棺	—	1985年発見	吉林省文化庁編1993
87	石岬村墓群	吉林省	扶余県	—	2500	個人墓	—	竪穴土壙墓	—	—	吉林省文化庁編1993
88	豆満墓群	吉林省	楡樹市	—	—	個人墓	—	石函	—	—	吉林省文化庁編1993
89	姜家店墓群	吉林省	楡樹市	—	400	個人墓	—	甕棺墓	—	—	吉林省文化庁編1993
90	大房屯墓群	吉林省	楡樹市	—	420	集団墓	—	磚室墓	—	1960年発見	吉林省文化庁編1993
91	前排木東墓群	吉林省	楡樹市	—	—	個人墓	—	甕棺、石函	—	1983年発見	吉林省文化庁編1993
92	忠善屯墓群	吉林省	楡樹市	—	350	個人墓	—	磚棺	—	1983年発見。封土有り	吉林省文化庁編1993
93	后賀家岡子墓群	吉林省	楡樹市	—	—	個人墓	—	甕棺	—	1960年発見。封土有り	吉林省文化庁編1993
94	蕭家屯墓群	吉林省	楡樹市	—	—	個人墓	—	—	—	1960年調査。	吉林省文化庁編1993
95	北山墓群	吉林省	楡樹市	—	—	個人墓	—	—	—	—	吉林省文化庁編1993
96	輓家屯墓群	吉林省	楡樹市	河岸	1000	個人墓	—	—	—	1960年調査。松花江に水没	吉林省文化庁編1993
97	南城子墓群	吉林省	楡樹市	—	—	—	—	—	—	—	吉林省文化庁編1993

地区	No.	遺跡名	省・区	所在地	立地	形制	面積	性格	墓葬数	墓葬構造	石雕	墓誌	備考	文献
	98	石羊屯墓葬	吉林省	楡樹市	—	—	—	個人墓	—	—	○	—	1960年調査	吉林省文化庁編1993
	99	完顔希尹家族墓地	吉林省	舒蘭市	山間	座北朝南	3000	個人墓	14基調査	第1墓区：磚槨墓（石槨木棺、石棺）、第2墓区（石棺）、第3墓区（磚槨木棺）、第4墓区（石棺木棺）、第5墓区：竪穴土壙墓（石函）、墓区：なし	○	○	墓誌：M1は完顔守道墓 第3墓区：昭勇大将軍同知雄州節度使墓。第4墓区：完顔歓都墓と推定。第5墓区希尹の父完顔歓都墓と推定。	吉林省文化庁編2001、徐翰苴・王2001、鷹志国1982、閻田一亀治一1939・1941
	100	石楂洞墓群	吉林省	龍井市	—	—	—	個人墓	100余	石函	○	—	1979年調査	吉林省文化庁編1993
	101	仁化墓群	吉林省	龍井市	—	—	—	個人墓	—	—	○	—	1984年調査	吉林省文化庁編1993
	102	水南墓群	吉林省	龍井市	—	—	—	個人墓	—	—	○	—	1984年調査	吉林省文化庁編1993
	103	土城屯墓群	吉林省	龍井市	—	—	—	個人墓	—	—	○	—	1984年調査。破壊。	吉林省文化庁編1993
	104	白金屯遺鎮墓群	吉林省	龍井市	—	—	—	個人墓	—	—	○	—	1979年調査	吉林省文化庁編1993
	105	横慶墓群	吉林省	龍井市	—	—	—	個人墓	—	—	○	—		吉林省文化庁編1993
	106	龍井大屯墓地	吉林省	龍井市	—	—	—	個人墓	—	石函	○	—	1981年発見	吉林省文化庁編1993
	107	三道溝墓群	吉林省	遼源市	山間	座西北朝東南	—	個人墓	—	—	—	—		鮑2001
	108	樺皮陵墓群址	黒龍江省	阿城市	峡谷	朝東南	—	個人墓	—	—	—	—	墓域を人工的に造成	鮑2001、王2001
	109	石人溝陵墓址	黒龍江省	阿城市	山間	座北朝南	—	個人墓	—	破壊	—	—		鮑2001、王2001
	110	吉興陵墓址	黒龍江省	阿城市	山間	座西北朝東南	—	個人墓	—	—	○	—		鮑2001、王2001
	111	上糧木陵墓址	黒龍江省	阿城市	半山平台	座北朝南	—	個人墓	—	—	○	—	金初の帝王墓あるいは女真貴族陵墓と推定されている	鮑2001、王2001
	112	晌木陵墓址	黒龍江省	阿城市	半山平台	座北朝南	—	個人墓	—	—	○	—	金初の帝王墓あるいは女真貴族陵墓と推定されている	鮑2001、王2001
	113	西山陵墓址	黒龍江省	阿城市	丘陵	座北朝南	—	個人墓	—	破壊	—	—	西2㎞に劉秀屯遺跡殿堂の痕跡有り	鮑2001、王2001
	114	長勝陵墓址	黒龍江省	阿城市	山間	—	—	個人墓	1基	竪穴土壙墓	—	—		鮑2001、王2001
	115	保安陵墓址	黒龍江省	阿城市	河岸段丘	—	—	集団墓	?	竪穴土壙墓	—	—		鮑2001、王2001
	116	金代斉国王陵墓群	黒龍江省	阿城市	河岸段丘	—	—	個人墓	30余発見	竪穴土壙墓（石槨木棺）	—	—		安達県図書館1984
	117	双城村金代墓群	黒龍江省	阿城市	丘陵	—	—	集団墓	1基	—	—	—	阿骨打皇陵を改葬	吉林省文化庁編1993
	118	胡凱山和陵遺跡	黒龍江省	阿城市	平原	—	—	個人墓	—	—	—	—	阿骨打皇陵と推定されている	鮑2001、王2001
	119	小南山陵墓址	黒龍江省	阿城市	—	—	—	—	—	—	—	墓誌		
	120	完顔阿骨打陵址	黒龍江省	肇東市	—	—	—	—	1基	—	—	—	封土あり	吉林省文化庁編1993
	121	安築村遼代墓址	黒龍江省	哈尓濱市	—	—	—	集団墓	16基調査	磚槨墓、木槨、石椁、竪穴土壙墓（封土有り）	—	—		劉暁東・楊志軍・郝思徳・李陳奇1991
	122	華溝金墓	黒龍江省	哈尓濱市	—	—	—	集団墓	55基	磚槨墓、竪穴土壙墓	—	—	貴族墓地と推定されている	劉暁東・楊志軍・郝思徳・李陳奇1991
	123	哈尓濱楓安金墓	黒龍江省	哈尓濱市	河岸段丘	—	—	—	—	—	—	—		鮑2001、王2001
	124	新香坊金墓	黒龍江省	哈尓濱市	丘陵	—	—	集団墓	15基調査	竪穴土壙墓15	—	—		黒龍江省文物考古工作隊1977
	125	進逵三岔口墓葬群	黒龍江省	綏遠県	丘陵	座北朝南	—	集団墓	5基調査	竪穴土壙墓5	—	—		田广金1981
3区	126	宮胡洞墓地	内蒙古	四子王旗	—	—	—	集団墓	5基調査	竪穴土壙墓5、甕棺墓第4	—	—		田广金1981
	127	潮洛温墓地	内蒙古	四子王旗	—	—	—	集団墓	5基調査	—	—	—		田广金1981
	128	烏蘭胡洞墓地	内蒙古	新城郷	山間	—	—	—	7基調査	磚槨墓1、石砌券頂墓1（成人男性墓）、石冠墓1、その他は破壊	—	—	M2から墓碑出土（「鎮国上将」金明昌3年（1192））、第1基。金明昌7年（1192）に二次埋葬	郭国田1987
	129	内蒙古敦与鳳凰溝墓地	内蒙古	武川県	合間	—	—	—	2基調査	磚室墓1、石砌券頂墓1	—	○		烏蘭察布盟文物工作站1989
	130	烏蘭察子墓	内蒙古	興倫県	丘陵	—	—	—	1基調査	磚室墓1	—	—		于宝1992
	131	内蒙古旗伴県鎮金墓	内蒙古	巴林左旗	—	—	—	—	3基調査	竪穴石室墓	—	—		李逸友1959
	132	巴林左旗黄鎮金墓	内蒙古	巴林左旗	—	—	—	集団墓	10基調査	—	—	—		汪宇平1955
	133	胡凱山王家営支洛金代墓	内蒙古	巴林左旗	—	—	—	集団墓	5基調査	竪穴土壙墓5	—	—	双人合葬墓2、単人墓3	
	134	内蒙古和林県金墓葬	内蒙古	和林県	河岸段丘	座北朝南	—	—	1基調査	磚室墓	—	—		崔利明1993

第 8 章 金代墓の分布・立地・構造と地域性

No.	墓名	省	市/県	立地	基数	構造	備考	特記	出典
135	瀋陽大東区小北街金墓	遼寧省	瀋陽市	—	2基調査	石槨、磚槨	—	—	李映忠・林茂雨・劉長江 1993
136	朝陽馬令合墓群	遼寧省	朝陽市	河岸段丘	1基調査	磚陽墓	—	壁画墓	吉林省文化庁編 1993
137	朝陽直型機器廠金墓群	遼寧省	朝陽市	河岸段丘	2基調査	石室墓1、磚室墓1	—	金代晩期	遼寧省文物考古研究所 1990
138	朝陽召都巴金墓	遼寧省	朝陽市	—	1基調査	磚砌券頂墓1	—	金代初期	朝陽市博物館 2005
139	遼陽隆昌金墓	遼寧省	遼陽市	山間	1基調査	石室墓1	—	—	李慶発 1986
140	前下窩子金墓	鉄嶺県	鉄嶺県	河岸段丘	—	石棺、石函	夫婦合葬墓	—	鉄嶺市博物館・鉄嶺県文物管理所 1988

4 区

No.	墓名	省	市/県	立地	基数	構造	備考	特記	出典
141	河北新城墓群	河北省	新城県	—	2基調査	竪穴土壙墓	—	壁画墓2	秦大樹 1988
142	河北井陘窯墓群	河北省	—	—	1基調査	磚室墓	—	壁画墓7	秦大樹 1988
143	河北宣化下八里墓	河北省	—	—	1基調査	磚砌券頂墓、磚室墓3	—	壁画墓1	張家口市文物事業管理所・張家口市宣化区文物保管所 1990
144	河北興隆	河北省	徐水県	—	62基調査	石砌券頂墓48、竪穴土壙墓11、磚室混築墓3	集団墓	—	南水北調中線千渠工程建設管理局他 2007
145	徐水西黒山	河北省	徐水県	—	1	石槨墓、木棺	—	—	秦大樹 1988
146	柿庄墓地	河北省	—	—	5基調査	磚室墓	—	壁画墓1	秦大樹 1988
147	北狐合墓地	河北省	北馬村	—	2基調査	竪穴土壙墓(石槨)	—	—	秦大樹 1988
148	河北新城村時豊墓	河北省	北京市	—	1基調査	磚室墓(石槨)	—	壁画墓	秦大樹 1988
149	河北新城時立変墓	河北省	—	—	2基調査	竪穴土壙墓(石槨)	墓誌柳板内に壁画有り	—	秦大樹 1988
150	北京房山	北京市	北京市	—	1基調査	磚室墓(石槨)	—	壁画墓	秦大樹 1988
151	北京天穆公園墓地	北京市	北京市	—	2基調査	竪穴土壙墓(石槨)	—	—	秦大樹 1988、文物局 1988
152	北京海淀区南辛庄墓地	北京市	北京市	—	1基調査	竪穴土壙墓(石槨)	—	—	北京市海淀区文化文物局 1988
153	北京先農壇墓	北京市	北京市	—	2基調査	竪穴土壙墓(石槨)	—	—	秦大樹 1988
154	北京通県南三間房	北京市	北京市	—	2基調査	竪穴土壙墓(石槨)	—	—	秦大樹 1988
155	烏古論元忠夫婦合葬墓	北京市	北京市	—	10基	竪穴土壙墓(石槨)	—	—	秦大樹 1988
156	北京王佐郷	北京市	北京市	—	—	—	M35で呂調延、M56で呂氏の墓誌	○	秦大樹 1988
157	北京金代呂氏家族墓葬	北京市	北京市	—	—	—	—	—	北京市文物研究所 2009

5 区

No.	墓名	省	市/県	立地	基数	構造	備考	特記	出典
158	山西太原義並墓	山西省	太原市	—	1基調査	磚室墓	—	—	秦大樹 1988
159	山西太原西流村墓	山西省	太原市	—	1基調査	磚室墓	—	壁画墓1	秦大樹 1988
160	山西長子	山西省	絳県	—	—	—	—	—	秦大樹 1988
161	山西絳県	山西省	—	—	—	—	—	—	秦大樹 1988
162	山西長治	山西省	大同市	—	—	—	—	—	秦大樹 1988
163	山西大同市郊金墓	山西省	大同市	—	—	磚砌券頂墓	—	壁画墓3	大同市博物館 1992
164	山西汾陽	山西省	—	—	—	磚砌券頂墓	—	壁画墓2	秦大樹 1988
165	山西聞喜金底金墓	山西省	聞喜県	—	1基調査	磚砌券頂墓	—	壁画墓4	聞喜県博物館 1988
166	山西候馬墓地	山西省	—	—	5基調査	磚室墓	集団墓	壁画墓3	秦大樹 1988
167	沂水教師進修学校金葬	山東省	沂水県	—	1基調査	磚砌券頂墓	—	—	秦大樹 1988
168	虞虎金墓	山東省	高唐県	—	1基調査	磚砌券頂墓	—	○	山東省文物考古研究所 2005
169	蘇畓金墓	山東省	藤州市	—	1基調査	磚砌券頂墓(石槨)	—	○	山東省文物考古研究所 2005
170	済南市郊	山東省	済南市	—	1基調査	磚砌券頂墓1	—	○	山東省文物考古研究所 2005
171	済南三十五中金墓	山東省	済南市	—	1基調査	磚砌券頂墓1	—	○	山東省文物考古研究所 2005
172	済南開陽寺底金墓	山東省	済南市	—	1基調査	磚砌券頂墓1	—	○	山東省文物考古研究所 2005
173	済南鉄廠金墓	山東省	済南市	—	1基調査	磚砌券頂墓1	—	○	山東省文物考古研究所 2005
174	関家店金墓	山東省	龍口市	—	20基調査	竪穴土壙墓(磚槨)、竪穴土壙墓、磚砌券頂墓	集団墓	—	秦大樹 1988
175	后李金墓	山東省	淄博市	—	18基調査	磚砌券頂墓	集団墓	壁画墓	山東省文物考古研究所 2005
176	女郎山金墓	山東省	章丘市	山麓	—	磚砌券頂墓1	—	—	山東省文物考古研究所 2005
177	河南焦作老万庄	河南省	—	—	1基調査	磚砌券頂墓1	—	壁画墓3(M1–M3)	秦大樹 1988

教が浸透していたのか不明瞭な点も多いため，今後明らかにしていかなければならない課題である。

以上，これまでの金代墓に関する研究史について簡単に概観した。従来は，金代墓の立地と構造を中心に検討を加えたものが多く，随葬品である出土遺物について検討を加えたものは少ない。こうした背景の一つとして，金代墓に随葬されたものは後世に盗掘されているものが多く，埋葬時の様相を把握することが難しい点が挙げられる。たとえ盗掘を受けていないとしても，詳細については未報告あるいは断片的のものが多く，随葬品の組み合わせや随葬品の要素からみた埋葬施設の空間利用のあり方などを検討することは，現状では難しい。しかながら，これまでの墓葬構造の検討によって，金代墓は，漢人墓や契丹墓，女真墓など，被葬者の民族や身分・階層によって埋葬方法に違いがあることや埋葬方法の地域差が存在することが，明らかになりつつある。それとともに，女真墓に見られる「漢化」，それとは逆に漢人墓に見られる女真の影響などを理解することも検討されてきた。

以上のような研究の現状を踏まえ，特に金代の墓制研究で問題となるのは，埋葬様式に見られる「伝統」と「影響」の推移と地域間関係を如何に捉えるかである。伝統は，同一の現象が長期間にわたって継続する場合もあるし，一方で変容を遂げる場合もある。この変容について，伝統の発展と理解するのか，それとも周辺諸地域の影響と捉えるかで意味が異なる。すなわち，前者は内的要因を重視したものであるし，後者は外的要因を重視したものとも言える。以下では，金代墓の発掘調査が進められている中国領域内の事例を主な対象とし，まず金代墓の分布・立地について概観し，金代墓の類型化と変遷について検討を加え，地域毎の特性を明確にする。そして，被葬者の問題について触れながら，金代墓制の歴史的位置について見通しを述べたい。

第2節　金代墓の分布と立地

(1) 分布

管見の限り，中国東北地方における金代墓は，177遺跡に及ぶ（第75図・第10表）。未公表のものを含めると，さらに増加することが予想される。金代墓の分布は，秦氏によって既に指摘されているように（秦2004），松花江下流域・アムール河中流域を中心とする地域（1区），松花江中流域と拉林河，阿什河第二松花江流域を中心とする地域（2区），内蒙古及び遼河・遼東半島を中心とする遼寧地区（3区），北京を中心とする河北地域（4区），山東・山西地区（5区）の5地域に区分することができる。

金代五京との地理関係について述べると，2区に上京会寧府，3区に東京遼陽府と中京大定府（後に北京大定府），4区に燕京（後に中都），5区に開封（後に南京）が所在する。また4区には金代皇帝陵などの王族墓も存在する（北京文物研究所2006）。現在のところ，1区のアムール河中流域，2区の長春市周辺，4区の北京市周辺の資料がある程度公表されている。

(2) 立地

これまでに調査された金代墓は，特定の個人・家族のための「(特定) 個人墓」と数十基あるいは数百基の墓が密集して形成された「集団墓」に大別できる。個人墓は，皇帝陵や貴族墓などが代表的であり，社会階層の中でも比較的上層に位置した者の墓である。この２つの形態の墓は，立地においても明確な相違がある。

個人墓は，山間あるいは峡谷などに営まれ，墓が営まれる空間の背後 (北側) に山嶺がそびえるという特徴がある。また墓前面 (南側) に平坦地あるいは緩斜面が広がり，眺望のよい場所に形成される。たとえば，黒龍江省阿城市の西山陵墓地では後背部に山があり，前面に平坦地が続く「半山半平台」に立地する。墓は南向きになり，北側で標高が高く，南に向かうにつれて低位になる。また多くの場合，墓葬と墓道の主軸が南北方向になるという特徴もある。２区では，上京会寧府周辺を中心として，おおむね半径30km以内の丘陵地あるいは山間部に女真の貴族墓が存在する。樺皮陵墓址，石人溝陵墓址，吉興陵墓址，上搖木陵墓址などが代表的である。また長春市周辺でも完顔婁室墓地を代表として，前石虎屯金墓や龍王廟金墓，石虎溝金墓，石羊石虎山金墓などが存在する。長春周辺には金代貴族の墓地が多数分布することから，遼代東京道龍州黄龍府および金代済州・隆州女真貴族の帰葬の場所と推定されている (劉1987)。

一方，集団墓は，河岸段丘上や丘陵地に立地し，数十基あるいは数百基の墓が密集して形成される。このタイプは共同墓地 (集団墓地) と考えられる。多くの場合，居住地となる集落や城郭に近い場所 (約0.5～1km以内) に営まれる。墓域は，計画的に墓が配置され，それらはいくつかの小群に分けられる場合が多い。集団墓は一時期に形成されたものではなく，長期にわたって継続的に営まれる。このような集団墓では，墓同士が切りあうものが少なく，埋葬位置を正確に認識していたことがわかる。また，例外もあるものの，同一墓群における墓葬には共通性が見られるものが多く，比較的等質的な埋葬様式が採用されていたことがうかがわれる。

第3節　墓葬構造の分類

金代墓は，竪穴土壙墓や磚 (石) 室墓，石砌券頂墓など多様性に富み，同一墓群内でも様々な構造の墓葬が見られる。また，埋葬施設は，墓壙内の四壁に磚や石，あるいは磚・石混合によって構築されるものもある。先行研究における分類案を参考にすると，墓室の有無，構築方法，槨の有無と構築材料によって以下のように分類できる (第76図～第77図)。

A類：墓室を持たないもの (壙墓系)
　　Ⅰ類：竪穴土壙墓
　　Ⅱ類：石壙墓
　　Ⅲ類：磚壙墓
　　Ⅳ類：石磚混壙墓
　　　　a類：槨を持たない (無槨)

214

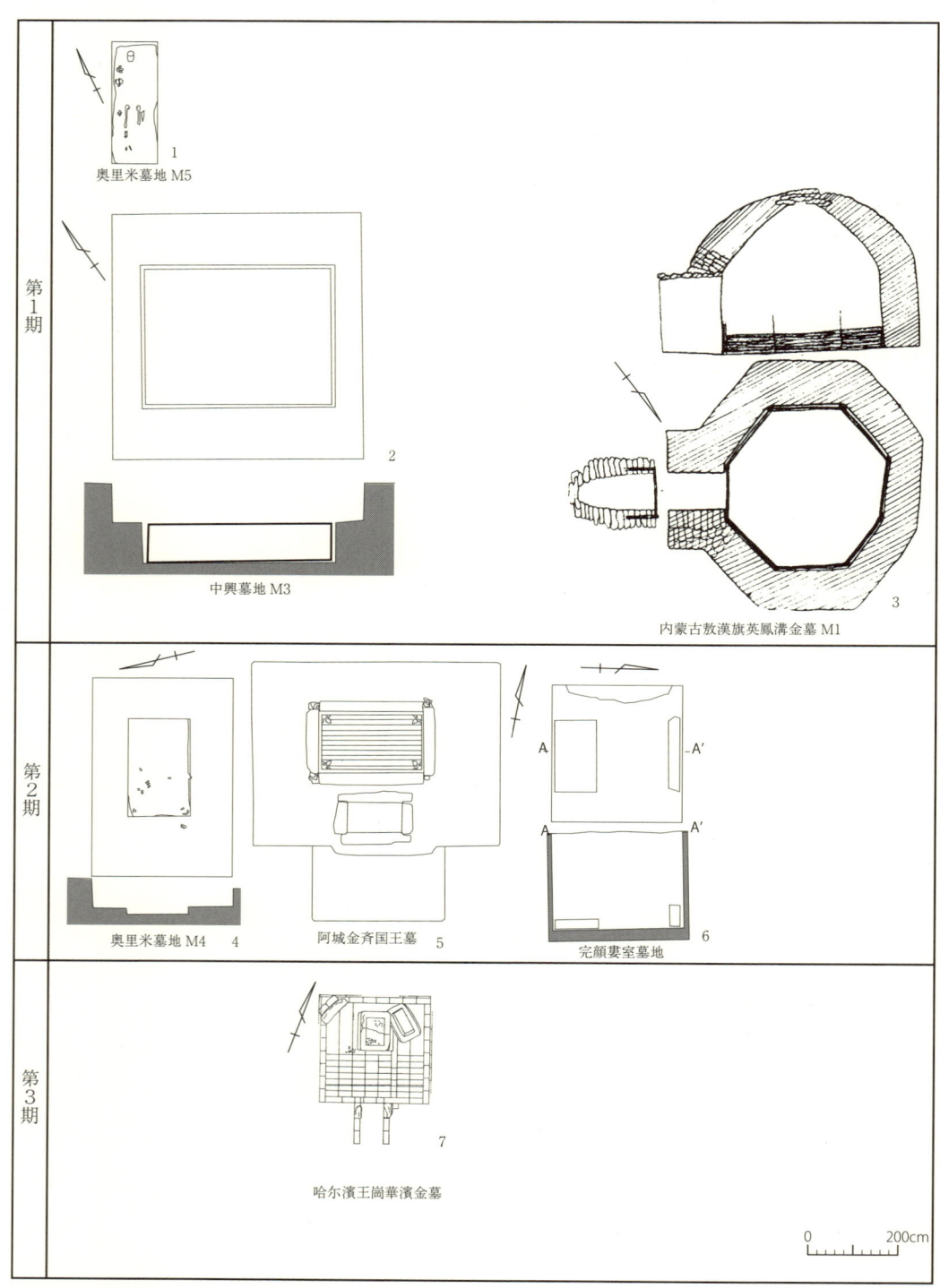

第1期

1 奥里米墓地 M5
2 中興墓地 M3
3 内蒙古敖漢旗英鳳溝金墓 M1

第2期

4 奥里米墓地 M4
5 阿城金斉国王墓
6 完顔婁室墓地

第3期

7 哈尓濱王崗華濱金墓

0 200cm

1,2,4,5,6：竪穴土壙墓　　3：石砌券頂墓　　7：磚室墓

第76図　金代墓の変遷(1)　黒龍江省・吉林省・内蒙古

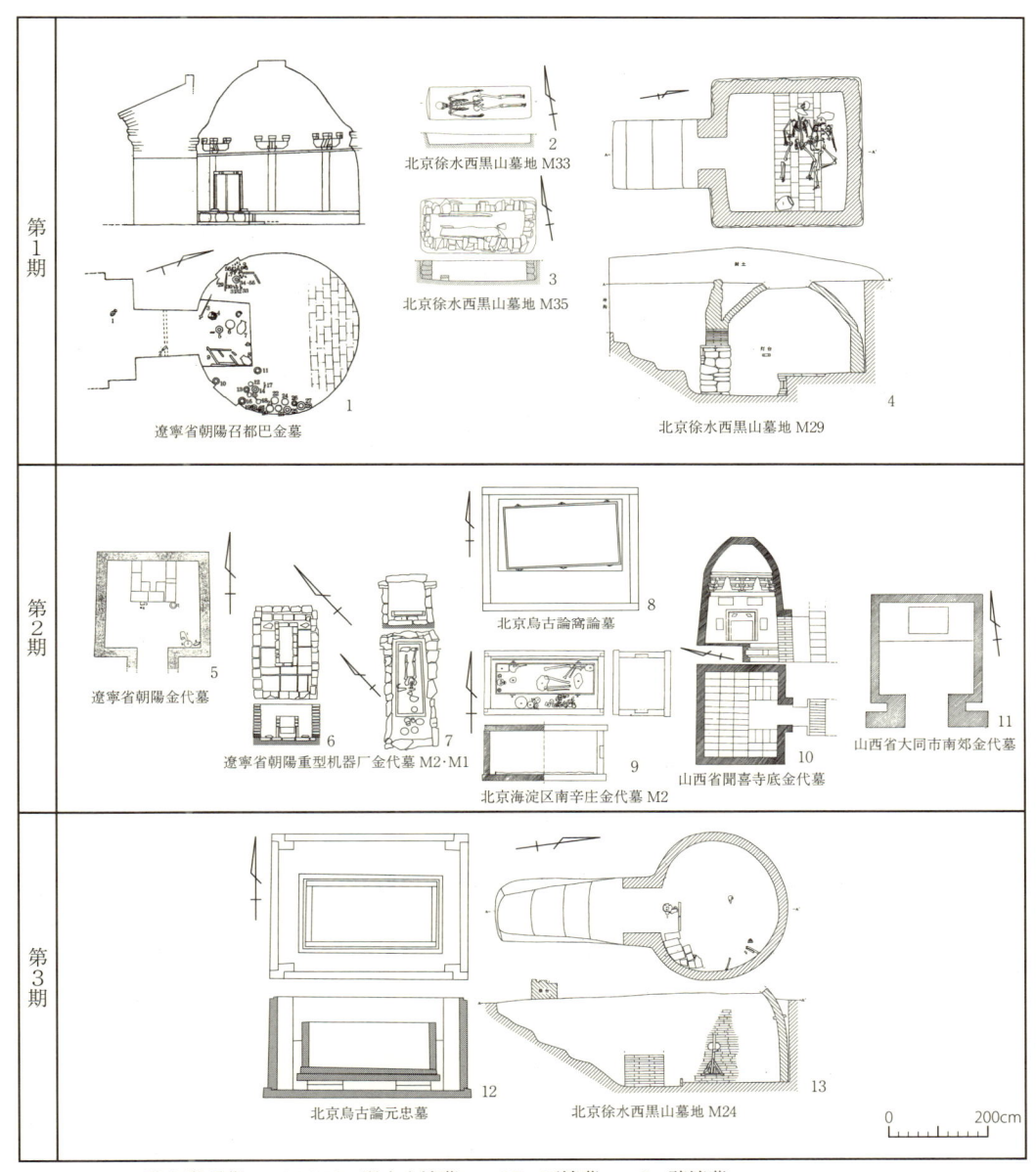

第 8 章　金代墓の分布・立地・構造と地域性

1,4,5,10,11,13：磚砌券頂墓　　2,8,9,12：竪穴土壙墓　　3,7：石壙墓　　6：磚壙墓

第 77 図　金代墓の変遷(2)　遼寧省・河北省・北京市・山西省

　　　　b類：木槨を持つ
　　　　c類：石槨を持つ
　B類：墓室を持つもの（室墓系）
　　Ⅰ類：石砌券頂墓
　　Ⅰ類：石室墓
　　Ⅱ類：磚室墓
　　　　a類：槨を持たない（無槨）
　　　　b類：木槨を持つ
　　　　c類：石槨を持つ

第4節　金代墓の地域様相

　ここでは，地域毎の金代墓の様相について述べたい。特に，公表されている資料が多い松花江下流域・アムール河中流域およびロシア沿海地方（1区），松花江中流域と拉林河，第二松花江流域（2区），河北・北京地域（4区）を中心に扱う。

(1) 松花江下流域・アムール河中流域およびロシア沿海地方（1区）

　金代上京路の胡里改路・恤品路にあたる当該地域には，アムール河中流域において綏濱中興墓地（黒龍江省文物考古工作隊1977a），奥里米墓地（黒龍江省文物考古工作隊1977b），綏濱永生墓地（田・胡・周1992），コルサコフ墓地（Медведев 1982，天野1995），ナデジンスコエ墓地（Медведев 1977）などがある。アムール河中流域では竪穴土壙墓が大半を占め，木棺を伴うものもある。主軸は北東-南西方向である。密集して竪穴土壙墓を形成する埋葬方法は，靺鞨文化以来の伝統である。土壙墓密集墓群は，金代社会のなかでも下位階層に位置した一般庶民層（平民）の在地伝統を受け継いだ，比較的等質的な共同墓地であると考えられる。また，副葬品の多寡は少なからず認められるものの，集団内の優劣関係を象徴するような副葬品，たとえば金銀器や玉器の卓越などによる質的な差異は見られない。

　このような中でも特に注目したいのは中興墓地と奥里米墓地である。中興墓地はアムール河中流域の綏濱県に位置する集団墓地であり，近接した場所に平地城の中興城址が所在する（黒龍江省文物考古工作隊1977a）。ここでは，竪穴土壙墓が12基検出され，火葬と土葬の2つのタイプが見られる。残念ながら，墓葬形態を示す詳細な図面は公表されていないが，数基の竪穴土壙墓が同一封土から検出されるという。大きく見ると，M3・M4・M5からなる第一組，M6・M7・M8からなる第二組に区分されている。各組の前後関係については，出土遺物から第一組が第二組に先行すると想定されている。同様の状況は，松花江下流に位置する奥里米墓地でも見られる（黒龍江省文物考古工作隊1977b）。奥里米墓地では26基の竪穴土壙墓や渤海時代の流れを引く石室墓（M4・M5）が検出されている。各遺構の詳細については未報告だが，報告者によると，M4と

M5 が同一封土内に墓が営まれているという。その後，1998 年の緊急発掘調査の際には竪穴土壙墓 8 基が調査された。報告者によると，1977 年調査の M1 と M2，M3 と M4 は同一封土であるという。こうした同一封土内で見つかった墓葬の被葬者の関係については，家族あるいは親族単位で埋葬された可能性が考えられるが，不明な点も多い。

一方，ロシア沿海地方では，ウスリースク市から石人・石羊や神道碑，亀趺が発見されている（Буссе, Крапоткин 1908）。神道碑から完顔忠の墓葬と推定されている。石造物の存在から，ウスリースク附近に貴族墓が存在した可能性が高い（華 1976）が，その構造については不明である。また，金代の集団墓地の様相についても不明瞭である。

(2) 松花江中流域と拉林河，第二松花江流域（2 区）

この地域では，上京会寧府周辺と拉林河，第二松花江流域で数多くの金代墓が確認されている。詳細については，不明瞭な点も多いが，竪穴土壙墓，石壙墓，磚石墓などが確認され，木棺や石棺，石函，甕棺に被葬者を埋葬する。また，墓葬地上部にマウンド状の封土を伴うものもみられる。

まず，12 世紀前葉に政治的拠点であった上京会寧府周辺の様相を概観する。黒龍江省阿城市双城子村では 2 箇所の墓群（三隊墓区・四隊墓区）が確認されている。これらの墓群の東約 1km のところに阿什河，南に金代古城（小城子），西に上京会寧府が位置する（閻 1990）。これらの墓区からは，竪穴土壙墓が検出されており，規模が小さいものと大きいものの 2 形態が見られるようである。前者が大多数を占める。報告者によると，前者からは人骨が散在して検出されていることから火葬が行われ，後者は鉄棺釘などの出土から木棺を伴う土葬であったと推定されている（閻 1990）。両形態の竪穴土壙墓から出土する遺物については，ほとんど差異を見出すことができない。三隊墓区と四隊墓区の随葬品は，鉄鍋・馬具（鐙・轡）・鉄製品（刀・鏃・斧）・陶器（罐）・瓷器・金銅製品（匙・帯銙金具・馬具飾・耳環）・銀製品（銀盤）などがある。金銅製品と銀製品が比較的多く出土する点は，上京会寧府周辺で営まれたという地理的背景と被葬者の階層性の高さを示唆するものとして注目される。

次に黒龍江省哈尓濱市東南の阿什河左岸の河岸段丘上に立地する新香坊墓地（黒龍江省博物館 2007）を取り上げる。この遺跡の墓域の空間利用については未報告であるが，16 基の墓が調査されている。少なくとも，竪穴土壙木槨墓（AⅠb），竪穴土壙石槨木棺墓（AⅠc）が 2 基（M1，M2），磚室墓（BⅢ）が 2 基（M3，M4）存在するようである。葬送形態は土葬，火葬，二次葬があるという。これまでに M4・M5・M6 の出土遺物が報告されている。M4 では，金製装飾具（玉耳飾 1，耳釘飾 1，腕輪 3），三足羽釜，吊鍋，鉄製斧・錐・矛，小札片，砥石，M5 では，金製装飾具（耳飾 4），馬鐙，三足羽釜，M6 では三足羽釜が出土している。いずれも前述した阿城市双城子村三隊墓区・四隊墓区の随葬品と共通している。この墓地もまた上京会寧府周辺で営まれた双城子村の墓地と同様に，金代女真貴族墓葬と推定される。

以上のように，上京会寧府周辺では竪穴土壙墓を中心としながらも，磚室墓も見られるなど多

様な墓葬が用いられたことが理解できる。こうした墓葬構造の相違は，被葬者の階層性を反映している可能性はあるが，出土遺物はそれほど差異を見出すことができない。また，1区とは異なり，随葬品に金銀製品が伴う点は，上京会寧府周辺という政治・経済上の中心という性格を反映するのだろう。

　また阿什河よりも西の拉林河流域および第二松花江流域，長春市周辺の金代墓は，既に劉紅宇氏も指摘するように，貴族墓が多い点が特徴的である。この地域は，戦前から日本人研究者にとっても注目されていた地域であり，前述したように園田一亀氏が現地踏査を実施している（園田1939・1941）。ここでは，完顔希尹墓地，完顔婁室墓地，石羊石虎山墓地，姜家溝墓葬，西長発屯墓葬，将軍嶺墓葬，石人屯墓葬，魏家屯墓葬，農安古城内発見墓葬などが確認されている（劉1987・1990）。

　これまでに報告されている金代墓の多くは，石人や石羊・石虎などを地上に配置するタイプのものである。従来から長春周辺には金代貴族の墓地が多数分布することが知られており，遼代東京道龍州黄龍府および金代済州・隆州女真貴族の帰葬の場所と推測されている（劉1987）。残念ながら，発掘調査が行われているのは完顔希尹墓地や完顔婁室墓地など極少数に限られている。また図面がほとんど公表されていないため，貴族墓の具体的様相については判然としない点が多い。ここでは，完顔希尹墓地と完顔婁室墓地を中心に取り上げたい。

　完顔希尹墓地は，中国吉林省舒蘭県に位置する（第78図）。完顔希尹は女真文字を作ったことで知られる。20世紀前半代に，満蒙政策の一環として園田一亀氏が現地踏査を行い，墓地の測量図を作成した（園田1939・1941）。その後，1970年代末に吉林省文物工作隊によって試掘調査が行われ，調査概要が公表されている（徐・庞1996，陳1990）。墓地は，東・北・西の三面を山に囲まれた丘陵上に立地し，その範囲は東西10km，南北3kmになる。この範囲内から14基の墓が検出されている。調査者によって，第一墓区から第五墓区までの5つの地区に区分されている。園田氏が調査したのは第2墓区に当たる。調査によって，第一墓区・第二墓区・第三墓区からは磚壙石槨木棺墓（1区M1，2区M5，3区M1），また第二墓区からは石室墓（M2），第四墓区からは土壙石函墓が検出された。墓碑の出土によって，第二墓区が完顔希尹墓地，完顔希尹墓西側の2基は希尹と関係のある者の墓地と推定されている。第三墓区では6基の墓が確認されているようであるが，墓碑が出土したM1は完顔希尹の孫子完顔守道墓と推定されている。第四墓区は，夫妻合葬墓であり，完顔希尹の直系親族である昭勇大将軍同知雄州節度使の墓葬と推定されている。第五墓区は，司代国公墓碑の出土から完顔希尹の父完顔歓都の墓葬と推定されている。

　また，完顔婁室墓地では碑亭と呼ばれる基壇状遺構と墓葬が各1基確認されている（長春氏文物管理委員会办公室1991）。碑亭は平面方形状を呈し，磚で構築されている。中央部には亀趺が存在し，南面する。その西南部には磚石を用いて構築した案台が存在する。ここからは大量の磚瓦類と鉄釘などが確認された。一方，墓葬は碑亭から東北方向へ45mの位置において検出された。竪穴土壙墓が検出され，墓内から石槨板が検出されている。既に盗掘されているため，墓地の様相は判然としないが，清康熙年間（1662〜1722年）にはこの地に完顔婁室神道碑や石人・石羊・

石虎・石柱などが存在したという。また，かつてこの墓から金製品や銀製品・玉類が出土していることが島田貞彦氏によって紹介されている（島田1938）。それによると，金製釦，黄金製結紐状花形品，鍍金製耳環，石製胡桃形装飾品，鍍金製刀剣小尻，銅製鍍金製竿，石製刀子柄，銀製毛抜，砥石，骨製装飾品，蓮葉形骨製帯具，銀製網冠，白玉製石帯，白玉製獅子形緒〆，鍍金装飾品，鍍金両環付装飾品などが出土したという。

　以上，完顔希尹墓地と完顔婁室墓地について述べてきた。この地域の金代墓の多くが石人・石羊・石虎などの石彫刻像を配置しており，上京会寧府周辺の双城子村や新香坊墓地とはやや様相が異なる。

(3) 内蒙古・遼寧地区（3区）

　この地区では，内蒙古四子王旗宮胡洞墓地・潮洛温克欽墓地・烏蘭胡洞墓地，敖漢英鳳溝墓地，烏蘭窯子金墓，庫倫旗后柜墓地，巴林左旗林東鎮金墓・白音戈洛金墓・王家湾金代墓葬，遼寧省瀋陽大東区小北金墓，朝陽馬令墓葬・重型机器厂金墓，鉄嶺前下塔子金墓などがある。

　内蒙古では，竪穴土壙墓・石砌券頂墓（第77図3）・磚室墓・石棺墓・甕棺墓などがあり，竪穴土壙墓が顕著である。竪穴土壙墓は，長軸2m前後，短軸1m前後の平面長方形を呈するもの，一辺2m前後の平面方形を呈するものに大別できる。前者は単人葬，後者は男女の双人合葬となる。墓葬の主軸方向は北西-南東である。被葬者は木棺に納められ，頭位は南あるいは南東に向けられる。副葬品は陶磁器（白釉・黒釉・緑釉）の碗・壺・瓶や金属製品（ピンセット，刀子など），銭貨などがあり，副葬容器は頭部周辺に置かれる。また石砌券頂墓は平面六角形を呈し，天井部はドーム状となる。墓室面積は約10㎡である。墓室入口は南東に設け，主軸は北西-南東方向となる。副葬品は，竪穴土壙墓と同様に，陶磁器の碗・壺・瓶や金属製品，銭貨などがある。

　一方，朝陽・瀋陽周辺の墓葬は，磚砌券頂墓・磚室墓・石室墓がある。磚砌券頂墓は金代初期以降，磚室墓・石室墓は金代中・晩期に認められる。磚砌券頂墓は甬道（墓道）と墓室からなり，墓室平面は円形あるいは方形で，天井部はドーム状を呈する（第77図5）。墓室入口は南西に設け，主軸は北東-南西方向となる。朝陽召都巴金墓で確認された磚砌券頂墓は，墓室面積が約10㎡となり，夫婦合葬墓と推定されている。副葬品は多種多様な陶質土器や陶磁器（白釉・黒褐釉），鉄剣，鉄刀，鉄鏃，八角形漆盆，銭貨などが出土している。

　また磚室墓は，長軸2～2.5m前後，短軸1.5m前後の平面長方形を呈し，墓葬四壁を10段程度の長方形磚を積み重ねて墓室とした墓葬である（第77図6）。天井部は大形の板石を用いて閉塞する。磚室墓の主軸方向は，磚砌券頂墓とは異なり，北東-南西，北西-南東，東西になる。また，墓室中央部には長方形の石棺あるいは木棺を設け，被葬者を埋葬する。頭位は東・北西・南西になる。

　石室墓は，長軸3m前後，短軸1m前後の平面長方形を呈する（第77図7）。墓葬は半地下式の構造となり，地下及び地上部分の四壁を各2～3段の板石を用いて囲郭し，天井部には大形の板石を用いる。墓葬の主軸方向は，磚室墓と同様に北東-南西である。被葬者は木棺に納められ，

●石柱　□石獅　○石羊　◆石人　◎墳丘　□□□小碑

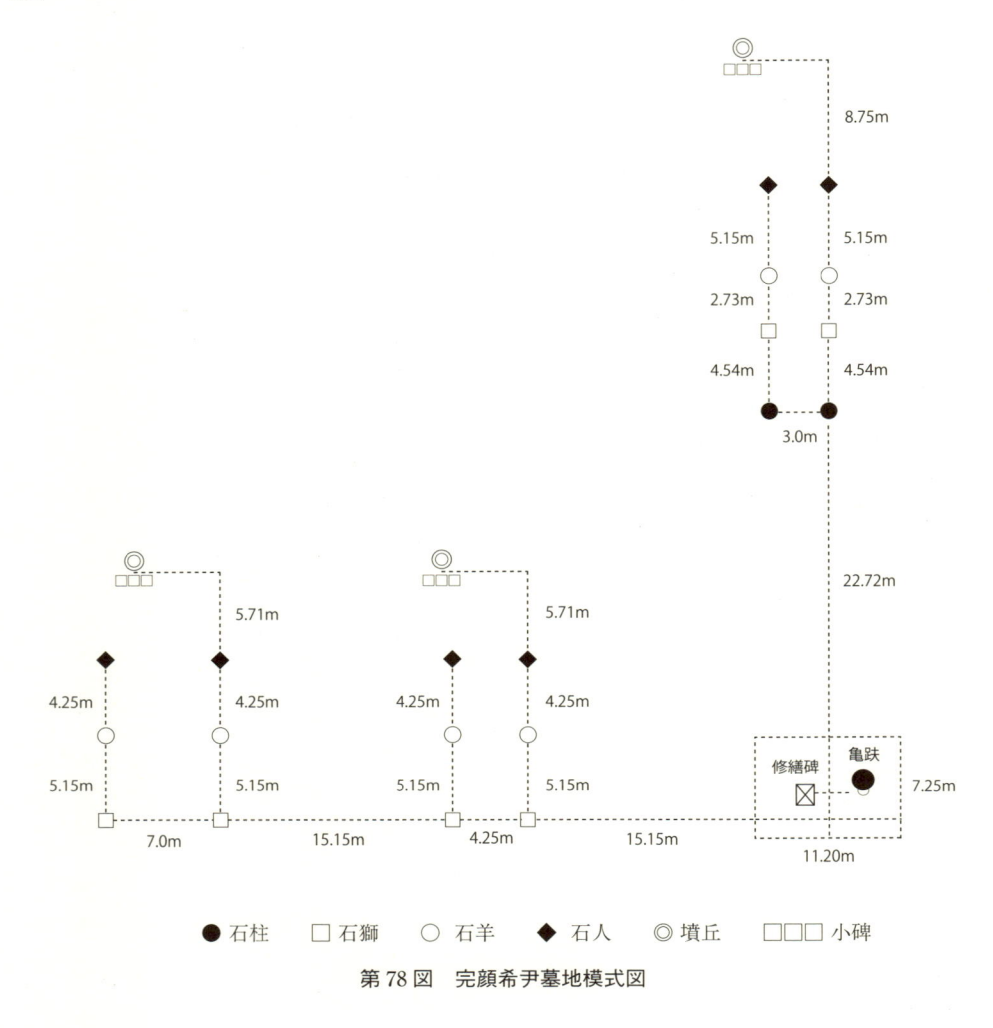

第78図　完顔希尹墓地模式図

頭位は南西に向けられる。頭部周辺には副葬容器が置かれる。

(4) 北京・河北地域（4区）

ここでは，金代皇陵（秦2004，北京文物研究所2006）（第79図）の他，徐水西黒山墓地（南水北調中銭干銭工程建設管理局他2007），金代呂氏家族墓葬（北京市文物研究所2009），海淀区南辛庄墓地（秦大樹1988，北京市海淀区文化文物局1988），烏古論元忠夫婦合葬墓（秦大樹1988），河北宣化下八里墓（張家口市文物事業管理所他1990）などがある。墓葬構造は，石砌券頂墓，石槨を伴う竪穴土壙墓，磚室墓などがあり，竪穴土壙石槨墓が主体となる（第77図2～4，8・9・12・13）。主軸方向は東西になるものが多い。以下では，徐水西黒山墓地と金代呂氏家族墓葬を取り上げてみたい。

徐水西黒山墓地（南水北調中銭干銭工程建設管理局他2007）は，河北省徐水県の最西端部に位置し，徐水最高峰・象山の北麓の台地上に立地する。62基の金～元代の墓葬，2基の清代墓葬が調査されている。墓葬が重複している例は少ないが，M40がM7を切っている。報告者によって，西

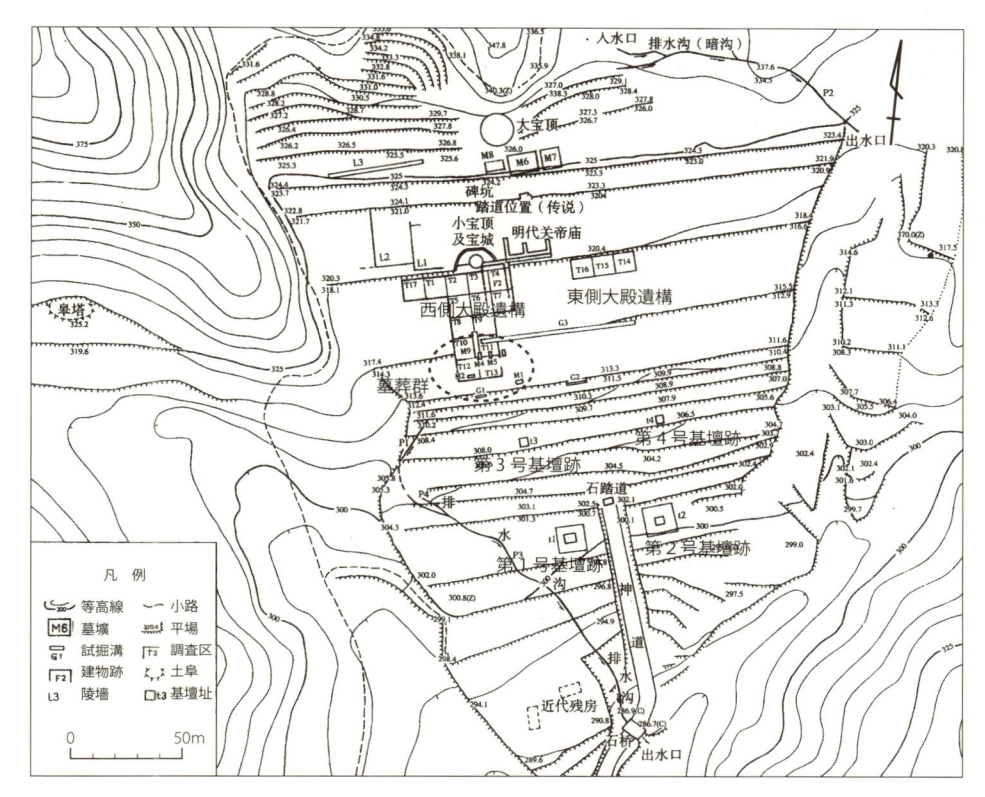

第79図　金代皇陵主陵区遺構配置図

　黒山墓地は5地区に区分されている（第80図）。北地区が南地区に先行し，おおむね北2区（金代早中期）→北1区（金代晩期）→南区（金代晩期～元代）と変遷することが指摘されている。
　西黒山墓地における金・元代の墓葬は，石砌券頂墓48基，磚（石）壙墓3基，竪穴土壙墓11基からなる。石砌券頂墓は，基本的な構築方法は共通しており，まず墓室となる円形状の土壙を掘削し，その南側中央部に入口（墓門）と緩やかに傾斜した墓道を設ける。その後，土壙の壁面に磚と切り石を積み重ねて墓室を構築し，天井部は磚でドーム状に構築する。そして，被葬者の棺を安置して副葬品などを供献した後に切り石や人頭大の石を積み上げて墓門を閉塞する（M12・M13・M14・M18など）。また南地区では，マウンド状の封土で墓室を覆い，その手前（墓道側）に祭台を設けるものもある（M9・M11・M12・M13・M14）。そのほか，M9・M10・M20・M24・M25のように壁に灯明台を設けるもの，床面に磚を敷くもの（M26）がある。また磚石混交とはならない，磚築あるいは石築の墓葬も存在する。
　この墓地で検出された石砌券頂墓，磚（石）壙墓，竪穴土壙墓の関係について，時期差と見るのか，それとも被葬者の階層差として見るのかは重要な問題となる。石砌券頂墓では陶器や瓷器類，銭貨などの随葬品が伴うのに対して，磚（石）壙墓と竪穴土壙墓（M59・M61を除く）では随葬品をほとんど伴わないことが特徴的である。また，磚（石）壙墓M35には成人女性，M31・

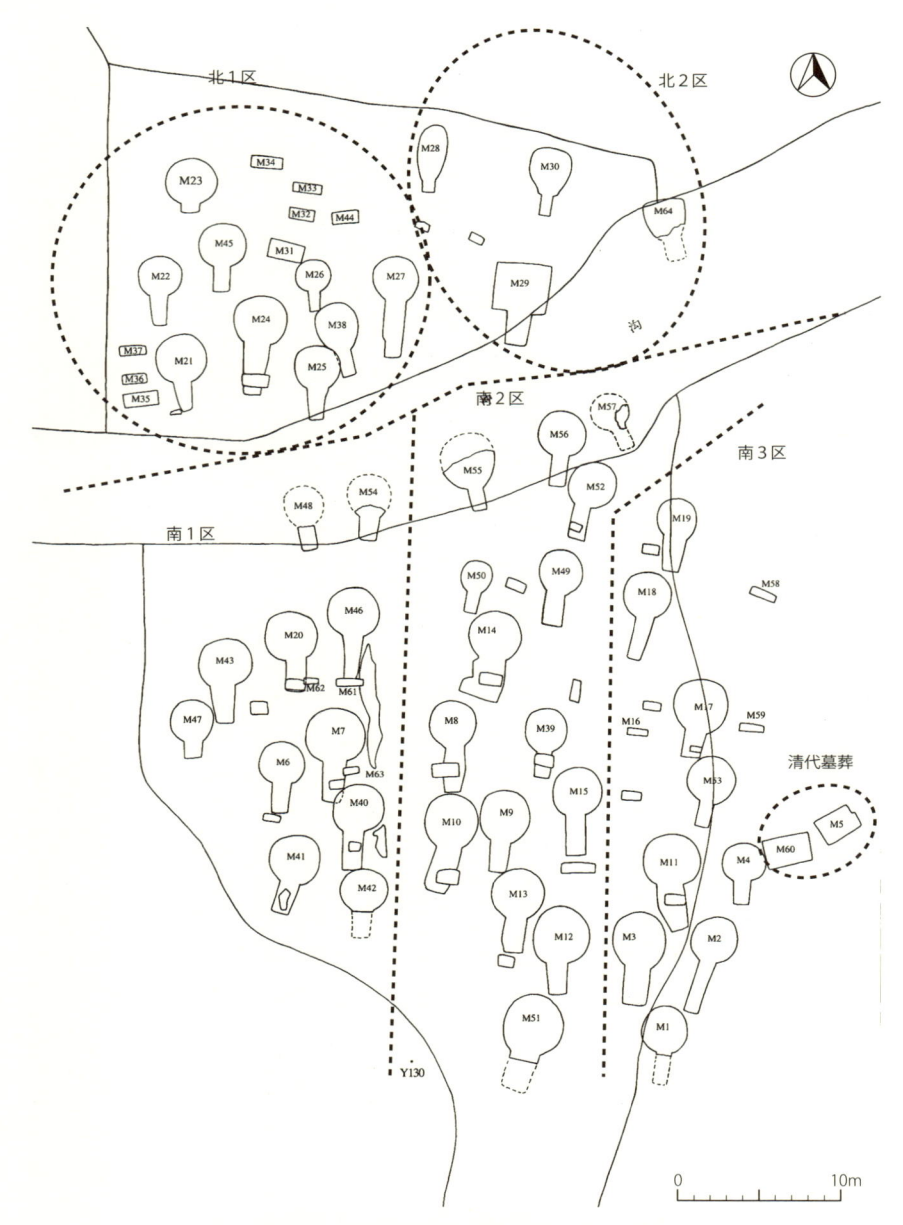

第 80 図　北京市徐水西黒山墓地遺構配置図

　M44 には子どもの遺体が埋葬されており，磚（石）壙墓が女性・子ども用の墓として使用された可能性もある。一方，竪穴土壙墓は，M59・M62・M63 は子ども，M61 は青年男性，M16・M32・M36・M37・M58 は成人・中年女性，M33・34 成人男性が埋葬されている。推測の域を出るものではないが，M62・M63 は，それぞれが隣接する合葬墓 M46・M20 に埋葬された成人男女の子どもの可能性もある。北京・河北地域の場合，中国東北地方を中心とした 1 区・2 区と比べると長方形状の竪穴土壙墓が少ない。この地域では，平民墓も磚（石）壙墓や石砌券頂墓を

使用している点は，1区・2区とは異なる。

北京市西部の金代呂氏家族墓葬では10基の金代墓葬が調査されている（北京市文物研究所2009）。墓葬構造は，長軸約2～3.5m，短軸約1～2mの平面長方形を呈した竪穴土壙石槨墓である。墓壙の四壁及び床面は方形・長方形の板石を組み合わせて構築され，その中央部に石棺を設置する。M56のように，石棺には四壁に四神（青竜（南壁）・朱雀（西壁）・玄武（東壁）・白虎（北壁）），蓋には牡丹文・官人をモチーフとした装飾が刻まれるものもある。出土遺物については，M35・M56からは陶磁器壺・瓶（白瓷・青瓷），銭貨，こぶし大の円礫のほか，M35では遼代末期から金代初期の漢人呂嗣延（天会4年（1126）死去），M56では遼代の漢族呂氏の墓誌が確認されている。

(5) 山西・山東地区 (5区)

当該地区では，山西大同市郊金墓，聞喜寺底金墓，山東省沂水教師進修学校金墓，沂水教師進修学校金墓，虞虎金墓，蘇瑀金墓，済南三十五中金墓，済南実験中学金墓，済南鉄厂金墓，聞家店金墓，后李金墓，女郎山金墓などがある（秦大樹1988，大同市博物館1992，山東省文物考古研究所2005）。

墓葬構造は，磚砌券頂墓を主体とし，磚室墓，洞室墓，竪穴土壙墓などがある（第75図10・11）。磚砌券頂墓は平面方形・円形・多角形を呈し，南側に墓門を持つ。その主軸方向は南北あるいは北西－南東となる。墓葬からは陶磁器碗・皿・壺・瓶，銅鏡，銭貨などが出土している。虞虎金墓や済南三十五中金墓のように，紀年銘が記された墓誌を伴う墓葬もある。埋葬方法は単人二次葬あるいは多人二次合葬である。また山西大同市郊金墓・聞喜寺底金墓のように壁画を伴う墓葬もある。

* * *

以上，1区から5区の金代墓葬の様相について概観した。1区では集団墓が顕著であり，個人墓については不明瞭である。一方，2区～5区では，集団墓と個人墓が明瞭に区別されている。個人墓は王族・貴族層に認められる。また，墓葬構造については，竪穴の壙墓系が1区～5区，横穴の室墓系は2区～5区で認められる。壙墓系の墓葬のうち，竪穴土壙墓は全地区にあるが，被葬者を埋葬するための槨・棺の有無と構築材料によって，差異が認められる。おおむね，1区は木棺，2区は石棺及び石槨木棺，3区は石槨・石棺・木棺，4区は石棺及び石槨木棺，5区は石槨を伴う。傾向として，金代上京路の胡里改路や恤品路では木棺，上京会寧府周辺では石棺・石槨木棺，臨潢府路では木棺，東京路及び北京路以南では石槨を伴う竪穴土壙墓が発達するようである。また，1区・2区の竪穴土壙墓の上部にはマウンド状の封土を伴うことから，造墓において靺鞨文化以来の伝統が継続していると推定される。一方，室墓系の墓葬のうち，墓室平面形が方形・円形・多角形となり，天井部がドーム状を呈した券頂墓は3区～5区で顕著であるが，2区は不明瞭である。2区では，金代斉国王墓や完顔希尹家族墓地でも竪穴土壙墓や磚壙墓，磚室墓が採用されていることから，券頂墓は一般的な墓葬ではなかった可能性が高い。3区～5区

は，遼代以前から券頂墓が認められる地域である。金代になると，徐水西黒山墓葬のように平民層でも券頂墓が普及し，家族墓化するようである。

このような点を考慮した上で女真集団が居住していた1区・2区の特徴を述べると，①一般平民層の間では伝統的な墓制が金代以降も継続していた，②女真の一部貴族層の間では，石柱・石人・石獣などの石造物を伴うが，墓葬構造においては伝統的な壙墓系の墓葬を採用していた，③平民層と貴族層の間の墓制の差異は，墓葬の立地や墓葬の構築材料，槨・棺の有無と材質によって示された，④2区では火葬の導入によって，石函が普及する点を確認できる。

第5節　金代墓の変遷と地域性

これまでに調査された金代墓のうち，墓碑などによって構築年代・埋葬年代が確実に分かる例は少ない。ここでは，これまでの研究成果を踏まえ，金代墓の変遷を第1期から第3期に区分して述べたい。

第1期（12世紀前半まで）

金代早期の埋葬習俗について，『大金国史』巻39には，「死者埋之、而無棺槨、貴族生焚所寵奴婢、所乗鞍馬以殉之」と記載されている。死者を埋葬する際に棺（木棺・石棺）や槨（木槨・石槨）を用いないという点は，女真人の埋葬習俗に靺鞨や遼代の生女真の伝統が継承されたことを示すものである。この記述は，1区・2区において12世紀前半まで竪穴土壙墓が主体を占めている点からも裏付けられる。1区では，パクロフカ文化（アムール女真文化）の綏濱三号墓地やコルサコフ墓地などのように墳丘を伴う墓（クルガン墓，封土墓）が密集して形成され，基本的な墓葬形態は金代まで継続する。また，「生焚」という記述から女真人の間では金代の初めから火葬が流行していたと理解する意見もある（陳1997）。

この時期の墓葬は極めて少ないが，1区と2区においては集落に隣接する場所に集団墓が営まれ，特定の個人を埋葬する墓域は一般的ではない。同一墓群内部における墓葬構造にも明確な差異が見出せず，随葬品に金銀製品が伴うか否かが階層の高低を示唆するものと理解される。

第2期（12世紀中葉～後葉）

この時期には，金代墓に中原地域の埋葬様式が導入され，墓葬形態の多様化が生じるようになる。また火葬の風習が盛行するのもこれ以降である。女真社会における火葬の導入は，仏教の影響が大きな要因であったと考えられる（景1982）。また，中原地域の金代墓は，宋墓と遼墓の墓葬形式を基本的に継承・発展させたものである（秦2004）。

また墓域の空間利用に関しても変化がみられる。上京会寧府が置かれた阿城市周辺および吉長地区を中心とした松花江中・上流域において，石人や石虎・石羊などの石製彫刻を墓前に配置した特定個人（家族）あるいは特定集団の墓地が形成され，立地において集団墓との差異を明確化するようになる。しかしながら，このような立地選択と墓葬形成において外来影響が見られるの

は吉長地区と阿城周辺地域である。それよりも北方の地域にあたるアムール河中流域ではそれ以前の伝統を継承している。また1区・2区では依然として集団墓も営まれ続ける。

　個人墓は，城郭とは隔絶した位置に独立して営まれる。皇帝陵を頂点とした階層構造が見られる。墓地は南側に面して前面を見渡せる場所に造営され，主軸は南北方向になるのが一般的である。特定個人墓域内部においても親族間の身分・階層秩序を墓葬が営まれる平場の高低によって可視化している点も注目される。

第3期（12世紀末葉〜13世紀前半）

　この時期に2区で磚室墓が普及し，火葬の浸透とともに普及した石函を伴う事例がある。磚室墓は3区〜5区では一般的な墓葬であり，4区の徐水西黒山墓地のように平民層も磚室墓を採用している地域もある。墓地の立地については，石雕が伴う個人墓が山間部のみならず，段丘上や平野部にも営まれるようになる。2区では，磚室墓が普及するとはいえ，単基存在するものが多く，管見の限り徐水西黒山墓地のように密集して形成された事例は確認できない。また磚室墓の随葬品は，地域差あるいは階層差も考慮する必要があるが，陶器や瓷器，銭貨などを中心としたものとなり，第2期に比べると単純化している。

　一方，1区ではこの時期も竪穴土壙墓を中心とする埋葬様式が継続している。当該地域において竪穴土壙墓は東勝墓地をはじめとした元代の墓制にも継承される。副葬品は，銭貨や鉄製武器・用具（鉄鏃・刀子・鋏など），青銅製装飾品（耳環・帯飾具など）であり，金銀製品や玉器は伴わない。1区で金銀製品や玉器が伴う事例は金代中期に限定される可能性が高い。

　また，ロシア沿海地方では金代晩期・東夏代の城郭遺跡が数多く調査されているのに対し，墓地はほとんど調査されていない。中国領内の墓地遺跡の立地を踏まえると，当該地域においても集落や城郭の周辺に土壙墓が密集した共同墓地が形成された可能性は高い。綏芬河中流域にはユジノ・ウスリースク城址やザパド・ウスリースク城址，クラスノヤロフスコエ城址などの巨大城郭遺跡が所在する。19世紀後半にウスリースク市で調査を実施したF.F.ブッセ氏は，亀趺や石人を発見した（Буссе, Крапоткин 1908）。石人像は，規模や形態的な特徴から完顔希尹墓地を始めとする吉林省長春市周辺と同様のものである。このことは，ウスリースク市周辺にも第2期〜第3期に年代付けられる女真貴族層の墓域が存在した可能性を示唆する。

＊　＊　＊

　以上のように，第2期を画期として，1区・2区を中心に墓制が大きく変容を遂げる。この時期，墓域の立地において集団墓と個人墓の差異が明確化し，個人あるいは集団の身分秩序が墓葬に反映されたことが理解できる。

　1区は，随葬品に多少の多寡が認められつつも，基本的には土壙墓を中心とした比較的等質的な埋葬形態が金代以前から継続して営まれる地域である。2区では，貴族層は墓室を伴う墓と平民の墓葬というように階層によって埋葬形態が分化されている。貴族層は墓室を伴う石室墓や磚室墓も利用し，平民層は基本的に土壙墓・磚壙墓を利用した。3区・4区・5区は，土壙墓がほとんどなく，墓室を伴う石室墓や磚室墓，石砌券頂墓が貴族層のみならず，平民層でも一般化す

る地域である。この地域では，埋葬施設にはほとんど相違がなく，墓室内部の装飾や壁画の有無，随葬品の多寡に階層性が見られる。すなわち，4区や5区で見られる壁画を持つ金代墓は，貴族層など階層が比較的高い身分であったと推測され，一般平民層は墓室内に装飾を伴うことは基本的になかったと推測される。

一方，性差については，各階層において明確な差を見出すことはできない。しかしながら，1区では臼杵勲氏が指摘するように（臼杵2004），男女によって出土する遺物に違いが見られる。すなわち，男性の場合には武器・武具類など狩猟・軍事に関わるものが多く，女性の場合には装身具類が多いという傾向がある。

小 括

以上，金代墓葬の構造と変遷および地域性について概観してきた。その結果，アムール河中流域と松花江下流域では土壙墓が靺鞨・渤海以来継続して営まれるのに対し，松花江中上流域や第二松花江流域・拉林河流域では土壙墓のみならず，磚壙墓や石磚混壙墓，墓室を伴う磚室墓や石室墓も営まれることが明らかとなった。このことは，女真が主体となっていた中国東北地方・ロシア極東（沿海地方・アムール地方）のなかでも地域差が存在したことを示すとともに，墓制の南北差は金の領域支配のあり方とかかわるものであったと推測される。すなわち，前者の地域では葬制の変容を伴わないような在地居住民の伝統に立脚した緩やかな支配であったのに対し，上京会寧府など都城が設置された後者の地域では中原地域の葬制を伝統的葬制に導入するなど，直接的な領域支配が行われた可能性を示唆する。特に後者の地域では，貴族層のみならず，一般平民層も磚・石で構築した石槨を伴う土壙墓や磚室墓を営んでいる点は，竪穴土壙墓を中心とした前者の地域とは異なる。

第9章　渤海滅亡後の女真社会と地域間関係
―「ニコラエフカ文化」を中心として―

はじめに

　近年，ロシア沿海地方の中世考古学研究において，渤海滅亡後から金建国以前の遼代（契丹）併行期，すなわち10世紀代から12世紀前葉以前のいわゆる「初期女真文化期」の考古学的評価について議論されている[1]。

　初期女真文化に関しては，最近，ロシア人考古学者のE.I. ゲルマン氏，V.E. シャフクノフ氏，I.S. ジュシホフスカヤ氏らが土器を中心に扱った論考を発表し，新たな中世文化として把握することを提唱している（Гельман 2006, Жущиховская, Шавкнов 2006）。特にゲルマン氏は，初期女真の考古学的文化として「ニコラエフカ文化（Николаевская культура）」[2]を設定した（Гельман 2006）。以前，筆者もこの文化の研究動向について述べたことがある（拙稿 2008b）。

　この文化の論点になるのが土器の器表面に格子状の叩きを施した「格子目状叩き（型押文）土器（Керамика со следами «вафельной» выбивки）」の評価である。この土器は，沿海地方南部を含む日本海沿岸域を中心に分布する。そのため，この文化の土器は，女真集団とその周辺諸地域との関係を理解する上で重要な資料と位置づけられる。

　そこで本稿では，「ニコラエフカ文化」の格子目状叩き土器に注目し，日本海沿岸域の女真集団の動向について論じる。以下では，この土器を巡る議論を整理し，その製作技法・技術等から年代や系統関係について検討し，周辺諸地域の状況も考慮しながら，歴史的意義と評価について考察したい。

第1節　研究略史と問題の所在

　管見の及ぶ限り，格子目状叩き土器について初めて言及したのはE.V. シャフクノフ氏である。氏は，ニコラエフカ城址の1960～62年調査報告のなかで，「格子目状型押文を持つ陶質土器」に触れ，この土器が城址内部やその周囲，三孔門の基壇構築層中，本城址土塁中から出土することを指摘した（Шавкунов Э. В. 1966）。年代については言及していないが，この城址の古い段階，すなわち金代以前と認識している。

　1990年代に入ると，従来，「女真文化」期と括られていたシャイガ城址をはじめとする包谷式山城において東夏（1215～1233年）の年号である「天泰」や「大同」と記された紀年銘資料が出土したことから，これらの山城が東夏代に存続していたことが指摘されるようになった。それに伴い，渤海（698～926年）と金（1115～1234年）・東夏をつなぐ時期の考古学的評価が課題となった。その後の調査によって，ニコラエフカ城址やスモリニンスコエ城址などの「女真文化」と認

識されてきた平地城から格子目状叩きを持つ土器が一定量出土することが確認され，この土器の年代や系譜関係について改めて議論されるようになった。

　ゲルマン氏は，ニコラエフカ城址をはじめとする6遺跡約400片の格子目状叩き土器（そのうち69点を公表）を対象とし，形態・製作技法・装飾・胎土・焼成等について検討した（Гельман 2006）。氏は，この土器を10世紀末から11・12世紀に年代比定し，シホテ・アリン山脈南東に分布することを指摘した。また，資料的制約から断言は避けているが，この土器が出土する遺跡では，初期鉄器時代のクロウノフカ文化やオリガ文化の文化層が存在する点に注目し，両者の関連性を指摘する。ただ，クロウノフカ文化に系統を求めるには，年代や形態・技術的特徴から見て問題も多いため，N.G. アルテミエヴァ氏は慎重な態度をとる（Артемьева. 2005）。

　また近年，V.E. シャフクノフ氏は，この土器が出土したスモリニンスコエ城址の年代観に関して，9世紀初頭・中葉を遡らない時期に相当するという見解を示した（Шавкнов В. Э. 2007）。これ以前にシャフクノフ氏は，自身が調査したイズビリンカ城址やスモリニンスコエ城址から出土する陶質土器の全てに格子目状叩きが施されること，またその土器が厚手の野焼き土器と共伴することを確認し，11世紀代に年代比定する見解を示していた（Шавкнов В. Э. 2002・2005）。スモリニンスコエ城址では，1999年の調査で中世層（上層）とクロウノフカ文化層（下層），2004年の調査で中世層（上層）が確認された。格子目状叩き土器は上層から出土しており，層位的に中世期に比定されることが明らかになっている。近年の論考では，従来の年代観をやや遡らせて理解しているようだが，渤海と女真との関係を理解する上で重要な問題提起であろう。

　この他，格子目状叩き土器の系譜関係について，S.M. トゥピーキナ氏やM.V. サヴォーレヴァ氏らはアムール河中流域で主に展開したパクロフカ文化に系譜を求めているようである[3]。叩き技法を持つ土器がナデジンスコエ墓地等のアムール河中流域の遺跡から出土することを根拠とする。この見解は，アムール河中流域から沿海地方への叩き技法が波及した可能性を示唆する主張である。

　以上，これまでの議論を簡単にまとめたが，格子目状叩き土器を渤海・金代女真とは異なる新たな「中世」文化に帰属するものと認識する点は共通する。年代は，渤海中晩期あるいは渤海と金の間の時期に位置づけられている。また系譜関係については，在地伝統を継承した内的要因を重視する立場，周辺諸地域からの技術的影響という外的要因を重視する立場に大別される。特にこの2つの立場は，前者が渤海土器の研究者，後者が女真土器の研究者によって主張されている。現在のところ，この土器の出土遺跡を発掘調査しているのは，後者の研究者である。ただ，両者ともロシア領内の資料のみを扱い，周辺の中国東北地方や朝鮮半島の状況を考慮していないという問題もある。

　現状では，格子目状叩き土器は，破片しか得られていないため不明な点も少なくないが，以下では，ロシア沿海地方とその周辺地域の資料も考慮し，「ニコラエフカ文化」の格子目状叩き土器の分布や特徴，年代や編年的位置，系統関係について検討を加えたい。

第2節　格子目状叩き土器の分布とその概要

(1) 格子目状叩き土器の分布（第81図）

　まず，ゲルマン氏とジュシホフスカヤ氏・シャフクノフ氏の論考（Гельман 2006, Жущиховская, Шавкнов 2006）に導かれながら，格子目状叩き土器出土遺跡の分布について述べる。この土器が出土するのは，ロシア沿海地方南部のウスリー河東部，朝鮮半島北東部といった日本海沿岸側の地域である。地理的には，シホテ・アリン山脈南東部を中心とし，パルチザンスク河，アルセニエフ河，ウスリー河流域に分布するという。この地域は，山地や丘陵に挟まれた地形であり，谷間や河岸段丘上に城郭や集落が形成される。

　現在までに，ニコラエフカ城址（パルチザンスク地区），スモリニンスコエ城址・アヌチノ27遺跡（アヌチノ地区），ステクリャヌーハ城址（シコトフスキー地区），イズビリンカ城址，パブロフカ2城址・チュグエフカ城址（チュグエフスキー地区）などで格子目状叩き土器が出土し，なかでもニコラエフカ城址とスモリニンスコエ城址でまとまった資料が得られている。しかしながら，金代恤品路（速頻路）の中心とされるウスリースク市周辺では，現在のところ，このような土器は出土していないという（Артемьева Н. Г. 2005）。

　一方，中国領内でも格子目状の叩きを持つ陶質土器が確認されている。吉林省延吉市長東古城（小嶋1994）や黒龍江省邵家店古城（鄒晗2006），同仁遺跡F1（同仁二期文化）（中国社会科学院考古研究所2006）で叩きを持つ短頸壺や橋状把手付土器が出土している。詳細は不明であるが，双遼儲灰場遺跡でも箆点紋や小方格紋を胴部に施したロクロ製陶質土器と崇寧通宝（初鋳年1102年）が出土しているようである（吉林省文物考古研究所2003：p.10）。また，陶質土器ではないが，胴部全面に叩きを施した小型の靺鞨罐がアムール河中流域のナデジンスコエ墓地（Медведев В. Е. 1977）や綏濱永生墓地（田・胡・周1992）・新城墓地（赫思徳1985）等のパクロフカ文化（アムール女真文化・姣濱三号類型）の遺跡で散見される。またアムール河流域のトロイツコエ墓地189号墓や193号墓（Деревянко Е. И. 1977），牡丹江流域の振興遺跡第五期文化H155土坑（黒龍江考古研・吉林大学2001）等で，口縁部と胴部に隆帯を付けた，いわゆる靺鞨式土器の「トロイツコエ群」（Дьякова О. В. 1984）に該当するものに叩きが見られる。しかしながら，後述するように，これらは野焼きの手製土器（手づくね土器—ロシア語の「Лепная керамика」，中国語の「手製土器」の訳語として用いる）であり，また器形や製作技法において「ニコラエフカ文化」の格子目状叩き土器とは相違が見られるため，同列に扱うことはできない。

(2) 格子目状叩き土器の概要

　次に，筆者が観察できた格子目状叩き土器の概要について述べる。対象としたのは，ロシア沿海地方日本海沿岸域に所在するラゾ地区のバチュキ城址，パルチザンスク地区のニコラエフカ城址，シコトフスキー地区のステクリャヌーハ城址，クラスキノ女真墓地の土器である。なお，後

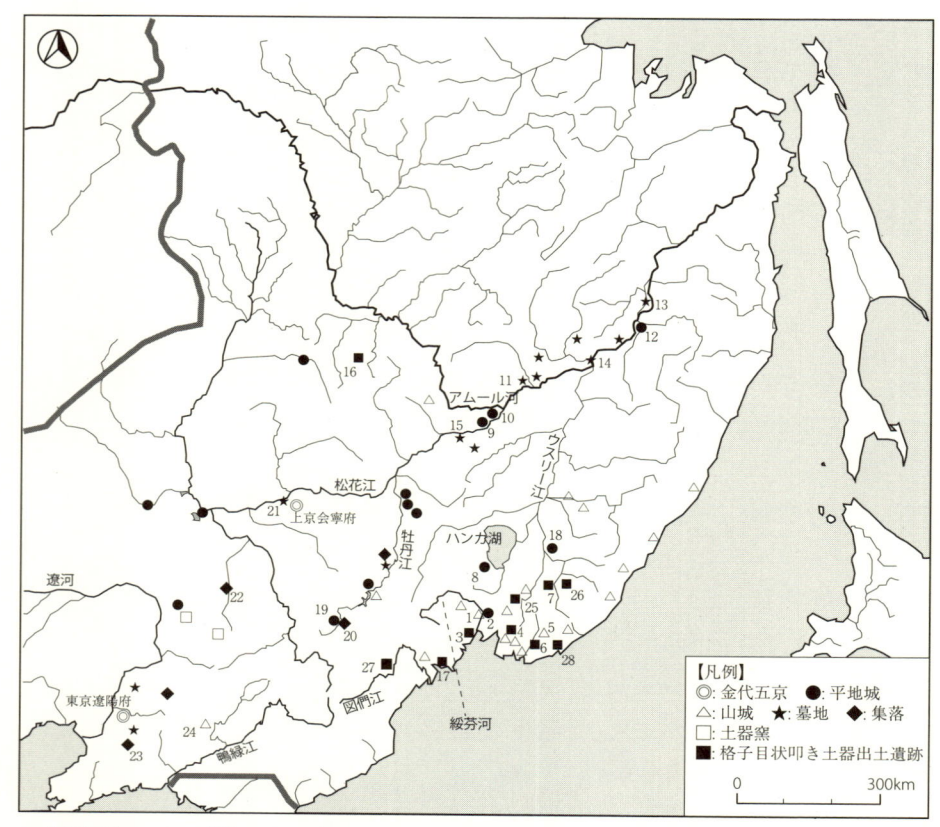

230

第81図　本章で対象とする遺跡分布図

1　クラスノヤロフスコエ城址　　2　ユジノ・ウスリースク城址　　3　アナニエフカ城址，アナニエフカ村土器窯跡
4　ステクリャヌーハ城址　　5　シャイガ城址　　6　ニコラエフカ城址　　7　チュグエフカ城址　　8　マイスコエ城址
9　奥里米古城・墓地　　10　中興古城・墓地　　11　ナデジンスコエ墓地　　12　ジャリ城址　　13　ボロニ湖墓地
14　コルサコフ墓地　　15　佳木斯黎明村墓地　　16　邵家店古城　　17　クラスキノ城址・墓地　　18　マリヤノフカ城址
19　敷東城　　20　永勝遺跡　　21　新香坊墓地，阿城双城村墓地　　22　長春市郊南陽堡金代村落址
23　岫岩鎮遺跡　　24　五女山城　　25　アウロフカ城址・スモリニンスコエ城址・ノヴォゴロディエフカ集落遺跡
26　イズビリンカ城址　　27　長東古城　　28　バチュキ城址

述するように，バチュキ城址とクラスキノ女真墓地の格子目状叩き土器は，ニコラエフカ文化の資料ではないと推定しているが，叩き技法の意義を理解する上で重要と考えるため観察所見を述べておきたい。

ニコラエフカ城址

　筆者は，2007年夏季にニコラエフカ城址の発掘調査を見学する機会を得て，その調査時に出土した格子目状叩き土器を観察することができた。現在のところ，破片資料のみが得られ，全体の器形がわかる器種はほとんどない。以下では，この土器の観察所見及び特徴を述べる。

　格子目状叩き土器は，酸化質焼成（1割），還元質焼成（6～7割），瓦質焼成（内外面が黒色処理されたもの）（2割弱）の3種類がある（Гельман 2006）。還元質焼成の陶質土器が主体を占め，表面

第 9 章　渤海滅亡後の女真社会と地域間関係　231

は灰白色・灰褐色系の色調を呈する。また酸化質・瓦質とされるものは十分に還元化されていないものであり，胎土は還元質のものと変わらない。胎土には白色・赤色粒子や小礫を極微量含むが，泥質で良好なものが多い。成形時にはロクロを用いており，器外面に叩きを施すもの以外にミガキを施したものが少なからず存在する。

　器種構成は，甕（корчаг）・罐（банка）・壺（горшок）・蓋（крышка）・碗（чаша）・多孔甑等がある。壺・甕類が大半を占める。この他，胴部上半に切株状（板状）の把手を貼り付けた土器（甑か）が一定量存在する。ただし，渤海で一般的に見られる橋状把手を持つ陶質土器はきわめて少ない。また口縁部が二重口縁となる鞨鞨罐もほとんどない。陶質土器がかなり普及していたことが看取される。また，ニコラエフカ城址で櫛描き波状紋が施された陶質土器胴部片や鉄鍋模倣と推測される土器片（第 83 図-8）が同一層から出土しているようである。以下，主要器種の特徴について述べる。

　壺・甕：頸部が短く，胴部が張り出す器形となる（第 82 図-3～7，第 83 図-7）。大（口径 40cm 以上）・中（口径 30cm 前後）・小（口径 20cm 以下）の法量がある。口縁部形態から，頸部から「く」の字状に強く屈曲するもの（1 類），頸部から口縁部にかけて緩やかに外反するもの（2 類）に分けられる。いずれも口縁端部断面形は方形状・菱形状を呈するもの（a 類）と三角形状を呈するもの（b 類）がある。叩きは頸部（頸部下半）から胴部にかけて施され，叩き後に胴部上半に一条あるいは数条（3～4 条）の横走沈線を施す。胴部に突帯を貼り付けるものはない。底部は基本的に平底であるが，丸底気味になるものも存在するようである（第 82 図-20）。底面には糸切りの痕跡は認められず，全面にヘラケズリ調整がなされる。

　罐：頸部が短く，胴部があまり張り出さない深鉢形を呈するもの（第 82 図-2・8・9）。大・小の法量がある。口縁部形態は，短く「く」の字状に屈曲する。口縁端面形は端部を垂直方向にヨコナデあるいは面取りしたもので，断面三角形状を呈する。叩きは頸部下半から胴部に施される。胴部に突帯を持つものはない。

　把手付土器：器形は不明。胴部に叩きを施した後に，胴部上半あるいは半ばに把手を持つもの。把手の形態によって，平面長方形を呈するもの（第 82 図-10・12・14・16～18，第 83 図-2），平面台形状を呈し孔を持つもの（第 82 図-11）がある。把手部分にも叩きを施しており，さらに把手部に 3 ヵ所の併行した刻文を施すもの（第 82 図-10・14・17）がある。

　次に，叩きがどの段階で行われたのかを述べておきたい。この土器は，ロクロを用いて底部から胴部を成形した後に叩き具によって器外面全体を叩き締め，その後に口縁部が作られると判断される。これは，叩きの痕跡が器表面全体かつ口縁部にまで及び，口縁部直下がナデ消されていることから理解できる。また器表面の叩き目がナデ消されている場合もあり，叩き後に再度ロクロもしくは回転台で再調整したと推定される。また，胴部上半に見られる一条あるいは数条（3～4 条）の横走沈線は，叩き後のロクロ再調整の際に施される。以上を整理すると，底部・胴部をロクロで成形→叩き→口縁部成形→器全体の再調整・横走沈線装飾という順序で製作されたと理解される。

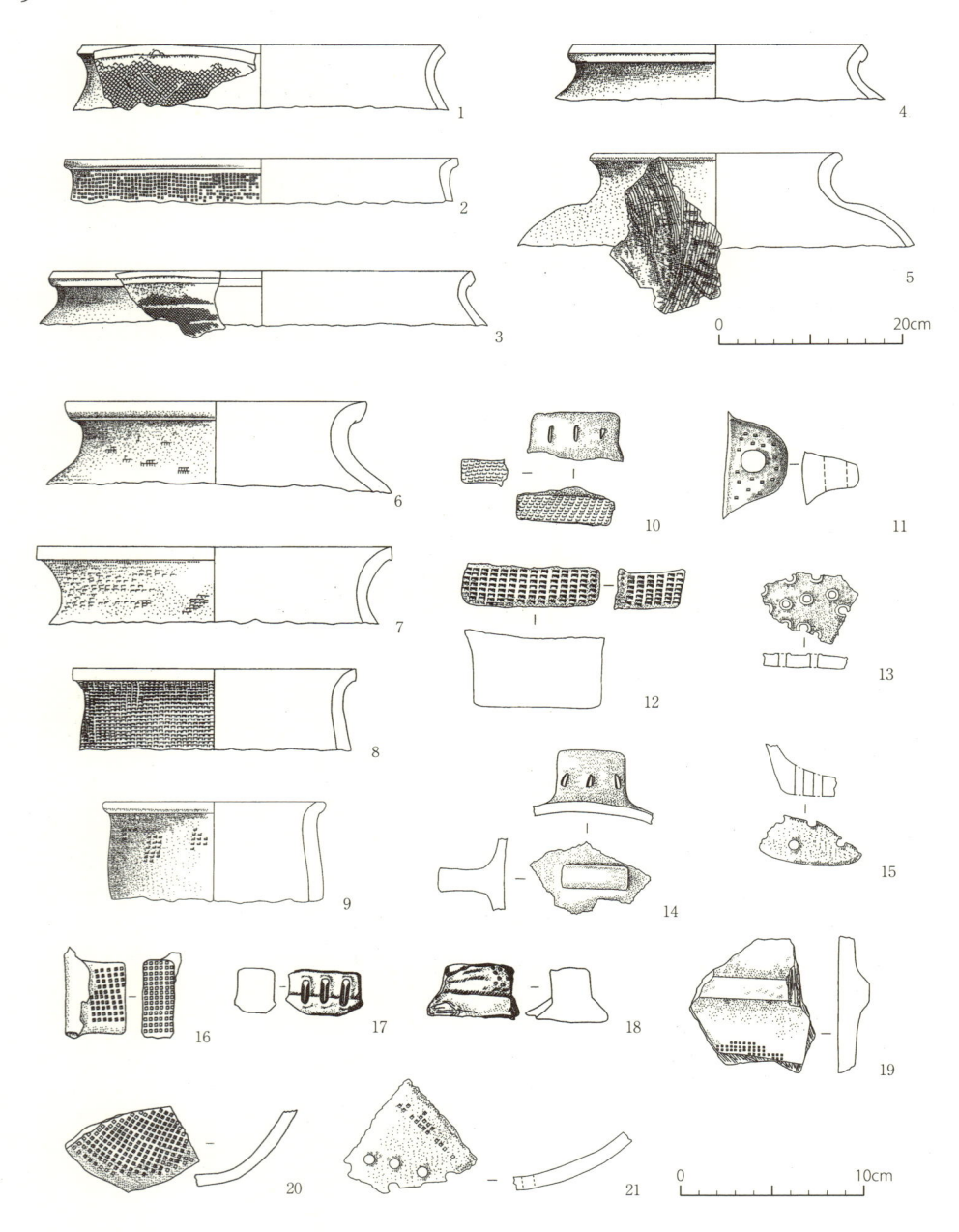

1,3,4,6-8,10-15,19,21 ニコラエフカ城址　　5,9,16-18,20 スモリニンスコエ城址　　2 チュグエフカ城址
（1,3,4,7: 甕，2,8,9: 罐，5,6: 広口壺，13,15,21: 多孔甑，10-12,14,16-18: 把手付土器（把手部），
20: 底部片，19: 胴部片）

第82図　ロシア沿海地方の格子目状叩き土器

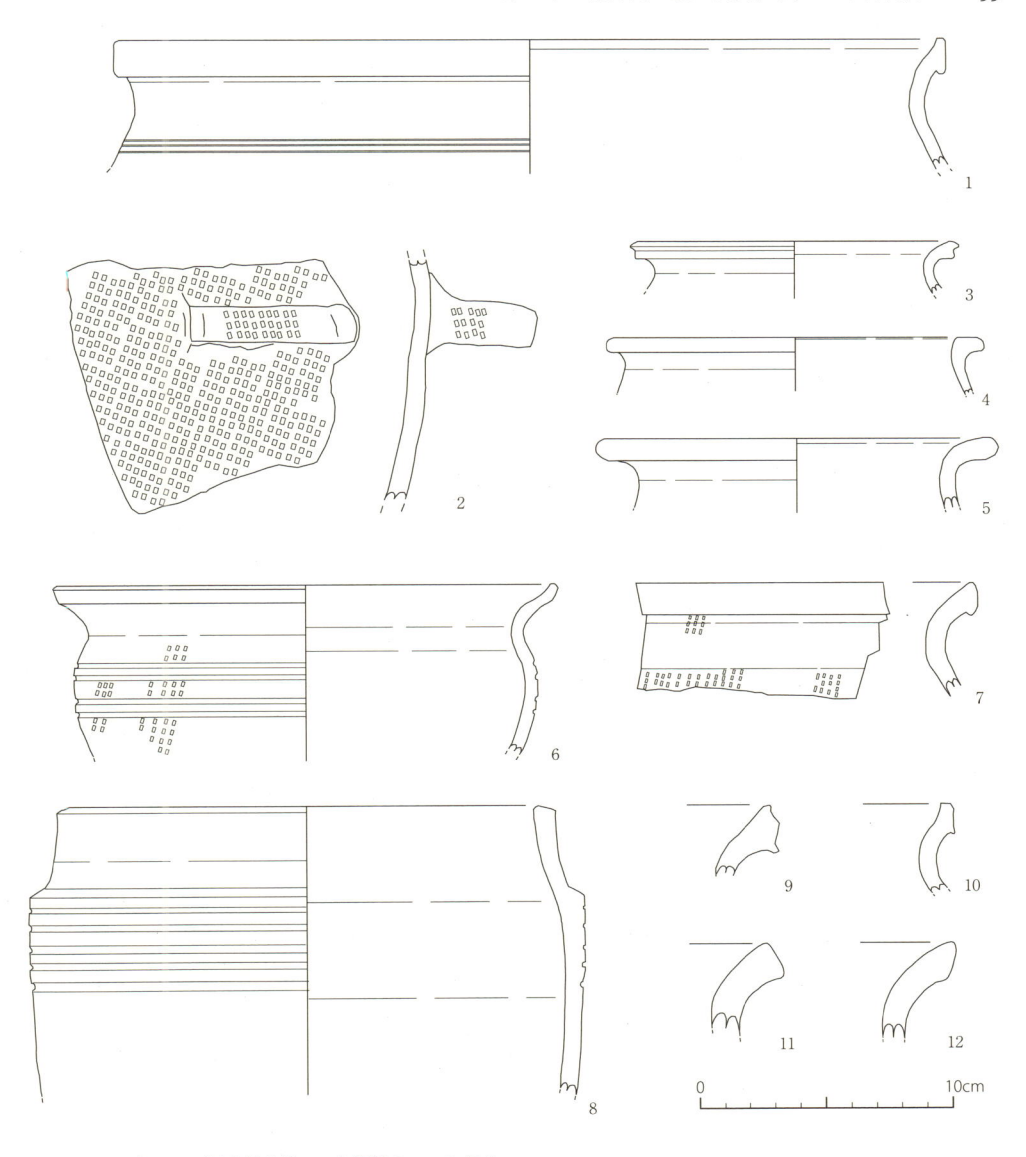

第9章　渤海滅亡後の女真社会と地域間関係　233

1,3-5,7,9-12: 甕　　2: 把手付土器　　6: 深鉢？　　8: 鍋？

第83図　ニコラエフカ城址出土格子目状叩き土器

　また叩き具は，叩き目の切り合い関係を考慮すると，一辺3〜5cmの方形状を呈した工具と推定される。しかし，叩き工具は出土していない。ゲルマン氏は，叩き工具について方形状の板の表面に刻み目を付けた木製叩き具と推定する（Гельман 2006：102）。一般的に叩き工具には，木目に対して平行して条線が刻まれた「平行叩き具」，木目に対して斜交して条線が刻まれた「斜格子叩き具」，木目に対して直交および平行して条線が刻まれた「正格子叩き具」の3タイプがある。ニコラエフカ城址等で見られる叩きは正格子叩きである。しかし，内面には，叩きの際の

当て具痕を確認することができない。

　通常，叩き技法は土器作りのある段階において，土器内面を当て具で押さえながら，その外面を叩き具で叩き締めて成形する土器製作技法の一つである。しかしながら，当該地域の土器はロクロを使用して成形され，さらに平底であることを考慮すると，土器製作技法以外の観点からも叩き技法を採用した要因を考える必要があるかもしれない。ゲルマン氏は，叩きが施された要因として，製作技術・技法上の結果として捉えるとともに，装飾的意味も兼ね備えたものとして捉えている（Гельман 2006：102）。叩き技法採用の要因は，この土器の技術的な系統関係を理解する上で重要な問題となるだろう。

　　ステクリャヌーハ城址

　ステクリャヌーハ城址は，シコトフスキー地区のシコトフスク河右岸に立地する（Артемьева 2005）。付近には靺鞨期とされるステクリャヌーハ山城，金・東夏代の山城と考えられているスモリャニンスコエ城址がある。城址は，平面方形プランを呈し，面積 55,000㎡（200 m×275 m）を測る。文化層は 2 枚確認され，下層はヤンコフスキー文化，中層は 8～10 世紀とされる渤海，上層は 12～13 世紀の女真のものとされる。城壁の下から渤海代の遺物が出土している点から，城壁は女真期（10 世紀以降）に形成されたと推定される。

　この遺跡では，野焼き土器・陶質土器のほかに格子目状叩き土器が出土している。それは，陶質土器と整形にロクロを用いた野焼き土器に分かれる。色調は灰色・黒褐色・黄褐色を呈する。このような土器は全体の 40％以上を占めるようである。本城址から出土した格子目状叩き土器はニコラエフカ城址のものに近い。

　　クラスキノ女真墓地

　クラスキノ墓地は，渤海の平地城として知られるクラスキノ城址東部に立地する（大陸研究所 1994）。本墓地から出土した格子目状叩きを施した陶質土器は，なで肩で，頸部から口縁にかけて窄まる甕である（第 84 図）。底面は平底であり，ヘラナデが施されている。法量は，口径 23.4cm，器高 65.2cm，底径 26.2cm，胴部最大径 52.8cm を測る。肩部・胴部上半・胴部下半の 3 つのパーツを接合して成形されている。肩部と胴部上半の接合の際に叩きを施していることが確認できる。叩きの単位は，おおむね 2.5cm×3cm の方形である。叩きを施した後にナデ消され，叩きの痕跡が不明瞭な箇所も見られる。また内・外面には接合痕が確認でき，内面に円形状の当て具の痕跡が確認できる。

　この土器は遺構出土のものではないため正確な年代は判然としないが，本墓地カ号墳において有孔石製品（砥石？）・鉄釘とともに，政和通寶（1111 年初鋳）・熙寧元寶（1068 年初鋳），1 号墳 2 号墓から元祐通寶（1086 年初鋳），第 1 号墳から巻き口縁となる盆・甑が出土していることから，この土器の年代も 12 世紀初頭以降と推定される。現在のところ，このような器形・技法の陶質土器は，沿海地方ではきわめて稀である。高麗方面からの搬入土器の可能性もあり，今後，周辺諸地域の類例の検討や胎土分析などを行う必要がある。

第9章　渤海滅亡後の女真社会と地域間関係　235

バチュキ城址

　バチュキ城址は，ラゾ地区ラゾ村から東に3kmに位置する平地城である。近くには金・東夏代の山城として知られるラゾ城址がある。城址は平面プランが方形を呈し，面積6.75万㎡を測る。城壁の高さは1m以上，幅10mを測る。その北東隅には角楼がある。また，城址東城壁に接するように165m×160mの規模を持つ平面方形の「内城（внутренний город）」が存在する。年代は，金代から元代と推定されている。

　バチュキ城址では格子目状叩きを持つ陶質土器瓶が出土している。叩きは胴部半ばから下半に施されている。特徴的なのは，叩きの後に，ロクロ回転を用いて叩きがナデ消されている点である。叩きの単位は，おおむね2.5cm×3cmの方形を呈する。この土器と同様の器形で叩きを施していないものも見られ，同時存在した可能性もある。色調や焼成方法においては，周辺の金・東夏代の遺跡で出土する陶質土器に近い。

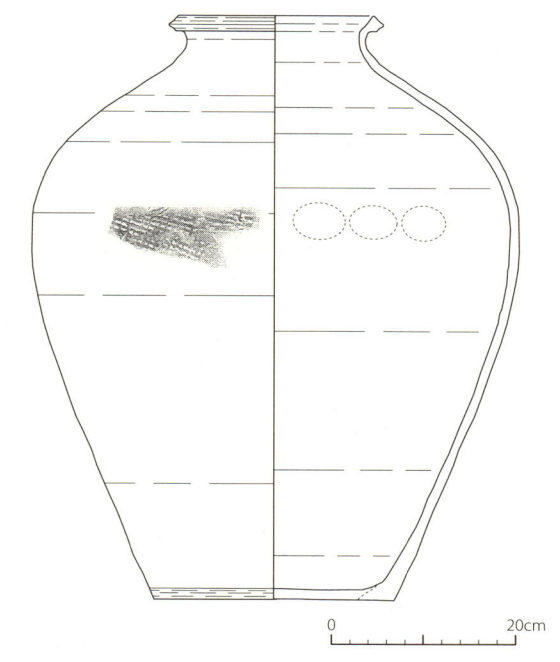

第84図　クラスキノ墓地出土格子目状叩き土器（大甕）

第3節　格子目状叩き土器の出土層位・年代

(1) 出土層位

　格子目状叩き土器は，層位的に渤海と金に相当する文化層の間から出土する点が指摘されている。またスモリニンスコエ城址を調査したシャフクノフ氏によると，格子目状叩き土器を出土する文化層が城内全域に拡がっているわけではなく，土塁で囲郭された範囲の一部であるという（Шавкнов В. Э. 2002・2005）。また，筆者が2007年夏季にニコラエフカ城址を訪れた際には，アルテミエヴァ氏とサヴォーレヴァ氏から，格子目状叩き土器が金・東夏代の文化層と青銅器時代の文化層の間から出土したとのご教示を得ている。

(2) 年代について

　残念ながら，「ニコラエフカ文化」に帰属する遺跡では，年代を直接推定できるような資料は出土していない。ここでは渤海・金・東夏代の資料も考慮して年代を推定する。

　まず器種組成を見ると，壺・甕・罐が主体で，瓶と推定される板状把手付土器が一定量存在す

る。この組成に鉄鍋が共伴するかどうかは判然としないが，数量は多くないと推定される。特に年代を推定する上で注目したいのは，格子目状叩きを持つ土器は陶質土器（特に壺・甕）が主体であること，二重口縁となる靺鞨罐がほとんど見られないこと，口縁端面形は方形状・三角形状を呈することである。このような口縁部形態は渤海晩期の土器によく見られる。また，12世紀以降に当該地域で主体を占める巻き口縁になる壺・甕は出土していない点も注目される。

さらに格子目状叩き土器は，ロシア沿海地方の綏芬河流域や中国東北地方の金・東夏代に属すると考えられる遺跡では出土していない。たとえば，クラスノヤロフスコエ城址やユジノ・ウスリースク城址等の金・東夏代の山城・平地城，アムール河中流域の中興墓地や中興古城等では，陶質土器壺・甕類・盆類が主体を占め，それに鉄鍋や若干量の定窯・鈞窯系の陶瓷器が加わる器種構成となる（拙稿2008e・2008f）。これらの遺跡出土の陶瓷器の多くは，金が北宋を滅ぼした後の1130年代以降に流入したことが知られる（彭2006・2007，拙稿2008f）。格子目状叩き土器出土文化層では，陶瓷器が共伴しないことから，下限年代は12世紀前葉以前に比定されるのは確実である。

それでは上限年代はいつか。現状では，詳細は不明であるが，注目すべきは綏芬河河口のアナニエフカ村の土器窯から格子目状叩き土器が出土していることである（第1章参照）。この土器窯の年代は，調査者のB.A. ホレフ氏によって11世紀代と推定されている（Хорев В. А. 1989）。

また，クラスキノ城址やゴルバトカ城址，ニコラエフカⅠ・Ⅱ城址等の渤海平地城では，格子目状叩き土器が出土していない。渤海代の土器は，8世紀中葉〜後葉頃に陶質土器が都城・城郭を中心に普及し，9・10世紀代になると陶質土器の他に器外面に丁寧にミガキ調整した内外黒色土器が増加するという傾向がある。10世紀前・中葉頃に比定されるクラスキノ城址井戸跡や第34調査区第1号建物跡では，陶質土器や黒色土器の壺・甕主体で靺鞨式土器が共伴しないが，格子目状叩き土器は出土していない（Гельман Е. И., Болдин В. И., Ивлиев А. Л. 2000，高句麗研究財団ほか 2006）。

またスモリニンスコエ城址が所在するアヌチノ地区では，ノヴォゴロディエフカ城址・ノヴォゴロディエフカ集落遺跡・アウロフカ城址等の渤海代から滅亡後にかけての遺跡が所在するが，格子目状叩き土器の出土は報告されていない。たとえば，アウロフカ城址上層（中世層）は渤海衰退期から滅亡後に比定されているが，調査された炕付き建物跡からは陶質土器壺・甕類や甑類に靺鞨式土器が伴う器種構成である。これらは，明らかに渤海の流れを受け継いだものと理解できる（Шавкунов В. Э., Гельман Е. И. 2002）。したがって，格子目状叩き土器の年代は，靺鞨罐がほとんど伴わない状況からみても，渤海滅亡後を中心とした時期と考えられる。

さらに年代推定で注目したいのはアムール河中流域の状況である。先に挙げた永生墓地M11では，器形の特徴は異なるものの，格子目状叩きを持つ靺鞨罐が幾何学文を胴部に施文した陶質土器短頸壺と祥符元宝（1009年初鋳）と共伴している（田・胡・周1992）。また，ほぼ同時期と考えられるナデジンスコエ墓地でも至道元宝（995年初鋳）や咸平元宝（998年初鋳）等の北宋銭が出土している。したがって，アムール河中流域の格子目状叩きを持つ靺鞨罐は，11世紀代と想定

できる。

　以上をまとめると，現時点で格子目状叩き土器の年代を推定する有力な根拠はないが，沿海地方やアムール河中流域の状況を考慮すると，クラスキノ城址のような渤海平地城が機能を停止し，またアウロフカ城址のような渤海衰退期前後から増加する山城も機能を失った後，おおむね11世紀前葉から後葉頃に用いられたと想定したい。

第4節　系譜関係及び周辺諸地域との関係

(1) 初期鉄器時代文化との系統関係の評価（第85図）

　ゲルマン氏は，「ニコラエフカ文化」の格子目状叩き土器の系譜について，クロウノフカ文化やオリガ文化との関連性を指摘している（Гельман 2006）。氏がその根拠としてあげたのは，板状把手の存在とその接合方法（突起部を有する点）の類似性である[4]。このような見解に対し，ニコラエフカ城址の発掘調査を主導するN.G.アルテミエヴァ氏は，女真の平地城がクロウノフカ文化の集落跡に築かれることに留意しながらも，格子目状叩き土器の口縁端面形が四角形である点や器面全体に叩きを施す点等からクロウノフカ文化と直接的な関係がないことを指摘する（Артемьева Н. Г. 2005）。

　結論から言えば，筆者はクロウノフカ文化やオリガ文化からの系統関係は低いと考えている。問題は，系統関係の理解にあたって，土器のどの属性を重視するかということである。確かに，クロウノフカ文化の把手付土器は，円筒形の把手であり，その固定には円筒状の土製品を器壁に穿たれた孔に挿入し，表裏両面から押さえるという方法を用いている（ディ・エリ・ブロジャンスキー 2000）。ニコラエフカ城址出土土器の把手の形態は板状で，方形を呈したもので両者の相違性が大きい。またオリガ文化（Андреева Ж. В. 1977，臼杵 1995）の土器との関係について見ると，

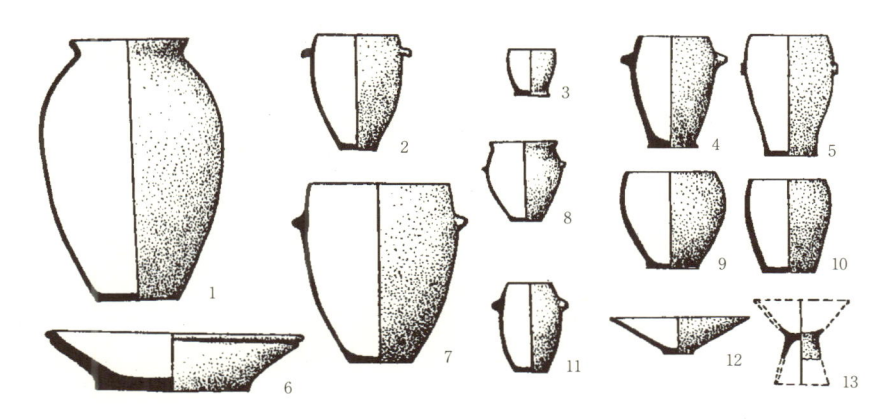

1-3,6-8,11,12　クロウノフカ遺跡　　4,9　アレニA遺跡　　5,13　ペトロフ島遺跡
10　レチェレパハ岬遺跡

第85図　クロウノフカ文化の土器（縮尺不同）

型押文（叩き）という施文を施すという現象は共通するが，格子目状叩き土器の叩きとは様相が異なる。またアウロフカ城址のように，クロウノフカ文化やオリガ文化の文化層が検出されていても，必ずしも格子目状叩き土器が出土するわけではないといった問題もある。つまり，器形や技法等において相違性のほうが顕著である点からも，初期鉄器時代文化との系統関係では理解しがたい。また，クラスキノ城址では板状把手を持つ土器が出土していることから，ニコラエフカ文化の板状把手付土器もこの系譜を引く可能性もある。

　したがって，現時点では，土器製作においてロクロを用いていることや還元炎焼成法の採用から見て，旧渤海領域内の陶質土器生産技術の伝統を引いたものと理解するのが妥当であろう。広口壺や多孔甑等渤海代の陶質土器の器形と類似するものもある。罐は，マリヤノフカ城址で見られるような渤海代のロクロ成形による深鉢形土器の流れを引くものと考えたい。ただ渤海代の平地城で見られたような多器種・多法量の陶質土器生産をそのまま受容せず，貯蔵具・煮炊具に限定した選択的な器種生産が行われていることも事実であり，渤海代とは明らかに土器生産体制は異なる。またゲルマン氏によって公表されているニコラエフカ城址及びスモリニンスコエ城址出土の土器は，口縁端面形が方形状のものや端部をつまみ出して三角形状を呈するものが多く，渤海代の陶質土器に典型的な口縁端部を折り曲げて端面形を方形・菱形に整えるものは少ないことから，技法の簡略化・形骸化がより進んでいると理解される。また頸部下端に稜（段）を有する壺・甕類も極僅か存在するに過ぎず，つくりが粗い。製作技法の形骸化・簡略化は，渤海滅亡後からある程度の時間の隔たりだけでなく，製作工人の在地化も反映されていると推測される。しかしながら，叩き技法は，渤海以来の陶質土器生産の伝統から外れるものであり，外部からの技術的影響を認めなければならない。次節では，その点について検討する。

(2) 格子目状叩き技法の系統（第86図）

　前述したように，一部の研究者は格子目状叩き技法がアムール河中流域の文化から伝播した可能性を考えている。確かに「格子目状叩き」という現象面で見ると，パクロフカ文化からの影響を見出すことは不可能ではない。地理的位置を考えると，ウスリー河を遡って沿海地方の土器に技術的影響を及ぼした可能性は十分に考えられる。

　しかしながら，アムール河流域では，格子目状叩きが施されるのは，非ロクロ製の靺鞨罐にほぼ限られ，前述したように，ヂャーコヴァ氏が提示した「トロイツコエ群」からの系譜を引いたものと理解できる。叩きを持つ靺鞨罐は，アムール河中・上流域から松花江中流域・牡丹江流域まで拡がる。先に挙げた振興遺跡第五期文化遺存第三組に比定されるH155土坑では，「拍印方格紋」を持つ胴部突帯付き靺鞨罐が瓜稜刻線紋を持つ長頸壺・大甕とともに出土した（黒龍江考古研・吉林大学2001）。これらの地域では，9・10世紀から11世紀代にかけて格子目状叩きを持つ靺鞨式土器が一定量存在することを確認できる。しかしながら，アムール河流域において格子目状叩きが施された陶質土器は，黒龍江省邵家店古城や同仁遺跡F1等で出土が報告されているに過ぎない。

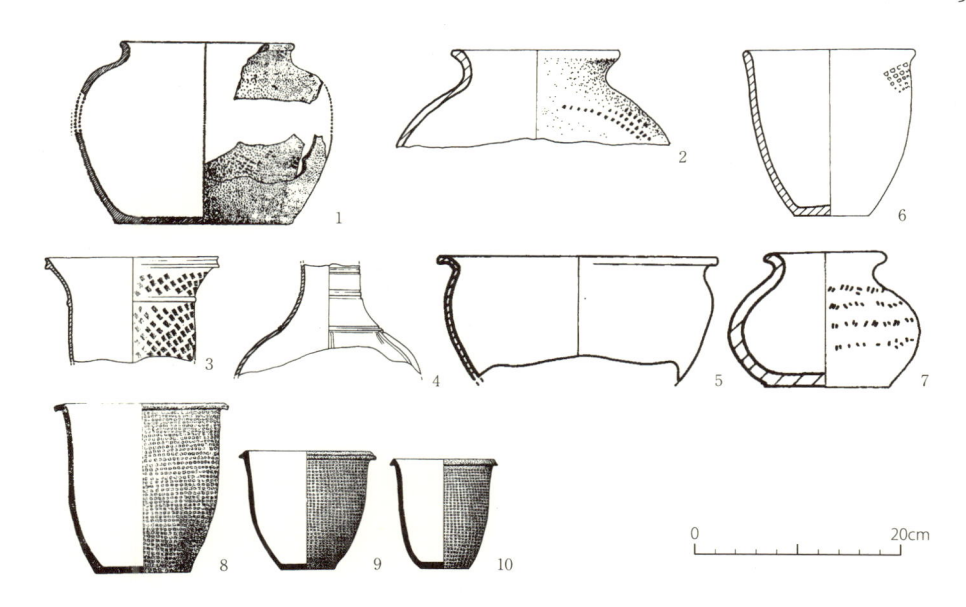

第9章　渤海滅亡後の女真社会と地域間関係　239

1　延吉・長東古城表採　　2　鶴崗・邵家店古城表採　　3-5　海林・振興遺跡第5期文化遺存 H155
6,7　綏濱・永生墓地 M11　　8-10　ナデジンスコエ墓地
(1-3,6,8-10　格子目状叩き土器 (1,2:陶質土器、3,6,8-10:野焼き土器)　4　瓜稜長頸瓶
　5　鉢　7　短頸壺)　2,6,7 は縮尺不明

第86図　周辺諸地域の格子目状叩き土器と共伴土器

　一方，朝鮮半島の状況はどうだろうか。叩き技法は高麗無釉陶器に確認できる。高麗陶器窯跡は，韓国西側の京畿道とその周辺で調査されている。始興芳山洞陶器窯跡 (9世紀後半～10世紀末) や瑞山舞将里 (11世紀後半) で格子目状叩きを持つ高麗無釉陶器が生産されている (尹龍二1998, 韓惠先2005, 韓貞華2005)。格子目状叩きは，打捺技法による格子文・蓆文を持つものであり，壺・甕・瓶類に施される。叩き技法は，高麗初期から後期まで長期にわたって見られる。壺・甕等の陶質土器に格子目状叩きを施すという点で「ニコラエフカ文化」の格子目状叩き土器と共通する。また格子目状叩きの特徴も類似する。ただ現状では，これまでに報告されている高麗無釉陶器の器形との類似性を積極的に見出すことはできない。現在のところ，北朝鮮での土器様相が不明であるため今後の資料蓄積と資料の公表を俟つしかない。

(3) 格子目状叩き土器の評価

　資料的制約から具体像は判然としないものの，「ニコラエフカ文化」の格子目状叩き土器は，11世紀前～後葉頃に旧渤海領域内部の陶質土器の製作伝統に，叩き技法という外来の技術的影響が波及して成立したものと理解できる。叩き技法の系統は，アムール河中流域と高麗を含む朝鮮半島の2地域を想定できるが，現在公表されている資料からはどちらとも判断しがたい。筆者は朝鮮半島北部からの影響を推測しているが，今後の成果に期待するしかない。
　ただし，このような土器が日本海沿岸地域からウスリー河中・下流域，アムール河中流域に至

るまでの地域に分布することから，アムール中流域～ウスリー河中・下流域～日本海沿岸域に至る南北間の人的交流や地域間の「接触」を背景として登場したと推測される。こうした状況を発展的に考えれば，沿海地方東南部のニコラエフカ城址周辺地域は，朝鮮半島北東部から沿海地方日本海沿岸域，さらにはウスリー河流域～アムール河中流域を繋ぐ交通路の結節点として位置付けることができる。

第5節　渤海滅亡後の北東アジアの地域間交流―女真社会とその周辺―

(1) 渤海の伝統と契丹系技術の波及

　8世紀前葉以来，日本と頻繁な外交交渉を行っていた渤海は，926年に契丹によって滅ぼされる。その直後，契丹は東丹国を建国するが，928年に都を「忽汗城」（渤海の上京龍泉府）から遼陽に遷す。考古学的には10世紀前葉にアムール河中流域に契丹系技術が波及し，牡丹江・図們江（豆満江）流域の渤海平地城に契丹系土器が流入する。図們江河口に位置するクラスキノ城址井戸跡出土長頸壺（Гельман Е. И., Болдин В. И., Ивлиев А. Л. 2000）や上京龍泉府出土深鉢形土器（中国社会科学院考古研究所 1997）が代表例である（第87図-1・2）。小嶋芳孝氏は，10世紀初頭に契丹人の活動が日本海沿岸地域まで及んでいたと推察し，その背景に交易活動への参画を挙げる（小嶋2006c）。重要なことは，旧渤海領域内の契丹系文物が10世紀前葉のものに限られ，散発的であることである。おそらく契丹系文物は，契丹の渤海領域への進出に伴って流入するが，東丹国の首都が遼東に遷都されると同時に流入が停止すると推測される。

　また土器生産のあり方も渤海滅亡後に大きく変わる。陶質土器を中心とした多器種・多法量の食器様式は崩壊し，陶質土器壺・甕等の貯蔵具主体の生産にシフトする。また，9・10世紀代に流入した越州窯系青瓷や邢窯白瓷等の中原産陶瓷器も渤海滅亡後には見られなくなる。

　渤海の伝統に関しても，沿海地方の一部の山城を中心に渤海の器種構成や器外面のミガキ技法や黒色処理などの技術が残る。一方，クラスキノ城址等の平地城の多くは渤海滅亡後からそれほど時を隔てない時期，おそらく10世紀中葉までには廃絶し，以後考古学的様相が不明瞭となる。

　一方，アムール河中流域では，契丹系の技術的影響を受けた盤状瓜稜壺や瓜稜短頸壺等が10世紀以降に見られるようになる（第87図-5～8）。瓜稜壺は沿海地方南部のマリヤノフカ城址（Гельман Е. И. 1998）やアウロフカ城址（Шавкунов В. Э., Гельман Е. И. 2002）等で僅かに確認できる（第87図-12）が，アムール河中流域と比較するときわめて少ない。アムール河中流域と沿海地方では，契丹の文化的影響の程度が異なることを反映していると思われるが，アムール河中流域でも契丹系技術の波及は渤海衰退・滅亡前後の一時期に限られ，10世紀後葉以降は次第に形骸化してくる。また木山克彦氏が指摘するように，アムール河中流域では契丹陶器を特徴づける鶏腿壺・鶏冠壺が出土しないことから，契丹からの影響を受けたとしても，一部を取り込む程度であったのだろう（木山2006）。また同時期の沿海地方南部では渤海の伝統が一部地域で残るが，ノヴォゴロディエフカ集落遺跡（Гельман Е. И. 2002）等のウスリー河中流域では，パクロフ

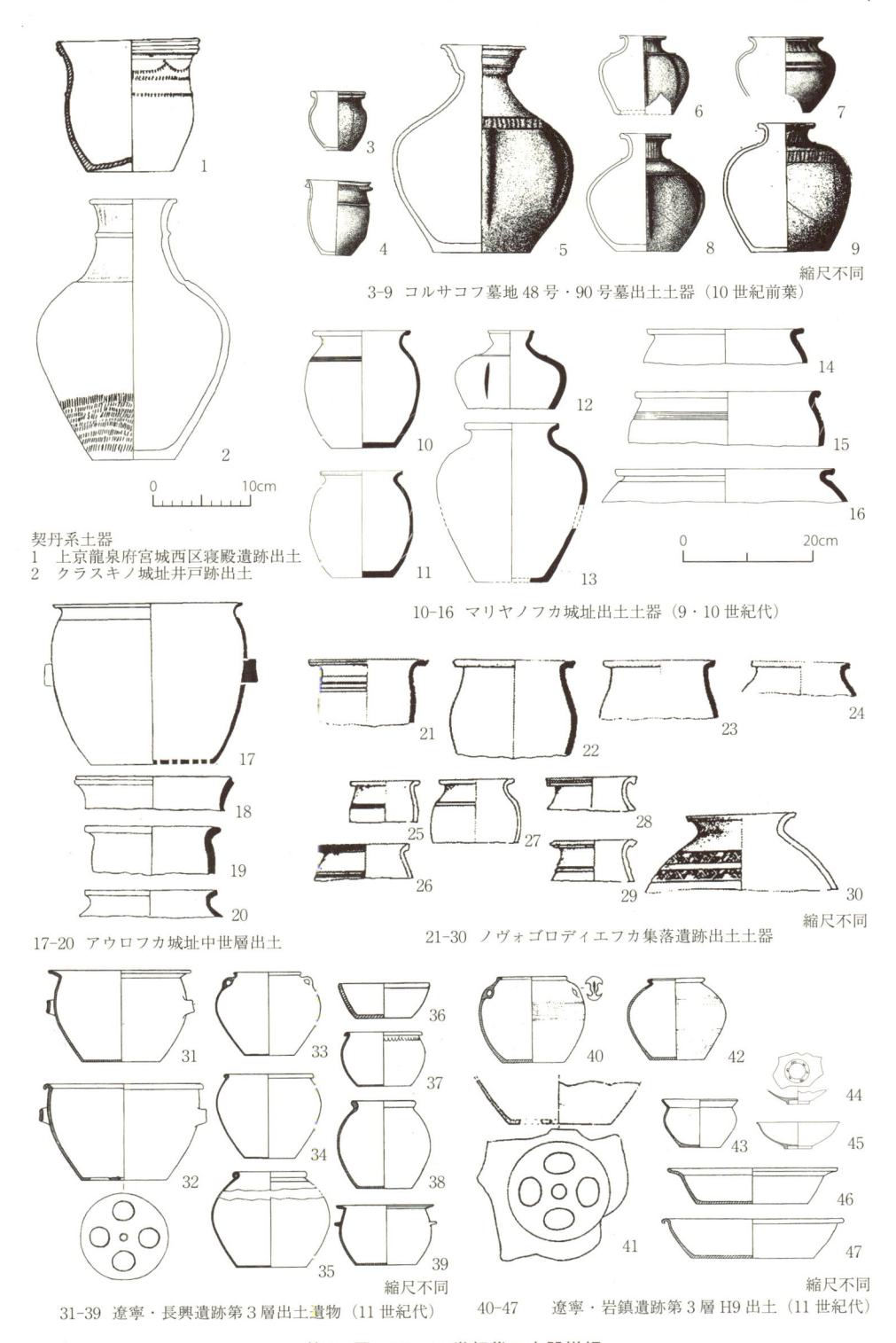

第9章　渤海滅亡後の女真社会と地域間関係　241

3-9　コルサコフ墓地48号・90号墓出土土器（10世紀前葉）
縮尺不同

契丹系土器
1　上京龍泉府宮城西区寝殿遺跡出土
2　クラスキノ城址井戸跡出土

10-16　マリヤノフカ城址出土土器（9・10世紀代）

17-20　アウロフカ城址中世層出土

21-30　ノヴォゴロディエフカ集落遺跡出土土器
縮尺不同

31-39　遼寧・長興遺跡第3層出土遺物（11世紀代）

40-47　遼寧・岩鎮遺跡第3層H9出土（11世紀代）
縮尺不同

第87図　10〜11世紀代の土器様相

カ文化に典型的な幾何学文を施した陶質土器（第87図-30）が出土する遺跡もある。沿海地方中・北部は,「ニコラエフカ文化」とパクロフカ文化が接触する地域であったと理解できる。

これらの地域に対し，遼東地方では渤海系技術を持つ橋状把手付き盆・壺が出土するようになる。遼寧岫岩鎮遼金遺跡（鞍山市岫岩満族博物館2004）や長興遺跡（遼寧省文物考古研究所・岫岩満族博物館1999）では，渤海の系譜を引くと考えられる橋状把手付盆・甑が短頸壺・頸部に縦耳を付ける双耳壺・甕類等と共伴する（第87図-31～47）。遼河右岸や内蒙古南部では契丹陶器に典型的な鶏腿壺・鶏冠壺が見られるが，遼河左岸ではあまりない。また近年，契丹（遼）の鎮州城に比定されているモンゴルのチントルゴイ城址では，蒙露共同調査によって渤海系の瓦や土器等が出土することが確認されている（Kradinほか2005）。このような状況は，10世紀中葉から11世紀前葉頃に旧渤海領域から「渤海人」の移住が行われた可能性を示すものと評価できる。

(2) 叩き技法から見た女真集団と日本海沿岸交流

遼代女真は熟女真と生女真に区別された。前者は契丹に服属した者，後者は契丹の直接支配下に置かれなかった者である。高麗は居住する地域によって東女真と西女真に区別した。10・11世紀代の北方地域には，アムール河中流域～松花江下流域を中心としたパクロフカ文化（アムール女真文化，綏濱三号類型），沿海地方日本海沿岸域を中心に「ニコラエフカ文化」が展開する。

11世紀代に入ると，壺・瓶・甕を主体とした器種構成となり，形態において地域毎の独自色が強くなる。また当該地域で見られる靺鞨罐は次第に減少する。それに代わって，金属製煮炊具（羽釜・鍋）が増加する（第2章参照）。

当該時期の集団関係を見ると，アムール河中流域では盤状口縁や瓜稜線等の契丹の特徴を持つ土器が形骸化する等，契丹領域からの技術的影響が稀薄化する。一方，沿海地方では格子目状叩き土器が出現する等土器様相に変化が見られる。叩き技法から見て，沿海地方南部とアムール河中流域，朝鮮半島北東部で地域相互の関係が強まり，人的交流が活発化したと推定される。また，この土器が日本海沿岸域を中心に分布することから，『遼史』や『契丹国志』等に見える「生女真（東女真）」の居住範囲をある程度反映している可能性がある。『高麗史』巻4顕宗世家には，11世紀に東・西女真が高麗へ頻繁に朝貢し，良馬・武器（甲冑・鉄甲・弓矢・楛矢）・毛皮（貂鼠皮・青鼠皮）等を献上したことが記されている（三上1973）。この時期に東女真は，刀伊の入寇（1019年）に代表されるように，日本海沿岸で略奪行為をしていたことが知られる。推測の域を出ないが，こうした行為に伴って，叩き技法を有する工匠の一部が高麗から移住した可能性もあるだろう。

またニコラエフカ城址が存在したパルチザンスク河（蘇城河）流域は，耶懶路完顔部にあたり，安出虎水完顔部とともに女真統一と金建国に功績を残した女真集団とされる。井黒忍氏は，ニコラエフカ城址周辺が10～13世紀における耶懶路完顔部の拠点の一つであったと指摘する（井黒2006a・2006b）。本稿で取り上げた格子目状叩き土器は，当該地域が耶懶路完顔部による日本海沿岸交流の拠点であったことを示すものとして評価したい。

小　括

　以上，格子目状叩き土器をもとに当該期の女真集団の地域間関係について概観してきた。資料的制約から推測を重ねた部分も多く，いまだ仮説の域を出るものではない。本章では，格子目状叩き土器が，①11世紀前葉以降に出現し，概ね11世紀中・後葉までに収まること，②基本的に渤海以来の在地化された土器製作伝統のうえに，外来系の叩き技法が採用された土器であることを指摘した。

　本章では，格子目状叩き土器の出現が11世紀代に日本海沿岸部で活動した東女真の動きと連動する可能性を指摘した。沿海地方では渤海の土器製作伝統は11世紀に入ると衰退し，アムール河中流域でも同時期に契丹系技術が形骸化するなど，北東アジア地域において集団間の地域間関係が変容しはじめる。そのような集団間の関係が金建国前後に統合され，臼杵勲氏が指摘するように地域経済圏がより広域的な生産・流通圏へ改編されるのだろう（臼杵2007）。

註

1) ロシア沿海地方では，金建国以前の女真文化を「初期女真文化（ранные чжурчжэньская культура）」と呼び，金代の女真文化と区別している。従来，「沿海州女真文化」と呼ばれたのは，金代女真文化に相当する。
2) この文化名称は，格子目状叩き土器が顕著に認められたロシア沿海地方パルチザンスク地区のニコラエフカ城址に因んでいる。ただし，この文化の内容については未だ判然としない点も多い。筆者は，同一型式の土器分布圏の存在を考慮すると，土器文化としての「ニコラエフカ文化」（Гельман 2006）は設定できると考えている。近年，シャフクノフ氏らは，同一の文化について，氏が調査したスモリニンスカヤ城址に因んで「スモリニンスカヤ文化」（Шавкунов В. Э. 2008a・2008б・2008с）という文化名を提唱している。また両者を合わせて，「ニコラエフカ・スモリニンスカヤ文化」と呼ばれる場合もあり，文化名称において意見の一致を見ていない。
3) S.M. トゥピーキナ氏，M.V. サヴォーレヴァ氏のご教示による。
4) E.I. ゲルマン氏のご教示による。

終章　総括と課題

　本書では，7世紀から13世紀の北東アジアの地域社会について，主に渤海から金・東夏を中心に取り上げ，手工業生産・流通・消費，食器様式，地方城郭（平地城・山城），墓制・葬制などから検討を加えてきた。ここでは，これまでの検討を振り返り，政治・行政・経済・社会・文化上の特徴を時間軸に沿って整理し，中世北東アジアの地域社会の特質，今後の課題・展望について述べたい。

第1節　考古資料からみた社会変動の画期と地域性

　7世紀から13世紀までの北東アジアでは，8世紀中葉，8世紀末葉，10世紀中葉，12世紀中葉に社会変動の画期が認められる。以下では，第Ⅰ段階（7～8世紀前葉），第Ⅱ段階（8世紀中葉～後葉），第Ⅲ段階（8世紀末葉～10世紀前葉），第Ⅳ段階（10世紀中葉～12世紀初頭），第Ⅴ段階（12世紀中葉～13世紀前半）に区分し，各段階の特徴をまとめる（第11表）。

（1）第Ⅰ段階（7～8世紀前葉）

　668年に高句麗が唐・新羅連合軍に破れて滅亡すると，唐は靺鞨諸族の一部を営州（遼寧省朝陽市）に強制移住させたという。その後，営州付近に居住していた契丹の首領・李尽忠らによる反乱（696年）に乗じて，靺鞨と高句麗遺民は営州を離れて東走した。そして，698年に大祚栄が東牟山に城を築き，渤海の前身である震国を樹立した。「靺鞨」は，粛慎・挹婁の末裔とされ，「部」と呼ばれる地域集団に分かれていた。

　靺鞨集団は，7世紀にサハリン・北海道のオホーツク文化と盛んに交流し，金属器などをもたらした（臼杵2004a・b）。また，「靺鞨」の文化は，7世紀までは比較的斉一性が強い内容を有するが，渤海成立後から独自性が強まる。

　「靺鞨」の集落遺跡は，河川流域の平坦地に立地する平地集落，河川流域や海岸部で岬状に突き出た丘陵先端部や独立丘，丘陵部の緩やかな斜面に立地する高地性集落に大別できる。後者は，土塁・堀（濠）で区画されるものが多い。渤海以降に出現する平地城や山城の城壁とは異なり，高さ0.5～2m程度の低い土塁が巡る。土塁・堀を伴う集落は，前代の滾兎嶺文化やポリツェ文化でもみられ，「靺鞨」の高地性集落もその伝統を引くものと推定される。また，集落内部には炉を伴う平面方形の竪穴住居跡が点在する。高句麗後半期から渤海代になると床暖房施設である炕が発展するが（大貫1998：p.178），アムール河・綏芬河流域の靺鞨の集落では不明瞭である。

　土器様相については，アムール河・松花江下流域・牡丹江水系・綏芬河流域・ウスリー河水

終章　総括と課題　245

第11表　中世北東アジアの社会変動

		集落		城郭		寺院	食器				手工業生産			墓制
		平地集落	高地性集落	山城	平地城		靺鞨式土器	陶質土器	陶瓷器	金属鍋・釜	土器	陶瓷器	金属器	
I	600〜700								陶質土器生産の開始					土壙墓の普及
II	800			都城・地方城郭・仏教寺院の建設　ハート型連弁文瓦の発達							手工業生産の組織化			石室墓の普及
III	900							陶磁器模倣土器の登場　食器の階層化			黒色土器・三彩の増加　中原産陶磁器の流入			
		渤海平地域の廃絶。契丹系土器の流入。					土器煮炊具の衰退				陶質土器壺・甕生産への傾斜			
IV	1000〜1100			防御施設（馬面・甕城等）の発達　獣面瓦の発達						金属製煮炊具の普及　三足羽釜の副葬品利用				
V	1200	平地域の再編　包谷式山城の発達					金代食器様式の成立（陶質土器貯蔵具・調理具＋陶磁器食膳具＋木器食膳具＋金属製煮炊具）				定窯系白磁、金属製耳鍋の普及			中原系墓制の発達

　系・日本海沿岸域では，靺鞨罐中心の組成であり，基本的に陶質土器や金属製煮炊具は伴わない。靺鞨罐は法量分化がみられ，用途によって使い分けされた（臼杵2004）。ロシア沿海地方南部の日本海沿岸域に所在するトロイツァ遺跡では靺鞨期の野焼き土器を焼成した窯跡が確認されている。靺鞨罐は集落を単位として，土坑状の窯を用いて生産されたのだろう。一方，第二松花江流域では，靺鞨罐に加え，陶質土器短頸壺が用いられる。また，高句麗の影響が強い鴨緑江流域・図們江流域では陶質土器の短頸壺・甕・盆が基本器種となる。第二松花江水系・図們江水系では8世紀前葉頃，牡丹江水系ではやや遅れて8世紀中葉頃に陶質土器生産が行われる。第1段階には，ロシア沿海地方や松花江下流域・アムール河流域では陶質土器生産は行われていない。また，鉄生産についても不明瞭な点が多いが，図們江流域では複数の遺跡から同型式の鉄製羽釜が伴う遺跡がある。鉄製品は渤海建国以前の段階から一定の範囲内に流通していたようである。以上のように，第Ⅰ段階は靺鞨罐主体の地域，靺鞨罐・陶質土器貯蔵具を用いる地域，陶質土器主体の地域に分かれる。特に，陶質土器主体の地域では鉄製羽釜が煮炊具として普及していた。

　墓制については，三江平原からアムール河水系，第二松花江流域，ロシア沿海地方の綏芬河水系・ウスリー河水系・日本海沿岸域では，マウンド状の封土を伴う土壙墓が使用される。土壙墓は列状に整然と分布する。その主軸・頭位方向に地域差が認められるが，基本的に頭部付近に小型の靺鞨罐，陶質土器貯蔵具が供膳され，副葬品に男女差も認められる。綏芬河流域からアムール河流域の土壙墓では，底部に穿孔のある靺鞨罐や折り曲げられた金属製品もみられる。土壙墓は渤海初期まで使用されたと考えられている（魏2008）が，地域によって渤海中期頃まで使用されていたところもある。また，8世紀になると，第二松花江流域・牡丹江上流域で石壙墓や石室墓が登場する。土壙墓が「靺鞨文化」以来の伝統を持つ墓制であるのに対し，石室墓は高句麗の封土石室墓の影響を受けて成立した墓制である。六頂山墳墓群第一墓区では，8世紀後半代の貞

恵公主墓のほか，石室周囲を平面方形状に礫を積みあげて構築した石室墓が確認されている。六頂山04DLⅠM1・04DLⅠM5は，出土した土器・瓦からみて，高句麗系の要素が強い。石室墓は8世紀前葉頃に出現し，その後に牡丹江中流域や図們江流域へ伝播・展開する。墓葬構造には地域差があるものの，石壙墓・石室墓の普及によって，土壙墓が衰退したと想定される。

(2) 第Ⅱ段階 (8世紀中・後葉)

第Ⅱ段階には，牡丹江中流域に上京 (東京城) が造営され，中央集権化と地方行政制度が整備される。また，図們江水系では，東京 (八連城)，中京 (西古城) が造営される。これら城郭は，南北に走る街路を中軸として碁盤目状に設計され，北側には大型の宮殿建築を伴う宮城が築かれる。

そして，靺鞨の伝統を引く平地集落・高地性集落に加え，渤海の中心地である図們江流域・牡丹江流域を中心に，地方行政機関として平面方形を基調とした平地城が成立する。渤海使節が利用した「日本道」の起点に比定されるクラスキノ城址のように，一部の平地城は8世紀前半頃まで遡及する可能性がある。平地城には，竪穴住居跡や炕を伴う平地住居，礎石建物から構成され，宮城や寺院に近接する場所には井戸が構築される。城郭構造については，クラスキノ城址のように，図們江流域の平地城では高句麗の山城に顕著な石塁が用いられ，比較的遅くまで高句麗の伝統が残るようである。この点については，陶質土器の器形や製作技術，二仏並坐像に代表される仏像などからもうかがえる。

土器については，牡丹江水系や図們江水系の平地城では，陶質土器主体の器種組成に変容し，靺鞨罐はわずかにみられるに過ぎない。一方，アムール河・松花江下流域・綏芬河水系・ウスリー河水系・日本海沿岸域では，依然として靺鞨罐主体の器種組成である。ただし，8世紀以降に靺鞨罐は無文化が進行し，ロクロを用いて成形したものが見られるようになる。

陶質土器や瓦をはじめとする手工業生産は，中央集権・地方行政制度の整備と連動する。8世紀中葉以降，牡丹江水系・図們江水系の五京周辺では独立した工房で瓦窯を築き，組織化された工人集団によって生産された。手工業生産技術は，8世紀中葉に上京・中京・東京が置かれた渤海中央部で生産に携わっていた工人によって地方へ伝えられたと推定される。

この段階の墓制は，図們江流域・牡丹江流域において石壙墓・石室墓が発達し，綏芬河流域では土壙墓と石壙墓，松花江中・下流域，ウスリー河水系，アムール河流域，日本海沿岸域では土壙墓が用いられる。図們江流域・牡丹江流域では貴族層のみならず，一般平民層にまで石室墓が導入される。牡丹江中流域の虹鱒漁場墓地に代表されるように，石室墓は板石・角礫を1～数段積み上げて墓室を構築し，被葬者を埋葬するものである。渤海の墓制は，薄葬が一般的であるが，貴族・首領層の墓葬には金銀製品が副葬される。

この段階には，渤海の新しい文化が急速に浸透した地域 (A地域)，靺鞨の伝統が強いが，渤海の文化的影響を受け入れる地域 (B地域)，靺鞨の伝統が強く，渤海の文化的影響もあまり受けない地域 (C地域) に大別される。A地域は図們江・牡丹江流域，B地域は綏芬河流域，C地域

は松花江中・下流域からアムール河流域である。この傾向は，10世紀代まで続く。基本的には，先行研究で指摘されているように伝統的な社会組織をそのまま取り込むかたちで地方統治が行われていたことを示唆する（大貫1998：pp.209-215，臼杵2004b）。

(3) 第Ⅲ段階（8世紀末葉〜10世紀前葉）

　8世紀末から9世紀初頭には，平地城の設置による政治・地方行政制度の完成，手工業生産・流通における中央（渤海王権）の関与，食器様式における階層構造の確立，墓制における石室墓の拡散と大型磚室墓の登場，寺院整備による中央・地方の宗教政策の実施などが特徴として挙げられる。この段階は唐から「海東の盛国」と呼ばれた渤海最盛期にあたる。

　クラスキノ城址のように，地方では中央の仏教寺院様式を取り入れた寺院も整備される。クラスキノ城址では，基壇を伴う5間×4間の正殿が建設される。瓦当は中央の造瓦技術の影響を受けたハート型蓮弁文が採用される。また地方では，瓦葺き建物を伴う平地集落も存在するらしい。一方，8世紀末葉以降になると，ニコラエフカⅠ・Ⅱ城址やゴルバトカ城址のように，綏芬河流域やウスリー河中流域でも平地城が形成される。平地城の建設は，渤海の地域統治の範囲の拡大と関わるものと推定される。当該地域では，河川の流路に沿って城壁が巡ることから，河川交通といった経済的側面も考慮して平地城が建設されたのだろう。ただし，ウスリー河水系ではゴルバトカ城址やニコラエフカⅠ・Ⅱ城址，マリヤノフカ城址などでは，寺院は存在せず，磚瓦の欠如や中央系土器様式の非採用など，渤海の中心地とは様相が異なる。すなわち，渤海の周縁地域では，行政拠点として平地城を配置するが，靺鞨以来の伝統的集落を維持するかたちで緩やかに統治された。一方，ロシア沿海地方日本海沿岸北部でも小規模な平地城が形成されるが，渤海王権といかなる関係にあったかは判然としない。

　渤海中心地の平地城・寺院では，陶硯（円面硯・転用硯），錠前・鍵，陶質土器盤類，銙帯が認められる。この頃，都城や一部の地方城郭では，食膳具＝木器・漆器・土器，煮炊具＝金属製鍋・釜，貯蔵具＝陶質土器という器種分業が確立した。その生産に当たっては王権・行政機関が関与し，基本的には府・州などを単位として製品が供給されたと推測される。また，8世紀末葉以降，都城や地方城郭に邢窯系白瓷など中原産の陶瓷器碗・皿類が流入する。第Ⅲ段階には，丁寧なヘラミガキ調整が行われた土器食膳具（高台付き埦・皿，浅盤），施釉陶器模倣の陶質土器・黒色土器が登場する。この頃，都城や一部の地方城郭（平地城）・寺院では，律令・仏教儀礼を背景として，金属器・陶瓷器―黒色土器―木器・漆器という，食器の材質・色によって階層差が示される新たな食器様式が成立したと推定される。しかしながら，渤海周縁部の綏芬河水系やウスリー河水系では器種構成は単純である。すなわち，地方では，靺鞨罐に加え，陶質土器が普及し始めるが，陶質土器の器種は貯蔵・運搬具に限定され，渤海の中心地とは異なる。

　墓制に関しては，王族・貴族墓は上京・中京など五京に近接する河川に面した，南に開けた丘陵地に立地する。8世紀後葉には，壁画を持つ大型石室墓や唐の影響を受けた大型磚室墓も登場し，墓室の主軸が南北方向に転換する。この頃に渤海の陵寝制度が完成したのだろう。被葬者は

金・銀・青銅（鍍金）製の装身具を身に付けるほか，墓葬へは三彩の俑や長頸壺・香炉なども副葬された。また，五京管轄下の平地城周辺でも，南北主軸の石室墓が営まれるなど，地方官人層・有力者層の葬制にも影響を及ぼした。貴族層・地方官人層の墓葬には金・銀・青銅（鍍金）製品が伴う場合もあるが，副葬品は総じて少ない。一方，渤海領域内の地方でも土壙墓・石壙墓に代わって家族墓として石室墓が普及・定着する。綏芬河中流域では石室墓導入期に墓域の再編が行われたようである。石室墓では，墓室開口部の袖付近に容器が供献される。追葬可能な石室墓の登場によって，葬送儀礼・祖先供養は墓上から墓前へと緩やかに変容したのだろう。ただし，地方では主軸方向において従前からの伝統性が看取されるなど，葬・墓制の受容レベルが地域によって異なっていたことも事実である。また，綏芬河以北やロシア沿海地方日本海沿岸域では依然として土壙墓が築造され，石室墓は定着しない。渤海領域内では，王族・貴族層・地方官人層は各種制度を遵守するものの，地方に居住する諸集団は緩やかに統治され，比較的伝統的かつ自立的な生活が維持されていたようである。石室墓の分布域は，牡丹江中・下流域や綏芬河流域など渤海の平地城や寺院の分布域とほぼ対応する。この範囲が渤海の政治的・文化的影響が直接及ぶ領域であったと推定される。

(4) 第Ⅳ段階（10世紀中葉～12世紀前葉）

　8世紀前葉から日本・唐と頻繁な外交交渉を行っていた渤海は，926年に契丹によって滅ぼされる。その直後，契丹は東丹国を建国するが，928年に都を「忽汗城」（渤海の上京龍泉府）から遼陽に遷す。クラスキノ城址や上京で認められる契丹系土器は10世紀前葉に限られ，渤海滅亡前後の社会情勢の一端を反映する。また，10世紀中葉頃には，各地の平地城は廃絶する。クラスキノ城址では城内北西部の寺院が廃絶し，10世紀中葉頃にコの字状の炕を伴う建物群が展開する集落となる。

　手工業生産については，旧渤海領域内では陶質土器・瓦などの手工業生産の基盤が揺らぐ。第Ⅲ段階に顕著であった精緻なヘラミガキ調整を施した黒色土器・陶質土器は使用されなくなり，陶質土器貯蔵具を中心とし，ロクロ製の深鉢が伴う器種組成となる。『遼史』等によれば，渤海滅亡後に渤海人が遼東やモンゴル方面に移住されたという。確かに，遼東半島の付け根に位置する遼寧省鞍山市・岫岩鎮遺跡や岫岩長興遺跡でも渤海代に典型的な橋状把手付土器が見られ，渤海の伝統がうかがえる。また，河北省承徳市東溝村製鉄遺跡では製鉄炉が確認され，遼（契丹）領域内に移住した渤海人が鉄生産に関与したと推定されている（承徳地区文物管理所・灤平県文物管理所1989）。一方，遼（契丹）の西北地域の拠点として1004年に築かれた「鎮州」城に比定されるモンゴル国のチントルゴイ城址では，渤海の伝統を持つ炕付住居跡や橋状把手付土器が出土し，渤海人の移住を裏付けるものと評価されている（臼杵2009）。

　遼代の女真は「熟女真」と「生女真」に区別された。前者は契丹に服属した者，後者は契丹の直接支配下に置かれなかった者である。また，高麗は女真の居住する地域によって「東女真」と「西女真」に区別した。10・11世紀代の北東アジアには，アムール河中流域～松花江下流域を中

心としたパクロフカ文化（アムール女真文化，綏濱三号類型），ロシア沿海地方日本海沿岸域を中心としたニコラエフカ文化が展開する。パクロフカ文化の遺跡では，渤海滅亡前後の10世紀前葉頃から，靺鞨罐に加え，契丹系の技術的影響を受けたと推定される盤口瓜稜壺が見られる。この文化の陶質土器はサハリン島南端の白主土城や北海道島オホーツク海沿岸のモヨロ貝塚などでも僅かながら確認され，大陸と日本列島北部の地域間交流の一端をうかがえる。

　一方，刀伊の入寇（1019年）前後の環日本海海域の情勢を理解する上で注目されるのがニコラエフカ文化である（拙稿2009a）。この文化を特徴付ける格子目状叩き土器は沿海地方南部の日本海沿岸から朝鮮半島北東部にかけて分布する。系統関係は不明瞭な点が多いが，技術的特徴から見ると，器形において渤海土器の伝統を継承しながらも，叩きという外来系技術の影響を受けて成立した。特に，この土器は叩き技法を有する同時期の高麗やパクロフカ文化との「接触」を示すものと推測される。『高麗史』巻4顕宗世家には，11世紀に東・西女真が高麗へ頻繁に朝貢し，良馬・武器（甲冑・鉄甲・弓矢・楛矢）・毛皮（貂鼠皮・青鼠皮）等を献上したことが記されている（三上1973）。またニコラエフカ文化を担ったと推測される東女真は，しばしば高麗の臨海地域を攻撃し，1019年には北部九州をも襲撃する。ニコラエフカ文化の格子目状叩き土器もこのような社会情勢を背景として出現した可能性がある。

　以上のように，渤海滅亡後に北方地域は遼に取り込まれるものの，契丹系の文化・技術的影響が認められるのは一時的であり，アムール河流域や沿海地方では比較的伝統的な文化が継続している。また契丹の影響が後退した後にニコラエフカ文化が展開する点も女真・契丹・高麗の相互関係を理解する上で見逃すことができない。

(5) 第V段階（12世紀中葉～13世紀前半）

　1115年，完顔阿骨打は女真諸集団の統合し，金を建国する。その後，遼・宋を滅ぼし，1234年にモンゴルに滅ぼされるまで中原地域から極東地域までを版図とする。金は，安出虎水流域（黒龍江省阿城市）に上京会寧府を置き，領域内に平地城を再編あるいは建設して地方統治を行った。平地城は河川の合流点や河口部に立地し，その選地にあたって水上交通の利便性も重視された（臼杵・木山編2008）。ロシア沿海地方から松花江下流域・アムール河流域では，遼の築造技術の影響を受けた，馬面・角楼・甕城など防御機能を備えた平地城が造営される。第二松花江以西では遼代の平地城を援用する。金代の平地城は，渤海のそれよりも大型化し，防御機能も強化されている。

　12世紀中葉以降，金領域内では契丹人をはじめとする蜂起・反乱が起こり，12世紀末～13世紀初頭になると北方のモンゴルの勢力拡大によって北東アジアでは緊張した状況が生まれる。そのようななか，1215年，遼東宣撫使であった蒲鮮万奴が金から独立して東夏を建国する。このような背景を裏づけるように，12世紀後葉以降，図們江流域から沿海地方にかけて，大規模な城壁・堀を備えた山城が増加する。城内には政治・行政，手工業生産，軍事にかかわる施設を伴う。山城では大型の鉄鏃・鉄矛・鉄槍，投石など軍事的性格を示す資料が出土している。また，

シャイガ城址から『吾妻鏡』貞応3年（1224）2月29日条の越後国寺泊浦への「高麗人」漂着記事を裏付ける通行証の銀簡（パイザ）が出土している。

　1126年に金が靖康の変によって北宋を滅ぼすと，女真社会も東アジア物流網の枠組みに取り込まれる。女真社会では木器が食膳具として利用されていたが，12世紀中葉以降，定窯や鈞窯の陶瓷器が上京会寧府以南のみならず，アムール河中流域や沿海地方へも拡がる。そして，貯蔵具は陶質土器，煮炊具は金属製羽釜・鍋という器種分業が確立する。女真社会では還元焔焼成の陶質土器壺・甕・盆（鉢）を中心に，金属製煮炊具・木器・陶瓷器がセットとなる食器様式が成立する（拙稿2008）。また，金・東夏代に普及する金属製煮炊具は，三足羽釜が優勢になる地域（吉長地区からアムール河中流域・沿海地方）と板状把手付鍋が優勢となる地域（松花江中・上流域～遼寧省・内蒙古自治区南部）に区分される。製品は路・府単位で流通する。

　また墓制に関しては，アムール河中流域と松花江下流域では土壙墓が営まれるのに対し，松花江中上流域や第二松花江流域・拉林河流域では土壙墓のみならず，磚壙墓や石磚混壙墓，墓室を伴う磚室墓や石室墓も営まれる。特に後者の地域では，貴族層のみならず，一般平民層も磚・石で構築した土壙石槨墓や磚室墓が利用される。アムール河中流域でも墓葬への副葬品として金属製煮炊具や陶瓷器を用いられる。また，上京会寧府など都城が設置された地域では中原地域の葬制を導入し，それ以北では葬制の変容を伴わず在地居住民の伝統性が維持されている。

　すなわち，また金代女真社会は，第二松花江・松花江上流域より南では中原地域の文化的影響が見られるが，それよりも北方や日本海側の地域では前代からの伝統的な生活が営まれる。このラインは，金属製煮炊具の地域差の境界，窖蔵銭の分布域の北限（三宅2008）とも重なり，金代の流通構造や統治体制と関わる可能性が高い。

第2節　今後の課題と展望

　これまで日本における中世考古学研究では，主として日本列島とその周辺の朝鮮半島や中国との相互関係について焦点が当てられ，日本海対岸地域のロシア沿海地方や中国東北地方を含む北東アジアについては，ほとんど注目されてこなかった。本書の内容は，数少ないデータから想定した仮説に過ぎない部分もあるものの，手工業生産・流通・消費，食器様式，地方城郭（平地城・山城），墓制・葬制の検討から，7世紀から13世紀の北東アジアの地域社会の枠組みを示すことができたと考える。特に，9世紀代に認められる施釉陶器模倣の陶質土器・黒色土器の登場，9・10世紀代に生じる貯蔵具（長頸壺・甕）消費への傾斜，12世紀代に認められる陶質土器・陶瓷器・金属器からなる食器様式の確立などは，同時期の日本列島の窯業生産・流通構造や食器様式とも類似する現象である点が留意される。今後，両地域の様相について比較検討することによって新たな問題提起ができると思われる。

　また，資料上の制約と筆者の力量不足から十分に論じられなかった課題も多い。本書では，陶質土器や瓦，金属器の工人（集団）の動きや技術動態については，十分に検討していない。また，

日本列島の対岸地域にあたるロシア沿海地方－アムール河流域－第二松花江流域（吉長地区）を主に扱ったが，より西方のモンゴルやシベリアなどの地域，新羅・高麗などの朝鮮半島との地域間関係についても課題として残る。特に，高麗の考古学研究は，10世紀以降の陶質土器をはじめとする手工業生産技術の拡散過程や「ニコラエフカ文化」の格子目状叩き土器の系譜関係などを考える上でも重要である。

　今後は，代表的な地域を設定して城址・集落・墓地等の分布・立地・空間利用を把握する踏査・発掘調査を行い，基礎資料を蓄積する必要がある（拙稿2011b，中澤ほか2011a・b，2012）。その上で，遺跡間関係や生産・流通構造といった視点から地域構造モデルを構築し，周辺諸地域と比較することによって，より広い地域の人・もの・情報の空間動態を明らかにしたい。

引用・参考文献

【史料】

『魏書』（［北斉］魏収，559年成立）：中華書局，2000年。

『旧唐書』（［後晋］劉昫，945年成立）：中華書局（校点本），上海，1975年。

『唐会要』（［宋］王溥，961年成立）：中華書局，上海，1998年。

『新唐書』（［宋］欧陽州，1060年成立）：中華書局（校点本），上海，1975年。

『契丹国志』（［宋］葉隆礼撰，1180年成立）：廣文書局，台湾，1968年。

『三朝北盟會編』（［宋］徐夢 ，1194年成立）：上海古籍出版社，上海，2008年。

『大金国志』（［宋］宇文懋昭，1216年成立）：廣文書局，台湾，1968年。

『遼史』（［元］脱脱，1345年成立）：中華書局（校点本），北京，1974年。

『金史』（［元］脱脱，1345年成立）：中華書局（校点本），北京，1975年。

『元史』（［明］宋濂，1369年成立）：中華書局（校点本），北京，1976年。

【文献】

〈日本語文献〉

赤羽目匡由　2004　「8世紀中楊における新羅と渤海との通行関係―『三国史記』所引，賈耽『古今郡国県道四夷述』逸文の分析―」『古代文化』56-5，pp.30-43。

赤羽目匡由　2005　「新羅末高麗初における東北境外の黒水・鉄勒・達姑の諸族―渤海・新羅との関係において」『朝鮮学報』197，pp.1-44。

秋山進午　1986　「渤海"塔基"壁画墓の発見と研究」『大鏡』10，富山考古学会，pp.151-168。

朝岡康二　1993　『鍋・釜』法政大学出版局。

東　潮　1997　『高句麗考古学研究』吉川弘文館。

東　潮　2000　「渤海墓制と領域」『朝鮮学報』176・177，pp.1-20。

東　潮・田中俊明（編）　1995　『高句麗の歴史と遺跡』中央公論社。

足立拓郎　2000　「渤海前期の『靺鞨系土器』について」『青山考古』第17号，青山考古学会，pp.29-42。

安倍辰夫・平川南（編）　1999　『多賀城碑―その謎を解く（増補版）』雄山閣（初版は1989年）。

天野哲也　1995　「『靺鞨』社会の特徴―コルサコフ墓地の帯飾板を中心に―」佐伯有清先生古稀記念会『日本古代の伝承と東アジア』吉川弘文館，pp.569-599。

天野哲也　2008　『古代の海洋民オホーツク人の世界―アイヌ文化をさかのぼる』雄山閣。

天野哲也・臼杵勲・菊池俊彦（編）　2006　『北方世界の交流と変容―中世の北東アジアと日本列島―』山川出版社。

天野哲也・池田榮史・臼杵勲（編）　2009　『中世東アジアの周縁世界』同成社。

アルテミエフ A.R.（菊池俊彦・中村和之監修，垣内あと訳）　2008　『ヌルガン永寧寺遺跡と碑文』北海道大学出版会。

アレクサンダー・L・イブリエフ　2005　「ロシア沿海地方の渤海遺跡」『古代日本と渤海』大巧社，pp.151-166。

アレクサンダー・イブリエフ　2007　「沿海地方の中世の土城」前川要（編）『北東アジア交流史研究』塙書房，pp.49-66。

引用・参考文献

イーゴリ・A・サマーリン(垣内あと訳) 2008 「中国銭貨を探る―中世・近世におけるサハリン・大陸間交流史研究―」『出土銭貨』28, 出土銭貨研究会, pp.57-76。
井黒　忍　2006a 「耶懶と耶懶水―ロシア沿海地方の歴史的地名比定に向けて―」『北東アジア中世遺跡の考古学的研究　平成 17 年度研究成果報告書』札幌学院大学人文学部, pp.50-68。
井黒　忍　2006b 「金朝の建国と耶懶路完顔部」『国際学術検討会　东北亚地区辽金蒙元时期的城市』資料集 1, pp.93-98。
井黒　忍　2008 「官印資料に見る金代北東アジアの『周辺』―「南船北馬」と女真の水軍」『アジア遊学』70, pp.88-97。
井黒　忍　2009 「耶懶完顔部の軌跡―大女真金国から大真国へと至る沿海地方一女真集団の歩み―」天野哲也・池田栄史・臼杵勲編『中世東アジアの周縁世界』同成社, pp.313-325。
池内　宏　1933 「刀伊の賊―日本海における海賊の横行」『満鮮史研究』中世 1, pp.301-324。
池内　宏　1937 「高麗朝に於ける東女真の海寇」『満鮮史研究』中世 2, pp.265-348。
石井正敏　1998 「『類聚国史』の渤海沿革記事について」『紀要　史学科』43, 中央大学文学部, pp.47-90(後に, 同著『日本渤海関係史の研究』吉川弘文館, 2001 年に「渤海の地方社会―『類聚国史』渤海沿革記事の検討―」として所収)。
石井正敏　1999 「渤海と西方社会」『アジア遊学』6, 勉誠出版, pp.120-126(同著『日本渤海関係史の研究』吉川弘文館に所収)。
石井正敏　2001 『日本渤海関係史の研究』吉川弘文館。
五十川伸矢　1992 「古代・中世の鋳鉄鋳物」『国立歴史民俗博物館研究報告』46, pp.1-79。
五十川伸矢　1997 「中世の鍋釜―鋳鉄製煮炊具の名称―」『国立歴史民俗博物館研究報告』71, pp.589-607。
五十川伸矢　2003 「古代中世日本と中国の鋳鉄鍋釜」『「北東アジア中世遺跡の考古学的研究」第 1 回総合会議』報告資料。
五十川伸矢　2009 「東アジアの鋳鉄羽釜」天野哲也・池田榮史・臼杵勲(編)『中世東アジアの周縁世界』同成社, pp.112-115。
伊藤玄三　1988 「新羅・渤海時代の鋳帯金具」『法政史学』40, pp.3-41。
伊藤玄三　1997 「渤海時代の鋳帯金具」『法政大学文学部紀要』第 42 号, pp.113-148。
伊藤武士　2006 『秋田城跡』同成社。
井上和人　2005a 「渤海上京龍泉府形制の再検討―古代都城造営と国際関係」『東アジアの古代文化』125, pp.37-55。
井上和人　2005b 「渤海上京龍泉府形制新考」田村晃一(編)『東アジアの都城と渤海』東洋文庫, pp.71-110(後に, 同著『日本古代都城制の研究』吉川弘文館, 2008 年に所収)。
今野春樹　2002 「遼代契丹墓出土陶器の研究」『物質文化』72, pp.21-42。
今野春樹　2003a 「遼代契丹墓の研究―分布・立地・構造について―」『考古学雑誌』87-3, pp.1-36。
今野春樹　2003b 「遼代契丹墓出土葬具の研究」『物質文化』75, pp.14-29。
今野春樹　2004 「遼代契丹墓出土馬具の研究」『古代』112, pp.151-176。
上田正昭(監修) 2005 『古代日本と渤海』大巧社。
上田　雄　1992 『渤海国の謎　知られざる東アジアの古代王国』講談社現代新書。
上田　雄　2004 『渤海国　東アジア古代王国の使者たち』講談社学術文庫。
上田　雄・孫　栄健　1994 『日本渤海交渉史〔改訂増補版〕』彩流社。

右代啓視　2000　「北東アジアにおけるチャシの起源と位置づけ」『「北の文化交流研究事業」研究報告』北海道開拓記念館，pp.35-68。

臼杵　勲　1985　「ナイフェリド9号墓出土の轡の検討」『考古学ジャーナル』243，pp.23-26。

臼杵　勲　1990　「アムール河下流テバフ遺跡出土土器について」『古代文化』42-10，pp.48-60。

臼杵　勲　1994　「靺鞨文化の年代と地域性」『日本と世界の考古学―現代考古学の展開―』雄山閣出版，pp.342-350。

臼杵　勲　1995　「オリガ文化の問題」『物質文化』58，pp.20-31。

臼杵　勲　1996　「ロシア極東の中世考古学における『文化』」『考古学雑渉　西野元先生退官記念論文集』pp.286-296。

臼杵　勲　2000　「靺鞨―女真系帯金具について」『大塚初重先生頌寿記念考古学論集』東京堂出版，pp.1078-1095。

臼杵　勲　2004a　「大陸と北海道」『北海道考古学』40，pp.131-137。

臼杵　勲　2004b　『鉄器時代の東北アジア』同成社。

臼杵　勲　2005　「北方社会と交易―オホーツク文化を中心に―」『考古学研究』52-2，pp.42-52。

臼杵　勲　2006　「ロシア沿海地方の金・東夏代城郭」『国際学術検討会　东北亚地区辽金蒙元时期的城市』資料集1，pp.49-54。

臼杵　勲　2007　「北東アジアの中世土器地域圏」前川要編『北東アジア交流史研究』塙書房，pp.147-172。

臼杵　勲　2008　「ロシア沿海地方の金・東夏代女真関連遺跡」『地域と文化の考古学』Ⅱ，明治大学考文学部古学研究室，pp.539-556。

臼杵　勲　2009a　「極東地域の葬墓制」狭川真一（編）『日本の中世墓』高志書院，pp327-340。

臼杵　勲　2009b　「金上京路の北辺―アムール川流域の女真城郭」『遼金西夏史研究の現在(2)』東京外国語大学アジア・アフリカ言語文化研究所，pp.49-71。

臼杵　勲　2009c　「モンゴル国ブルガン県チントルゴイ城址の検討」『加藤晋平先生喜寿記念論文集　物質文化史学論聚』北海道出版企画センター，pp.267-282。

臼杵　勲　2009d　「モンゴル国における中世窯業生産の解明」『三島海雲記念財団研究報告書』46（2008年度），三島海雲記念財団。

臼杵　勲（編）　2005　『北東アジア中世遺跡の考古学的研究』平成15・16年度研究成果報告書，札幌学院大学人文学部。

臼杵　勲（編）　2006　『北東アジア中世遺跡の考古学的研究』平成17年度研究成果報告書，札幌学院大学人文学部。

臼杵　勲（編）　2008　『北東アジアの中世考古学』アジア遊学107，勉誠出版。

臼杵　勲・エンフトゥル A.（著），モンゴル科学アカデミー考古学研究所（編）　2009　『2006-2008年度モンゴル日本共同調査の成果』チントルゴイ城址の研究1，札幌学院大学総合研究所。

臼杵　勲・加藤晋平　2007　「モンゴル国における中世都市遺跡の保護」『札幌学院大学人文学会紀要』82，pp.119-140。

臼杵　勲・木山克彦（編）　2008　『北東アジア中世遺跡の考古学的研究』平成19年度文部科学省科学研究費補助金（特別研究促進費）研究成果報告書，札幌学院大学人文学部。

臼杵　勲・千田嘉博・前川　要　2006　「モンゴル　トーラ川流域の契丹城郭」『考古学研究』53-3，pp.117-120。

内山幸子　2007　「ロシア沿海州における中世の哺乳類利用について」『北方圏の考古学』Ⅰ，北海道大学大学院文学研究科，pp.62-68。

内山幸子　2009　「渤海のイヌ」東海大学文学部考古学研究室編『日々の考古学』2，六一書房，pp.487-498。

宇野隆夫　1991　『律令社会の考古学的研究　北陸を舞台として』桂書房。

梅村　坦　1997　『内陸アジア史の展開』世界史リブレット11，山川出版社。

エ・ヴェ・シャフクノフ　1982a　「沿海州の渤海の遺跡（1960年度の調査より）」『シベリア極東の考古学』2，河出書房新社，pp.296-321。

エ・ヴェ・シャフクノフ　1982b　「ニコラエフ城址の発掘（1960～1962年）」『シベリア極東の考古学』2，河出書房新社，pp.322-334。

エ・ヴェ・アルグヂャエワ　1982　「女真の瓦（1960年の考古発掘の資料より）」『シベリア極東の考古学』2，河出書房新社，pp.335-344。

江谷　寛　1966　「沿海州における仏教遺跡：渤海時代のアブリコソボ寺院」『古代学』13(2)，古代学協会，pp.127-132。

榎本　渉　2007　『東アジア海域と日中交流―9～14世紀―』吉川弘文館。

王　承礼（訳：古畑　徹）　1982　「唐代渤海『貞恵公主墓志』と『貞孝公主墓志』の比較研究」『朝鮮学報』103，pp.39-57。

大西秀之　2009　『トビニタイ文化からのアイヌ文化史』同成社。

大貫静夫　1989　「極東における平地住居の普及とその周辺」『考古学と民族誌』六興出版，pp.145-171。

大貫静夫　1998a　『東北アジアの考古学』同成社。

大貫静夫　1998b　「考古資料からみた極東の竪穴住居」浅川滋男（編）『先史日本の住居とその周辺』同成社，pp.67-93。

大貫静夫　2008　「中国考古学における「文化」と「類型」」『様式の考古学』韓国考古学会，pp.111-131。

大隈晃弘　1984　「渤海の首領制―渤海国家の東アジア世界―」『新潟史学』17，pp.110-129。

小方　登　2000　「衛星写真を利用した渤海都城プランの研究」『人文地理』52-2，pp.19-38。

小方　登　2003　「衛星画像でみる渤海国の朝貢路―遼東半島・山東半島―」千田　稔・宇野隆夫編『東アジアと『半島空間』―山東半島と遼東半島―』思文閣出版，pp.188-203。

岡村秀典（編）　2006　『雲岡石窟―山西省北部における新石器・秦漢・北魏・遼金時代の考古学的研究―』京都大學人文科學研究所研究報告，朋友書店。

オクラドニコフほか　1975　『シベリア極東の考古学1　極東篇』河出書房新社。

オクラドニコフほか　1982　『シベリア極東の考古学2　沿海州篇』河出書房新社。

オクラドニコフ・ジェレヴァンコ　1975　「ユダヤ人自治州ナイフェリド村の靺鞨族の墓址」『シベリア極東の考古学1　極東篇』河出書房新社，pp.354-376。

オクラドニコフ・メドヴェヂェフ　1975　「ボロニ湖の古代墓地―アムール下流の女真文化遺跡―」『シベリア極東の考古学1　極東篇』河出書房新社，pp.404-409。

オチル A., エンフトゥル A., エルデネボルド L.（訳：清水奈都紀）　2007　「ハル・ブフ城址とトーラ側流域の契丹都市・集落」松田孝一（編）『内陸アジア諸言語資料の解読によるモンゴルの都市発展と交通に関する総合研究』平成17年度～19年度科学研究費補助金基盤研究(B)　ニューズレター02，大阪国際大学。

荻野繁春　2000　「中世日本で擂鉢として使われた中国産の鉢」『金沢大学考古学紀要』25，pp.32-48。

小畑弘己　2005　「考古学から見た極東地方のムギ類の伝播について」小畑弘己（編）　2005　『極東先史古代の穀物』，熊本大学，pp.81-101。

小畑弘己　2008　「種実資料からみた北東アジアの農耕と食」『アジア遊学』107，勉誠出版，pp.50-61。

小畑弘己　2009　「東北アジアの古代・中世の農耕―漠北の農耕と栽培食物：アウラガ遺跡資料を中心として―」『加藤晋平先生喜寿記念論文集　物質文化史論聚』北海道出版企画センター，pp.177-202。

小畑弘己（編）　2005　『極東先史古代の穀物』，熊本大学。

小畑弘己（編）　2006　『極東先史古代の穀物』2，熊本大学。

小畑弘己（編）　2008　『極東先史古代の穀物』3，熊本大学。

片岡一忠　2008　『中国官印制度研究』東方書店。

加藤瑛二　1997　『日本・中国　陶磁業の立地と環境』古今書院。

加藤瑛二（編）　2002　『中国文化の考古地理学的研究』一誠社。

加藤晋平　1975　「間宮海峡をこえて―北アジアと日本列島の文化交流―」『えとのす』第2号 pp.40-52。

加藤晋平　1976　「ナイフェリド9号墓出土の青銅製帯金具」『江上波夫教授古稀記念論集　考古・美術篇』山川出版社，pp.243-252（後に，同著 1985『シベリアの先史文化と日本』六興出版に再録）。

加藤晋平　1985　『シベリアの先史文化と日本』六興出版。

亀井明徳　1986　『日本貿易陶磁史の研究』同朋舎出版。

亀井明徳　1999　「渤海三彩陶試探」『アジア遊学』6，pp.82-98。

亀井明徳　2003　「日本出土唐代鉛釉陶の研究」『日本考古学』16，pp.129-155。

亀井明徳　2005　「渤海三彩陶予察」"Vladivostok International Symposium 2005: Movement in Medieval North-East Asia (People, Material goods, Technology)." Vol.1. pp.131-136.

亀井明徳　2007　「ハルピン市東郊元代窖蔵出土陶瓷器の研究」『専修人文論集』81，pp.53-65。

亀井明徳　2008　「遼・金代土城出土の陶瓷器の組成」『アジア遊学』107，勉誠出版，pp.80-87。

亀井明徳（編）　2007　『カラコルム遺跡：出土陶瓷器の研究』櫂歌書房・星雲社。

河上　洋　1983　「渤海の地方統治体制―一つの試論として―」『東洋史研究』42-2，pp.1-27。

河上　洋　1989　「渤海の交通路と五京」『史林』72-6，pp.76-101。

河上　洋　2009　「渤海国の中の西方人」『研究論集』6，河合文化教育研究所，pp.15-20。

川崎　保　2002　「『吾妻鏡』異国船寺泊浦漂着記事の考古学的考察」『信濃』54-9，pp.629-654。

韓　惠先　2005　「高麗陶器の生産と流通」『貿易陶磁研究』25，pp.79-91。

韓　貞華　2005　「高麗時代の陶窯址の性格」『貿易陶磁研究』25，pp.17-27。

韓　仁徳（訳：朴晋煜）　1999　「新たに発掘されたヨンチャコル第一号墳は渤海の王陵級墳墓」『東アジアの古代文化』99，大和書房，pp.38-45。

姜　念思（訳：川崎　保）　2008　「遼寧朝陽市黄河路唐墓出土鞁韉石備考」『博古研究』36，博古研究会，pp.1-7。

魏　存成　2004　「渤海都城プランの発展およびその隋唐長安城との関係」『東アジアの都市形成と文明史』国際日本文化研究センター，pp.143-162。

菊池俊彦　1976　「オホーツク文化に見られる鞁韉・女真系遺物」『北方文化研究』10，pp.31-117。

菊池俊彦　1995　『北東アジア古代文化の研究』北海道大学図書刊行会。

菊池俊彦　2004　『環オホーツク海古代文化の研究』北海道大学図書刊行会。
菊池俊彦　2005　「唐代の骨咄角と環オホーツク海交易」『史朋』38, 北海道大学東洋史談話会, pp.1-21。
菊池俊彦　2009　『オホーツクの古代史』平凡社新書。
菊池俊彦・天野哲也・石田肇（編）　1996　『オホーツク文化と靺鞨・渤海・女真文化の間の交流関係の研究』平成7年度科学研究費補助金一般研究(C)研究成果報告書（研究代表：菊池俊彦）, 北海道大学文学部。
菊池俊彦・中村和之（編）　2008　『中世の北東アジアとアイヌ―奴児干永寧寺碑文とアイヌの北方世界―』高志書院。
木山克彦　2006　「アムール女真文化の土器に関する基礎的整理と編年について」『北東アジア中世遺跡の考古学的研究　平成17年度研究成果報告書』pp.32-49。
木山克彦　2007　「渤海土器の編年と地域差」『北方圏の考古学』Ⅰ, 北海道大学大学院文学研究科, pp.47-61。
木山克彦　2008　「ロシア沿海州における金・東夏代の城郭遺跡」『アジア遊学』107, pp.24-34。
木山克彦・布施和洋　2005　「ロシア沿海地方金・東夏代城址遺跡の調査」『北東アジア中世遺跡の考古学的研究　平成15・16年度研究成果報告書』pp.4-20。
木山克彦・布施和洋　2006　「ロシア沿海地方金・東夏代城址遺跡の調査」『北東アジア中世遺跡の考古学的研究　平成17年度研究成果報告書』pp.4-16。
喬　梁　2004　「靺鞨陶器の地域区分・時期区分および相関に関する問題の研究」『北東アジアシンポジウム　サハリンから北東日本海域における古代・中世交流史の考古学的研究』第一分冊, 中央大学文学部日本史学研究室, p.85-98。
喬　梁　2007　「靺鞨陶器の地域区分・時期区分および相関に関する問題の研究」前川要編『北東アジア交流史研究』塙書房, pp.211-233。
金　鐘赫　2000　「東海岸一帯で発掘された渤海の遺跡と遺物に対する考察」村川行弘（編）『7・8世紀の東アジア』大阪経済法科大学出版部, pp.155-163。
熊木俊朗　2008　「中世のサハリン」『アジア遊学』107, pp.98-107。
クラスキノ土城発掘調査団　2003　「2002年度 ロシア・クラスキノ土城発掘調査概要報告」『青山史学』第21号。
クラスキノ土城発掘調査団　2004　「2003年度 ロシア・クラスキノ土城発掘調査概要報告」『青山史学』第22号。
クラスキノ土城発掘調査団　2005a　「2004年度 ロシア・クラスキノ土城発掘調査概要報告（遺構編）」『青山史学』23, 青山学院大学, pp.1-34。
クラスキノ土城発掘調査団　2005b　「2004年度 ロシア・クラスキノ土城発掘調査概要報告（遺物編）」『青山考古』22, 青山学院大学, pp.1-8。
クラスキノ土城発掘調査団　2006　「2005年度 ロシア・クラスキノ土城発掘調査概要報告（遺構編）」『青山史学』24, 青山学院大学, pp.1-32。
クラスキノ土城発掘調査団　2008　「2007年度 ロシア・クラスキノ土城発掘調査概要報告（遺構編）」『青山史学』26, pp.87-103。
ゲルマン E.I.（訳：アナトリィ・エリシェフ）　1999b　「渤海の陶磁と磁器」『アジア遊学』6, pp.6-13。
ゲルマン E.I.（訳：荒井雅子）　1999c　「ロシア沿海州中世遺跡出土の施釉陶器と磁器」『アジア遊学』6, pp.14-24。

ゲルマン E.I. 2007 「交易の研究における渤海,金,東夏の陶瓷器の役割」前川要(編)『北東アジア交流史研究』塙書房, pp.337-349。

ゲルマン E.I.(訳:中澤寛将) 2010 「2009年クラスキノ城址考古学調査の成果」『渤海遺跡研究集会「渤海を掘る」Ⅶ』資料, 青山学院大学。

越田賢一郎 1996 「中世北日本の環日本海交易」『考古学ジャーナル』411, pp.26-30。

越田賢一郎 1984 「北海道の鉄鍋について」『物質文化』42, pp.14-38。

越田賢一郎 2007 「東日本・北海道と北方地域の鉄鍋・土鍋」前川要編『北東アジア交流史研究』塙書房, pp.379-402。

侯莉閩・李強(訳:小嶋芳孝) 1995 「渤海初期日本往来の陸路に関する検討」『古代学研究』131, pp.1-11。

小島武男 1931 「ロシヤに於ける渤海研究者及び文献について」『史学』10(1), pp.131-141。

小嶋芳孝 1994 「中国東北地方の渤海土器について」『1993年度大川遺跡発掘調査概報』北海道余市町教育委員会, pp.22-31。

小嶋芳孝 1996 「古代日本海と渤海」『考古学ジャーナル』411, pp.20-25。

小嶋芳孝 1997a 「中国吉林省和龍県西古城周辺の航空写真」『古代学研究』138, pp.1-21。

小嶋芳孝 1998 「渤海考古学の現状と課題―渤海都城の変遷と水系を考える」『東アジアの古代文化』96, pp.118-138。

小嶋芳孝 1999 「渤海の産業と物流」『アジア遊学』第6号, pp.65-81。

小嶋芳孝 2001 「黒色土器の再検討」『大川遺跡における考古学的調査Ⅳ』北海道余市町教育委員会。

小嶋芳孝 2002a 「北日本の防御施設を持つ遺跡とロシア沿海地方の山城・平地城」『津軽唐川城跡―古代環濠集落の調査―』富山大学人文学部考古学研究室, pp.145-152。

小嶋芳孝 2002b 「大川遺跡出土の黒色壺再々検討」『余市水産博物館研究報告』第5号, 余市水産博物館, pp.5-10。

小嶋芳孝 2002c 「古代日本海世界北部の交流」村井章介・斉藤利男・小口雅史編『北の環日本海世界』山川出版社, pp.36-56。

小嶋芳孝 2003 「渤海の仏教遺跡」『日本と渤海の古代史』山川出版社, pp.185-209。

小嶋芳孝 2004a 「渤海・女真の山城について」『北東アジアシンポジウム サハリンから北東日本海域における古代・中世交流史の考古学的研究』第1分冊, 中央大学文学部日本史学研究室, p.25(前川要(編) 2007 『北東アジア交流史研究』塙書房に再録)。

小嶋芳孝 2004b 「錫杖状鉄製品と蝦夷の宗教」『アイヌ文化の成立:宇田川洋先生華甲記念論文集』北海道出版企画センター, pp.99-113。

小嶋芳孝 2004c 「渤海と日本列島の交流経路」『歴史と地理』577, pp.1-17。

小嶋芳孝 2005a 「渤海の金属生産」"Vladivostok International Symposium 2005: Movement in Medieval North-East Asia (People, Material goods, Technology)." Vol.1, pp.125-130.

小嶋芳孝 2005b 「図們江流域の渤海都城と瓦当―斎藤優氏の調査資料による―」田村晃一(編)『東北アジアの都城と渤海』東洋文庫, pp.155-186。

小嶋芳孝 2006a 「第3章 金薄板鉄貼帯金具の研究 第3節 契丹(遼)・渤海資料との比較検討」『畝田東遺跡群Ⅵ』石川県教育委員会・財団法人石川県埋蔵文化財センター, pp.131-143。

小嶋芳孝 2006b 「斎藤優の渤海遺跡発掘写真」藤井一二(編)『北東アジアの交流と経済・文化』桂書房, pp.25-38。

小嶋芳孝　　2006c　「ロシア沿海地方南部・初期女真文化における遼の影響」『国際学術検討会　东北亚地区辽金蒙元时期的城市』資料集1, pp.43-47。
小嶋芳孝　　2007a　「環日本海交流史の様相」前川要（編）『北東アジア交流史研究』塙書房, pp.351-377。
小嶋芳孝　　2007b　「ロシア・クラスキノ古城出土の石帯について」松藤和人編『考古学に学ぶ（Ⅲ）』同志社大学考古学シリーズ刊行会, pp.679-690。
小嶋芳孝　　2008　「渤海の遺跡」『アジア遊学』107, 勉誠出版, pp.14-23。
小嶋芳孝　　2009　「渤海平地城の検討」『扶桑』青山考古学会・田村晃一先生喜寿記念論文集刊行会, pp.421-444。
小嶋芳孝（編）　2009　『環日本海諸国の都城をめぐる諸問題』金沢学院大学美術文化学部文化財学科。
小林幸雄・高橋興世　1995　「オホーツク文化遺物に関する分析的研究」『「北の歴史・文化交流研究事業」研究報告』北海道開拓記念館, pp.81-105。
駒井和愛　　1974　『中国考古学論叢』考古民俗叢書13, 慶友社。
駒井和愛　　1977　『中国都城・渤海研究』雄山閣出版。
蔡泰亨　　　2002　「渤海の歴史と考古学における新しい成果」李成市・早乙女雅博編『古代朝鮮の考古と歴史』雄山閣, pp.83-106。
齋藤甚兵衛　1942　『半拉城―渤海の遺蹟調査』琿春縣琿春縣公署。
齋藤　優　　1978　『半拉城と他の史蹟』半拉城史刊行会。
在日本朝鮮社会科学者協会歴史部（編）　1993　『高句麗・渤海と古代日本』雄山閣。
坂詰秀一　　1994　「日本考古学史拾遺―東亜考古学会・東方考古学協会と日本古代文化学会―」『立正大学文学部論叢』99, pp.31-57。
坂詰秀一　　1995　「続　日本考古学史拾遺―『大東亜共栄圏』の考古学―」『立正大学文学部研究紀要』11, pp.1-16。
坂詰秀一　　1997　『太平洋戦争と考古学』吉川弘文館。
坂詰秀一　　2002　「日本『植民地』等考古学覚書」『立正大学文学部論叢』116, pp.115-134。
酒寄雅志　　1979　「渤海国家の史的展開と国際関係」『朝鮮史研究会論文集』16, pp.5-38。
酒寄雅志　　1996　「日本における渤海史研究の成果と課題」林睦朗・鈴木靖民編『日本古代の国家と祭儀』雄山閣出版, pp.335-356。
酒寄雅志　　2001　『渤海と古代の日本』校倉書房。
酒寄雅志　　2003　「渤海の交易―朝貢・互市, そして三彩」佐藤信編『日本と渤海の古代史』山川出版社, pp.5-20
酒寄雅志　　2007　『東亜考古学会と近代日本の東アジア史研究』平成16年度～平成18年度科学研究費補助金（基盤研究(C)）研究成果報告書, 國學院大學栃木短期大学。
酒寄雅志　　2009　「発掘調査報告書『東京城』の刊行をめぐって」『扶桑』青山考古学会・田村晃一先生喜寿記念論文集刊行会, pp.445-457。
佐川正敏　　1992　「中国の軒平瓦の成形・施文技法を考える―東アジアの造瓦技術の比較研究Ⅰ」『日本中国考古学会会報』2, pp.1-13。
佐川正敏　　2005　「唐代から明代までの造瓦技術の変遷と変革点描―長江流域からアムール川流域の軒平瓦を中心に―」『アジア流域文化論研究』Ⅰ, 東北学院大学オープン・リサーチ・センター, pp.181-187。
佐川正敏　　2007　「中国造瓦技術の一大変革・「粘土紐巻き作り」から「粘土板巻き作り」への転換につい

ての研究」『アジア流域文化論研究』Ⅲ，東北学院大学オープン・リサーチ・センター，pp.57-62。
笹田朋孝　2008　「金・東夏の鉄生産」『アジア遊学』107，pp.62-69。
笹田朋孝　2009　「北東アジアの鉄生産」天野哲也・池田栄史・臼杵勲編『中世東アジアの周縁世界』同成社，pp.74-85。
澤本光弘　2008a　「契丹の旧渤海領統治と東丹国の構造―「耶律羽之墓誌」をてがかりに―」『史学雑誌』117-6。
澤本光弘　2008b　「契丹（遼）における渤海人と東丹国―「遣使記事」の検討を通じて―」『遼金西夏史研究の現在(1)』東京外国語大学アジア・アフリカ言語文化研究所，pp.23-50。
島田貞彦　1938　「満洲吉林省石碑嶺發見金代遺物について」『考古学雑誌』28-4，pp.236-242。
島田貞彦　1940　『考古学上より見たる熱河』満洲帝國民生部。
清水信行　2009　「渤海上京龍泉府跡出土の瓦　再考」『扶桑』青山考古学会・田村晃一先生喜寿記念論文集刊行会，pp.395-419。
ジェレヴァンコ　1975a　「アムール州トロイツコエ村そばの靺鞨の墓地」『シベリア極東の考古学１ 極東篇』河出書房新社，pp.385-394。
ジェレヴァンコ　1975b　「アムール中流の靺鞨後期の遺跡の年代」『シベリア極東の考古学１ 極東篇』河出書房新社，pp.395-403。
ジャーコヴァ O.B.・ジャーコフ В.И.　1995　「靺鞨の墓地　マナストゥィールカ３遺跡（中間報告）」『古代文化』47-3　pp.37-46。
シャフクノフ E.V.　1993　「北東アジア民族の歴史におけるソグド人の黒貂の道」『1992 年度「北の歴史・文化交流研究事業」中間報告』北海道開拓記念館，pp.93-99。
シャフクノフ E.V.・ワシーリェフ Yu.M.（訳：天野哲也）　1993　「アムール流域のパクローフカ文化：年代推定と民族解釈の問題」『北海道考古学』第 29 輯，pp.29-36。
朱　栄憲　1979　『渤海文化』雄山閣。
朱　国忱・魏国忠（佐伯有清（監訳）・浜田耕策（訳））　1995　『渤海史』東方書店。
徐　光輝　1997　「渤海の仏教遺跡について」『佛教史學研究』第 40 巻第 1 号，pp.1-21。
白井克也　2000　「日本出土の朝鮮産土器・陶器―新石器時代から統一新羅時代まで―」東京国立博物館（編）『日本出土の舶載陶磁―朝鮮・渤海・ベトナム・タイ・イスラム』東京国立博物館，pp.90-120。
白石典之　1994　「モンゴル部族の自立と成長の契機―十～十二世紀の考古学資料を中心に―」『人文科学研究』86，新潟大学人文学部，pp.27-51。
白石典之　2001　『チンギス＝カンの考古学』同成社。
白石典之　2002　『モンゴル帝国史の考古学的研究』同成社。
白石典之　2008　「ヘルレン川流域における遼（契丹）時代の城郭遺跡」遼金西夏史研究の現在(1)』東京外国語大学アジア・アフリカ言語文化研究所，pp.1-21。
申鉉東（編）『朝鮮原始古代住居址と日本への影響―朝鮮原始・古代住居址の主要調査報告』雄山閣。
申澄植（高橋成典・木太久千宏（訳））　2009　『韓国の古代史』六一書房。
菅原正明　1989　「西日本における瓦器生産の展開」『国立歴史民俗博物館研究紀要』19，pp.167-308。
杉山正明　2005　『疾駆する草原の征服者　遼　西夏　金　元』（中国の歴史 08），講談社。
鈴木靖民　1985　「渤海の首領に関する基礎的研究」同著『古代対外関係史の研究』吉川弘文館，

pp.433-481。

鈴木靖民　1993　「日本古代国家形成史の諸段階―首長制社会論の視角から」『國學院雑誌』94（12），pp.55-74。

鈴木靖民　1996　「日本古代の首長制社会と対外関係――国家形成の諸段階の再検討」『歴史評論』551，pp.17-32。

鈴木靖民　1998　「渤海の国家構造」『しにか』9，大修館書店，pp.12-22。

鈴木靖民　1999a　「渤海の遠距離交易と荷担者」『アジア遊学』6，勉誠出版，pp.99-110。

鈴木靖民　1999b　「渤海国家の構造と特質」『朝鮮学報』170，pp.1-28。

妹尾達彦　1999　「中華の分裂と再生」『岩波講座 世界歴史』9，岩波書店，pp.3-82。

妹尾達彦　2001　『長安の都市計画』講談社。

妹尾達彦　2007a　「世界史の時期区分と唐宋変革論」『紀要 史学』52，中央大学文学部，pp.19-68。

妹尾達彦　2007b　「都の建築―中国大陸を事例に―」『人文研紀要』61，中央大学人文科学研究所，pp.41-79。

妹尾達彦（編）　2008　『都市と環境の歴史学』1～4，中央大学文学部東洋史学研究室。

瀬川拓郎　2005　『アイヌ・エコシステムの考古学』北海道出版企画センター。

セルゲイ・ネステロフ　2007　「中世前期アムール流域諸民族の民族文化史を物語る土器」前川要（編）『北東アジア交流史研究』塙書房，pp.235-240。

千田嘉博　2004　「城郭研究による学融合の可能性」『中世総合資料学の可能性』新人物往来社，pp.36-55。

園田一亀　1939　「金完顔希伊の墳墓について」『考古学雑誌』29-2。

園田一亀　1942　『吉林・濱江両省に於ける金代の史蹟』満洲帝國民政部。

宋　基豪（清水信行：訳）　2008　「六頂山古墳群の性格と渤海建国集団」『青山考古』24，青山考古学会，pp.45-90。

宋　應星（薮内清：訳注）1969　『天工開物』東洋文庫130，平凡社。

瀧川政次郎　1941　「遼金の古城址」三宅俊成（編）『遼金の古城―北満古蹟調査報告』満洲古蹟古物名勝天然記念物保存協會。

高井康典行　1996　「東丹国と東京城」『史滴』18，pp.26-42。

高井康典行　2004　「11世紀における女真の動向―東女真の入寇を中心として」『アジア遊学』70，pp.45-56。

高橋学而　1984　「ソ連沿海州に於ける金代城郭についての若干の考察」『古文化談叢』14，pp.205-232。

高橋学而　1987　「中国東北地方における遼代州県城―その平面構造，規模を中心として」『東アジアの考古と歴史』上，pp.279-324。

高橋学而　1989a　「渤海山城理解のために―その基礎的検討―」『百済研究』20，忠南大学校，pp.151-172。

高橋学而　1989b　「ソ連沿海州ウスリースク市及び市郊出土の二，三の遺物について」『生産と流通の考古学』横山浩一先生退官記念論文集Ⅰ，pp.547-563。

高橋学而　2008　「ロシア共和国沿海州パルチザン区フロロフカ村シャイガ山城出土の金代銅鏡―金代東北流通史理解の一資料として―」『九州と東アジアの考古学』下巻，九州大学考古学研究室50周年記念論文集刊行会，pp.931-948。

高橋照彦　1992　「古代施釉陶器の模倣対象―磁器か金属器か―」『歴博』55，pp.8-9。

高畠孝宗　1998　「オホーツク文化における大陸系遺物の分布について」『考古学ジャーナル』436，

pp.11-15。
武田和哉　2006　「契丹国（遼朝）の宮都に関する基礎的考察」『条里制・古代都市研究』21, pp.78-132。
武田和哉　2009　「契丹国（遼朝）の上京臨潢府古城の占地と遺構復元に関する一考察」『遼金西夏史研究の現在(2)』東京外国語大学アジア・アフリカ言語文化研究所, pp.73-102。
武田和哉編　2006　『草原の王朝・契丹国（遼朝）の遺跡と文物』勉誠出版。
巽　淳一郎　2003　「唐三彩の生産と供給」奈良文化財研究所（編）『文化財と歴史学』吉川弘文館, pp.369-384。
谷口宏光（編）　2004　『中国東北部白頭山の10世紀巨大噴火とその歴史効果』東北大学東北アジア研究センター。
田村晃一　1995　「咸鏡南・北道地方における渤海遺跡の調査」五井直弘（編）『中国の古代都市』pp.125-148。
田村晃一　1998　「渤海の遺跡が語るもの」『しにか』9, 大修館書店, pp.44-51。
田村晃一　1999　「渤海の土城・山城・寺院」『アジア遊学』No.6, 勉誠出版, pp.54-60。
田村晃一　2001　「渤海の瓦当文様に関する若干の考察」『青山史学』19, pp.1-15。
田村晃一　2002　「渤海瓦当論再考」『早稲田大学大学院文学研究科紀要 第4分冊』47（2001年度）, pp.159-174。
田村晃一（編）　1995　『環日本海地域の古代文化交流―日・ロ共同研究による』（文部科学省科学研究費補助金報告）
田村晃一（編）　1997　「ロシア沿海州における渤海時代遺跡の調査(1)」『青山考古』第14号。
田村晃一（編）　1998　「ロシア沿海州における渤海時代遺跡の調査（第2次）」『青山史学』第16号。
田村晃一（編）　1999　『古代国家渤海と日本の交流に関する考古学的調査』科学研究費補助金研究成果報告書。
田村晃一（編）　2001　『「日本道」関連渤海遺跡の考古学的調査』平成11・12年度科学研究費補助金（基盤研究(B)(2)）研究成果報告書。
田村晃一（編）　2002　「2001年度 ロシア・クラスキノ土城発掘調査概要報告」『青山史学』第20号。
田村晃一（編）　2005　『東北アジアの都城と渤海』東洋文庫。
田村實造　1950　「遼代都市の性格」羽田亨博士還暦記念会編『羽田亨博士頌寿記念東洋史論叢』東洋史研究会, pp.609-634。
田村実造・小林行雄　1953　『慶陵』座右宝刊行会。
耿　鉄華・林　至徳　1987　「集安高句麗土器の基礎的研究」『古代文化』39-8, pp.26-39。
唐　洪源・加藤瑛二　2003　「中国東北部牡丹江地区の山城」『名城大学教職センター紀要』1, pp.121-147。
都出比呂志　1989　『日本農耕社会の成立過程』岩波書店。
津野　仁　2000　「北方系の小札考」『アシアン・レター』7, 「東アジアの歴史と文化」懇話会, pp.4-7。
津野　仁　2001　「中世鉄鏃の形成過程と北方系の鉄鏃」『土曜考古』25, pp.185-205。
津野　仁　2008　「蝦夷の武装」『考古学研究』54-4, pp.41-60。
鄭永振　2004「渤海国の滅亡とその遺民の流れ」谷口宏光編『中国東北部白頭山の10世紀巨大噴火とその歴史効果』東北大学東北アジア研究センター。
ディ・エリ・ブロジャンスキー　2000　「ロシア沿海地方の初期鉄器時代」『東夷世界の考古学』青木書店, pp.127-177。

傳　佳欣　2000　「吉林和龍県河南古墓年代に関する再考」村川行弘（編）『7・8世紀の東アジア』大阪経済法科大学出版部, pp.101-108。
東亜考古学会　1939　『東京城―渤海国上京竜泉府跡的発掘調査』東亜考古学会。
東京国立博物館（編）　2000　『日本出土の舶載陶磁―朝鮮・渤海・ベトナム・タイ・イスラム』東京国立博物館。
東北亜歴史財団（編）（監訳：浜田耕策）　2009　『渤海の歴史と文化』明石書店。
外山軍治　1964　『金朝史研究』同朋社。
鳥居龍蔵　1924　『人類学及人種学上より見たる北東亜細亜』（『鳥居龍蔵全集』第8巻所収）。
鳥居龍蔵　1943　『黒龍江と北樺太』（『鳥居龍蔵全集』第8巻所収）。
鳥居龍蔵　1948　「金上京城乃其文化」『燕京学報』35。
鳥山喜一　1915　『渤海史考』目黒書店。
鳥山喜一　1929　『渤海の上京龍泉府に就いて』。
鳥山喜一　1935　『北満の二大古都址　東京城と白城』京城帝国大学満蒙文化研究会報告第2冊, 京城帝国大学満蒙文化研究会。
鳥山喜一　1935　「金初に於ける女真族の生活形態」『満鮮文化史観』刀江書房。
鳥山喜一　1939　『渤海国小史』満日文化協会。
鳥山喜一　1943　「東京城寺址調査略報告」『東京城』滿洲古蹟古物名勝天然紀念物保存協會。
鳥山喜一　1949　『失はれたる王国―渤海国小史』翰林出版。
鳥山喜一（船木勝馬（編））1968　『渤海史上の諸問題』風間書房。
鳥山喜一（船木勝馬（編））1977　『渤海史考』原書房。
鳥山喜一・藤田亮策　1942　『間島省古蹟調査報告』滿洲帝國民生部。
中澤寛将　2005　「古代津軽における須恵器生産と流通」『中央史学』28, 中央史学会, pp.19-41。
中澤寛将　2007a　「渤海から金・東夏代における城郭遺跡の空間構造とその特質―ロシア沿海州の中世遺跡を中心として―」『中央史学』30, 中央史学会, pp.63-82。
中澤寛将　2007b　「ロシア沿海州における金・東夏代城郭の空間構造とその特質」『北東アジア中世遺跡の考古学的研究　総合研究会資料集』札幌学院大学, pp.15-19。
中澤寛将　2008a　「土器生産とその組織化―渤海から女真への展開プロセス―」『アジア遊学』96, 勉誠出版, pp.70-79。
中澤寛将　2008b「ロシア沿海地方における女真期の土器様相―2007年度現地調査成果を中心に―」『第9回北アジア調査研究報告会要旨集』北アジア調査研究報告会実行委員会, pp.21-24。
中澤寛将　2008c　「ロシア沿海地方における金・東夏代城郭の空間構造とその特質」臼杵勲・木山克彦編『北東アジア中世遺跡の考古学的研究』平成19年度文部科学省科学研究費補助金（特別研究促進費）研究成果報告書（研究代表者：臼杵勲), 札幌学院大学人文学部, pp.28-41。
中澤寛将　2008d　「金代墓の分布・立地と空間利用」『白門考古』第8号, 中央大学考古学研究会, pp.21-36。
中澤寛将　2008e　「中世北東アジアにおける窯業生産・流通システムの変遷と構造」『考古学研究』54-4, pp.61-81。
中澤寛将　2008f　「金・東夏代の食器様式と地域性―ロシア沿海地方の中世城郭出土資料を中心として―」『白門考古論叢Ⅱ』中央考古会・中央大学考古学研究会, pp.279-300。
中澤寛将　2009a　「渤海滅亡後の女真社会と地域間関係―「ニコラエフカ文化」の格子目状叩き土器をめ

ぐって一」『中央史学』第 32 号, pp.17-37。
中澤寛将　2009b　「遼・金代における金属製煮炊具の流通と消費」『博望』7, pp.51-63。
中澤寛将　2009c　「渤海から金・東夏代の生産・物流構造に関する考古学的研究―ロシア沿海地方を中心として―」『日本考古学協会第 75 回総会研究発表要旨』日本考古学協会, pp.170-171。
中澤寛将　2009d　「日宋貿易展開期の北方地域―女真社会とその周辺―」『考古学ジャーナル』591, pp.7-10。
中澤寛将　2009e　「五所川原産須恵器の生産と北海道への流入」天野哲也・池田榮史・臼杵勳編『中世東アジアの周縁世界』同成社, pp.57-69。
中澤寛将　2010　「食器からみた女真社会と日本列島」『考古学ジャーナル』第 605 号, ニュー・サイエンス社, pp.22-26。
中澤寛将　2010　「渤海の食器様式と土器生産」『古代』第 124 号, 早稲田大学考古学会。
中澤寛将　2011a　「考古学からみた渤海の地域社会」中央大学人文科学研究所（編）『情報の歴史学』, 中央大学出版会, pp.39-81。
中澤寛将　2011b　「金代女真の地域構造に関する考古学的研究―ロシア沿海地方を中心として―」『公益財団法人三島海雲記念財団研究報告書』平成 22 年度（第 48 号）, 公益財団法人三島海雲記念財団, pp.112-115。
中澤寛将・Yu. G. Nikitin・E. Yu. Nikitin・A. Yu. Telelyuev・A. L. Mezentsev　2011a　「ロシア沿海地方における金代女真集落の様相」『第 12 回北アジア調査研究報告会要旨集』北アジア調査研究報告会実行委員会, pp.12-15。
中澤寛将・Yu. G. Nikitin・E. Yu. Nikitin・A. Yu. Telelyuev・A. L. Mezentsev　2011b　「金代女真の社会構造に関する基礎的研究―ロシア沿海地方女真遺跡調査成果から―」『日本考古学協会第 77 回総会研究発表要旨』日本考古学協会, pp.214-215。
中澤寛将, A. L. Mezentsev, E. Yu. Nikitin, A. Yu. Telelyuev　2012　「ロシア沿岸地方金代女真集落・寺院遺跡の調査」『第 13 回北アジア調査研究報告会要旨集』北アジア調査研究報告会実行委員会, pp.22-25。
中西　進・安田喜憲（編）　1992　『謎の王国・渤海』角川書店。
中村亜希子　2006　「渤海上京龍泉府址出土軒丸瓦の編年」『東京大学考古学研究室研究紀要』20, pp.71-108。
中村和之　2004　「中世における北方からの人の流れとその変動―白主土城をめぐって―」『歴史と地理　日本史の研究』580, 山川出版社。
中村和之　2005　「大陸から見た中世日本の北方地域」『日本海域歴史体系』第 3 巻, 清文堂, pp.77-102。
中村慎一　1997　「中国における囲壁集落の出現」『考古学研究』44-2, pp.58-73。
奈良帝室博物館（編）　1933　『渤海國首都出土遺品展覽會目録』帝室博物館。
新潟市歴史博物館　2009　『哈尔濱金代文化展―12 世紀の中国, 北方の民族が建国する―』新潟市歴史博物館。
ニキーチン Yu.G.・臼杵　勲・武田和哉・澤本光弘　2004　「ロシア沿海地方の渤海墓」『日本考古学協会第 70 回総会研究発表要旨』日本考古学協会, pp.243-246。
ニキーチン Yu.G.　2005　「渤海の港湾遺跡―クラスキノ土城における主な調査成果―」『古代日本と渤海』大巧社, pp.131-150。
ニキーチン Y.G., クリュエフ N.A（福留大輔　訳）　2002　「沿海州地方における古代の城塞と環濠集落―

青銅器時代から初期国家時代にかけて—」『東北アジアにおける先史文化の比較考古学的研究』平成11年度～13年度科学研究費補助金基盤(A)(2)研究成果報告書，九州大学大学院人文科学研究院，pp.167-189。

西　弘海　1982　「土器様式の成立と背景」小林行雄博士古稀記念論文集刊行委員会編『考古学論考』平凡社，pp.447-471。

西川　宏　1986　「渤海考古学の成果と民族問題」『山陰考古学の成果』。

西川　宏　1993　「中国における渤海考古学の成果と課題」『青丘学術論集』3，pp.43-91。

西嶋定生　1985　『日本歴史の国際環境』東京大学出版会。

西嶋定生　2000　『古代東アジア世界と日本』岩波書店。

西谷　正　2005　「渤海・塔基墓の背景」『東アジアの古代文化』124，pp.11-19。

朴　時亨（訳：朴鐘鳴）　1974　「渤海史研究のために」旗田巍・井上秀雄編『古代朝鮮の基本問題』学生社，pp.153-188（初出は『歴史科学』1，1962年。また朱栄憲1979『渤海文化』雄山閣，pp.169-211にも在日朝鮮人科学者協会歴史部会による邦訳転載）。

服部敬史　2005　「中国東北地方における古代・中世の鉄鏃―高句麗から明代までの考古学的資料の集成」『表現学部紀要』6，和光大学表現学部，pp.87-111。

服部敬史　2006　「中国東北地方における古代・中世の小札甲」『表現学部紀要』6，和光大学表現学部，pp.15-37。

服部敬史　2007　「中国東北地方における古代・中世の馬具――轡と鐙を中心に」『表現学部紀要』7，和光大学表現学部，pp.111-135。

浜田久美子　2005　「渤海国書にみる八世紀日本の対外認識―啓と表の考察を通して」『国史学』185，pp.79-111。

浜田久美子　2008a　「渤海との文化交流―領客使と漢詩文」『東アジアの古代文化』136，pp.68-80。

浜田久美子　2008b　「九世紀の日本と渤海―年期制の成立とその影響」『ヒストリア』210，pp.42-63。

早川由紀夫・小川真人　1998　「日本海をはさんで10世紀に相次いで起こった二つの大噴火の年月日」『火山』43-5，pp.403-408。

日高　慎　2003　「北海道大川遺跡出土資料の再検討」『考古学に学ぶ』Ⅱ，pp.721-730。

日野開三郎　1990　「後渤海の建国」『日野開三郎東洋史学論集』第16巻，三一書房，pp.19-64。

廣瀬憲雄　2007　「日本の対新羅・渤海名分関係の検討―『書儀』の礼式を参照して」『史学雑誌』116-3，pp.365-383。

藤田明良　2007　「文献史料から見た日本海交流と女真」前川要（編）『北東アジア交流史研究』塙書房，pp.433-456。

布施和洋　2008　「金・東夏代の城郭配置構造と交通・流通路の推定―ロシア沿海地方を中心として―」臼杵勲・木山克彦編『北東アジア中世遺跡の考古学的研究』平成19年度文部科学省科学研究費補助金（特別研究促進費）研究成果報告書（研究代表者：臼杵　勲），札幌学院大学人文学部，pp.20-27。

降矢哲男　2002　「韓半島産陶磁器の流通―高麗時代の青磁を中心に―」『貿易陶磁研究』22，日本貿易陶磁研究会，pp.138-167。

古畑　徹　1984　「渤海建国関係記事の再検討―中国側史料の基礎的研究」『朝鮮学報』113，pp.1-52。

古畑　徹　1994　「渤海・日本間航路の諸問題：渤海から日本への航路を中心に」『古代文化』46-8，pp.1-14。

古畑　徹　1995　「渤海・日本間の航路について」『古代交通研究』4，pp.104-115。
古畑　徹　1996　「古代における日本海沿岸諸地域間の交流―古代日朝間交流の一齣として―」原尻英樹・六反田豊編『半島と列島のくにぐに』新幹社，pp.11-42。
古畑　徹　1998　「後期新羅・渤海の統合意識と境域観」『朝鮮史研究会論文集』36，pp.25-54。
古畑　徹　2003　「戦後日本における渤海史の歴史枠組みに関する史学史的考察」『東北大学東洋史論集』9，pp.215-245。
方学鳳・呉満　1999　「渤海国の武器について」『東アジア研究』25，pp.33-59。
北陸電力（株）地域総合研究所（編）　1997　『対岸諸国における渤海研究論文集』。
北海道開拓記念館編　1994　『ロシア極東諸民族の歴史と文化』北海道開拓記念館。
ボルディン V.I.　2001　「クラスキンスコイェ土城をめぐる発掘調査史」田村晃一（編）『「日本道」関連渤海遺跡の考古学的調査』平成11・12年度科学研究費補助金（基盤研究(B)(2)）研究成果報告書，pp.1-10。
前川　要　2004　「日本列島における中世初期の都市形成―ロシア沿海州土城の発達史との比較検討から―」『考古学研究会50周年記念論文集　文化の多様性と比較考古学』考古学研究会，pp.207-214。
前川　要（編）　2003　『中世総合資料学の提唱―中世考古学の現状と課題』新人物往来社。
前川　要（編）　2004　『中世総合資料学の可能性―新しい学問体系の構築に向けて』新人物往来社。
前川　要（編）　2007　『北東アジア交流史研究』塙書房。
前川　要・A. Vasilevski・A. Ivliev・千田嘉博・小口雅史・中村和之・石井淳平　2002　「サハリン白主土城の研究」『日本考古学協会第68回総会研究発表要旨』日本考古学協会，pp.167-170。
前川　要・A. ワシリェフスキー・A. イーブリエフ・O. シュービナ・O. デジャーヒン・臼杵　勲・石井淳平・N. ツカダ　2003　「サハリン白主土城の研究(2)」『日本考古学協会第69回総会研究発表要旨』日本考古学協会，pp.140-143。
前川　要・A. Vasilevski・A. Ivliev・井出靖夫　2004　「サハリン白主土城の研究(3)」『日本考古学協会第70回総会研究発表要旨』日本考古学協会，pp.247-250。
前田　潮　2002　『オホーツクの考古学』同成社。
枡本　哲　1995　「北アジア出土の銭貨」『出土銭貨』第3号，出土銭貨研究会，pp.10-35。
枡本　哲　2001　「ロシア極東ウスリー川右岸パクロフカI遺跡出土の銅鏡」『古代文化』53-9，pp.34-42。
町田　洋　1992　「火山噴火と渤海の衰亡」中西進・安田喜憲（編）『謎の王国・渤海』角川書店，pp.104-129。
町田吉隆（編）　2008　『契丹陶磁―遼代陶磁の資料と研究―』朋友書店。
松田孝一・白石典之　2007　「モンゴル高原における集落・都市成立氏の概略」松田孝一（編）『内陸アジア諸言語資料の解読によるモンゴルの都市発展と交通に関する総合研究』平成17年度～19年度科学研究費補助金基盤研究(B)　ニューズレター01，大阪国際大学，pp.1-14。
満州国国務院教務部（編）　1976　『間島省の古蹟』国書刊行会。
三上次男　1970・1972・1973　『金史研究』1～3，中央公論美術出版。
三上次男　1966　『古代東北アジア史研究』吉川弘文館。
三上次男　1968　「半拉城出土の二仏并座像とその歴史的意義―高句麗と渤海を結ぶもの―」『朝鮮学報』49，pp.333-348。

三上次男	1972	「完顔阿骨打の経略と金国の成立」『金史研究』1, 中央公論美術出版。
三上次男	1973	「高麗顕宗朝における高麗・女真間の交易」『金史研究』3, 中央公論美術出版。
三上次男	1981a	「渤海・遼・金・元の陶磁器生産とその歴史的背景」『世界陶磁全集』13, 小学館, pp.131-142。
三上次男	1981b	「渤海・遼の陶磁」『世界陶磁全集』13, 小学館, pp.143-169。
三上次男	1990	『高句麗と渤海』吉川弘文館。
蓑島栄紀	1998	「渤海滅亡後の東北アジア諸民族と交流・交易の諸相」『東アジアの古代文化』96, pp.96-107。
蓑島栄紀	1999	「渤海滅亡後の北東アジアの交流・交易」『アジア遊学』6, pp.127-133。
蓑島栄紀	2001	『古代国家と北方社会』吉川弘文館。
三宅俊成	1944	『満洲考古學概説』満洲事情案内所。
三宅俊彦	2004	「中国窖蔵銭の諸問題―宋・元・明を中心として―」『考古学雑誌』88-3, pp.42-71。
三宅俊彦	2005a	『中国の埋められた銭貨』同成社。
三宅俊彦	2005b	「10-13世紀の東アジアにおける鉄銭の流通」『日本考古学』20, pp.93-110。
三宅俊彦	2008	「金代・北東アジアの銭貨流通」『アジア遊学』107, pp.36-49。
三宅俊彦・アレクサーンドル.L.イーヴリエフ	2008	「北東アジアの銭貨流通―金代を中心に―」菊池俊彦・中村和之編『中世の北東アジアとアイヌ』高志書院, pp.197-222。
向井佑介	2005	「遼代皇帝陵の立地と構造」『遼文化・慶陵一帯調査報告書』京都大学大学院文学研究科21世紀COEプログラム「グローバル化時代の多元的人文学の拠点形成」, 京都大学大学院文学研究科。
村上恭通	1993	「女真の鉄」『考古論集―潮見浩先生退官記念論文集―』潮見浩先生退官記念事業会, pp.927-939。
村上恭通（編）	2000	『東夷世界の考古学』青木書店。
村川行弘（編）	2000	『7・8世紀の東アジア』大阪経済法科大学出版部。
村田次郎	1951	「渤海王国の造営尺」『日本建築學會研究報告』15, 社団法人日本建築学会, pp.75-78
森　克己	1950	「金都上京出土の宋銭」『芸林』1-2（後に, 同著2009『続々 日宋貿易の研究』新編森克己著作集3, 勉誠出版に再録）。
八木奘三郎	1924・1929	『満洲舊蹟志』上篇・下篇, 南満洲鉄道株式会社。
箭内 互	1913	「東眞國の疆域」『満洲歴史地理』第2巻, 南満洲鉄道, pp.224-267。
山口欧志・前川 要	2005	「中世北東日本海域におけるモノ・人・情報の動き―サハリン白主土城の考古学的調査から―」『中央大学社会科学研究所年報』第9号, pp.171-188。
山口欧志・井出靖夫	2008	「サハリン白主土城―白主土城とサハリンの土城―」菊池俊彦・中村和之（編）『中世の北東アジアとアイヌ―奴児干永寧寺碑文とアイヌの北方世界―』高志書院, pp.253-272。
山崎一雄	1992	「渤海三彩と唐三彩などの釉薬と胎土の比較」『東洋陶磁』19, 日本東洋陶磁学会, pp.29-34。
山路勝彦	2006	『近代日本の海外学術調査』山川出版社。
山田悟郎・椿坂恭代	1995	「大陸から伝播してきた栽培植物」『「北の歴史・文化交流研究事業」研究報告』北海道開拓記念館, pp.107134。
山田悟郎・平川善祥・小林幸雄・右代啓視・佐藤隆広	1995	「オホーツク文化の遺跡から出土した大陸

　　　　　　　　　　系遺物」『「北の歴史・文化交流研究事業」研究報告』北海道開拓記念館，pp.65-79。
山近久美子　2002　「渤海国交通路と「日本道」周辺遺跡の検討」『防衛大学校紀要　人文科学分冊』85，
　　　　　　　　　　pp.63-95。
熊　海堂　1994　「中国古代瓦・煉瓦を焼く窯炉とその技術の朝鮮・日本への伝播」『古代学研究』130，
　　　　　　　　　　pp.1-30。
尹　龍二（訳：片山まび）　1998　『韓国陶瓷史の研究』淡交社。
李　新全　2008　「従考古発現論五女山山城的時代和性質」徐光輝編『東北アジア古代文化論叢』北九州
　　　　　　　　　　中国書店，pp.219-235。
李　成市　1988　「渤海史研究における国家と民族―「南北国時代」論の検討を中心に―」『朝鮮史研究会
　　　　　　　　　　論文集』25，pp.33-58。
李　成市　1991　「渤海史をめぐる民族と国家―国民国家の境界を越えて」『歴史学研究』626。
李　成市　1997　『東アジアの王権と交易　正倉院の宝物が来たもうひとつの道』青木書店。
李　成市　1998　『古代東アジアの民族と国家』岩波書店。
李　成市　2000　『東アジア文化圏の形成』山川出版社。
李　殿福（訳：西川　宏）　1991　『高句麗・渤海の考古と歴史』学生社。
李　殿福　1991a　「高句麗山城の構造とその変遷」『九州考古学』66，pp.81-83。
李　殿福（訳：西川　宏）　1991b　「わが30年来の高句麗・渤海遺跡の調査と研究」『考古学研究』38-1，
　　　　　　　　　　pp.60-72。
李　美子　1999　「渤海国の社会経済――史料の検討を中心として」『年報朝鮮学』7，pp.23-54。
李　美子　2003　「渤海の遼東地域の領有問題をめぐって―拂涅・越喜・鉄利等靺鞨の故地と関連して」
　　　　　　　　　　『史淵』140，pp.101-165。
林　碩奎　2009　「渤海の二仏並坐像」『佛教藝術』302，毎日新聞社，pp.9-32。
林　至徳・耿　鉄華　1988　「集安出度の高句麗瓦当とその年代」『古代文化』40-3，pp.22-28。
ワシーリェフ Yu.M.　1992　「パクローフカ文化（9～13世紀）について」『北方博物館交流』第6号，
　　　　　　　　　　pp.12-15。
ワシーリェフ Yu.M.　1994　「パクロフカ文化の葬制―9世紀～12世紀―」『1993年度「北の歴史・文化
　　　　　　　　　　交流研究事業」中間報告』北海道開拓記念館，pp.97-109。
ワシーリェフ Yu.M.（訳：天野哲也）　1994　「アムール流域のパクローフカ文化（9-13世紀）の火葬」
　　　　　　　　　　『北海道考古学』第30輯，pp.111-128。
ワシーリェフ Yu.M.（訳：中澤寛将）　2008　「アニュイ遺跡群―パラビンカ遺跡―」『アジア遊学』107，
　　　　　　　　　　勉誠出版，pp.132-138。
和田　清　1955　「定安國に就いて」『東亜史研究（満洲篇）』東洋文庫。
渡辺　諒　1968　「鴻臚井考（抄）」『東洋学報』51-1，pp.93-104。

〈中国語文献〉
安達県図書館　1984　「安達県昌都公社小南山墓群簡介」『黒龍江文物叢刊』1984-2。
安　路　1984　「哈尔浜新香坊金墓発掘綜述」『黒竜江史志』1984-2。
鞍山市岫岩満族博物館　2004　「遼寧岫岩鎮遼金遺址」『北方文物』2004-3，pp.41-57。
安文栄　「長春市金墓初探」『長春文物』7，出版年不詳。
鮑海春・王禹浪（編）　2001　『金源文物図集』哈尓濱出版社。

北京市海淀区文化文物局　1988　「北京市海淀区南辛庄金墓清理簡報」『文物』1988-7。
北京市文物工作隊　1980　「北京大葆台金代遺址発掘簡報」『考古』1980-5，pp.426-432。
北京市文物研究所　2002　『北京龍泉務窯発掘報告』文物出版社。
北京市文物研究所　2006　『北京金代皇陵』文物出版社。
北京市文物研究所　2008　『北京龍泉務遼金墓葬発掘報告』科学出版社。
北京市文物研究所　2009　『魯谷金代呂氏家族墓葬発掘報告』科学出版社。
長春市文物管理委員会辦公室　1989　「完顔類室神道碑亭及遺物」『博物館研究』1989-3。
長春市文物管理委員会辦公室　1991　「長春市石碑嶺金代墓地発掘簡報」『考古』1991-4。
長春市文物管理委員会办公室　1991　「長春市石碑嶺金代墓地発掘簡報」『考古』1991-4。
承徳地区文物管理所・灤平県文物管理所　1989　「河北灤平遼代渤海冶鉄遺址調査」『北方文物』1989-4，pp.36-40。
陳　璐　2003　「海林羊草溝征集的几件渤海時期文物」『北方文物』2003-2，p.33。
陳相偉　1990　「完顔希尹家族墓地的調査和発掘」『博物館研究』1990-3。
陳相偉　1992　「考古学上所見東夏国文化遺存」『東疆研究論集』吉林文史出版社，pp.30-48。
陳相傳　1997　「試論東北，河北等地金代墓葬敵類型与演変」『中国考古集成 東北巻』17，北京出版社。
崔利明　1993　「内蒙古和林県発現一座金墓」『考古』1993-12。
大同市博物館　1992　「大同市南郊金代壁画墓」『考古学報』1992-4，pp.511-527。
大慶市文物管理站　1994　「大慶市発現両座古墓」『北方文物』1994-2。
丹化沙　1960　「黒龍江泰来遼墓清理」『考古』1960-4。
丹化沙　1962　「黒龍江泰来后窩堡屯遼墓」『考古』1962-3。
田　華　1989　「黒龍江省五常県窖蔵金代文物」『考古』1989-2，pp.58-61。
田　華・胡秀杰・周美茹　1992　「黒龍江省綏濱永生墓群原貌」『北方文物』1992-3，pp.42-45。
田广金　1981　「四子王旗紅格尓地区金代遺址和墓葬」『内蒙古文物考古』1981 創刊号。
徳敏・酈明　1986　「吉林市郊江北郷八家村出土金代六耳銅鍋」『吉林文物』19-2。
董新林　2004　「遼代墓葬形制与分期略論」『考古』2004-8，pp.62-75。
鄂善軍　2003　「黒龍江省同江市双河遺址調査」『北方文物』2003-2，pp.55-58。
馮恩学　2002　『俄国東西伯利亜与遠東考古』吉林大学出版社。
馮恩学　2006　「特羅伊茨基靺鞨墓地的陶器来源」『北方文物』2006-4，pp.32-36。
馮恩学　2007　「黒龍江中游沿岸地区靺鞨房屋」『辺疆考古研究』6，pp.274-289。
馮浩璋　1999　「唐代渤海国釉陶三彩器初探」『考古』1999-8，pp.74-80。
付　彤　2004　「寧安市虹鱒漁場渤海墓地征集的几件陶器」『北方文物』2004-4，p.43。
富品瑩・陳心明　1993　「台安県平安村金元遺址調査」『遼海文物学刊』1993-2。（○は草冠に宝）
干志耿・魏国忠　1984　「綏濱三号遼代女真墓群清理与五国部文化探索」『考古与文物』1984-2，pp.59-60。
高峰・王波　2008　「敦化新発現一金代銅鍋」『東北史地』2008-4。
郝思徳　1989　「黒龍江綏濱新城遼代墓葬」『博物館研究』1989-3。
郝思徳・李硯鉄・劉暁東　1989　「黒龍江阿城巨源金代斉国王墓発掘簡報」『文物』1989-10。
何　明　1982　「記塔古城出土的遼金文物」『文物』1982-7，pp.44-53。
黒龍江省文物考古工作隊　1977a　「黒龍江畔綏濱中興古城和金代墓群」『文物』1977-4，pp.40-49。
黒龍江省文物考古工作隊　1977b　「松花江下游奥里米古城及其周囲的金代墓群」『文物』1977-4，

pp.56-62。
黒龍江省文物考古工作隊　1983　「寧安県鏡泊湖地区文物普査」『黒龍江省文物叢刊』1983-2, pp.56-69。
黒龍江省文物考古研究所　1986　「渤海磚瓦窯址発掘報告」『北方文物』1986-6, pp.33-38。
黒龍江省文物考古研究所　1987a　「黒龍江海林市北站渤海墓試掘」『北方文物』1987-1, pp.32-33・112。
黒龍江省文物考古研究所　1987b　「渤海上京城内房址発掘簡報」『北方文物』1987-1, pp.38-42。
黒龍江省文物考古研究所　1987c　「黒龍江克東県金代蒲峪路故城発掘」『北方文物』1987-2, pp.150-158。
黒龍江省文物考古研究所　1989a　「"金源故地"発現金斉国王墓」『北方文物』1989-1。
黒龍江省文物考古研究所　1989b　「黒龍江夢北県団結墓葬発掘」『考古』1989-8, pp.719-729。
黒龍江省文物考古研究所　1989c　「黒龍江阿城巨源金代斉国王墓発掘簡報」『文物』1989-10, pp.1-10, p.45。
黒龍江省文物考古研究所　1991　「黒龍江省牡丹江樺林石場溝墓地」『北方文物』1991-4, pp.57-66。
黒龍江省文物考古研究所　1996　「黒龍江省海林木蘭集東遺址」『北方文物』1996-2, pp.23-25。
黒龍江省文物考古研究所　1997　「黒龍江寧安市虹鱒漁場墓地的発掘」『考古』1997-2, pp.1-27・46。
黒龍江省文物考古研究所　1998　「黒龍江省海林市羊草溝墓地的発掘」『北方文物』1998-3, pp.28-40。
黒龍江省文物考古研究所　2003a　「黒龍江東寧県小地営遺址渤海房址」『考古』2003-3, pp.38-46。
黒龍江省文物考古研究所　2003b　「黒龍江省寧安市東蓮花村渤海墓葬」『北方文物』2003-2, pp.31-32。
黒龍江省文物考古研究所　2009a　『寧安虹鱒漁場──1992〜1995年度渤海墓地考古発掘報告』文物出版社。
黒龍江省文物考古研究所　2009b　『渤海上京城──1998〜2007年度考古発掘調査報告』文物出版社。
黒龍江省文物考古研究所　2010　「黒龍江省賓県索离溝遺址発掘簡報」『北方文物』2010-1, pp.3-11。
黒龍江省文物考古工作隊・吉林大学歴史系考古専業　1982　「黒龍江省東寧県大城子渤海墓発掘簡報」『考古』1982-3, pp.275-281。
黒龍江省文物考古研究所・吉林大学考古学系　1996a　「黒龍江省海林市河口遺址発掘簡報」『考古』1996-2, pp.52-60。
黒龍江省文物考古研究所・吉林大学考古学系　1996b　「1995年海林三道河郷河口遺址発掘的主要収穫」『北方文物』1996-2, pp.16-18。
黒龍江省文物考古研究所・吉林大学考古学系　1997a　「1996年海林細鱗河遺址発掘的主要収穫」『北方文物』1997-4, pp.43-46。
黒龍江省文物考古研究所・吉林大学考古学系　1997b　「黒龍江海林市渡口遺址的発掘」『考古』1997-7, pp.16-26。
黒龍江省文物考古研究所・吉林大学考古学系　2001　『河口与振興──牡丹江蓮華水庫報告㈠』科学出版社。
黒龍江省文物考古研究所・吉林大学考古学系　2005　「黒龍江海林市興農渤海時期城址的発掘」『考古』2005-3, pp.21-35。
黒龍江省文物考古研究所・吉林大学考古学系・牡丹江市文物管理站　2005　「黒龍江寧安市渤海国上京竜泉府宮城4号宮殿遺跡的発掘」『考古』2005-9, pp42-49。
黒龍江省文物考古研究所・中国社会科学院考古研究所　2006　「黒龍江綏濱同仁遺址発掘報告」『考古学報』2006-1, pp.115-140。
黒龍江省博物館　2007　「哈尓濱新香坊墓地出土的金代文物」『北方文物』2007-3, pp.48-58。
黒龍江省博物館・黒龍江省文物考古工作隊　1979　「黒龍江文物考古三十年主要収穫」『文物考古工作三十年』文物出版社, pp.113-122。
洪峰・志立　1991　「吉林省前郭県金代窖蔵瓷器」『北方文物』1991-2。

郝思徳・張鵬　　1991　「黒龍江省黒河地区発現古城址」『北方文物』1991-1，pp.26-30。
侯莉閩・李強　　1994　「渤海初期通往日本陸路部分的研討」『北方文物』1994-4，p.17，pp.32-39。
鶴崗市文物管理站　　2003　「黒龍江省蘿北，綏濱県文物普査簡報」『北方文物』2003-4，pp.18-25。
鶴崗市文物管理站　　2006　「鶴崗地区発現的几処遼金時期遺址」『北方文物』2006-4，pp.44-51。
何　明　　1985　「吉林和龍高産渤海寺廟跡」『北方文物』1985-4。
彭善国　　2000　「略論五代宋金耀瓷的流布」『中原文物』2000-3，pp.42-47。
彭善国　　2003　『遼代陶瓷的考古学研究』吉林大学出版社。
彭善国　　2005　「"渤海県官□"鏡及"毫古猛安□"鏡小記」『北方文物』2005-1，pp.46-47，54。
彭善国　　2006　「遼金時期東北地区出土的瓷器」『国際学術研討会 東北亜地区遼金蒙元時期的城市』資料集 1，中央大学文学部史学科，pp.121-123。
彭善国　　2007　「俄罗斯濱海地区出土定窯瓷器的探討」『考古』2007-1，pp.79-86。
彭善国　　2008　「3～6世紀中国東北地区出土的釉陶」『辺疆考古研究』7，pp.235-248。
彭善国　　2010　「試述東北地区出土的金代瓷器」『北方文物』2010-1，pp.50-54，87。
胡　偉　　1984　「黒竜江発掘一座十二世紀金代古墓」『学習与探索』1984-5。
胡秀傑・劉暁東　　2001　「渤海陶器類型学伝承淵源的初歩探索」『北方文物』2001-4，pp.37-43。
胡秀傑・劉暁東　　2004　「渤海仏教遺跡的発現与研究」『北方文物』2004-2，pp.50-59。
胡秀傑・田華　　1991　「黒龍江省綏濱中公募群出土的文物」『北方文物』1991-4。
華　泉　　1976　「完顔忠墓神道碑与金代的恤品路」『文物』1976-4。
黄林后　　1990　「寧安県渤海鎮西石岡古墓群出土文物簡介」『北方文物』1990-4，p.48。
匡　瑜　　1963　「吉林省扶余県一座遼金墓」『考古』1963-11。
集安県文物保管所　　1985　「吉林集安発現一処渤海時期遺址」『北方文物』1985-11，pp.24-25。
佳木斯市文物管理站　　2000　「黒龍江省樺南県嵐嶺林場出土的金代文物」『北方文物』2000-2。
姜守鵬　　1987　「十世紀初至十二世紀初的女真族」『北方文物』1987-3，pp.64-69。
吉林大学歴史系考古専業　　1985　「吉林省農安徳恵考古調査簡報」『北方文物』1985-1，pp.30-38。
吉林大学辺疆考古研究中心・吉林省文物考古研究所　　2006　「吉林敦化市敖東城遺址発掘簡報」『考古』2006-9，pp.40-54。
吉林大学辺疆考古研究中心・吉林省文物考古研究所　　2007　「吉林敦化市永勝遺址一号建築基址」『考古』2007-2，pp.39-47。
吉林大学辺疆考古研究中心・吉林省文物考古研究所　　2008　「吉林省琿春八連城遺址 2004 年調査測絵報告」『辺疆考古研究』7，pp.430-437。
吉林大学辺疆考古研究中心・敦化市文物管理所　　2008　「吉林省敦化市双勝村元代窖蔵」『辺疆考古研究』7，pp.438-445。
吉林省文物工作隊・吉林市博物館・永吉県文化局　　1991　「吉林永吉楊屯遺跡第三次発掘」『考古学集刊』7，pp.23-50。
吉林省文物工作隊　　1985　「吉林舒蘭黄魚圏珠山遺址清理簡報」『考古』1985-4，pp.336-348。
吉林省文物考古研究所　　1987　『楡樹老河深』文物出版社。
吉林省文物考古研究所　　1988　「吉林鎮賚黄家圍子遺址発掘簡報」『考古』1988-2。
吉林省文物考古研究所　　1995　「吉林永吉査里巴靺鞨墓地」『文物』1995-9，pp.29-47。
吉林省文物考古研究所　　1997　「吉林渾江永安遺址発掘報告」『考古学報』1997-2，pp.237-254。
吉林省文物考古研究所　　1998　「長春市郊南陽堡金代村落址発掘」『北方文物』1998-4，pp.30-37。

吉林省文物考古研究所　1999　「吉林汪清県紅云渤海建築遺址的発掘」『考古』1999-6，pp.52-58。
吉林省文物考古研究所　2003　「吉林省文物考古敵世紀回顧与展望」『考古』2003-8，pp.3-11。
吉林省文物考古研究所　2008　『田野考古集粋―吉林省文物考古研究所成立二十五周年記念―』文物出版社。
吉林省文物考古研究所・長春市文物管理委員会　1993　「吉林省徳恵県后城子金代古城発掘」『考古』1993-8。
吉林省文物考古研究所・四平市文物管理委員会辦公室　2006　「四平市前坡林子遺址発掘簡報」『北方文物』2006-3，pp.35-42。
吉林省文物考古研究所・安図県文管所　2007　「吉林安図県仲坪遺跡発掘」『北方文物』2007-4，pp.13-23。
吉林省文物考古研究所・延辺朝鮮族自治州文化局・延辺朝鮮族自治州文化局博物館・和龍市博物館　2007　『西古城―2000～2005年度渤海国中京顕徳府故城田野考古報告』文物出版社。
吉林省文物考古研究所・敦化市文物管理所　2009　「吉林敦化市六頂山墓群2004年発掘簡報」『考古』2009-6，pp.3-14。
吉林省文物考古研究所・吉林大学辺疆考古研究中心　2009　「吉林琿春市八連城内城建築基址的発掘」『考古』2009-6，pp.15-22。
吉林省文物考古研究所・延辺朝鮮族自治州文物管理委員会辦公室　2009　「吉林和龍市龍海渤海王室墓葬発掘簡報」『考古』2009-6，pp.23-39。
吉林省文物考古研究所・農安県・徳恵市文物管理所　2009　「吉林省農安草房王遺址発掘簡報」『北方文物』2009-4，pp.23-30。
吉林省文物考古研究所・四平市文管辦・梨樹県文管所　2009　「吉林省梨樹県八棵樹金代遺址発掘簡報」『北方文物』2009-4，pp.31-35。
吉林省文物考古研究所・徳恵市文物管理所　2009　「吉林省徳恵市迎新遺址考古発掘報告」『北方文物』2009-4，pp.36-47。
吉林省博物館輯安考古隊・輯安県文物管理所　1963　「吉林輯安県鍾家村発現金代文物」『考古』1963-11。
吉林省博物館・農安県文管所　1988　「吉林農安金代窖蔵文物」『文物』1988-7，pp.74-81。
吉林省文物志編委会　1983　『汪清県文物志』。
吉林省文物志編委会　1984a　『琿春県文物志』。
吉林省文物志編委会　1984b　『和龍県文物志』。
吉林省文物志編委会　1984c　『龍井県文物志』。
吉林省文物志編委会　1985a　『安図県文物志』。
吉林省文物志編委会　1985b　『敦化市文物志』。
吉林省文物志編委会　1985c　『図們市文物志』。
吉林省文物志編委会　1985d　『延吉市文物志』。
吉林省琿図公路考古発掘隊　1987　「吉林琿春黄家店古墓清理簡報」『博物館研究』1987-1。
吉林省図琿鉄路考古発掘隊　1990　「琿春市東六洞二号遺址発掘簡報」『北方文物』1990-1，pp.38-42。
吉林省攬頭窩堡遺址考古隊　2003　「吉林徳恵市攬頭窩堡遺址六号房址的発掘」『考古』2003-8，pp.67-78。
吉林市博物館　1982　「吉林市郊発現的金代窖蔵文物」『文物』1982-1。
吉林市博物館　1987　「吉林永吉楊屯大海猛遺址」『考古学集刊』5，pp.120-151。

吉林市博物館	1993	「吉林省蛟河市七道河村渤海建築遺址清理簡報」『考古』1993-2，pp.133-140。
吉林省文化庁	1993	『中国文物地図集 吉林分冊』中国地図出版社。
景　愛	1991	「烏裕尓河上游的金代遺址」『東北亜歴史与文化』遼瀋書社出版，pp.516-520。
景　愛	1982	「遼金時代的火葬墓」『東北考古与歴史』第1輯。
金毓黻	1956	「関于"渤海貞恵公主墓碑研究"的補充」『考古学報』1956-2，pp.75-78。
金毓黻	1982	『渤海國志長編』《社会科学戦線》雑誌社。
金太順	1997	「渤海墓葬研究中的几个問題」『考古』1997-2，pp.17-27，p.46。
金太順	2004	「初探渤海時期的平民居住址」『高句麗渤海歴史問題研究論文集』延辺大学出版社，pp.172-194。
李賓泓	1991	「金代上京地区女真人的飲食文化」『北方文物』1991-1，pp.65-70。
李陳奇	1999	「靺鞨―渤海考古学的新進展」『北方文物』1999-1，pp.37-49。
李陳奇・趙虹光	2004	「渤海上京城考古的四個階段」『北方文物』2004-2，pp.44-49。
李殿福	1983	「唐代渤海貞孝公主壁画与高句麗壁画比較研究」『黒龍江省文物叢刊』1983-2，pp.38-42。
李殿福・孫玉良	1987	『渤海国』文物出版社。
李京華	2007	『冶金考古』文物出版社。
李健才	1989	「金代女真墓葬的演変」『遼金史論集』4，書目文献出版社，pp.339-349。
李健才	1996	「東北地区金代古城的調査研究」『東北考古集成 東北巻 金(一)』北京出版社，pp.1-5。
李明生		「浅談石羊石虎山墓地石雕」『長春文物』7，出版年不詳。
李強・侯莉閩	2003	「延辺地区渤海遺存之我見」『北方文物』2003-4，pp.26-34。
李慶発	1986	「遼陽隆昌遼金墓」『遼海文物学刊』1990-2，pp.53-56。
李蜀蕾	2005	「渤海墓葬類型演変再探討」『北方文物』2005-1，pp.35-45。
李士良・田華	1990	「黒龍江出土金代鉄器的初歩研究」『黒河学刊』1990-4。
李少兵・索秀芬	2005	「内蒙古自治区城址概説」『内蒙古文物考古』2005-1，pp.54-63。
李暁忠・林茂雨・劉長江	1993	「瀋陽大東区小北金墓清理簡報」『瀋陽文物』1993-2。
李雅鳳・李強	1986	「吉林龍井富民渤海古墓」『博物館研究』1986-1。
李逸友	1959	「巴林左旗林東鎮金墓」『文物』1959-7。
李英魁	1989	「黒龍江省蘿北県団結墓葬清理簡報」『北方文物』1989-1，pp.15-18。
酈継和	2006	「綏濱農場九団十二連墓地出土及征集的几件陶器」『北方文物』2006-2。
林　澐	1985	「論団結文化」『北方文物』1985-1，pp.8-21。
林秀貞	1986	「東北地区金代城市的類型」『中国考古学研究―夏鼐先生考古五十年記念論文集』文物出版社，pp.301-308。
林西県文化館	1980	「遼饒州故城調査記」『考古』1980-6。
遼寧省文物考古研究所	1990	「朝陽重型机器厂金墓」『遼海文物学刊』1990-2。
遼寧省文物考古研究所	2004	『五女山城』文物出版社。
遼寧省文物考古研究所・岫岩満族博物館	1999	「遼寧岫岩県長興遼金遺址発掘簡報」『考古』1999-6，pp.59-68。
劉濱祥	1994	「浅談烟筒砬子渤海建築址出土物的性質和年代」『北方文物』1994-3，pp.115-116。
劉濱祥・郭仁	1995	「渤海瓦当的分類与分期研究」『北方文物』1995-3，pp.80-86。
劉紅宇	1986	「長春近郊敵金代完顔類室墓」『北方文物』1986-4。
劉紅宇	1987	「長春市周囲の金代墓葬」『博物館研究』1987-2。

劉紅宇　1990a　「長春市郊金完顔類室墓地考古新収穫」『北方文物』1990-1。

劉紅宇　1990b　「長春市郊完顔類室墓地考古新収穫」『北方文物』1990-4。

劉可棟　1982　「試論我国古代的饅頭窯」中国硅酸塩学会編『中国古陶瓷論文集』文物出版社，pp.173-190。

劉淑娟　1997　『遼代銅鏡研究』瀋陽出版社。

劉　淼　2007　「北方遼金遺址出土定窯平底碟初探」『北方文物』2007-4，pp.45-49。

劉　涛　2004　『宋遼金紀年瓷器』文物出版社。

劉景文　1983　「从考古資料看金代農業的迅速発展」『農業考古』1983-2。

劉暁東　2006　『渤海文化研究―以考古発現為視角』黒龍江人民出版社。

劉暁東　2009　「靺鞨文化遺存浅析」『北方文物』2009-4，pp.6-15。

劉暁東・祖延苓　1988　「南城子古城，牡丹江辺墻与渤海的黒水道」『北方文物』1988-3，pp.30-35。

劉暁東・魏存成　1991　「渤海上京城主体格局的演変―兼談主要宮殿建築的年代」『北方文物』1991-1。

劉暁東・楊志軍・郝思徳・李陳奇　1991　「試論金代女真貴族墓的類型及演変」『遼海文物学刊』1991-1，pp.124-136。

柳　嵐　1999　「高句麗，遼金古城比較研究」『高句麗研究』8，高句麗研究会，pp.417-481。

呂遵禄　1962　「黒龍江寧安，林口発現的古墓葬群」『考古』1962-11，pp.581-584。

呂学明・呉炎亮　2007　「遼寧朝陽隋唐時期磚構墓葬形制及演変」『北方文物』2007-4，pp.32-39。

伭俊岩・林茂雨・劉煥民　1997　「新民法哈牛金代窖蔵鉄器」『遼海文物学刊』1997-2，pp.38-42。

洛陽市文物工作隊　1999　「隋唐東都洛陽城外廓城磚瓦窯址1992年清理簡報」『考古』1999-3，pp.16-24。

庞志国　1982　「完顔希伊家族墓群石雕芸術初探」『文物』1982-3。

庞志国　1984　「略論東北地区金代石函墓」。

庞志国　1989　「吉林省金代考古概述」『博物館研究』1989-2。

苗潤華　1994　「巴林右旗老房身金代窖蔵文物」『遼海文物学刊』1994-1。

牡丹江市文物管理站　1986　「牡丹江辺墻調査簡報」『北方文物』1986-7，pp.42-45。

牡丹江市文物管理站　1990　「黒龍江省寧安県石灰場遺址」『北方文物』1990-2，pp.3-10。

南水北調中錢干錢工程建設管理局他　2007　『徐水西黒山金元時期墓地発掘報告』文物出版社。

内蒙古自治区文物工作隊　1959　「遼中京西城外的古墓葬」『考古』1959-7。

内蒙古自治区文物考古研究所（編）　2003　『内蒙古出土瓦當』文物出版社。

内蒙古自治区文物考古研究所（編）　2004　『内蒙古集寧路古城遺址』文物出版社。

熱列茲涅柯夫 K.A.　1983　「阿什河下游河湾地帯考古調査収穫」『黒龍江省文物叢刊』1983-2，pp.104-112。

庄艶傑　1994　「法庫劉邦屯出土金代窖蔵文物」『遼海文物学刊』1994-1。

朴潤武　1990　「吉林和龍出土的金代窖蔵銅，鉄器」『北方文物』1990-4。

喬　梁　1994　「靺鞨陶器分期初探」『北方文物』1994-2，pp.30-41。

喬　梁　2010　「三江平原北部女真陶器的編年研究」『北方文物』2010-1，pp.43-49。

斉東方　2002　『隋唐考古』文物出版社。

秦大樹　1988　「金墓概述」『遼海文物学刊』1988-2。

秦大樹　2004　『宋元明考古』文物出版社。

山西省考古研究所　1989　「山西襄汾墓清理簡報」『文物』1989-10，pp.11-23。

山東省文物考古研究所　2005　『山東20世紀的考古発現和研究』科学出版社。

申佐軍　2006　「牡丹江地区金代古城述略」『北方文物』2006-2，pp.47-52。
思徳・張鵬　1990　「黒河地区金代遺址考古調査」『黒河学刊』1990-1。
史念海　1998　「中国古都概説」同著『中国古都与文化』中華書局，pp.33-179。
孫秀仁　1979　「略述海林山咀子渤海墓葬的形制，伝統和文物特徴」『中国考古学会　第一次年会論文集』
　　　　　　　　文物出版社，pp.429-436。
孫秀仁・干志耿　1982　「論遼代五国部及其物質文化特性—遼代五国部文化類型的提出与研究」『東北考古
　　　　　　　　与歴史』1，pp.95-103。
宋玉彬　2009　「渤海都城古址研究」『考古』2009-6，pp.4049。
宋玉彬・曲軼莉　2008　「渤海国的五京制度与都城」『東北史地』2008-6，pp.2-6。
宋玉彬・王志剛　2008　「考古学視角下的西古城城址」『新果集—慶祝林澐先生七十華誕論文集』科学出版
　　　　　　　　社，pp.549-564。
孫　危　2007　『鮮卑考古学文化研究』科学出版社。
鉄嶺市博物館・鉄嶺県文物管理所　1988　「鉄嶺県前下塔子金墓」『遼海文物学刊』1988-2。
譚英傑・趙虹光　1993　「黒龍江中游鉄器時代文化分期浅論」『考古与文物』1993-4，pp.16・80-93。
譚英傑・趙虹光　1996　「靺鞨—女真系帯飾研究」『中国考古学会第八次年会論文集1991』，pp.184-196。
譚英傑ほか（編）　1991　『黒龍江区域考古学』中国社会科学出版社。
唐洪源　2004　「吉林東遼県尚志金代窯址的清理」『考古』2004-6，pp.92-96。
湯原県文物管理所　2006　「桃温万戸府古城的出土文物」『北方文物』2006-2。
図琿鉄路考古発掘隊　1991　「吉林省琿春市甩弯子渤海房址清理簡報」『北方文物』1991-2，pp.36-40。
王承礼　1962　「吉林敦化牡丹江上游渤海遺址調査記」『考古』1962-11，pp.575-580・584。
王承礼　1979　「敦化六頂山渤海墓清理発掘記」『社会科学戦線』1979-3，pp.200-210。
王承礼　1982　「唐代渤海《貞恵公主墓志》和《貞孝公主墓志》的比較研究」『社会科学戦線』1982-1，
　　　　　　　　pp.-181-186。
王家栄　「黒龍江省伊春市発現金代故城遺址」『考古與文物』1983-5，p.95。
王楽楽　2006　「唐代渤海国釉陶器的類型及相関問題探討」『華夏考古』2006-2，pp.88-95。
王綿厚　2002　『高句麗古城研究』文物出版社。
王培新　1997　「靺鞨—女真系銅帯飾及相関問題」『北方文物』1997-1，pp.19-29。
王上海　2007　「従景徳鎮制瓷工芸的発展談葫芦形窯的演変」『文物』2007-3，pp.62-67。
王慎栄・趙鳴岐　1990　『東夏史』天津古籍出版社。
王永祥　1960　「哈尓濱東郊的遼，金遺跡和墓葬」『考古』1960-4。
王永祥・王宏北　1988　「黒龍江金代古城述略」『遼海文物学刊』1988-2，pp.36-45。
王禹浪　1993　『金代黒龍江述略』哈尓濱出版社。
王禹浪・王宏北（編）　1994　『高句麗渤海古城址研究匯編』哈尓濱出版社。
王禹浪・薛志強・王宏北・王文軼（編）　2007　『東北遼代古城研究匯編』上・下，哈尓濱出版社。
王禹浪・魏国忠　2008　『渤海史新考』哈尓濱出版社。
王禹浪・王文軼　2008　『遼東半島地区的高句麗山城』哈尓濱出版社。
王維臣・温秀栄　2000　「遼寧撫順千金郷唐力村金代遺址発掘簡報」『北方文物』2000-4，pp.27-33，
　　　　　　　　p.40。
汪宇平　1955　「巴林左旗白音戈洛金墓」『文物参考資料』1955-2。
王増新　1960　「遼寧綏中県城后村金元遺址」『考古』1960-2。

魏存成　　1981　「渤海王室貴族墓葬」『中国考古学会　第三次年会論文集』文物出版社，pp.258-264。
魏存成　　1982　「渤海城址的発現与分期」『東北考古与歴史』1，pp.89-94。
魏存成　　1998　「第二松花江中游地区的靺鞨，渤海墓葬」『北方文物』1998-2，pp.44-47，p.52。
魏存成　　2002　『高句麗遺跡』文物出版社。
魏存成　　2008　『渤海考古』文物出版社。
聞喜県博物館　　1988　「山西聞喜寺底金墓」『文物』1988-8。
烏蘭察布盟文物工作站　　1989　「内蒙古武川県烏蘭窯子金墓清理簡報」『考古』1989-8。
武中宝・郭宏・邵春華　　1989　「公主嶺市新発現両処金代窖蔵銭文物」『博物館研究』1989-2。
陝西省考古研究所　　1997　『五代黄堡窯址』文物出版社。
許暁東　　2003　『遼代玉器研究』紫禁城出版社。
許明網　　1966　「旅大市発現金元時期文物」『考古』1966-2。
徐苹芳　　1984　「金元墓葬的発掘」『新中国的考古発現与研究』文物出版社。
徐翰煊・庞治国　　1997　「金代左丞完顔希尹家族墓調査試掘簡報」『中国考古集成　東北巻』18。
閻万章　　1956　「渤海"貞恵公主墓碑"的研究」『考古学報』1956-2，pp.69-74。
閻景全　　1990　「黒龍江省阿城市双城村金墓群出土文物整理報告」『北方文物』1990-2，pp.28-41。
延辺博物館　　1983　「和龍県龍海渤海墓葬」『博物館研究』1983-3。
延辺朝鮮族自治州博物館　　1982　「渤海貞孝公主墓発掘清理簡報」『社会科学戦線』1982-1，pp.174-180。
延辺朝鮮族自治州博物館・和龍県文化館　　1982　「和龍北大渤海墓葬清理簡報」『東北考古与歴史』1，
　　　　　pp.200-210。
延辺朝鮮族自治州博物館・和竜県文物管理所　　1994　「吉林省和竜県北大渤海墓葬」『文物』94-1，
　　　　　pp.35-49。
楊虎・譚英傑・張泰湘　　1979　「黒龍江古代文化初論」中国考古学界編『中国考古学会第一次年会論文集』
　　　　　文物出版社，pp.80-96。
楊　寛　　2004　『中国古代冶鉄技術発展史』上海人民出版社。
楊雨舒　　2005　「渤海国時期吉林的鉄器述論」『北方文物』2005-3，pp.21-28。
楊雨舒・蒋戎　　2008　『唐代渤海国五京研究』香港亜洲出版社。
姚騫穆・依凌阿　　1982　「五常県発現金代窖蔵鉄器」『黒龍江文物叢刊』1982-8。
異順平　　1989　「論黒龍江地区金代早期的陶瓷工芸」『北方文物』1989-4，pp.16-23。
尹郁山　　1990　「吉林永吉査理巴村発見二座渤海墓」『考古』1990-6，574-576。
永吉県文管所　　1989　「吉林永吉旧站金代墓調査簡報」『北方文物』1989-1。
于宝東　　1992　「内蒙古庫倫旗后柜金元時期墓葬」『北方文物』192-2。
云　瑶　　1989　「黒龍江省肇東八里城発現的金代文物」『北方文物』1989-4，pp.44-45。
朝陽市博物館・朝陽市龍城区博物館　　2005　「遼寧朝陽召都巴金墓」『北方文物』2005-3，pp.29-35。
張亜平　　2006　「富錦市出土的金代文物」『北方文物』2006-3。
張玉霞　　2005　「牡丹江流域渤海遺跡出土陶器的類型学研究」『辺疆考古研究』第4輯，科学出版社，
　　　　　pp.194-209。
張　傑・朱　涛　　2004　「黒龍江省肇東市澇洲鎮安安業村発現的遼代墓葬」『北方文物』2004-1，
　　　　　pp.38-39。
張大為・王奇・邢傑　　1997　「西豊涼泉金代窖蔵」『遼海文物学刊』1997-1，pp.37-40，p.76。
張大為　　2000　「遼寧鉄嶺清河鋼広出土一組金代銅炊具」『北方文物』2000-2，p.45。

張景明　2008　『中国北方遊牧民族飲食文化研究』文物出版社。
張家口市文物事業管理所・張家口市宣化区文物保管所　1990　「河北宣化下八里遼金壁画墓」『文物』1990-10。
肇東県博物館　1960　「黒龍江肇東県八里城清理簡報」『考古』1960-2，pp.36-40。
趙殿坤　1994　「偏脸城内発現金代陶窯」『博物館研究』1994-1（『中国考古集成東北巻』18，1997年，pp.785-786 に所収）。
趙虹光　2009　「渤海上京城建制研究」『北方文物』2009-4，pp.16-22。
趙虹光・譚英傑　2000　「再論黒龍江中游鉄器時代文化晩期遺存之分期—科爾薩科沃墓地試析—」『北方文物』2000-2，pp.18-29。
趙永軍　2000　「渤海中小城址的初歩考察」『北方文物』2000-3，pp.36-42。
趙永軍・姜玉珂　2007　「黒龍江地区金墓述略」『辺疆考古研究』6，pp.312-328。
趙清俊　1990　「遼金時代契丹女真族使用銅鉄炊器習俗的探討」『古民俗研究』吉林文史出版社。
趙海龍　2008　「宝山—六道溝冶銅遺跡」吉林省文物考古研究所（編）『田野考古集粋—吉林省文物考古研究所成立二十五周年記念—』文物出版社，pp.83-84。
哲里木盟博物館　1984　「内蒙古霍林皮碇区金代界壕辺堡発掘報告」『考古』1984-2。
朱国忱・朱威　2002　『渤海遺迹』文物出版社。
鄭永振　1983　「和龍県龍海古跡調査」『黒龍江省文物叢刊』1983-2，pp.70-73。
鄭永振　2003　『高句麗渤海靺鞨墓葬比較研究』延辺大学出版社（翻訳書として，成澤勝編 2003『鄭永振著「古ツングース諸族墳墓の比較研究」』，東北大学東北アジア研究センター）。
鄭永振　2005　「渤海埋葬習俗中反映的渤海文化的多源性」『渤海史研究』10，延辺大学出版社，pp.46-87。
鄭永振・厳長録　2000　『渤海墓葬研究』吉林人民出版社。
鄒晗・程松・景山　1996　「黒龍江省鶴崗市邵家店古城」『北方文物』1996-1。
鄒晗　2006　『黒龍江鶴崗地区古代文化遺存』黒龍江人民出版社。
雛継和　2006　「綏濱農場九団十二連墓地出土及征集的几件陶器」『北方文物』2006-2，pp.53-55。
中国社会科学院考古研究所　1991　『中国考古学中碳十四年代数据集 1965—1991』文物出版社。
中国社会科学院考古研究所　1997　『六頂山与渤海鎮—唐代渤海国的貴族墓地与都城遺址』中国大百科全書出版社。
中国社会科学院考古研究所西安唐城工作隊　1997　「唐大明宮含元殿遺址 1995-1996 年発掘報告」『考古学報』1997-3，pp.341-406。

〈韓国語文献〉
韓国国立文化財研究所・ロシア科学アカデミーシベリア支部考古学・民族学研究所　2008　『トロイツコエ古墓群』韓国国立文化財研究所。
高句麗研究会・ロシア科学アカデミーシベリア支部考古学・民族学研究所　1998　『ロシア沿海州渤海寺院跡』高句麗研究会。
高句麗研究会　2006　『高句麗瓦の成立と王権』주류성，ソウル。
高句麗研究財団・ロシア科学アカデミー極東支部歴史学・考古学・民族学研究所　2006　『2005 年ロシア沿海州クラスキノ城址発掘調査報告書』高句麗研究財団，ソウル。
ソウル大学博物館・嶺南大学博物館　2003　『海東の盛国 渤海』ソウル大学博物館，ソウル。

大陸研究所　1994　『ロシア沿海州の渤海遺跡』大陸研究所。

鄭永振　1999　「延邊地域の城郭に関する研究」『高句麗研究』8，高句麗研究会，pp.79-411。

鄭鍾兌　2005　「三国〜高麗時代釜の展開様相」『錦江考古』2, pp.41-71。

東北亜歴史財団　2007　『渤海の歴史と文化』東北亜歴史財団，ソウル。

東北亜歴史財団　2010　『渤海史資料集』上下，東北亜歴史財団，ソウル。

東北亜歴史財団・ロシア科学アカデミー極東支部歴史学・考古学・民族学研究所　2007　『2006年ロシア沿海州クラスキノ城発掘報告書』東北亜歴史財団，ソウル。

東北亜歴史財団・ロシア科学アカデミー極東支部歴史学・考古学・民族学研究所　2008　『2007年ロシア沿海州クラスキノ城発掘報告書』東北亜歴史財団，ソウル。

東北亜歴史財団・ロシア科学アカデミー極東支部歴史学・考古学・民族学研究所　2010　『2008年ロシア沿海州クラスキノ城発掘報告書』東北亜歴史財団，ソウル。

方學鳳（訳：朴相佾）　1998　『渤海の佛教遺蹟と遺物』書景文化社，ソウル。

ボルディン V.I.・ゲルマン E.I.　2005　『2004年ロシア沿海州渤海遺跡発掘調査報告書』高句麗研究所，ソウル。

한규철（ハンギュチョル）・김종복（キムジョンボク）・박진숙（パクチンスク）　2007　『渤海五京と領域変遷』東北亜歴史財団，ソウル。

ロシア連邦極東工科大学・韓国伝統文化大学校　2005〜2009　『沿海州チェルニャチノ5渤海古墓群(Ⅰ)〜(Ⅳ)』韓国伝統文化大学校。

ロシア連邦極東工科大学・韓国伝統文化大学校　2008〜2009　『沿海州チェルニャチノ2・渤海集落遺跡(Ⅰ)〜(Ⅱ)』韓国伝統文化大学校。

ロシア科学アカデミー極東支部歴史学・考古学・民族学研究所，韓国国立文化財研究所　2008　『沿海州の文化遺跡Ⅱ―沿海州の古金属時代・初期中世期の考古遺跡（2007年資料調査に関して）―』韓国国立文化財研究所。

李在仁・朴成洙　2009　『高句麗瓦當文化』태학사。

〈ロシア語文献〉

Андреева Ж.В. 1980 Первая гончарная печь в Приморье.// Археологические Открытия-1979 г.. Москва. С. 187-188.

Андреева Ж.В., Жущиховская И.С. 1986 Гончарные печи в бухте Троицы. Хасанского района Приморского края.// Методы естественных наук в археологическом изучении дреаних производств на Дальнем Востоке СССР. Владивосток. С.68-76.

Артемьева Н.Г. 1998 а Домостроительство чжурчжэней Приморья (XII-XIII вв.). Владивосток. 302 с.

Артемьева Н.Г. 1998 б Культовые сооружения бохайского времени на територии Приморья.// Российская археология. 1998-№4. С.174-191.

Артемьева Н.Г. 2001 а Фортификационные сооружения чжурчжэней (на примере Краснояровского городища). // Древняя и Средневековая История Восточной Азии.-К 1300-летию Образования Государства Бохай. Владивосток. с.148-157.

Артемьева Н.Г. 2001 б Административный конплекс Краснояровского городища.// Древняя и Средневековая История Восточной Азии.-К 1300-летию Образования Государства Бо хай. Владивосток. С.158-172.

Артемьева Н.Г. 2004 Буддийский жезл из Краснояровского городища. // Археология этнография и антропология Евразии. 2004-№.2. С.102-106.

Артемьева Н.Г. 2005 а Города чжурчжэней Приморья. // Российский Дальний Восток в древности и и средневековье: открытия, проблемы, гипотезы. Владивосток. С.542-591.

Артемьева Н.Г. 2005 б Городища государства Восточного Ся на территрии Приморья.// Vladivostok International Symposium 2005: Movement in Medieval North-East Asia (People, Material goods, Technology). Vol.1. Токио. С.81-86.

Артемьева Н.Г., Ивлиев А.Л. 1996 Новые факты в пользу отождествления Краснояровского городища с Верхней столицей государства Восточное Ся.// Тезисы докладов и сообщений международной конференции: Далыний Восток России в контексте мировой истории: от прошлого к будущему. Владивосток. С.101-102.

Артемьева Н.Г., Ивлиев А.Л. 2001 Чжурчжэньские эталонные гири из Краснояровского городища. // Древняя и Средневековая История Восточной Азии.-К 1300-летию Образования Государства Бохай. Владивосток. С.132-147.

Артемьева Н.Г., Ивлиев А.Л. 2005 *О печати из Новонежинского городища*. Вестник ДВО РАН 2005-№2, Владивосток, С.19-24.

Асташенкова Е.В., Пискарёва Я.Е. 2009 Результаты археолонической разведки в Анучинском районе Приморского края в 2007 г. // Тихоокеанская россия и страны АТР в изменяющемся мире. Владивосток. С.441-451.

Болдин В.И. 1987 Раскопки на Новогордеевском городище в 1986 г.// Новые данные о культуре и хозяйстве средневековых народов Дальнего Востока. Владивосток. С.17-21.

Болдин В.И. 1989 Итоги изучения бохайского слоя на Новогордеевском городище в 1987 г.// Новые материалы по средневековой археологии Дальнего Востока СССР. Владивосток. С.86-91.

Болдин В.И. 1992 Бохайске городища в Приморье.// Россия и АТР. 1992-№2. Владивосток. С. 58-69.

Болдин В.И. 2000 Бохайские горчарные печи (по материалам Корсаковского селища). // История и Археология Дальнего Востока. Владивосток. С.124-126.

Болдин В.И. 2002 Городище Синельниково-1 и периодизация средневековых археологических культур Юго-Западного Приморья.// Археология и культурная антропология Дальнего Востока. Владивосток. С.181-185.

Болдин В.И. 2003 Черепичные печи Краскинского городища. // Проблемы археорогии и палеоэкологии Северний, Восточной и Центральной Азии., Новосибирск., С.312-316.

Болдин В. И., Дьякова О. В.Сидоренко Е. В. 1990 Новогордеевское городище как источник для периодизации культур Приморья.// Проблемы средневековой археологии Дальнего о Востока: происхождение, периодизация, датировка культур. Владивосток.

Болдин В.И., Ивлиев А.Л. 1984 Черепичное производство в Бохае. // Археология юга Сибири и Дальнего Востока. Новосибирск. С.142-151.

Болдин В.И., Ивлиев А.Л. 1989 О строительных горизонтов чжурчженьского времении на Новог ордеевском городище. Новое в Дальневосточной археологии.// Материалы медиевистов. Южно-Сахалинск. С.3-7.

Болдин В.И., Ивлиев А.Л. 1995 Раскопки Краскинского могильника в Приморье. Обозрение результатов полевых и лабораторных исследований археологов, этнографов и антропологов Сибири и Дальнего Востока в 1993 году. Новосибирск, С.247-249.

Болдин В.И.,Ивлиев А.Л., Никитин Ю.Г. 1998 Новые сведения о фортификации Бохайских городищ.// Археология и этнология Дальнего Востока и Центральной Азии. Владивосток. С.152-156.

Болдин В.И.,Ивлиев А.Л. 2002 Многослойный памятник Новогордеевское городище: Материалы раскопок 1986-1987 годов. // Труды Института Истории Археологии и Этнографии Народов дальнего Востока ДВО РАН. Актуальные проблемы дальневосточной археологии. Том XI. Владивосток. С.46-58.

Болдин В.И., Гельман Е.И., Лещенко Н.И., Ивлиев А.Л. 2005 Уникальная находка на Краскинском городище (подземная камера с черепичными стенами). // Россия и АТР 2005-№3. С.66-83

Болдин В.И., Семениченко Л.Е. 1976 О раскопках на городище Николаевка-II в Приморье.// Археологические Открытия - 1975 г.. Москва. С.219-220.

Болдин В.И., Семениченко Л.Е. 1977 Исследования на Николаевском-II городище в Приморье.// Археологические Открытия -1976 г. .Москва. С.193-194.

Болдин В.И., Семениченко Л.Е. 1978 а Стратиграфия городища Николаевка-II и периодизация бохайской культурыв Приморье.// Археологические материалы по древней истории Дальнего Востока СССР. Владивосток. С.57-63.

Болдин В.И., Семениченко Л.Е. 1978 б Стратиграфия городища Николаевка-II и периодизация Бохайской культуры в Приморье.// Археологические материалы по древией истории Дальнего Востока. Владивосток.

Болотин Д.П., 2005 Народы и культуры Приамурья в поздневековье. // Российский Дальний Восток в древности и средневековье: открытия, проблемы, гипотезы. Владивосток. С. 615-635.

Буссе Ф.Ф.1888 Остатки древностей в долинах рек Лефу, Даубихэ и Улахэ.// ЗОИАК, Т.1., С. 1-28.

Буссе Ф.Ф., Крапоткин Л.А. 1908 Остатки древностей в Амурском крае.// Записки Общества изучения Амурского края. // Т.XII. Владивосток. С.1-66.

Василев Ю.М. 1989 Кремации в Покровской культуре Приамуря (IX-XIII вв. н.э.).// Новые материалы по средневековой археологии Дальнего Востока СССР. Владивосток. С. 26-38.

Василев Ю.М. 1990 Поясные наьоры Покровской культуры как исторический чсточник.// Проблемы средневековой археологии Дальнего Востока. Владивосток. С.122-146.

Васильев Ю.М. 2005 Покровская культура Приамурья (IX-XIII вв. н.э.).// Российский Дальний Восток в древности и средневековье: открытия, проблемы, гипотезы. Владивосток.

С.592-614.

Васильев Ю.М. 2006 Погребальный обряд Покровской культуры (IX-XIII вв. н.э.). Владивосток. 371 с.

Васильева Т.А. 2000 а Исследвания на Екатериновском городище.// Интеграция археологических и этнографических Исследваний. Владивосток. С.149-151.

Васильева Т.А. 2000 б Раскопки Горнохуторского и Екатериновского городищ.// Археологические Открытия-1998 г.. Москва. С.280-281.

Гельман Е.И. 1998а Керамика Марьяновского городища.// Археология и этнология Дальнего Востока и Центральной Азии. Владивосток. С.136-151.

Гельман Е.И. 1998 б Керамика Марьяновского городища из раскопок 1995 года. // 『ロシア沿海州渤海文化遺蹟調査報告書』沿海州文化遺跡調査団・高麗学術文化財団，ソウル。

Гельман Е.И. 1999 Глазурованная керамика и фарфор средневековых памятник приморья. Владивосток. С.221.

Гельман Е.И. 2002 К вопросу о культурной принадлежности Новогордеевского селища.// Археология и культурная антропология Дальнего Востока и Центральной Азии. Владивосток. С.167-187.

Гельман Е.И. 2004 Роль глазурованной керамика и фарфора в изучении обменных процессов в Бохае, Цзинь и Восточном Ся.// Archaeological studies on Trade in the Ancient and Medieval period between Sakhalin and the North-East Japan sea region. Vol.1. Токио. С.119-127.

Гельман Е.И. 2005 а Взаимодействие центра и периферии в Бохае (На Приморье некоторых аспектов материальной культуры).// Российский Дальний Восток в древности и средневековье: открытия, проблемы, гипотезы. Владивосток. С.476-516.

Гельман Е.И. 2005 б Керамика и торговля: формы обмена в Бохае. // Vladivostok International Symposium 2005: Movement in Medieval North-East Asia (People, Material goods, Technology).Vol.1. Токио. С.137-142.

Гельман Е.И. 2006 Керамика Чжурчэней Примолья.// Россия и АТР. 2006-№1. Владивосток. С.93-104.

Гельман Е.И., Болдин В. И., Ивлиев А.Л., Никитин Ю.Г. 1999 резуль таты археологических раскопок в Краскино в 1998 г.// Россия и АТР 1998-3. Владивосток. С.??-??.

Гельман Е.И.,Болдин В.И., Ивлиев А.Л. 2000 Раскопки колодца Краскинского городища.// История и Археология Дальнего Востока. Владивосток. С.153-165.

Гельман Е.И., Пискарева Я.Е. 2002 Мохэская керамика Краскинского городища.// Традиционная культура Вачтока Азии. Благовещенск. Вып.4. С.156-178.

Гребенщеиков А.В., Деревянко Е.И., 2001 Гончарство древних племен приамурья. Новосибирск. 118 с.

Деревянко А.П., Богданов Е.С., Нестеров С.П., 1999 Могильник Найфельд. Новосибирск. 93 с.

Деревянко Е.И. 1975 Мохэские памятники среднего Амура. Новосибирск. 250 с.

Деревянко Е.И. 1977 Троицкий могильник. Новосибирск. 223 с.

Деревянко Е.И. 1981 Племена Приамулья I тысячелетие нашей зры. Новосибирск. 332 с.

Дьякова О.В. 1984 Раннесредневековая керамика Дальнего Востока СССР как исторический источник IV-X вв. Москва. 206 с.

Дьякова О..В. 1993 Происхождение Формирование и развитие средневековых культур дальнего Востока. Владивосток. 408 с.

Дьякова О..В. 1998 Мохэские памятники Приморья. Владивосток. 318 с.

Дьякова О. В., 2006 Древние и средневековые укрепления в Бассейне реки зеркальной (Таду ши). // Археология этнография и антропология Евразии. 2006-№.4. С.86-95.

Дьякова О. В., 2009 Военное зодчество центрального Сихотэ-Алиня в древности и средневеко вье. Москва. 245 с.

Дьякова О.В., Болдин В.И. 1979 Классификация орнаментов гончарной керамики городища Николаевское-II.// Сибрь в древности. Новосибирск. С.114-118.

Дьякова О.В., Деревянко Е.И. 1981 К вопросу о « типично Мохэских » сосудов. Новые материал ы по археологии Дальнего Востока СССР. Владивосток.

Дьякова О.В., Леньков В.Д. 1986 Технико-технологическая характеристика керамики Лазовское городища как источник изучения ремесленного производства чжурчжэней Приморья.// Методы естественных наук в археологическом изучении древних производств на Дальнем Востоке СССР. Владивосток. С.130-142.

Дьякова О.В., Коновалов П.Б. 1988 Хуннские традиции в средневековом гончарстве Дальнего Востока СССР.// Материалы по этнокультурным связям народов дальнего влстока в средние века. Владивосток. С.33-40.

Дьякова О. В., Сидоренко Е. В. 2002. Древние и средневековые культуры Северо-Восточного Приморья (по материалам Куналейского городища). // Труды Института Истории Археологии и Этнографии Народов дальнего Востока ДВО РАН. Актуальные про блемы дальневосточной археологии. Том XI. Владивосток. С.7-45.

Зайцев Н.Н., Шумкова А.Л. 2008 Городища Амурской области. Традиционная культура востока Азии. Вып.5. Влаговещенск. С.199-222.

Зверев С.А., Полищук Т.В. 2009 Применение электрометрии и георадиолокации для исследован ия культурного слоя. // Тихоокеанская россия и страны АТР в изменяющемся мир е. Владивосток. С.461-465.

Кафаров П.И.1871 Этнографическая экспедиция в Южно-Уссурийский край. // ИРГО

Казакова Е.А., 2008 Антропологическое исследование населения мохэской культуры по материа лам троицкого могильника (одонтологический аспект). // Тунгусо-Маньчжурская проблема сегодоня(Первые Шавкуновские чтения). Владивосток. С.175-181.

Крадин Н.Н. 2005 а Становление и эволюция средневековой государственности.// Российский Да льний Восток в древности и средневековье: открытия, проблемы, гипотезы. Влад ивосток. С.439-448.

Крадин.Н.Н. 2005 б Актуалые проблемы изучения Монгольской империи.// Vladivostok International Symposium 2005: Movement in Medieval North-East Asia (People, Material goods, Technology).Vol.1. Токио. С.3-10.

Краминцев В.А. 2002 Предварительные результаты раскопок поселения Васильевка-2 в Бикинс ком районе. // Археология и культурная антропология Дальнего Востока. Владивосток. с. 186-191.

Кривуля Ю.В. 2002 Археорогические исследвания на раннесредневековом паселении Раковка-10.// Археология и культурная антропология Дальнего Востока. Владивосток. С. 174-180.

Жущиховская И.С. 2005 К Вопросу о Технике Обжига Средневекрвой Керамики Приморья; Атомосферный Режим. С.199-200

Жущиховская И.С. 2008 Лепная керамика Смольнинского городища(к вопросу о культурной интерпретации памятника). // Тихоокеанская Россия в истории российской и восточноазиатских цивилизаций. Том.1 Владивосток. С.18-28.

Жущиховская И.С., Шавкнов В.Э. 2006 Новая культурная традиция в средневековом гончарстве Приморья. Вестник ДВО РАН. №2, С.97-108.

Ивлиев А.Л. 1983 Городища киданей.// Материалы по древней и средневековой археологии юга Далинего Востока СССР и смежных территорий. Сборник научных трудов. Владивосток. С.120-133.

Ивлиев А.Л. 1987 Черпица Майского городища.// Вопросы археологии Дальнего Востока СССР. Владивосток. С.108-119.

Ивлиев А.Л. 1990 Новые материалы о средневековых бронзовых дисках из Приморья. Проблемы средневековой археологии Далинего Востока: происхождение, периодизация, датировка культур. Владивосток. ДВО АН СССР. С.5-18.

Ивлиев А.Л. 1993. Изучение истории государства Восточное Ся в КНР Новые материалы по археологии Дальнего Востока России и смежных территорий(Доклады V сессии Научно-проблемного совета археологов Далинего Востока). Владивосток: ДВО РАН. С.8-17.

Ивлиев А.Л. 1996 Письменные источники об истории Приморья середины I- начала тысячелетий н.э. Приморье в древности и средневековье (материалы региональной археологической конференции). Уссурийск. С.30-34.

Ивлиев А.Л. 2005 Очерк истории Бохая.// Российский Дальний Восток в древности и средневековье: открытия, проблемы, гипотезы. Владивосток. С.449-475.

Ивлиев А.Л., Никитин Ю.Г. 1979 Раскопки Майского городища.// Археологические Открытия-1978 г. Москва. С.227-228.

Ивлиев А.Л., Бессонова Е.А. 2008 Результаты геоархеологических исследований на Краскинском городище. // Тихоокеанская Россия в истории российской и восточноазиатских цивилизаций. Том.1 Владивосток. С.15-18.

Ларичев В.Е. 1998 История золотой империи. Новосибирск, 283 с.

Лебединцев А.И., 2008 Культурно-этнические связи с югом в северо-западном приохотье в период раннего металла-железном века. // Тунгусо-Маньчжурская проблема сегодня (Первые Шавкуновские чтения). Владивосток. С.154-164.

Леньков В.Д. 1968 К вопросу классификации керамики Шайгинского городища.// Турды Дальневосточного филиала Сибирского отделения АН СССР. Владивомток. С.192-195.

Леньков В.Д. 1974 Металлургия и металлообработка у чжурчжэней в XII века(по материалам исследований Шайгинского городища). Новосибирск. 172 с.

Леньков В.Д. 1983 Некоторые аспекты материальной культуры чжурчжэней конца XI-XII вв. (По археологическим материалам Екатериновского городища) // Материалы по древней и средневековой археологии юга Дальнего Востока СССР и семежных территорий. Владивосток. С.58-69.

Леньков В.Д. 1996 Основные виды ремесленных производств у чжурчжэней в XII-XIII вв. (по материалам археологических исследований)// Археология Северной Пасифики. Владивомток. С.152-160.

Леньков В.Д., Шавкунов .В.Э. 2002 «Внутренний город» Лазовского городища.// Труды Института Истории Археологии и Этнографии Народов дальнего Востока ДВО РАН. Актуальные проблемы дальневосточной археологии. Том XI. Владивосток. С.264-271.

Леньков В.Д., Артемьева Н.Г. 2003 Лазовское городище. Владивосток. 285 с.

Лещенко Н.В. 2009 Рыболовство и морской промысел на дальнем востоке России в эпоху средневековья (VII-XIII вв.). // Тихоокеанская Россия в истории российской и восточноазиатских цивилизаций. Том.1 Владивосток. С.37-48.

Матвеев З.Н. 1929 Бохай : из истории восточной азии 8-10 в.в., Владивосток, 34с.

Медведев В.Е.1977 Культура Амурских Чжурчжэней (конец X-XI век.). Новосибирск. 224 с.

Медведев В.Е. 1980 Могильник у села Дубового памятник ранних Чжурчжэней среднего Приамурья.// Археологический поиск северная Азия. Новосибирск. С.137-192.

Медведев В.Е.1982 Средневековые памятники острова Уссурийского. Новосибирск. 217 с.

Медведев В.Е. 1986 Приамурье в конце 1 - начале 2 тысячелетия (Чжурчжэньская эпоха). Новосибирск. 206 с.

Медведев В.Е. 1991 Корсаковский могильник: хронология и материалы. Новосибирск. 173 с.

Медведев В.Е. 1992 Оригинальный могильник на среднем Амуре.// Известия СО РАН 1992-№3. Новосибирск.

Медведев В.Е. 1998 Курганы Приамурья. Новосибирск.142 с.

Медведев В.Е. 2005 Поселения и городища эпохи Чжурчжэней Приамурия (VIII-XIII вв.).// Vladivostok International Symposium 2005: Movement in Medieval North-East Asia (People, Material goods, Technology).Vol.1. Токио. С.87-92.

Нестеров С.П. 2005 Керамика раннесредневекового населения западного Приамурья.// Vladivostok International Symposium 2005: Movement in Medieval North-East Asia (People, Material goods, Technology).Vol.1. Токио. С.201-216.

Нестеров С.П., 2008 Михайловская культура на Амуре (дискуссионные аспекты). // Тунгусо-Маньчжурская проблема сегодоня(Первые Шавкуновские чтения). Владивосток. С.91-106.

Никитин Е.Ю. 2009 Государстово Бохай как часть мир-системы Восточной Азии. // Тихоокеанская россия и страны АТР в изменяющемся мире. Владивосток. С.466-476.

Никитин Ю.Г. 2000 Население долины р. Суйфун в предгосударственный период.// История и археология Дальнего Востока: К 70-летью Э.В.Шавкунова. Владивосток. С.

147-153.

Никитин Ю.Г. 2005 а Тан, Бохай и «Восточные варвары» (Восточная периферия Бохая).// Российский Дальний Восток в древности и средневековье: открытия, проблемы, гипотезы. Владивосток. С.517-541.

Никитин Ю.Г. 2005 б Археологические памятники как маркеры торговых путей.// Vladivostok International Symposium 2005: Movement in Medieval North-East Asia (People, Material goods, Technology).Vol.1. Токио.С.111-115.

Никитин Ю.Г., Гельман Е.И. 2002 Некоторые результаты исследования раннесредневекового могильника Чернятино-5 в бассейне р. Суйфун.// Археология и культурная антропология Дальнего Востока. Владивосток. С.195-214.

Никитин Ю.Г., Гельман Е.И., Болдин В.И. 2002 Результаты исследования поселения Чернятино-2.// Археология и культурная антропология Дальнего Востока и Центральной Азии. Владивосток. С.213-227.

Окпадников.А.П. 2003 Археология северной, центральной и восточной Азии. Новосибирск. 663 с.

Окпадников.А.П., Медведев В.Е. 1980 Чжурчжэньское посерение в устье тунгуски.// Археологический поиск северная Азия. С.125-136.

Пискарева Я.Е. 2005 Локальные группы мохэских памятников в Приморье.// Российский Дальний Восток в древности и средневековье: открытия, проблемы, гипотезы. Владивосток. С.419-438.

Пискарева Я.Е. 2006а Мохэская керамика Приморья. Владивосток. 24 с.

Пискарева Я.Е. 2006 б Локально-хронологические группы мохэской культуры в Приморье (по данным анализа керамики).// Девятая Дальневосточная конференция молодых историков. Владивосток. с.323-339.

Сакмаров С.А. 2004 Щербаковское городище. Внешняя и внутренняя планиграфия. // Россия и АТР, 2003-№4, Владивосток, с.50-56.

Сапунов Б.С., Зайцев Н.Н. 1993 Средневековые городища Амурской области. // Проблемы этнокультурной истории дальнего востока и сопредельных территорий. Влаговещенск. С.112-120.

Сидоренко Е. В. 2002 Куналейское городище. Комплекс эпохи палеометалла.// Археология и культурная антропология Дальнего Востока. Владивосток. С. 134-141.

Силвнтьев Г.Л. 2001 Морские пути якорные стоянки Бохайцев и Чжурчжэней на югеДальнего Востока России в VIII-XIII в. // Древняя и Средневековая История Восточной Азии.-К 1300-летию Образования Государства Бохай. Владивосток. с.217-238.

Соболева М.В. 2006 Опыт классификации одной из категорий чжурчжэньской керамика.//X Международной конференции молодых историков. Владивомток. (Конф.)

Саранцева С.Е. 2009 Морфология чжуржэньской черепицы: проблема датирования. // Тихоокеанская россия и страны АТР в изменяющемся мире. Владивосток. С. 452-460.

Тупикина С.М., Болдин В.И. 1994 Керамика Краскинского городища.// Медтевисткие исследования на Дальнем Востоке России. Владивосток. С.100-109.

Тупикина С.М. 1996 а Керамика чжурчжэней Приморья XII-начала XIII в.. Владивосток. 120 с.

Тупикина С.М. 2003 Центр керамического производства в средневековом Приморье. // Проблемы археорогии и палеоэкологии Северний, Восточной и Центральной Азии., Новосибирск. С.347-350.

Тупикина С.М., Хорев В.А. 2001 Керамика Ананиевского городища.// Древняя и средневековая история Восточной Азии: К 1300-летию образования государства Бохай. Владивосток. С.194-206.

Хорев В..А. 1978 Археологические памятники Приморского края. Владивосток. 72 с.

Хорев В.А. 1989 Гончарная печь близ Ананиевского городища. Новое в изучении эпохи средневековья Дальнего Востока СССР. Владивосток. С.19-22.

Хорев В..А. 2002 К вопросу о функциональном назначении и датировке Ананьевского городища. // Археология и культурная антропология Дальнего Востока. Владивосток. С. 227-233.

Шавкунов .В.Э. 2000 Средневековые городища южной части Приморского края.// Истрия и археология Далинего Востока К 70-летию Э.В.Шавкунова. Владивосток. С. 166-173.

Шавкунов В.Э. 2001 Обследавания на Смольнинском городище: Предваритерьные результаты.// Россия и АТР 2001-№1. С.30-37.

Шавкнов В.Э. 2002 Памятник возле с. Извилинки. // Россия и АТР 2002-№4. Владивосток. С. 36-37.

Шавкунов В.Э. 2005 Жилище Смольнинского городища. Россия и АТР . 2005-№2. Владивосток. С.104-107.

Шавкнов В.Э. 2007 О датировке Смольнинского городища. Россия и АТР. 2007-№1. Владивосток. С.62-66.

Шавкунов В.Э., 2008 а Культурные традиции Смольнинского городища (по материалам вооружения). // Тунгусо-Маньчжурская проблема сегодоня(Первые Шавкуновские чтения). Владивосток. С.118-127.

Шавкунов В.Э., 2008 б К вопросу о защитных доспехах Чжурчжэней Приморья. // Азиатско-тихоокеанский регион: Археология, Этнография, История. Владивосток. С.79-86.

Шавкунов В.Э. 2008 с Летописные племена *Илоу* и *Сущэней* проблема идентификации.// Тихоокеанская Россия в истории российской и восточноазиатских цивилизаций. Том.1 Владивосток. С.49-56.

Шавкунов В.Э., Гельман Е.И. 2002 Многослойный памятник Ауровское городище.// Труды Института Истории Археологии и Этнографии Народов дальнего Востока ДВО РАН. Актуальные проблемы дальневосточной археологии. Том XI. Владивосток. С. 75-108.

Шавкунов Э.В. 1966 Раскопки на Николаевском городище. Сибирский археологический сборник. Новосибирск, С.286-296.

Шавкунов Э.В. 1968 государаство Бохай и памятники его культуры в Приморье. Л. 127 с.

Шавкунов Э.В. 1986 Локализация гидрончма Хэйшуй и проблема этнической принадлежности "амурских чжурчжэнеи" // Проблемы археологических исследованиц̆й на Дальнем Вастоке. Владивосток. С.51-62.

Шавкунов Э.В. 1990 Культура Чжурчжэней-Удигэ XII-XIII вв. и пробрема происхождения тунгуских народов Далинего Востока. Москва.

Шавкунов Э.В. 1994 Государство Бохай (698-926 г) и племенаДалинего Востока Рассии. Москва.

Шавкунов Э.В. 2003 Два бронзовых зеркала из Новонежинского городища. // Проблемы археорогии и палеоэкологии Северний, Восточной и Центральной Азии., Новосибирск., с.358-360.

図版出典

巻頭写真
すべて筆者撮影

図版
第 1 図　筆者作成
第 2 図　拙稿 2008e に加筆・修正
第 3 図　Болдин 2000 より作成
第 4 図　吉林省文物考古研究所ほか 2006 より作成
第 5 図　唐洪源 2004 より作成
第 6 図　Леньков, Артемьева 2003 より作成
第 7 図　Болдин 2003, Болдин 2000, Хорев 1989, 吉林省文物考古研究所・四平市文物管理委員会办公室 2006, Леньков, Артемьева 2003 より作成
第 8 図　黒龍江省文物考古研究所 1986, Шавкунов 1994, Болдин 2003 より作成
第 9 図　北京市文物研究所 2002, 陝西省考古研究所 1997, 韓恵先 2005, 尹 1998 より作成
第 10 図　吉林市博物館 1987, 吉林省文物工作隊・永吉県文化局 1991, Кривуля 2002, 黒龍江省文物考古研究所・吉林大学考古学系 2001, 中国社会科学院考古研究所 1997, Гельман, Болдин, Ивлиев 2000, ボルディン・ゲルマン 2005, 高句麗研究財団・ロシア科学アカデミー極東支部歴史学・考古学・民族学研究所 2006, ボルディン・ゲルマン 2005, Шавкунов, Гельман 2002, Гельман 2006, 黒龍江省文物考古工作隊 1977, Тупикина, Хорев 2001, Леньков, Артемьева 2003 より作成
第 11 図　筆者作成
第 12 図　筆者作成
第 13 図　各種報告書より作成
第 14 図　筆者作成
第 15 図　各種報告書より作成
第 16 図　各種報告書より作成
第 17 図　筆者作成
第 18 図　Леньков, Артемьева 2003 より作成
第 19 図　朝陽市博物館ほか 2005 より作成
第 20 図　筆者撮影
第 21 図　筆者作成
第 22 図　筆者作成
第 23 図　ボルディン他 2005, 高句麗研究財団他 2006, 東北亜歴史財団 2007, 2008, 2010 より筆者作成。75・79 は筆者実測
第 24 図　1-32 は中国社会科学院考古研究所 1997, 33-38 は黒龍江省文物考古研究所 1987b より作成
第 25 図　黒龍江省文物考古研究所・吉林大学考古学系 2001 より筆者作成
第 26 図　3 は黒龍江省文物考古研究所 1998, 17 は東北アジア歴史財団他 2007, 18 は V.I. ボルディン・E.I.

図版出典　289

　　　　　ゲルマン 2005，14，19 は黒龍江省文物考古研究所 1987b，その他は中国社会科学院考古研究所
　　　　　1997 より作成
第 27 図　1 は V.I. ボルディン・E.I. ゲルマン 2005，2 は中国社会科学院考古研究所 1997，3 は黒龍江省文
　　　　　物考古研究所 2009b より作成
第 28 図　筆者作成
第 29 図　Гельман 1999，Шавкунов 1990 より作成
第 30 図　Тупикина., Хорев 2001，Гельман 1999 より作成
第 31 図　Леньков, Артемьева 2003 より作成
第 32 図　筆者実測
第 33 図　筆者実測
第 34 図　筆者実測
第 35 図　筆者実測
第 36 図　吉林省攬頭窩堡遺跡考古隊 2003 より作成
第 37 図　吉林省文物考古研究所 1998 より作成
第 38 図　吉林省博物館・農安県文管所 1988 より作成
第 39 図　筆者作成
第 40 図　各種報告書より作成
第 41 図　各種報告書より作成
第 42 図　東北亜歴史財団ほか 2010 より作成
第 43 図　筆者作成
第 44 図　東北亜歴史財団ほか 2007，ボルディン 2001 を再トレースして作成
第 45 図　各種報告書より作成
第 46 図　中国社会科学院考古研究所 1997 より作成
第 47 図　各種報告書より作成
第 48 図　V.I. ボルディン・E.I. ゲルマン 2005，イブリエフ 2004，田村ほか 1998，Шавкунов, Гельман
　　　　　2002，Никитин 2005，Кривуля 2002 より作成
第 49 図　Дьякова 2009 を再トレースして作成
第 50 図　王・王 1994 を再トレースして作成
第 51 図　中国社会科学院考古研究所 1997，黒竜江省文物考古研究所 2009 より作成
第 52 図　吉林省文物考古研究所・吉林大学辺疆考古研究中心 2009 より作成
第 53 図　Шавкунов 1968，吉林省文物考古研究所 1999，何明 1985 より作成
第 54 図　柳嵐 1999，Артемьева Н.Г. 2005，黒龍江省文物考古研究所 1987，エ・ヴェ・シャフクノフ
　　　　　1982，申佐軍 2006 より作成
第 55 図　筆者作成
第 56 図　筆者作成
第 57 図　筆者作成
第 58 図　筆者作成
第 59 図　コロナ衛星写真をもとに筆者作成
第 60 図　Артемьева 1998，Дьякова, Сидоренко 2002 より作成
第 61 図　Зайцев Н.Н., Шумкова А.Л. 2008，Медведев 1986，黒龍江省文物工作隊 1977a，黒龍江省文

物考古研究所 1987 より作成
第 62 図　前川ほか 2002・2003 より作成
第 63 図　各種報告書より作成
第 64 図　各種報告書より作成
第 65 図　吉林省文物考古研究所 1995，黒龍江省文物考古研究所 1998，延辺博物館ほか 1991，黒龍江省文物考古研究所 1991 を再トレースし作成
第 66 図　中国社会科学院考古研究所 1997・吉林省文物考古研究所ほか 2009 より作成
第 67 図　吉林省文物考古研究所ほか 2009 より作成
第 68 図　黒龍江省文物考古研究所 2009 を再トレースし作成
第 69 図　黒龍江省文物考古研究所 2009 より作成
第 70 図　ロシア連邦極東工科大学・韓国伝統文化大学校 2009 より作成
第 71 図　ロシア連邦極東工科大学・韓国伝統文化大学校 2005〜2009 より作成
第 72 図　筆者作成
第 73 図　韓国国立文化財研究所ほか 2009 より作成
第 74 図　韓国国立文化財研究所ほか 2009 より作成
第 75 図　筆者作成
第 76 図　各種報告書より作成
第 77 図　各種報告書より作成
第 78 図　園田 1941 をもとに作成
第 79 図　北京文物研究所 2006 より作成
第 80 図　南水北調中錢干錢工程建設管理局他 2007 より作成
第 81 図　筆者作成
第 82 図　Гельман 2006 より作成
第 83 図　筆者実測
第 84 図　筆者実測
第 85 図　ブロジャンスキー 2000 より作成
第 86 図　1 は小嶋 1994，2 は鄒晗 2006，3-5 は黒龍江省文物考古研究所・吉林大学考古学系 2001，6・7 は田華他 1992，8-10 は Медведев 1977 より作成
第 87 図　1 は中国社会科学院考古研究所 1997，2 は Гельман, Болдин, Ивлиев 2000，3〜9 は Медведев 1977，10-16 は Гельман 1998，17-20 は Шавкунов, Гельман 2002，21-30 は Гельман 2002，31-39 は遼寧省文物考古研究所ほか 1999，40-47 は鞍山市岫岩満族博物館 2004 より作成

〈表〉
第 1 表〜第 11 表　筆者作成

初出一覧

　本書は，2010年度に中央大学大学院文学研究科に提出した博士学位論文『北東アジアにおける手工業生産・流通構造と地域社会—7世紀から13世紀を中心として—』を再編集したものである。本論文は，既発表論文と新たに書き下ろした論文から構成されているが，既発表論文については論文発表後の調査成果を考慮し，大幅に加筆・修正を加えている。以下，既発表論文との対応関係を示す。

序　章：新稿
第1章：
　「中世北東アジアにおける窯業生産・流通システムの変遷と構造」『考古学研究』54-4，2008年3月。
第2章第1節・第2節・第3節：
　「遼・金代における金属製煮炊具の流通と消費」『博望』第7号，2009年5月。
第3章第1節・第3節：
　「渤海の食器様式と土器生産」『古代』第123号，2010年3月。
第4章第1節・第2節・第3節：
　「金・東夏代の食器様式と地域性—ロシア沿海地方の中世城郭出土資料を中心として—」『白門考古論叢Ⅱ』中央考古会・中央大学考古学研究会，2008年11月。
第5章：新稿
第6章：
　「ロシア沿海地方における金・東夏代城郭の空間構造とその特質」臼杵勲・木山克彦編『北東アジア中世遺跡の考古学的研究』平成19年度文部科学省科学研究費補助金（特別研究促進費）研究成果報告書（研究代表者：臼杵勲），札幌学院大学人文学部，2008年3月。
第7章：新稿
第8章：新稿
第9章：
　「渤海滅亡後の女真社会と地域間関係—「ニコラエフカ文化」の格子目状叩き土器をめぐって—」『中央史学』第32号，2009年3月。
終　章：新稿

　なお，本書には下記の研究助成による調査研究の成果を含む。
・平成18年度　財団法人高梨学術奨励基金調査研究助成「中世東北アジアにおける王権構造の変遷と地域戦略—渤海・金・東夏を中心として—」
・平成19～21年度　独立行政法人日本学術振興会特別研究員奨励費「中世北東アジアにおける生産・物流システムの比較考古学的研究」

あとがき

　本書は2010年度に中央大学大学院文学研究科に提出した博士学位論文『北東アジアにおける手工業生産・流通構造と地域社会―7世紀から13世紀を中心として―』をもとに，一部の章を削除して再構成したものである。学位論文の審査にあたっては，日頃からご指導いただいている中央大学文学部の石井正敏先生，小林謙一先生をはじめ，札幌学院大学の臼杵勲先生，金沢学院大学の小嶋芳孝先生にお引き受けいただきました。心より御礼申し上げます。

　筆者は，2000年に中央大学文学部史学科日本史学専攻に入学し，2011年3月に大学院博士後期課程を修了するまで，10年間にわたり中央大学で過ごしてきた。筆者が中世考古学に関心を持つようになったのは，府中市教育委員会の江口桂氏のご配慮で府中大量出土銭の整理作業に携わったことが契機となっている。学部在学中には，峰岸純夫先生や坂田聡先生から日本中世史，合田芳正先生や前川要先生から考古学の基礎を学んだ。幸いなことに，2002年から2004年にかけて，前川先生がサハリン州立大学のA.A. ワシリエフスキー先生と共同で調査していたサハリン南端の白主土城の発掘調査に参加する機会をいただいた。その際，臼杵先生やロシア科学アカデミー極東支部のA.L. イブリエフ先生とご一緒し，大陸の中世考古学にも関心を持つようになった。そして，2004年冬に北海道大学で開催された国際シンポジウムをきっかけに，筆者はロシア・ウラジオストクに留学することを決め，2005年から2006年にかけてロシア極東工科大学（現，ロシア連邦極東大学）人文科学研究科社会人類学専攻に在籍した。留学中は，受入研究者のN.N. クラージン先生をはじめ，ロシア科学アカデミー極東支部歴史学・考古学・民族学研究所のA.L. イブリエフ，Yu.G. ニキーチン，N.G. アルテミエヴァ，E.I. ゲルマン，A.P. アルテミエフ，V.I. ボルディン，S.M. トゥピーキナ，V.A. ホレフ，Yu.M. ワシーリェフ，O.V. ヂャーコヴァ，T.A. ワシーリェヴァ，N.V. レシェンコ諸先生からご指導を賜り，先生方が調査された資料も観察することができた。また，ゲルマン先生や韓国・東北亜歴史財団の金恩國先生，釜慶大学の姜仁旭先生のご配慮でクラスキノ城址，アルテミエヴァ先生のご配慮でクラスノヤロフスコエ城址，ユジノ・ウスリースク城址，ノヴォネジナエ城址などの城郭遺跡で発掘調査に携わる機会を得た。また，極東の中世考古学を専門とする若手研究者のE.V. アスタシェンコヴァ，Ya.E. ピスカレヴァ，E.Yu. ニキーチン，S.V. マキエフスキー，M.V. サヴォーレヴァ，S.E. サランツェヴァ諸氏とも議論した。さらには，前川先生が主導していた研究プロジェクトの一環として2005年にウラジオストク，2006年に吉林大学で開催された国際シンポジウムでは，北東アジアの中世考古学に関する最新の研究成果に触れるとともに，北東アジア史・中世考古学を専門とする先生方と知り合うことができた。

　帰国後，筆者は留学時の成果を修士論文としてまとめた。博士後期課程進学後は，東アジアの

対外交渉史が専門の石井正敏先生に指導教授をお願いし，歴史考古学が専門の立正大学の池上悟先生，先史考古学及び保存科学が専門の小林謙一先生から指導・助言を賜った。また大学院在学中には，井出靖夫，山口欧志，新島奈津子，関根章義，森田義史，永田悠記，矢嶋良多各氏，文献史学を専門とする近藤剛・河辺隆宏両氏と議論を重ね，学問分野を超えた学融合の必要性を改めて実感することになった。

この間，中国・韓国・モンゴルの研究者とも意見交換をすることができた。臼杵先生が主導していたロシア沿海地方の金・東夏代城郭調査に参加させていただき，小畑弘己先生，木山克彦氏，笹田朋孝氏，布施和洋氏から学問的な刺激を受けた。また，2008年には臼杵先生・木山氏とブラゴベシチェンスク市を訪れ，ブラゴベシチェンスク市文化財局のN.N. ザイツェフ，国立ブラゴベシチェンスク教育大学のD.P. ボローティンからアムール地方の城郭調査・研究の現状についてご教示いただいた。2009年には臼杵先生や大貫静夫先生らとノヴォシビルスクを訪れ，S.P. ネステロフ氏のご配慮でロシア科学アカデミーシベリア支部考古学研究所所蔵資料を実見させていただいた。2008年からは小嶋芳孝先生や酒寄雅志先生，内山幸子氏らとロシア沿海地方渤海遺跡の現地調査・資料調査に同行する機会を得ている。中国では宋玉彬，王培新，彭善国，馮恩学，李陳奇，趙哲夫，呉鐵軍，劉暁東諸先生方のご配慮を得て，黒龍江省文物考古研究所，黒龍江省博物館，吉林省文物考古研究所，吉林大学辺疆考古中心，農安県文物管理站，吉林市博物館，遼寧省文物考古研究所等で資料調査をさせていただいた。

このほか，加藤晋平先生や谷口榮氏，三宅俊彦氏，内田宏美氏らによる莫家菜研究会や，近藤・河辺両氏の紹介で参加した「国書の会」を通じて，考古学・美術史・文献史学の若手研究者とも交流を深めた。さらには，田村晃一先生や清水信行先生，岩井浩人氏にはクラスキノ城址の発掘調査成果についてご教示いただいた。また，北東アジア考古学・中世考古学を志す若手研究者が少ないなか，福田正宏，降矢哲男，庄田慎矢，中村亜希子，榊田朋広，森田智子諸氏から刺激をいただくとともに，菊池俊彦先生，吉岡康暢先生，鈴木靖民先生からは日頃から温かな激励をいただいている。現在奉職している青森県教育庁文化財保護課では，岡田康博課長をはじめとする上司のご配慮でロシアに調査に行く時間を与えていただくとともに，職場の同僚である根岸洋・永瀬史人両氏には公私ともにお世話になり，日頃から的確な助言をいただいている。

これまで，筆者は，ここにお名前を挙げた方々以外にもさまざまな方の協力を得て，調査・研究活動を行うことができた。北東アジアの考古学研究は発展途上にあるため，今後とも継続的な調査を実施し，本書で明らかにできなかった課題を解決していきたい。

最後になりますが，筆者の研究に理解を示し，本書の出版を引き受けてくださった六一書房の八木環一さん，編集を担当してくださった石原重治さんに心より御礼申し上げます。

2012年9月

中澤　寛将

本書の刊行にあたっては，平成24年度日本学術振興会科学研究費補助金（研究成果公開促進費・学術図書，課題番号：245106）の交付を受けた。

索　引

【事項索引】

あ

吾妻鏡　4, 250
アムール女真文化（パクロフカ文化）　13, 206, 242, 249
営州道　124
塩州　129
甕城　126
オリガ文化　228, 237, 238

か

海東の盛国　4, 122
銙帯　6
曷懶路　93
咸平路　93
契丹　3, 240, 248
契丹道　124
亀趺　205
金・東夏　3
クロウノフカ文化　228, 237, 238, 245
高句麗　3, 244
合懶路　93
高麗　242
黒水靺鞨　124
胡里改路　93

さ

冊府元亀　86
三朝北盟會編　90
治中之印　165
室韋　3
熟女直（熟女真）　4, 242
粛慎　3
上京路　93, 154
小方城　156

新羅　244
新羅道　124
『新唐書』　122, 126
神道碑　205
透彫帯金具　186
角楼　156
生女真　90, 154, 242
生女直（生女真）　4
恤品路　93

た

大欽茂　5, 125
大仁秀　125
大祚栄　3
大武芸　125
中世考古学　3, 250
朝貢道　124
チンギス・ハーン　3
貞恵公主　5
刀伊の入寇　4, 242, 249
唐　3, 244
東亜考古学会　5
東京路　93, 154
東丹国　240, 248

な

日本道　124, 246

は

鉢巻式山城　126
馬面　126
包谷式山城　124, 126
蒲鮮万奴　4, 154, 249
渤海　3, 244
蒲与路　93
堡塁　161

ま

満州国民生部　5
満鮮歴史地理調査部　5
猛安・謀克　6,61
勿吉　3
モンゴル帝国（元）　3

や

耶懶猛安之印　163
挹婁　3

ら

遼　3,248
『類聚国史』　122

わ

完顔阿骨打　4,154
完顔希尹　121
完顔守道墓　218

【地名・遺跡名】

あ

アウロフカ城址　29,124,141,144,238,240
秋田城跡　48
アナニエフカ城址　5,17,33,57,92,93,97,118,156,158,167,173,175
アナニエフカ村土器窯跡　16,17,22,26,32,236
アヌチノ27遺跡　229
アブリコソフスキー寺院　6,57,84,88,141,149
安業村遼代墓葬　47
イズビリンカ城址　228,229
イズベトフカ城址　96
永安遺跡　29
永勝遺跡　93,109,124,148
永生墓地　216,229,236
エカチェリーナ城址　158,173
エストンカ城址　145
奥里米城址　94,113,156,168
奥里米墓地　94,206,216
オトラドノエ城址　141
温特赫部城　50,57,124

か

河口遺跡　123
河南屯墓地　179
杏山渤海瓦窯跡　12,16,22,25
金代呂氏家族墓葬　220
クナレイカ城址　158,167
クラスキノ城址　6,7,13,14,22,25,29,32,38,50,57,74-76,81-84,86-88,117,122,126-141,148,149,153,182,204,240,246-248
クラスキノ墓地　177,179
クラスキノ女真墓地　234
クラスナエ・オゼロ城址　144
クラスノクロフスク墓地　50,206
クラスノヤロフスコエ城址　18,30,33,38,47,50,57,92,93,96,97,100,103,118,155,158,161,163,172-175,225
グラゾフカ1墓地　177,179
軍民橋遺跡　38,47,50
軍民橋寺址　35
恵章遺跡　57
迎新遺跡　93,106
孝懿皇后墓葬　177
康津郡沙堂里窯跡　27
敷東城遺跡　93,109,123,148
興農城址　81
哈尔濱市郊元代瓷器窖蔵　114
コクシャロフカ1城址　6,7,11,86,122,141,153
黒石古城　123
克東古城　93,156,168
后城子城址　93,106
五女山城　47,48,50,54,94,111

五道嶺遺跡　57
コピト寺院　141
コルサコフ1遺跡　14,16,22,25,29,32,141
コルサコフ2遺跡　14,16
コルサコフカ寺院　141
コルサコフ墓地　30,32,177,206,216
ゴルバトカ城址　13,29,81,122,127,128,141,
　　149,236,247
コンスタンチノフカ1遺跡　141,152
コンスタンチノフカ城址　161

さ

細鱗河遺跡　82,123
サドヴィ・クリュチ城址　144
ザパド・ウスリースク城址　156,162,167,175,
　　225
査里巴墓地　29,177,179,186
山咀子墓地　176,179
三陵屯　176,178,179,191
シイバイゴウ城址　156,167
ジギドフスコエ城址　156
シャイガ城址　4,5,13,16,30,33,47,94,156
ジャリ城址　170
岬岩鎮遼金遺跡　94,112,118,242,248
十二連墓地　38,47
集寧路城址　114
順穆皇后墓葬　177
邵家店古城　52,229
上京会寧府　33,53,58,93,118,123,205,213,217,
　　219,223,224,129
上京龍泉府　5,12,16,22,29,50,57,77-79,81,84,
　　86-89,137,153,179,240,248
城山子山城　123
城四家子古城　156
城子山山城　47,48,57,155
召都墓金墓　50,56,206
上屯遺跡　12,16
小六道遺跡　48,57

徐水西黒山墓地　56,185,220,224,225
白主土城　170,249
振興遺跡　29,79-81,88,123,229
新興洞陶窯跡　12,16
新香坊墓地　38,47,54,118,206,217,219
新城墓地　229
スカリストエ城址　57,158
ステクリャヌーハ城址　156,161,228,234
スモリニンスコエ城址　103,156,227-229
スモリャニンスコエ城址　158
西営城子古城　156
石湖古城　123
石場溝墓地　177,179
セルゲイフカ瓦窯跡　16
千金郷唐力村金代遺跡　21,94,111
宣化下八里墓　52,56,220
前坡林子遺跡　14,18,26
双城村金代墓葬　38,50,54
草房王遺跡　93,106
蘇密城　124

た

大海猛遺跡　27,177,179
大朱屯墓地　176,179
大城子古城　123,124,137
団結墓地　185
チェルニャチノ2遺跡　21,123,143,179,245
チェルニャチノ5墓地　6,21,82,143,177,179,
　　181,194,198,202,204
中興城址　94,113,156
中興墓地　38,47,50,54,94,112,156,162,206,216
チュグエフカ城址　103,156,162,167,229
長興遺跡　94,111,242,248
長春市郊南陽堡金代村落遺跡　93,106
長東古城　229
チントルゴイ城址　25,242,248
通溝嶺山城　123
東営城子古城　156

桃温万戸府古城　50
東京龍原府　12,16
塔虎城　50,156
饒州古城　38,47
同仁遺跡　54,182,229
唐大明宮含元殿遺跡　14
頭道河子墓地　176,179
東南溝寺址　35
東遼県尚志金代窯跡　18
渡口遺跡　123
トロイツァ遺跡　22,229,245
トロイツコエ墓地　6,177,198

な

ナデジンスコエ墓地　50,206,216,228,236
南辛庄金墓　206,220
ニコラエフカⅠ・Ⅱ城址　81,141,143,149,236,247
ニコラエフカ城址　5,58,103,156,162,227,229,230
西古城　5,35,123,127
虹鱒漁場墓地　29,82,87,177,179,182,184,185,191,201,202
二道河子墓地　57,177
ヌルガン永寧寺遺跡　116
ノヴォゴロディエフカ城址　127,141,155,236,240
ノヴォゴロディエフカ集落遺跡　236,240
ノヴォネジナエ城址　93,100,115,116,155,158,161,165,173

は

バチュキ城址　103,235
八連城　5,12,16,35,123,127
パブロフカ2城址　229
半拉城　5
斐優城　124
ブルシロフスコエ城址　144

聞喜寺底金墓　206,223
北京龍泉務窯跡　26
偏臉城　14,18,33
北大墓地　179,202
北站墓地　177,179
ボリソフカ寺院　140,141

ま

マイスコエ城址　94,103,118,156,162
馬圏子古城　123
マナストィルカ3墓地　177,179,202
マリヤノフカ城址　13,32,81,86,141,143,238,240,247
ミハイロフカ4遺跡　141,149,153
民主窯跡　16
木蘭集東遺跡　123

や

ユジノ・ウスリースク城址　33,94,103,114,156,161-163,167,172,225
羊草溝墓地　177
甩弯子遺跡　12,16

ら

洛陽隋唐宮城内瓦窯跡　14
ラコフカ10遺跡　141
ラゾ城址　5,14,20,22,25,27,33,38,54,57,93,99,100,103,155,156,158,162,167,173
攬頭窩堡遺跡　93,103,118
六頂山墳墓群　5,29,176,179,182-184,186,245,246
梨樹県八棵樹金代遺跡　106
龍海墓群　176,177,183,189,201
龍仁郡西里窯跡　27
龍頭山墓群　177,179
ルダンニ・ソプカ　206
霊光塔　16
老河深遺跡　27,177,179

ロッシーナ4墓地　　177,179

わ

ワシーリェフカ2集落遺跡　　14,56

【人名】

あ

赤羽目匡由　　7
朝岡康二　　37
東潮　　7,177,178
足立拓郎　　8,63,67
天野哲也　　7
アルセニエフ V.K.　　4
アルテミエヴァ N.G.　　57,154,228,235,237
アルテミエフ A.P.　　116
アンドレーエフ G.I.　　5
井黒忍　　8,154,242
池内宏　　5
石井正敏　　6,7
石田肇　　7
五十川伸矢　　37
伊藤玄三　　6
稲葉岩吉　　5
井上和人　　7
イブリエフ A.L.　　47,124,154,175
ヴォロビエフ M.V.　　5
臼杵勲　　3,7,13,63,72,154,158,162,173-175,177,178,226
内山幸子　　8
王禹浪　　124-126,177
王宏北　　124
王楽楽　　65
大貫静夫　　7
小方登　　8
オクラドニコフ A.P.　　5
小畑弘己　　8

か

加藤晋平　　6
カファロフ A.P.　　4
亀井明徳　　8,65,92
菊池俊彦　　3,6,7
魏国忠　　7
魏存成　　7,123,124,177,178
木山克彦　　7,63,65,67,154,240
喬梁　　8,63
金毓黻　　4
金大順　　63,177
景愛　　207
ゲルマン E.I.　　8,13,17,32,57,63,65,89,92,94,113,122,194,227-229,234,237,238,243
越田賢一郎　　8,37
小嶋芳孝　　7,12,36,63,124,125,127,136,148,152,240
胡秀傑　　63
駒井和愛　　205
小山富士夫　　12

さ

齋藤優　　5
サヴォーレヴァ M.V.　　228,235,243
佐川正敏　　8
酒寄雅志　　5-7
笹田朋孝　　8,36
サマーリン I.A.　　8
澤本光弘　　8
サランツェヴァ S.E.　　8
島田貞彦　　205
清水信行　　8
シャフクノフ E.V.　　5,227
シャフクノフ V.E.　　227-229,235
朱栄憲　　6,177,178
朱国忱　　7,124,177
ジュシホフスカヤ I.S.　　121,227,229

徐萃芳　　206
白鳥庫吉　　5
申佐軍　　154
秦大樹　　206
鈴木靖民　　6
関野雄　　205
セルグッシェヴァ E.A.　　8
千田嘉博　　9
宋玉彬　　8
園田一亀　　205,218
孫乗根　　177,202
孫仁秀　　177

た

高井康典行　　8
高橋学而　　6,124,154,155
田村晃一　　6,7,89,122,136
田村実造　　12
譚英傑　　63,177
ヂャーコヴァ O.V.　　21,63,126,148,152,238
趙永軍　　124,127
張玉霞　　63,65,72,79
趙清俊　　37
津田左右吉　　5
津野仁　　8
鄭永振　　89,124,177,178
鄭鍾兌　　37
田華　　37
トゥピーキナ S.M.　　13,33,92,228,243
外山軍治　　5,6
鳥居龍蔵　　4
鳥山喜一　　5

な

中村亜希子　　8
中村和之　　8
新妻利久　　6
ニキーチン Yu.G　　175

は

服部敬史　　8
浜田久美子　　7
濱田耕作　　5
浜田耕策　　6
原田淑人　　5,205
ピスカレヴァ Ya.E.　　8,63,65
日野開三郎　　6
廣瀬憲雄　　7
馮浩璋　　65
フェドロフ A.Z.　　162
布施和洋　　7,154
ブッセ F.F.　　4,156,162
方学鳳　　7
庞志国　　206,207
彭善国　　92,113
ボルディン V.I.　　16
ホレフ V.A.　　35,236

ま

前川要　　9,174
枡本哲　　8
町田吉隆　　8
松井等　　5
三上次男　　6,12,177,178
蓑島栄紀　　8
三宅俊成　　5
三宅俊彦　　8
村上恭通　　8,36
村田次郎　　153
メドヴェーヂェフ V.E.　　206
森克己　　6

や

八木奘三郎　　5
箭内亘　　5
山崎一雄　　65

山近久美子　8
楊雨舒　36

　　　　　ら

李健才　154, 206
李蜀蕾　177
李士良　37
李陳奇　206
李殿福　177
劉暁東　63, 72, 177, 203, 206

劉紅宇　205
劉涛　92
柳嵐　154
林碩奎　7
林秀貞　154
レニコフ V.D.　5, 36

　　　　　わ

ワシーリェフ Yu.M.　206
和田清　6

A Study of Medieval Archaeology in the Northeast Asia

Hiromasa NAKASAWA

Contents

INTRODUCTION

CHAPTER 1. Transition of ceramic production and distribution in the Northeast Asia

    1) History of studies on ceramic production and distribution

    2) Distribution and location of ceramic kilns

    3) Structure of ceramic kiln, transition and genealogy

    4) Aspect of ceramic in consumer sites

    5) Ceramic production and distribution system in the Medieval Northeast Asia

CHAPTER 2. Production, distribution and consumption of metallic boiling utensil in the Northeast Asia

    1) History of studies on metallic boiling utensil in the 7-13th century

    2) Classification, distribution and transition of metallic boiling utensil

    3) Consumption and usage condition of metallic boiling utensil in *Liao* and *Jin* period

    4) Production, distribution and consumption of metallic boiling utensil

CHAPTER 3. Transition and regional variation of the tableware complex in *Bohai*

    1) History of study and problems on Bohai ceramic

    2) Transition of food vessel complex in *Bohai* period

    3) Food vessel complex in *Bohai* capital, walled town and settlement

    4) Phase of food vessel complex in *Bohai* period

CHAPTER 4. Food vessel complex and locality in *Jin* and *Don'xia* period

    1) History of study and problems

    2) Aspect of food vessel complex in *Jin* and *Don'xia* period

    3) Some problems on food vessel complex in *Jin* and *Don'xia* period

    4) Locality and historical means of the food vessel complex in *Jin* and *Don'xia* period

CHAPTER 5. Formation and development of the walled towns in *Bohai*

    1) History of studies on *Bohai* walled town

    2) Distribution, location and scale of the walled towns in *Bohai*

    3) Transition of *Kraskino* walled town

4) Landscape and transition of walled town and mountain walled town in Russian Primorye

　　5) Some problems on formation and development of walled towns in *Bohai*

CHAPTER 6. Formation and development of the walled city in *Jin* and *Dong'xia* period

　　1) History of study and problems about the walled town in *Jin* and *Dong'xia*

　　2) Distribution, location and scale of the walled city in *Jin* and *Dong'xia*

　　3) Landscape and transition of the walled city in *Jin* and *Dong'xia*

　　4) Formation and development of the walled city in *Jin* and *Dong'xia*

CHAPTER 7. Local society of *Bohai* from the tomb point of view

　　1) History of *Bohai* tomb study and problems

　　2) Distribution and location of *Bohai* tomb

　　3) Classification and transition of *Bohai* tomb

　　4) Composition and excavation situation of grave goods and accessories

　　5) Process of formation of graveyard

　　6) Hierarchy and regional variation of Bohai tomb

CHAPTER 8. Transition and regional variation of *Jin* tomb

　　1) History of *Jin* tomb study and problems

　　2) Distribution and location of *Jin* tomb

　　3) Classification and transition of *Jin* tomb

　　4) Aspect of *Jin* tomb

　　5) Transition and regional variation of *Jin* tomb

CHAPTER 9. Jurchen society after the ruin of *Bohai*; the problem of *"Nikolayevka culture"*

　　1) History of study and problems

　　2) Distribution of ceramic with beat ornament

　　3) Age of ceramic with beat ornament

　　4) Genealogy and interrelation between surrounding regions

　　5) Interaction between Jurchen and other regions after the ruin of *Bohai*

CONCLUSION

　　Bibliography

　　Sources of figures

　　Acknowledgements

　　Index

Summery

The purpose of this book is to clarify from the archaeological method about temporal and spatial dynamics of people, goods and information in the Northeast Asia of the 7-13th century. Particularly, the main target is the northeastern part of China and the Russian Far East. And I will deal with *Bohai (渤海)*, *Jin (金)* and *Dong'xia (東夏) dynasty*. And then, I will consider handicraft production and distribution structure, the food vessel complex, the structure of the local walled town, locality of tomb system and the inter-regional exchanges.

CHAPTER 1. Transition of ceramic production and distribution system in the Northeast Asia

This chapter describes the change and the structure of pottery production and its distribution system from *Bohai* to *Jin* and *Dong'xia* period in the Medieval North-east Asia. Especially, this paper deals with the geographical location of kiln sites, the structure of kiln bodies, and the consumption situation of the pottery in the archaeological sites. Conclusions in this chapter were as follows: Firstly, in the middle of the 8th century, the ceramics pottery production system which took on character of the official was organized and then the distribution system of ceramic pottery was controlled. Though these systems gradually became maturity, such systems were shaken after the latter half of the 9th century. When Pohai was ruined these systems collapsed. Secondly, the technique of the ceramic pottery manufacturing was spread in *Bohai* ebb tide, and the sub regional distribution zone was formed. Thirdly, the organization of the ceramics pottery production was reorganized, and distribution network of the multilayer established in the 12th century. Furthermore, the pottery production and its distribution network were formed again since the latter period of 12th century until the first half of the 13th century.

CHAPTER 2. Production, distribution and consumption of metallic boiling utensil in the Northeast Asia

The metallic boiling utensil had spread in Northeast Asia since the 12th century. In this chapter, we considered its production, distribution and consumption in *Bohai*, *Jin* and *Dong'xia* period. As a result, the following points were clarified; (1) there were confirmed the 2 regional differences, that is, area where be used the jar type A and area where be used the pot type BIV; (2) the metallic boiling utensil had been produced with Lu (路) and Fu (府) as a unit, and then it distributed within these ranges.

CHAPTER 3. Transition and regional variation of the tableware complex in *Bohai*

After the founding of *Bohai*, various tableware had been used at the *Bohai* capital, local walled town, temple and village. In this chapter, the author examined pottery and ceramic of the *Kraskino* walled town site, *Bohai Shanjin (上京)* capital site, *Xinxing (振興)* site and so on. As a result, composition of tableware changed in the *Bohai* capital, some local walled towns and temple around the beginning of the 9th century. Especially, the black ceramic with delicate polish and the ceramic which imitated the glazed ceramic ware were born and be used in these places. In addition, Chinese glazed ceramic had flown into *Bohai* sites from *Tang* after that time. And, the author assumed that in the 9th century new tableware style which represents the hierarchy by color and material of the tableware was formed in the central part of *Bohai* state.

CHAPTER 4. Food vessel complex and locality in *Jin* and *Dong'xia* period

Various tableware has been found at the *Jurchen* sites of *Jin* and *Dong'xia* period in the Northeastern part of China and Russian primorye. In the 11th century, *Mohe* type pottery pot came to disappear, and then metallic jar increased. In addition, the glazed ceramic (mainly Ding-yao (定窯)) had frown into *Jurchen* walled town since the middle of the 12th century. At that time, new *Jurchen* vessel complex was formed. That is, ceramic jar and pot were used as a storage tool (jar and pot) and a cooking tool (bowl), wooden ware and glazed ceramic were as tableware(dish and plate), metallic jar was as boiling and cooking tool (pot and caldron). In this background, there are some factors; change of production and distribution system in the East Asia, introduction of the tea culture, change of eating and drinking culture, inflow of central Chinese culture etc.

CHAPTER 5. Formation and development of the walled towns in *Bohai*

The walled town site in *Bohai* period is an important archaeological material which shows us the ruled system of the state. In this chapter, in order to clarify the actual situation of regional difference and control system of the *Bohai*, the authors considered about the structure and age of the valley walled town sites and the mountain walled town site in Russian Primorye. As a result, *Kraskino* walled town site, which is located in Russian primorye, was formed in the first half of 8th century and it has been retained until the middle of the 10th century. Especially, in *Kraskino* walled town site, the *Bohai* central government had participated in the building construction or the roof tile production in the beginning of the 9th century. On the other hand, the valley walled town sites where located in the *Suifun* river basin and *Ussuri* river basin were formed after the beginning of the 9th century.

Summery   305

CHAPTER 6. Formation and development of the walled city in *Jin* and *Dong'xia* period

After the foundation of Jin dynasty, many walled towns were built in the river basin. In this part, the authors have considered about the structure, age and function of the valley town sites and the mountain town site in the *Jin* and *Dong'xia*. The valley walled town which shaped a square was formed or reformed in the 12th century in the *Jurche*n society. And then, after the late of the 12th century, the mountain walled town was formed in all over the country in the northeastern part of China and Russian primorye. Especially, there are various facilities in the mountain walled town site of *Dong'xia* period; square block area, small square space (Редут), residence area, storehouse, the workshop space of ceramic or metal production etc. And, facilities of each mountain walled town sites have in common.

CHAPTER 7. Regional society of *Bohai* from the tomb point of view

Up to now, many *Bohai* tombs have been excavated in the northeastern part of china and far eastern part of Russian. According to traditional study on *Bohai* tomb, it is divided into several types; earth pit tomb, tomb with outer coffin and chamber tomb. Especially, the stone chamber tomb characterizes the system of *Bahai* tomb. It started being used mainly in *Tumenzhan (図們江)* river basin and *Modanzhan (牡丹江)* river basin and since the 8th century, and then this type tomb came to be used in *Suifun (綏芬河)* river basin from the 9th century. In the country where the earth pit tomb had been used, appearance of stone chamber tomb has changed the system of funeral ceremony. However, thinking of traditional tomb system had been kept after introduction of stone chamber tomb in the country, though direction of stone chamber tomb came to change from northwest-southeast to north-south in the central part of *Bohai* state.

CHAPTER 8. Transition and regional variation of the tomb in *Jin* preiod

The tomb in the *Jin* period is divided into two types; the tomb for one specific individual (ex.king, royal family, nobleman or its family) and a mass cemetery. In this chapter, the authors deal with change and regional difference of tombs in *Jin* period. As a result, it was cleared following; the earth pit tomb had been used in the middle of Amur basin and the lower basin of Sungari (Area I), and traditional tomb system had been kept in this area. However, there was used not only the earth pit tomb, but also the tomb with outer coffin or chamber tomb which made of stone or tile in the upper-middle reaches of *Sungari* and the basin of *Lalin (拉林)* river basin(Area II). And then, there was used the earth pit tomb, the tomb with outer coffin, chamber tomb and the stone-tile chamber tomb with the ceiling like dome in the inner Mongolia and Liaoning. In addition, it was used mainly the stone-tile chamber tomb with the ceiling like dome in Beijin, Hebei, Shanxi and Shandong (Area III-V).

CHAPTER 9. Jurchen society after the ruin of *Bohai*; the problem of *"Nikolayevka culture"*

Archaeological excavation has been done in the site of *Bohai*, *Liao*, *Jin* and *Dong'xia* period. However, it is difficult for us to understand about the archaeological aspect from the fall of *Bohai* state to the founding of Jin dynasty. Recently, some Russian archaeologist proposes new medieval culture which ties between *Bohai* and *Jin*. So, in this chapter, the author deals with ceramic of *"Nikolaevka culture"* in Russian Primorye, in order to clarify the actual situation of interaction between Jurchen society and its surrounding regions. As a result, the following points were clarified; (1) the ceramic of this culture was used in the 11th century; (2) the ceramic has traditional form of *Bohai* period, but, on the other hand, it has incorporated the foreign technique on the surface; (3) this ceramic linked with the trend of *Eastern Jurchen (東女真)* group who had been active in the coast of the Japan Sea in the 11th century.

Conclusion

To sum up about change in the regional community and cultural exchange between regions in the Northeast Asia of the 7-13th century, we can divide into following 5 stages;

Stage I: from the 7th century to the first half of 8th century

Stage II: from the middle of 8th century to the late of 8th century

Stage III: from the end of 8th century to first half of 10th century

Stage IV: from the middle of 10th century to the beginning of 12th century

Stage V: from the middle of 12th century to the first half of 13th century

Particularly, allowing for ceramic and metallic production and distribution system, tableware complex and the tomb system, it is important a change in the stage III and V. That is, a change of the stage III is closely related to the formation of various system in *Bohai*. And, a change of the stage V is closely related to the trend in East Asia. In addition, in the Northeast Asia in the 7-13th century, kingship of *Bohai*, *Jin* or *Dong'xia* dominated directly the central part of the territory. However, in the periphery of this territory, they had dominated relatively leniently.

著者略歴

中澤寛将（なかさわ　ひろまさ）

　1981年　青森県に生まれる
　2011年　中央大学大学院文学研究科博士後期課程修了　博士（史学）
　独立行政法人日本学術振興会特別研究員，目黒区めぐろ歴史資料館研究員を経て
　現在，青森県教育庁文化財保護課勤務

主要論文

　「古代津軽における須恵器生産と流通」（『中央史学』第28号，2005年）
　「五所川原産須恵器の生産と北海道への流入」（『中世東アジアの周縁世界』，同成社（共著），2009年）
　「日宋貿易展開期の北方地域―女真社会とその周辺―」（『考古学ジャーナル』591，2009年）
　「考古学からみた渤海の地域社会」（『情報の歴史学』，中央大学出版会（共著），2011年）

北東アジア中世考古学の研究――靺鞨・渤海・女真――

2012年11月1日　初版発行

著　者　中澤　寛将
発行者　八木　環一
発行所　株式会社　六一書房
　　　　〒101-0051　東京都千代田区神田神保町 2-2-22
　　　　TEL　03-5213-6161　　FAX　03-5213-6160
　　　　http://www.book61.co.jp　　E-mail info@book61.co.jp
　　　　振替　00160-7-35346
印　刷　藤原印刷　株式会社

ISBN978-4-86445-021-8 C3022　　© Hiromasa Nakasawa 2012　　Printed in Japan